Lutz von Werder

Einführung in die philosophische Lebenskunst Asiens:

chinesische, indische und arabische Wege zum Glück

Schibri-Verlag   Berlin • Milow

Die Deutsche Bibliothek - CIP-Einheitsaufnahme
Werder, Lutz von:
Einführung in die philosophische Lebenskunst Asiens:
chinesische, indische und arabische Wege zum Glück
Lutz von Werder. - Berlin; Milow: Schibri-Verl., 2001
ISBN 3-9944978-x

Bestellungen über
    den Buchhandel
    oder direkt beim Verlag

© 2001 by Schibri-Verlag
Dorfstraße 60
17337 Milow

Umschlaggestaltung: Anne-Kathrin Burr, Rostock
Druck: Hoffmann-Druck, Wolgast

Alle Rechte vorbehalten
Printed in Germany

ISBN 3-9944978-x

Kurze Inhaltsübersicht

Vorwort: Asiatische Philosophie als Praxis im Westen 10
Kapitel A: Einführung in die philosophische Lebenskunst 13
Kapitel B: Das Glück des langen Lebens in China 39
Kapitel C: Glück als Überwindung des Leidens in Indien 145
Kapitel D: Glück als Gottesliebe in Arabien 251
Kapitel E: Das philosophische Glück Asiens in der
philosophischen Praxis 313

Ausführliches Inhaltsverzeichnis

Vorwort: Asiatische Philosophie als Praxis im Westen 10

Kapitel A: Einführung in die philosophische Lebenskunst
1. Der Eurozentrismus der philosophischen Glücks- und Lebenskunst und seine Überwindung 13
2. Die Rekonstruktion der eigenen Glücks- und Lebensphilosophie 15
3. Philosophische Lebenskunst: Das eigene Glücksdenken steigern 27
4. Das Lernen der philosophischen Glückspraxis Asiens: Sekten, Gurus und das philosophische Café 34

Kapitel B: Das Glück des langen gesunden Lebens in China
1. **Geschichte der praktischen Glücksphilosophie in China** 40
2. **I-Ging. (1100 v.Chr.):** Das Buch der Wandlungen nutzen 46
3. **Konfuzius (551-479 v.Chr.):** Versuche die Selbstkultivierung 55
4. **Laotse (5. Jahrh. v.Chr.):** Einfach verschwinden 63
5. **Mo Ti (5. Jahrh. v.Chr.):** Den Himmel lieben 71
6. **Yang Dschu (4. Jahrh. v.Chr.):** Die Lüste gebrauchen 77
7. **Menzius (372-289 v.Chr.):** Die Welt retten 82
8. **Dschuang Dsi (350-280 v.Chr.):** Gelassenheit üben 87
9. **Ge Hong (280-340 n.Chr.):** Die Unsterblichkeit suchen 94

10. **Wang Wei (700-761 n.Chr.):** Jenseits der weißen Wolken leben 99
11. **Li Tai-Bo (701-762):** Das Tao bedichten 105
12. **Der Meister vom blauen Fels (1063-1135)** Bi-Yän-Lu's Koans durch Selberdenken knacken 111
13. **T'Ang Yin (1470-1524):** Lebensbilanz ziehen 121
14. **Mao Tse-tung (1893-1976):** Revolutionäre Praxis machen 124
15. **Falun Gong (ab 1992):** Den Weg zur Vollendung gehen 134
16. **Techniken des Glücks in China** **143**

Kapitel C: Glück als Überwindung des Leidens in Indien

1. **Geschichte der praktischen Glücksphilosophie in Indien** **146**
2. **Die Veden (1200-100 v.Chr.):** Das Eine suchen 153
3. **Die Upanishaden (1000-500 v.Chr.):** Athman finden – den Tod überwinden 156
4. **Buddha (563-483 v.Chr.):** Das Nirvana suchen 162
5. **Die Bhagavadgita (400 v.Chr.):** Handeln ohne zu handeln 178
6. **Die indischen Anti-Metaphysiker (ab 4. Jahrh. v.Chr.):** Halte dich an die Lust 185
7. **Der Yoga des Patanjâli (150 v.Chr.):** Das Überbewusstsein erreichen 188
8. **Mahâyâna-Buddhismus (ab 1. Jahrh. v.Chr.):** Benutze das große Fahrzeug über den Ozean des Leidens 195
9. **Hinduistischer Tantrismus (ab 4. Jahrh. n.Chr.):** Versuche den Weg der körperlichen Liebe 205
10. **Shankara (788-820 n.Chr.):** Das Überbewusstsein entwickeln 211
11. **Ramakrishna (1836-1886):** In Ekstase leben 219
12. **Mahatma Gandhi (1869-1948):** Die Gesellschaft befreien 227
13. **Sri Aurobindo (1872-1950):** Das Überbewusstsein erforschen 234
14. **Jiddu Krishnamurti (1895-1986):** Meditieren ohne Autorität 242
15. **Techniken des Glücks in Indien** **249**

Inhaltsverzeichnis

Kapitel D: Glück als Gottesliebe:
Die Glücksphilosophie in Arabien
1. Geschichte der praktischen Glücksphilosophie in Arabien 251
2. Mohammed (571-632): Suche das Eine 258
3. Mansur Al-Halladsch (858-922): Liebe absolut 265
4. Avicenna (980-1037): Erkenne deine Seele 273
5. Al-Ghazali (1058-1111): Suche das Licht 282
6. Rumi (1207-1273): Liebe, tanze, dichte 289
7. Khalil Gibran (1883-1931): Suche das höhere Ich 300
8. Techniken des Glücks in Arabien 311

Kapitel E: Das philosophische Glück Asiens
in der philosophischen Praxis
1. Glück als Rettung oder Aufhebung des Ichs? 313
2. Die philosophische Glückstherapie Asiens in der philosophischen Beratung 315
3. Philosophische Selbsthilfe zum Glück 320
4. Ergebnisse der Evaluation der philosophischen Glückspraxis Asiens 324

Literaturverzeichnis 326

Glossar der Begriffe der asiatischen Philosophie 328

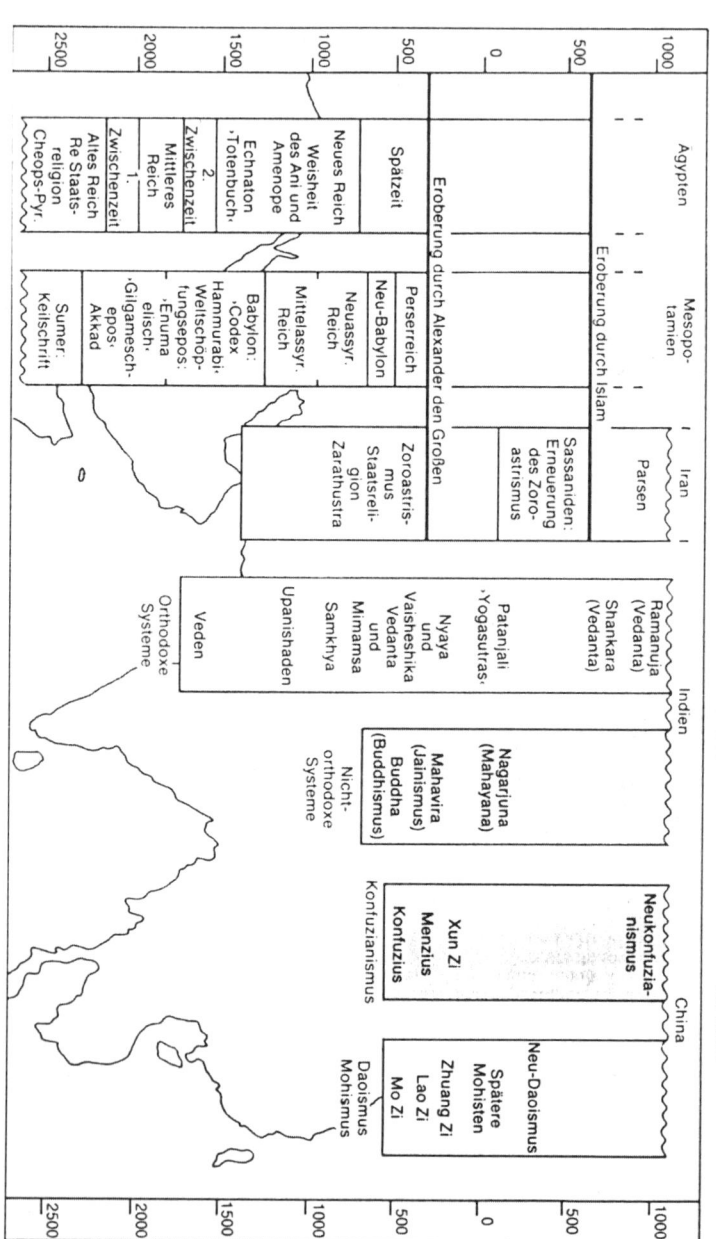

Quelle: P. Kunzmann u.a.: DTV-Atlas zur Philosophie. München 1992, S. 14

Die östlichen Philosophien

China	Indien	Arabien	Jahr
			2000
Falun Gong (ab 1992) Mao Tse-tung (1893-1976)	Krishnamurti (1895-1986) Sri Aurobindo (1872-1950) M. Gandhi (1869-1948) Ramakrishna (1836-1886)	K. Gibran (1883-1931)	
			1500
T'Ang Yin (1470-1524)			
		Rumi (1207-1273) Avorreos (1126-1198) Al-Ghazali (1059-1111) Omar Chajjam (1048-1131)	1000
Li Tai Bo (701-762) Wang Wei (700-761)	Shankara (788-820)	Avicenna (980-1037) Al-Halladsch (857-922)	
		Mohammed (570-632)	500
GeHong (280-340)			
	Nâgârjuna (200)	Mani (216-276)	
			0
Dschuang Dsi (350-280 v.Chr.) Menzius (372-289 v.Chr.) Yang Dschu (400 v.Chr.) Mo Ti (5. Jahrh. v.Chr.) Laotse (500 v.Chr.) Konfuzius (551-479 v.Chr.)	Hînayâna Buddhismus (80 v.Chr.) Mahâyâna Buddhismus (1. Jahrh. v.Chr.) Patanjâli (150 v.Chr.) Bhagavadgita (400v.Chr.) Buddha (558-483 v.Chr.)		500
I-Ging (1100 v.Chr.)	Upanishaden (1000-550 v.Chr.) Veden (1200-1000 v.Chr.)	Zarathustra (1000 v.Chr.)	1000

Vorwort

Asiatische Philosophie als Praxis im Westen

Überall in Deutschland begegnet man heute den Spuren der Kultur Asiens. Es gibt chinesische Fast-Food-Läden, indische und arabische Restaurants, asiatische Meditationszentren und asiatische Medizin bei vielen niedergelassenen Ärzten. Der philosophische Hintergrund dieser kulturellen Einflüsse in Europa wird oft nicht klar. Es ist also an der Zeit, sich mit den Quellen der Globalisierung der asiatischen Philosophie zu befassen. Diese Auseinandersetzung sollte sich besonders auf die Praxis des Glücks in der asiatischen Philosophie beziehen. Denn während das Glück in der europäischen Philosophie keine große Rolle spielt, steht es in der asiatischen Philosophie im Zentrum der philosophischen Praxis. Diesem Umstand wird in Ansätzen im Westen schon Rechnung getragen.

In der philosophischen Beratungspraxis, besonders in den USA, ist die Benutzung asiatischer Philosophie für die Ratsuchenden überaus üblich. Wirft man nur einen Blick in neuere amerikanische Publikationen zur philosophischen Praxis, so fällt die Anwendung folgender asiatischer Methoden in der Glückspraxis sofort auf:
- Das I-Ging wird bei <u>Entscheidungsschwächen</u> eingesetzt (L. Marinoff: Plato not Prozac! New York 1999, S. 301ff.).
- Bei <u>Unglücklichen und Leidenden</u> wird auf Buddhas 4 edle Wahrheiten Bezug genommen (L. Marinoff, a.a.O., S. 55).
- Die Frage eines <u>guten Lebens</u> eröffnet die Möglichkeit, in der philosophischen Praxis auf Konfuzius und Laotse Bezug zu nehmen (L. Marinoff, a.a.O., S. 56).
- Bei Personen mit <u>Beziehungsstörungen</u> kann die Yang-Yin-Theorie gute Dienste leisten (L. Marinoff, a.a.O., S. 83ff.), aber auch hinduistische Meditation (L. Marinoff, a.a.O., S. 107).
- Bei Störungen der <u>Arbeitsfreude</u> wird die Weisheit des Tuns im Nicht-Tun in der hinduistischen Bhagadvadgita und in der Meditation des Zen fruchtbar gemacht (L. Marinoff, a.a.O., S. 154).
- Bei Menschen in der <u>Krise der Lebensmitte</u> kann die hinduistische Theorie des Scheins der Welt wichtige Hilfen leisten (L. Marinoff, a.a.O., S. 177).
- Bei <u>Sinnkrisen</u> wird der Klient auf den chinesischen Taoisten Dschuang Dsi und auf seine Theorie des traumhaften Charakters der Welt hingewiesen (L. Marinoff, a.a.O., S. 223).

In einer Liste der für die philosophische Praxis wichtigen Philosophen nennt L. Marinoff ausdrücklich folgende acht Philosophen aus Asien, die in der philosophischen Praxis den Klienten bei der Gewinnung ihres Glücks nützen können. Diese Philosophen heißen:

Bhagavadgita	(L. Marinoff, a.a.O., S. 276)
Buddha	(L. Marinoff, a.a.O., S. 277)
Dschuang Dsi	(L. Marinoff, a.a.O., S. 278)
Konfuzius	(L. Marinoff, a.a.O., S. 278)
Khalil Gibran	(L. Marinoff, a.a.O., S. 279)
I-Ging	(L. Marinoff, a.a.O., S. 281)
Laotse	(L. Marinoff, a.a.O., S. 282)
Sun Tzu	(L. Marinoff, a.a.O., S. 288)

(Vgl. auch: S.C. Schuster: Philosophy Practice. Westport: 1999, S. 29, 42, 59, 102, 134, 121, 130)

Für die entwickelte philosophische Beratungspraxis ist also der Eurozentrismus des Philosophierens längst überwunden. Da in Deutschland die philosophische Praxis aber immer noch eurozentriert ist, sollen in diesem Buch die asiatischen Wege zum Glück in praktischer Hinsicht genauer dargestellt werden. Dafür spricht auch, dass die fortgeschrittenste Psychotherapie immer stärker die These vertritt, dass Philosophie Psychotherapie für Gesunde ist. (Vgl. E. Erwin: Philosophy and Psychotherapy. London 1997)

Außerdem besitzt allein die Philosophie, besonders aber die asiatische Form der Philosophie Methoden, um das neu entdeckte Überbewusstsein jenseits des Alltagsbewusstseins als eigentlicher Glücksquelle zu erschließen. Seit den Forschungen von William James (Die Vielfalt religiöser Erfahrungen. Zürich 1969), Ken Wilber (Halbzeit der Evolution. München 1994), Roberto Assagioli (Psychosynthese. Reinbek 1996) hat sich die Kenntnis des Bewusstseins besonders um die transpersonalen Abschnitte der Psyche erweitert und die Glücksförderung als Bewusstseinserweiterung auf eine neue Basis gestellt.

Wir werden uns also die philosophische Praxis des Glücks als Zugang zum Überbewusstsein in China, Indien und Arabien vor Augen führen und praktisch üben. Dabei wird uns klar werden, dass die Lebenskunst des Glücks in allen drei Kulturbereichen Asiens andere Akzente setzt: grob gesprochen geht es in China um die Kunst des langen Lebens, in Indien um die Kunst dem Leiden zu entfliehen und in Arabien darum, in der Liebe zu Gott das Ich als Quelle der Angst aufzuheben.

Natürlich kann es in dieser Einführung nur um die Befassung mit den wichtigsten Philosophen Asiens gehen. Auch die Sozial- und Kulturgeschichte Asiens als Hintergrund der asiatischen Philosophie wird nicht extensiv ausgeführt. Die Einführung stützt sich außerdem nicht auf die asiatischen Originalquellen, sondern auf europäische Übersetzungen, besonders ins Deutsche. Diese Einschränkungen haben den Vorteil, dass sich diese Einführung ganz auf die philosophische Praxis im Kontext des Lebens des einzelnen asiatischen Philosophen konzentrieren kann.

Alle Namen und Begriffe der asiatischen Philosophie werden in der in Europa gebräuchlichen Schreibweise benutzt. Damit wird für den Laien eine gewisse Orientierung möglich. Der Fachmann bzw. die Fachfrau wird damit seine/ihre Schwierigkeiten haben, die aber bei einer Einführung für breitere Kreise nicht zu umgehen sind.

Ein Glossar am Ende des Buches erklärt alle Begriffe der östlichen Philosophie in einfacher Form. Das Glossar wird helfen, einen neuen Kosmos philosophischer Begriffe besser zu erschließen.

Das Buch verdankt seine Entstehung den Berliner Philosophischen Cafés, die der Autor seit Jahren durchführt. Die Art der Darstellung der asiatischen Philosophie ist ganz und gar der Caféhaus-Didaktik und -Methodik des Selberdenkens verpflichtet. In philosophischen Cafés ist aber das Denken ohne Schreiben unmöglich. Deshalb spielt es auch in dieser Einführung eine entscheidende Rolle. (Vgl. aber auch: J.A. Mason: The Philosophers Address. Writing and the Perception of Philosophy. Boston 1999)

Allen Teilnehmern der Philosophischen Cafés, die bis zu 300 Personen umfassen, sei hiermit für die vielen Anregungen zu diesem Buch gedankt.

Berlin, August 2001

Lutz von Werder

Kapitel A

Einführung in die philosophische Lebenskunst

1. Der Eurozentrismus der philosophischen Glücks- und Lebenskunst und seine Überwindung
2. Die Rekonstruktion der eigenen Glücks- und Lebensphilosophie
3. Philosophische Lebenskunst: Das eigene Glücksdenken steigern
4. Das Lernen der philosophischen Glückspraxis Asiens: Sekten, Gurus und das philosophische Café

1. Der Eurozentrismus der philosophischen Glücks- und Lebenskunst und seine Überwindung

Die philosophische Lebenskunst, die heute in der Bewegung der „Philosophischen Cafés", in der Didaktik der Philosophie, in vielen Diskussionsforen, in der „Philosophie für Kinder", im „Sokratischen Gespräch" und in populärer philosophischer Literatur starke Beachtung findet, ist rein eurozentrisch. Alle heute bekannten Lebenskunstmodelle stützen sich auf die Lebenskunst-Philosophie der griechischen Antike. Das Lebenskunstmodell in Europa hat folgende Geschichte: 1956 stellte P. Rabbow die „Techniken der Seelenführung" des philosophischen Hellenismus vor. P. Hadot griff Rabbows Forschungen auf und propagierte 1991 eine „Philosophie als Lebensform". M. Foucault hatte parallel zu Hadot in seinem großen Werk „Sexualität und Wahrheit" die antiken Konzepte des „Gebrauchs der Lüste" (1984) und der „Sorge um sich selbst" (1986) entwickelt. W. Schmid zeigte in seiner Schrift „Auf der Suche nach einer neuen Lebenskunst" (1991) die Möglichkeiten der Erweiterung des Ansatzes des Lebenskunstmodells von M. Foucault auf. Schmids Buch „Philosophie der Lebenskunst" (1999) baute diesen Ansatz auf europäischer Grundlage weiter aus. In den USA versucht besonders Martha Nussbaum das antike Modell der Lebenskunst aufzugreifen (vgl. M. Nussbaum: The Therapy of Desire. Theory and Practice in Hellenistic Ethics. Princeton 1994).

Diese Versuche stellen sich ganz in die heutige antimetaphysische Zeitstimmung. Sie favorisieren die Ich-stärkenden Methoden der Gewinnung der Lebenskunst und blenden alle Ich-überschreitenden Methoden der Lebens- und Glückskunst weitgehend aus. Das lässt sich an einem einfachen Beispiel zeigen:

Christoph Horn fasst die Methode des heute aktuellen eurozentrischen Lebenskunstmodells zur Erlangung des Glücks in neun Übungen zusammen. Die ersten acht Übungen beziehen sich auf die Steigerung der Ich-Kompetenz.

1. Die literarischen Übungen: Sie bestehen aus bestimmten Techniken des Schreibens und des Lesens.
2. Die dialogischen Übungen: Sie umfassen die Methoden der Gesprächsführung zwischen Meister und Schüler.
3. Die monologischen Übungen: Sie umfassen Selbstgespräch, Selbstprüfung und die Wiederholung philosophischer Lehrsätze.
4. Die imaginativen Übungen: Sie sind Übungen, mit denen kommendes Unheil vorweg genommen und entschärft werden soll.
5. Die therapeutischen Übungen: Sie wollen die Affekte und Emotionen durch Vernunft heilen.
6. Die sensibilisierenden Übungen: Sie sollen die Genuss- und Erlebnisfähigkeit steigern und die Wertschätzung einfacher Güter erhöhen.
7. Die moralischen Übungen: Sie sammeln Methoden wie die Beichte und das innere Selbstgewicht zur moralischen Erbauung.
8. Die intellektuellen Übungen: Sie wollen das begriffliche Denken, die Bewusstheit und Wachsamkeit des Ichs erhöhen.

Erst die neunte Übung „Die spirituellen Übungen" zielen „auf eine Transformation der gesamten Persönlichkeit im Sinne einer Vergöttlichung." (C. Horn: Antike Lebenskunst. München 1998, S. 45)

Gerade diese wichtige Dimension der Ich-Überwindung und der Entwicklung von Überbewusstsein wird in der europäischen Diskussion der Lebenskunstmodelle nur am Rande erwähnt. Die Tradition des Glücks als „Angleichung an Gott", die Plato als Ziel philosophischer Bemühungen betont und als Nachahmung der Ideenordnung, besonders der obersten Idee des Schönen konkretisiert, findet in den heutigen Übungssystemen der Lebenskunst keine Ausformung. Das überrascht, weil sich die Idee des Glücks als „Angleichung an Gott" in der europäischen Moderne bei zeitgemäßen Nihilisten wie Nietzsche und Cioran, aber auch bei den amerikanischen Transzendentalisten, wie z.B. Ken Wilber, finden lässt. (Vgl. L.v. Werder: Lehrbuch der philosophischen Lebenskunst für das 21. Jahrhundert. Berlin 2000)

Allerdings gilt der Grundsatz: Das Glück des Menschen ist ohne Metaphysik nicht möglich. Deshalb ist es an der Zeit, das Konzept der Lebenskunst und des Glücks auf die außereuropäischen Zentren der Philosophie zu beziehen, in denen die Traditionen der Metaphysik als Übungsteil der Lebenskunst, nicht wie in Europa im 19. und 20. Jahrhundert, abgerissen sind. Ein umfassenderes Konzept von Lebens- und Glückskunst kann heute auf die Glückskonzepte und Denkmethoden der asiatischen Philosophie, also der Philosophie in China, Indien und Arabien nicht verzichten. Das hat seine guten Gründe. In diesen asiatischen Zentren der Philosophie spielt das Konzept der praktischen Glücks- und Lebenskunst eine durchgehende Rolle im Wandel der Zeiten. Die asiatischen Glücksmethoden wurden über 5000 Jahre durchlebt und verbessert. Diese Glücksmethoden werden in philosophischen Texten angeboten, die sehr alltags- und lebensnah argumentieren. Die asiatische Philosophie entwickelt ganz bewusst Methoden des praktischen Philosophierens, um die Lebenskunst praktisch werden zu lassen. Bevor wir aber in die Arbeit mit der asiatischen Lebenskunst einsteigen, sollten wir allerdings unsere eigene Lebensphilosophie klären. Nur durch die Klärung unserer Lebensphilosophie werden wir im Stande sein, die Steigerung des Glücksbewusstseins durch asiatische Glücksmethoden zu verarbeiten und mit unserer meist atheistischen Lebensphilosophie zu verbinden.

2. Die Rekonstruktion der eigenen Glücks- und Lebensphilosophie

Man kann davon ausgehen, dass jeder Mensch zur Interpretation der Welt, in der er lebt, eine Philosophie braucht. Jeder Mensch ist notwendigerweise Philosoph, ganz gleich, wie bewusst ihm sein Philosophieren ist. Selbst der Verächter der Philosophie schöpft aus philosophischen Gründen. „Da die Philosophie für den Menschen unumgänglich ist, ist sie jederzeit da, in der Öffentlichkeit, in überlieferten Sprichwörtern, in…Redewendungen…, aber vor allem in den Mythen." (K. Jaspers: Einführung in die Philosophie. München 1971, S. 12) Weil der Mensch nicht nicht philosophieren kann, hat jeder Mensch eine natürliche Lebensphilosophie.

Die eigene Lebensphilosophie bestimmt das eigene Leben. Sie besteht aus Erfahrungen und ihrer Verallgemeinerung aus Erinnerungen, aus Weisheiten, Sprichwörtern, Märchenwissen, aus Kochbuchwissen zur Bewältigung der üblichen Lebensvollzüge. Ihre Bewusstmachung, Erweiterung und Vertiefung, ihre Veralltäglichung durch philosophische Praxis ist ein wichtiger Teil der philosophischen Lebenskunst und des Lebensglücks.

Die Glücksvorstellungen in der eigenen Lebensphilosophie sollten mit kreativen Methoden erarbeitet werden. **Folgende Methoden sind zu empfehlen:**

Automatisches Schreiben: Schreiben Sie das Wort Glück. Schreiben Sie ganz schnell ohne anzuhalten alle Einfälle zum Thema Glück nieder. Schreiben Sie nicht mehr als eine halbe Seite. Suchen Sie sich dann die besten Ideen zum Thema Glück heraus.

Musik hören: Wählen Sie Ihre Lieblingsmusik, lassen Sie sie auf dem CD-Player laufen. Schreiben Sie dann mit geschlossenen Augen die Einfälle auf, die Ihnen die laufende Musik zum Thema Glück zuspielt.

Freie Assoziationen zum Glück: Schreiben Sie das Wort Glück. Ergänzen Sie es um neun Worte, die Ihnen zum Wort Glück einfallen. Wählen Sie das wichtigste Wort aus. Schreiben Sie zur Erklärung Ihres wichtigsten Glückswortes drei Sätze.

Clustern zum Kernwort Glück: Schreiben Sie das Wort Glück als Kernwort auf ein weißes Blatt Papier. Kreisen Sie dieses Wort ein. Schließen Sie die Augen. Lassen Sie sich weitere Worte zum Kernwort Glück einfallen. Kreisen Sie diese Worte auch ein und verbinden Sie die Kreise durch Pfeile mit dem Kernwort. Durch weitere Einfälle, bei geschlossenen Augen, erweitern Sie die Assoziationslinien des Clusters, bis Ihnen eine Schreibidee kommt. Schreiben Sie dann mit Hilfe der Worte im Cluster einen kleinen Text über Glück.

Mind-Map zum Kernwort Glück: Schreiben Sie wie beim Clustern das Kernwort Glück auf ein weißes Blatt und kreisen Sie es ein. Überlegen Sie dann alle systematischen Aspekte zum Thema Glück. Ordnen Sie im Uhrzeigersinn alle systematischen Glücksaspekte als Hauptäste um das Kernwort Glück. Erweitern Sie jeden Ast um weitere freie Einfälle. Schreiben Sie dann so viele Sätze über Glück, wie Sie Aspekte des Glücks im Mind-Map festgelegt haben. Wenn Sie also sechs Äste zum Glück gefunden haben, dann schreiben Sie sechs Abschnitte zum Thema Glück mit Hilfe Ihres Mind-Maps.

Brain-Writing: Schreiben Sie mit der schreibungewohnten Hand mit geschlossenen Augen fünf Sätze über das Glück.

Glückslyrik: Schreiben Sie ein ELFchen (elf Worte: 1. Zeile 1 Wort, 2. Zeile 2 Worte, 3. Zeile 3 Worte, 4. Zeile 4 Worte, 5. Zeile 1 „Ausrufswort"), ein Haiku (3 Zeilen mit 5 bzw. 7 bzw. 5 Silben), ein Rubai (4 Zeilen, deren 1., 2. und 4. Zeile reimt, die 3. Zeile bleibt reimlos) über das Glück.

Phantasiereisen: Schließen Sie die Augen. Stellen Sie sich eine Wiese vor. Gehen Sie auf der Wiese spazieren. Erreichen Sie ein Glücksschloss. Gehen Sie in das Schloss. Besuchen Sie alle Räume, die dem Glück dienen.

Verlassen Sie dann das Schloss. Gehen Sie an Ihren Startpunkt zurück. Öffnen Sie die Augen. Schreiben Sie Ihre Glücksreise auf.
Träume: Schreiben Sie alle Glücks-Tagträume und Glücks-Nachtträume der letzten Woche auf. Schreiben Sie die Erfahrungen dieses Versuchs auf.

Neben diesen kreativen Glücksübungen macht es aber auch Sinn, das Thema Glück als Teil Ihrer Lebensphilosophie für eine kreative Auseinandersetzung mit der europäischen Glücksphilosophie zu vertiefen.

Ehe wir uns der asiatischen Glücksphilosophie zuwenden, sollten wir uns mit den Spuren des Glücks in der europäischen Philosophie auseinandersetzen. (Vgl. R. Winterswyl: Das Glück. München 1995; W. Tatarkiewicz: Über das Glück. Stuttgart 1984; A. Abele u.a.: Wohlbefinden. Weinheim 1994; G. Honnefelder: Glück. Frankfurt 1992)

Machen wir deshalb einen schnellen Durchgang durch die europäische Glücksphilosophie:

Plato (427-347 v.Chr.) versteht unter Glück den Aufstieg zur Idee des Schönen. Schließen Sie also die Augen. Stellen Sie sich das schönste Glückssymbol vor. Öffnen Sie dann die Augen und beschreiben Sie Ihr gefundenes Bild in mehreren Sätzen.

Aristoteles (384-322 v.Chr.) sieht das Glück im Handeln, das einem selbst vollkommen entspricht und befriedigt. Blicken Sie auf Ihr Leben zurück und beschreiben Sie drei Situationen, in denen Sie sich im Handeln glücklich gefühlt haben.

Epikur (341-270 v.Chr.) sieht das Glück im Erleben der größten Lusterfahrung. Legen Sie eine Liste Ihrer größten Lusterfahrungen an und beschreiben Sie dann diese Erfahrungen.

Seneca (4 v.Chr. – 65 n.Chr.) sieht das Glück bei dem, „der weder Wünsche hegt noch Furcht empfindet". Listen Sie Ihre Ängste und Wünsche auf. Streichen Sie sie dann durch. Beschreiben Sie das Glücksgefühl, das entsteht, wenn man alle Wünsche und Ängste aufgibt.

Augustinus (354-430 n.Chr.) stellt fest: „Gott haben ist das Glück." Schließen Sie die Augen und finden Sie drei Namen für das Mächtigste und Ewigste, das Sie sich vorstellen können. Schreiben Sie diese drei Namen auf.

Thomas von Aquin (1225-1273) betrachtete Glück als Gnadengeschenk Gottes nach dem Tod. Stellen Sie sich vor, Sie sind tot und erhalten dann das absolute Glück. Schließen Sie die Augen und machen Sie sich eine Vorstellung von dem Glück nach dem Tod. Beschreiben Sie dieses nachtödliche Glücksbild.

René Descartes (1596-1650) sieht das Glück darin, dass man mit der Vernunft seine asozialen Triebe bändigt. Beschreiben Sie den großen Kampf Ihrer Vernunft mit Ihren Trieben. Schildern Sie auch Anlass, Höhepunkt und Ausgang dieses Kampfes.

Immanuel Kant (1724-1804) erkennt, dass alle Menschen nach dem Glück streben. Er glaubt aber, dass das Glück der Vernunft an der Unvernunft der Triebe scheitert. Deshalb ist die „Höllenfahrt der Selbsterkenntnis" die wichtigste Voraussetzung, um wenigstens nach dem Tod mit Vernunft die Triebe besiegen zu können. Beschreiben Sie, wie Sie sich nach dem Tod mit dem Anrecht auf Glück und mit Hilfe Ihrer Vernunft Ihre glücklich-moralische Integrität erkämpfen.

G.W. Hegel (1770-1831) erkennt das Glück im Denken, besonders im Abstraktionsprozess, der den Aufschwung vom Besonderen zum Allgemeinen schafft. Malen Sie eine Leiter. Bezeichnen Sie die unterste Stufe dieser Leiter mit etwas Besonderem. Steigen Sie dann die Leiter der Abstraktion hinauf und benennen Sie jede weitere Stufe mit einer weiteren Abstraktion, bis Sie auf die Leiterstufe des Abstraktesten überhaupt kommen. Beschreiben Sie dann die Glückserfahrung des abstrahierenden Denkens.

Für Sigmund Freud (1856-1939) ist Glück ein philosophisches Phänomen, das aus der plötzlichen Befriedigung aufgestauter Bedürfnisse entspringt. Stellen Sie sich eine Ihrer kathartischen Entladungen aufgestauter Bedürfnisse aus Ihrem Leben vor und beschreiben Sie Ihr Glück, das Sie dabei empfunden haben.

Ernst Bloch (1885-1977) hielt das Glück für alle als Paradies auf Erden für möglich. Schließen Sie die Augen und stellen Sie sich das beste Ende der Evolution vor. Beschreiben Sie dann Ihre Bilder vom „Sein wie Utopie" am Ende der Geschichte.

Abschlussübung:
Lesen Sie alle Glückstexte durch, die Sie zum Glück in Ihrer Lebensphilosophie geschrieben haben. Schreiben Sie nun einen Abschlusstext, der Ihre Lebensphilosophie des Glücks im Spiegel der bearbeiteten Philosophen vertieft und erweitert.

Vertiefen Sie nun Ihre Arbeit an Ihrer eigenen Glücksphilosophie als Grundlage Ihrer Kunst, Ihre Lebensprobleme philosophisch zu lösen, dadurch, dass Sie Ihre eigenen Antworten auf die systematischen Fragen der Philosophie darstellen. Benutzen Sie dafür folgende vier Fragebögen (vgl. K. Wuchterl: Lehrbuch der Philosophie. Bern 1992):

Die Rekonstruktion der eigenen Glücks- und Lebensphilosophie

Fragebogen 1: **Anthropologie: Was bin ich als Mensch?**

Fragen	Ihre Antworten
Bin ich als Mensch ein verlorenes Wesen auf einem einsamen Stern in einem grenzenlosen Weltall?	
Bin ich als Mensch ein sterbliches Tier im erbarmungslosen Überlebenskampf der Milliarden Lebewesen?	
Bin ich als Mensch ein Wesen, das glaubt, von der Vernunft geleitet zu sein, aber Spielball seiner Triebe ist?	
Bin ich als Mensch ein Computer, der sich selbst geschaffen hat?	
Bin ich als Mensch das erste freigestellte Wesen, das von den Naturzwängen unabhängig ist?	

Fragebogen 2: Erkenntnistheorie: Was kann ich wissen?

Fragen	Ihre Antworten
Wodurch ist mein sicheres Wissen gekennzeichnet?	
Was unterscheidet mein philosophisches Wissen von meinem alltäglichen Wissen?	
Enthalten meine philosophischen Theorien nicht immer Begriffe, die empirisch nicht ableitbar sind?	
Wie kann ich meinen philosophischen Text verstehen?	
Welches Vorverständnis ermöglicht mir das Verstehen von philosophischen Texten?	
Liegt meine Wahrheit nicht immer zwischen Wahrheit und Lüge?	

Fragebogen 3: **Ethik: Was kann ich tun?**

Fragen	Ihre Antworten
Was sollte ich angesichts der weltweiten Krisen tun?	
Was ist mein höchstes Gut?	
Was ist mein Glück?	
Bin ich frei und vernünftig, über mein Leben entscheiden zu können?	
Ist mein Egoismus moralisch gerechtfertigt?	
Kann ich mein Leben nach dem Prinzip des Nutzens führen?	
Was halte ich von der goldenen Regel „Was du nicht willst, das man dir tu, das füg' auch keinem anderen zu"?	

Fragebogen 4: **Metaphysik: Was ist das Ganze für mich?**

Fragen	Ihre Antworten
Was halte ich für den Ursprung der Welt?	
Sind Ideen für mich das einzig Reale?	
Was verstehe ich unter „Sein"?	
Ist die Welt für mich ein System?	
Was ist für mich das Nichts?	
Lässt sich für mich das Sein denken oder nur dichten?	
Was ist für mich das Ziel der Welt?	

Die Rekonstruktion der eigenen Glücks- und Lebensphilosophie

Abschlussübung:
Fassen Sie die wichtigsten Erkenntnisse über „Glück" auf der Basis Ihrer Anworten zu den vier Fragebögen in zehn Sätzen zusammen. Beantworten Sie diese Fragebögen noch einmal nach dem „Lesen" dieses Buches. Vergleichen Sie Ihre Antworten und stellen Sie Veränderungen fest.

Jeder Mensch gewinnt seine spezifische Lebensphilosophie auf der Basis von philosophischen **Gipfel- und Abgrundserfahrungen.** Diesen Gipfel- und Abgrundserfahrungen wollen wir uns nun zuwenden.

Die Gipfelerfahrung sieht A. Maslow durch folgende Merkmale gekennzeichnet:

1. Die Gipfel-Glücks-Erfahrung ist selbstvergessen, ichlos und selbstlos.
2. Diese Erfahrung besitzt ihren Wert an sich.
3. Diese Erfahrung transzendiert Zeit und Raum.
4. Diese Erfahrung wird als gut und wünschenswert erfahren.
5. Diese Erfahrung lässt Ehrfurcht und Scheu, aber auch das Erlebnis der Auslieferung an etwas Großes entstehen.
6. Diese Erfahrung lässt die Welt als Einheit erscheinen. Alle Dichotomien und Widersprüche in der Welt verschwinden.
7. Diese Erfahrung lässt sich den Einzelnen als übermenschlich erleben.
8. Diese Erfahrung beseitigt alle Ängste, auch die vor dem Tod.

(A. Maslow: Psychologie des Seins. Frankfurt 1992, S. 85-107)

Übungen:
1. Stellen Sie nun, um Ihr Bewusstsein Ihrer Glücks- und Lebensphilosophie zu vertiefen, eine Liste der Gipfelerfahrungen in Ihrem Leben zusammen, die die acht Kriterien von A. Maslows erfüllen.
2. Gestalten Sie diese Gipfel-Glückserfahrungen in Form von Bildern.
3. Versuchen Sie abschließend Ihre Gipfelerfahrung philosophisch zu interpretieren und den Zusammenhang Ihrer Gipfelerfahrung mit Ihrer Lebensphilosophie darzustellen.

Als Anregung können Sie sich an folgender Typologie von Gipfel-Glückserfahrungen orientieren:

Typen von Gipfel-Glückserfahrungen	Eigene Erfahrungen
Verschmelzung mit erhabenen Naturbildern, z.B. im Gebirge, am Meer, unter dem nächtlichen Sternenhimmel	
Nah-Todes-Erfahrungen mit der Erfahrung der Trennung von Körper und Seele	
Meditatives Leer-Werden, das mit Flugempfindungen einhergeht	
Stirb- und Werde-Erfahrungen nach schweren Krankheiten	
Extreme Denkerlebnisse beim Versuch, das Sein zu denken	
Spontane Ekstase	
Verschmelzender Orgasmus mit einem Partner	
Tief-Traum-Erlebnis mit Schlüsselcharakter	
Erste Vision einer wissenschaftlichen oder philosophischen Erkenntnis	
Imaginative Rückkehr vor den Ursprung der Welt	
Erlebnis des Gefühls der Unsterblichkeit	

Die Rekonstruktion der eigenen Glücks- und Lebensphilosophie

Wenden wir uns nun den negativen Abgrundserfahrungen Ihres Lebens zu. Neben den Gipfel-Glückserlebnissen wird die eigene Lebensphilosophie aber auch von Abgrundserlebnissen geprägt.

Abgrundserlebnisse haben folgende Merkmale:
1. Das Abgrundserlebnis kann das Ich größenwahnsinnig machen.
2. Das Abgrundserlebnis stellt eine große Entwertung dar.
3. Dieses Erlebnis verdichtet Zeit und Raum.
4. Dieses Erlebnis wird als böse und zerstörerisch erlebt.
5. Dieses Erlebnis löst Angst und Verzweiflung aus.
6. Dieses Erlebnis lässt die Welt als wertlos erscheinen.
7. Dieses Erlebnis zeigt den Menschen als Untier.
8. Dieses Erlebnis zeigt alles im Banne des Todes und des Unterganges.

Als Anregung zur Arbeit an den Abgrunderlebnissen kann man sich an der Typologie der Abgrundserfahrungen orientieren, die Sie auf der folgenden Seite dargestellt sehen.

Stellen Sie anschließend dar, welchen Stellenwert diese Erlebnisse in Ihrer Lebensphilosophie gewonnen haben. Relativieren Sie dann die Abgrundserlebnisse, indem Sie jedem Abgrundserlebnis ein Glückserlebnis gegenüberstellen.

Arbeiten Sie dabei mit folgender Zwei-Spalten-Methode:

Meine Abgrundserlebnisse	Meine Glückserlebnisse

Typen von Abgrundserfahrungen	Eigene Erfahrungen
Konfrontation mit Naturbildern des Untergangs und der Naturkatastrophen	
Nah-Todes-Erfahrung als Konfrontation mit dem Nichts	
Meditationserfahrung mit plötzlichem Ich-Verlust	
Stirb-Erfahrungen ohne Werde-Aufschwung	
Ich-Auflösung beim Denken des Seins	
Spontane Tiefendepression	
Albtraumerlebnis mit Langzeitwirkung	
Chaoserfahrung im wissenschaftlichen und philosophischen Denken	
Absturz ins Nichts	
Erlebnis des Gefühls der totalen Vernichtung des Körpers	

Nachdem Sie nun einen großen Umriss Ihrer eigenen Lebens- und Glücksphilosophie gewonnen haben, sollten Sie sich den Möglichkeiten der Glückssteigerung zuwenden.

3. Philosophische Lebenskunst: Das eigene Glücksdenken steigern

Nach Kant ist die letzte Absicht des Menschen für sich selbst glücklich zu werden. Sie gehört nach Kant zum Wesen des Menschen. (N. Hinske: Lebenserfahrung und Philosophie. Stuttgart 1986, S. 43) Wie die konkrete Erfüllung des Glücks aussieht, ist eine Sache der Lebenserfahrung. Beim Glück kann man zwei Dimensionen unterscheiden: Einmal ist Glück Sache der Lebensumstände und des Lebensschicksals. Glücklich sein hängt dagegen vom eigenen Lebensgefühl und damit auch von den eigenen Anstrengungen, glücklich zu sein, ab. Glücklich zu sein bedarf also der Anstrengung. Es gibt so etwas wie einen inneren Zusammenhang zwischen Glück und Tüchtigkeit. Es bedarf also der Glücksübungen. Diese Übungen zerfallen in Übungen der Leidbekämpfung und in Übungen der Glückssteigerung. Allerdings: Jeder muss die Übungen erproben, „um zu erkennen, welche von ihnen ihm selbst entspricht." (W. Tatarkiewicz: Über das Glück. Stuttgart 1984, S. 228)

Stellen wir uns nun die gängigen Übungen der Leidbekämpfung und der Glückssteigerung vor:

Die Übungen der Leidbekämpfung heißen:

Übung 1: Gedankliche Vorwegnahme der besseren Zukunft.

Übung 2: Arbeiten und nicht verzweifeln, Leid durch produktive Praxis entschärfen.

Übung 3: Überdecken des Leids durch heitere Bilder, Verdrängung des Leids.

Übung 4: Steigerung des Tagträumens, Glück in anderen Welten suchen, in Märchen, in früheren Welten, in den Utopien.

Übung 5: Den Blick nach unten richten zu denen, denen es noch schlechter geht.

Übung 6: Arten und Typen des Leids unterscheiden (vgl. Grafik nächste Seite)

Übung 7: In die eigene Biographie blicken, um zu sehen, wo es einem noch schlechter ging.

Übung 8: Sich der Gemeinschaft der Leidenden zuordnen.

Typen des Leids	Arten des Leids	Mein Leidniveau
Alltagsunglück	Unruhe, Leere	
Kleine Unannehmlichkeiten	kleine Fehlschläge	
Unwohlsein	Temporäres Missgefühl	
Anti-Flow	Phase des Missgefühls	
Gipfel-Unglück, Schicksalsschläge	Helle Verzweiflung	

Übung 9: Zweckpessimismus entwickeln. Glauben, dass alles verloren ist. Liebe zum schlechten Schicksal entwickeln: „Soll es mich doch treffen." Wert des Leidens erkennen.

Übung 10: Sich von der Welt und sich selbst distanzieren. Die Begierden beherrschen. Aus großer Höhe auf sich herabblicken. Die Geschichte im Dunkel entstehen und vergehen sehen.

Übung 11: Meditation über das höchste Gut, das unzerstörbar ist: „Wer Gott hat, hat das Glück." (Augustinus)

Übung 12: Das Ich als Ort des Leidens relativieren durch Meditation des Selbst und durch Gebete an das Absolute.

Übung 13: Das Ich überwinden, durch Entwicklung des Überbewusstseins mit den Mitteln der Skepsis und der Melancholie-Gedanken.

Übung 14: Trost im Leid durch Philosophie finden. Den Rat der Philosophie beherzigen, die den tieferen Sinn des Leidens erschließt, die Größe des Menschen erkennt und Weisheit vermittelt. Oder mit Hilfe der Skepsis: „Nichts glauben und nichts hoffen". Leiden zeigt den Wert des Glücks. Das Leiden als den einzigen Weg zum Glück betrachten (Askese).

Übung 15: Die eigene Lebensphilosophie vom pessimistischen Übergewicht befreien. Nihilistische Aspekte und zynische Lust am Leiden im eigenen Charakter erforschen.

Zusammenfassung:
Wählen Sie eine der 15 Übungen der Leidensbekämpfung aus und praktizieren Sie sie.

Kommen Sie nun zu den Übungen der Glückssteigerung. Diese Übungen heißen:

Übung 1: Vorurteile über das Glück überwinden. Alle Sprichwörter über Glück sind negativ: „Glück und Glas, wie leicht bricht das." Alle negativen Sprichwörter aufschreiben und widerlegen.

Übung 2: Stufen und Arten des Glücks unterscheiden:

Typen des Glücks	Arten des Glücks	Eigenes Glücksniveau
Alltagsglück	Macht, Reichtum, soziale Stellung	
Kleine Annehmlichkeiten	Glücksaugenblicke	
Wohlbefinden	längere Phasen der Befriedigung	
Flow	Aufgehen im Handeln	
Peak	Exaltierende Erfahrungen	
Plateau	Jenseits von Glück und Unglück sein	

Übung 3: Die inneren Widerstände gegen Glück erkennen. Die Aufhebung der Fixierung auf Vergängliches, auf Materielles, auf die Jugend und auf das unverhoffte Glück durch Fortuna.

Übung 4: Bewusstseinssperren gegen Glück bearbeiten, z.B. den Satz: „Die Welt ist furchtbar" in die Einsicht verwandeln: „Die eigene Meinung von der Welt ist furchtbar." Oder die Idee: „Der Tod zerstört mich völlig" in die Meinung verwandeln: „Ich treffe ihn gar nicht." Die Idee: „Das Leid ist ewig" in den Gedanken umwandeln: „Es dauert in jedem Fall nur kurz." Die Vorstellung: „Das Glück ist winzig" in den Gedanken umformen: „Das Glück kann leicht erweitert werden."

Übung 5: Vernunftausbau statt Affektfixierung. Distanz zu den eigenen Affekten erarbeiten, z.b. durch Tagebuchschreiben.

Übung 6: Vergleichgültigung gegen die äußere Welt durch Verekelung und durch Prämeditation drohender schlimmer Ereignisse.

Übung 7: Kleine Annehmlichkeiten vertiefen durch Spiele, Unterhaltung, Essen und befriedigendes Handeln.
Große Annehmlichkeiten suchen, indem sich „eine große physische oder psychische Energie plötzlich entlädt und Sinnenrausch hervorruft". (W. Tatarkiewicz, a.a.O., S. 16). Dieser Sinnenrausch kann auch durch Körperbelastung entstehen, z.b. durch Klettern, Joggen, Weltumsegelung, Isolation, Fasten und Übung von Askese.

Übung 8: Glücksbilder und Glücksutopien meditieren, z.b. Paradiese der Sinnlichkeit oder des Geistes, aber auch utopische Inseln im Geist besuchen oder sich Staatsutopien vorstellen.

Übung 9: Die Hauptposition des Zweifels am Glück widerlegen, z.b. die Positionen des Pessimismus oder die christliche Verteufelung der Lust. Dagegen die Geschichte der optimistischen Philosophie aufarbeiten, z.b. Epikur, Hedonismus, Aristippos, Hohlbach, Bentham, Leibniz, Descartes, Helvetius, La Mettrie, E. Bloch usw.

Übung 10: Mystische Techniken der Ich-Aufhebung und der Ekstase anwenden, um Peak- oder Plateau-Erfahrungen zu erleben.

Derartige Übungen der Leidbekämpfung bzw. der Glückssteigerung rufen verschiedene Stufen des Glücksbewusstseins hervor. Das alltägliche Bewusstsein ist keineswegs nur, wie es in der Tiefenpsychologie angenommen wird, mit einem Unterbewusstsein konfrontiert, sondern es besitzt nach den Forschungen der transpersonalen Psychologie auch ein Überbewusstsein. Dieses Überbewusstsein, wie es William James (Die Vielfalt der religiösen Erfahrungen. Zürich 1968), Roberto Assagioli (Psychosynthese. Reinbek 1996) und Stanislav Grof (Topographie des Unbewußten. Stuttgart 1982) erkannt haben, eröffnet vielfältige Dimensionen der Bewusstseinserweiterung. Von dieser Bewusstseinserweiterung und ihren Methoden jenseits des sorgenvollen Alltagsbewusstseins hängt das Glück ab. Deshalb macht es im Hinblick auf das Bewusstsein Sinn, mehrere Stufen des Bewusstseins und des

Glücks zu unterscheiden. Dabei wird sich zeigen, dass dem Ich-Bewusstsein die Glücksstufe „Kleine Annehmlichkeiten" und „Wohlbefinden" und dem Überbewusstsein die Stufen „Flow-", „Peak-" und „Plateauerfahrungen" zuzuordnen sind. Das Glücksbewusstsein umfasst nach den Ergebnissen der Glücksforscher sechs Stufen. Drei Stufen umfassen das Ich-Bewusstsein und drei Stufen umfassen das Überbewusstsein.

Zu den drei Stufen des Ich-Bewusstseins gehören:

Stufe 1: **Das Alltagsbewusstsein:**
Es ist von Gleichgültigkeit geprägt. „Verschiedene Zustände erleben wir als gleichgültig, weder als angenehm noch als unangenehm... Dies gilt insbesondere für gewöhnliche Lebenssituationen und für gewöhnliche Beschäftigungen, die sich ständig wiederholen." (W. Tatarkiewicz, a.a.O., S. 65)

Stufe 2: **Kleine Annehmlichkeiten:**
Diese entstehen im Ich-Bewusstsein als positives Gefühl bei gelungener Arbeit, sexueller Beziehung, Unterhaltung, Ablenkung und im Spiel (W. Tatarkiewicz, a.a.O., S. 101-116; M. Argyle: The Psychology of Happiness. London 1987, S. 216)

Stufe 3: **Wohlbefinden:**
Diese Stufe prägt ein Ich-Bewusstsein als Ausdruck eines gelungenen Lebens, „angesichts der Fähigkeit zur ausgewogenen Bewältigung externer und interner Anforderungen." (A. Abele, P. Becker (Hrsg.): Wohlbefinden. Weinheim 1994, S. 43)

Das Überbewusstsein gliedert sich in folgende drei Stufen:

Stufe 4: **Flow:**
Flow-Erlebnisse als Bestandteil des Überbewusstseins treten bei intrinsischen Aktivitäten auf, „wenn eine Person völlig in einer herausfordernden Tätigkeit aufgeht, den Handlungsablauf beherrscht, die Aufmerksamkeit auf das Handeln zentriert ist, ein Verlust des Ichs und Selbstvergessenheit eintritt und das Handeln positive Bestätigung hervorruft." (M. Csikszentmihalyi: Das Flow-Erlebnis. Stuttgart 1999, S. 61ff.)

Stufe 5: Peak-Erlebnis:
Bei diesen Erlebnissen erfährt sich das Bewusstsein als Überbewusstsein, dabei entwickelt das Bewusstsein folgende Merkmale:
- Das Bewusstsein fühlt sich eins mit dem Universum. Dieses Erlebnis trägt seinen Wert in sich.
- Zeit und Raum sind verschwunden. Das Erlebnis wird als gut und wünschenswert erlebt. Der Inhalt des Erlebnisses erscheint unabhängig vom Menschen zu bestehen und über die Menschheit hinaus zu reichen.
- Raum- und Zeitgrenzen lösen sich auf. Die Welt wird als Einheit gesehen, als einzige, reiche und lebendige Einheit.
- Die Angst vor dem Tod verliert für den Augenblick der Erfahrung ihre Bedeutung. Die Peak-Erfahrung „ist ein Höhepunkt, ein Gipfel, eine gelegentliche Leistung."

(A. Maslow: Psychologie des Seins. Frankfurt 1992, S. 85-107)

Stufe 6: Plateau-Erlebnis:
Dieses umfassende Überbewusstsein liegt jenseits der Widersprüche von Glück und Unglück. Es ist das Ziel aller Mystiker und wird Seins-Bewusstsein, Nirvana-Bewusstsein, Brahman-Bewusstsein oder Tao-Bewusstsein genannt.
(Vgl. K. Wilber: Halbzeit der Evolution. München 1992)

Halten wir noch einmal fest:
Die Bewusstseinsstufen 1-3 unterscheiden sich prinzipiell von den Bewusstseinsstufen 4-6. Bei den Glücksbewusstseinsstufen 1-3 ist das alltägliche Ich-Bewusstsein noch erhalten, bei den Glücksbewusstseinsstufen 4-6 kommt es zur Einschränkung und schließlich zur Überwindung des Ich-Bewusstseins im Überbewusstsein.

Übung:
Stellen Sie fest, welche Bewusstseinsstufen Sie bei der Erfahrung Ihrer Glückserlebnisse schon erlebt haben. Beschreiben Sie diese Erlebnisse: Liegen sie nun im Bereich des erhaltenen oder des aufgehobenen Ich-Bewusstseins?

Fassen wir die Ergebnisse der Glücksstufen und der Glücksmethoden in einer Grafik zusammen:

Philosophische Lebenskunst: Das eigene Glücksdenken steigern 33

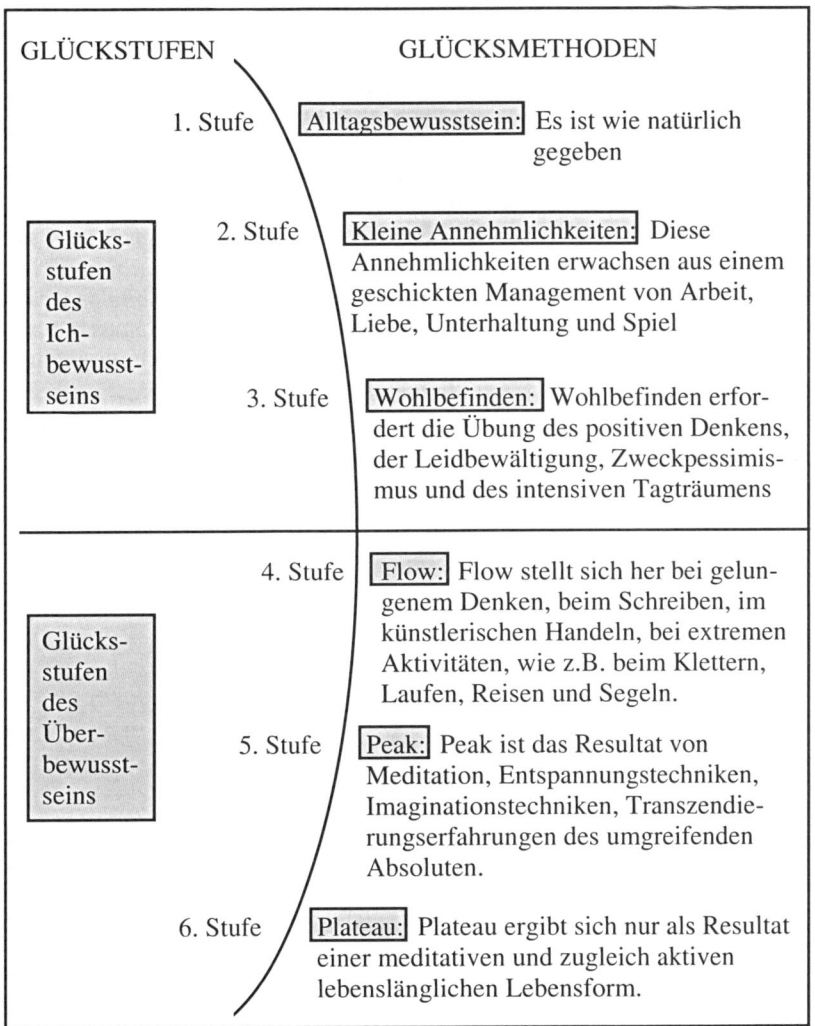

Die asiatische Lebenskunst hat diese wichtigen Methoden zur Erreichung der höchsten glücklichen Bewusstseinsstufen erarbeitet. Ihre Aneignung wirft allerdings in Europa Probleme auf. Sehen wir uns diese Probleme nun einmal an.

4. Das Lernen der philosophischen Glückspraxis Asiens: Sekten, Gurus und das philosophische Café

Die vorherrschende Form des Lernens der philosophischen Glückspraxis Asiens ist die Unterweisung durch eine/n Lehrer/in. Allerdings gewinnt der Lehrer als Guru gottähnliche Züge. „Der Guru ist Gott selbst ... den Guru zu sehen, bedeutet Gott zu sehen." (H.-M. Cammans : Sekten. Düsseldorf 1998, S. 115) Viele Gurus entwickeln eigenständige Traditionen und binden heute Millionen von Anhängern in Sekten. Oft sind die modernen Gurus aus Indien, Japan oder Arabien eher „Heilsverkäufer" oder „Wunderheiler" als richtige Lehrer. Heute ist Yoga und Meditation schick und wird überall angeboten. Es gibt Meditationszentren, spirituelle Volkshochschulkurse und häufige spektakuläre Guru-Auftritte bzw. Events, z.B. mit dem Dalai Lama.

Die Gefahren des Guru-Tums müssen heute deutlich herausgestellt werden. Die Guru-Anhänger werden zu Abhängigen. Sie sind in geistiger, körperlicher, finanzieller und seelischer Hinsicht Opfer des Gurus. Seit 1978 ist es außerdem zu vielen Massenselbstmorden von Sektengruppen gekommen:

- Im November 1978 brachten sich 925 Mitglieder der Sekte der „Volkstempler" in Guyana um.
- Im September 1985 nahmen 68 Mitglieder einer Sekte auf der philippinischen Insel Mindanao Gift.
- Im August 1987 vergiftete eine Sektenführerin 33 ihrer Mitglieder in Südkorea.
- Im April 1993 verbrannten sich 81 Sektenmitglieder in Waco/Texas (USA).
- Von 1994-1997 verbrannten sich insgesamt 69 Mitglieder der Sekte der „Sonnentempler" in der Schweiz, Kanada und in Frankreich.
- Im März 1997 vergifteten sich 39 Mitglieder der Sekte „Heavens Gate" in San Diego (USA).
- Im März 2000 verbrannten sich ca. 600 Mitglieder der Sekte „Bewegung für die Wiedereinsetzung der 10 Gebote Gottes" in Kanungu (Uganda).

Natürlich gibt es echte Gurus ohne Selbstmordpläne, die genau prüfen, wen sie als Schüler annehmen. Aber auch sie fordern völlige Hingabe und Gehorsam. Diese autoritäre Lehre der philosophischen Praxis ist für demokratische Europäer nicht angemessen. In Europa kann nach den autoritären Experimenten von Hitler, Stalin und Mussolini nur eine antiautoritäre Lehre der asiatischen Glückspraxis stattfinden. Jeder Lehrer des asiatischen Glücks sollte einen Überblick über viele asiatische Glückspraxen besitzen und keine besonders favorisieren. Jeder Lernende sollte sich weiter um seinen Alltag selbstständig kümmern und die Arbeit an seinem Glück nebenbei betreiben.

In philosophischen Beratungen können durchaus asiatische Praxen angeboten werden. Aber sie müssen individuell zugeschnitten sein, ihr philosophischer Hintergrund sollte erhellt werden und die Freiheit der Kunden, sie zu akzeptieren oder abzulehnen, sollte gewahrt bleiben.

In philosophischen Gruppen und Seminaren können asiatische philosophische Praxen erprobt, überprüft und in ihren Effekten durchleuchtet werden. Auch das kritische Lesen von asiatischen Praxistexten hat hier seinen Ort.

Wer sich einer Gruppe der philosophischen Praxis nähert, sollte von ihr Abstand nehmen, wenn sie nach Ken Wilber folgende problematische Kennzeichen aufweist:
1. Hervorhebung des prä-rationalen Denkens
2. Berufung auf eine unkritisierbare Autoritätsfigur
3. Legitimierung durch einen einzigen Meister

(K. Wilber: Das Spektrum des Bewußtseins und Wege der Schulung des Geistes. In: Ders. u.a.: Meister, Gurus, Menschenfänger. Frankfurt 1995, S. 178-183)

Nach empirischen Untersuchungen scheinen folgenden Personenkreise anfällig für sektenhafte Rezeptionen asiatischer Praxen zu sein:
- Alleinstehend, Alter 21-25 Jahre, Mittelschicht, aufgewachsen auf dem Land oder in der Kleinstadt, mehrheitlich weiblich, regelmäßiger Kirchenbesuch
- Belastende Lebenssituation, aber keine psychopathologischen Symptome
- Wunsch nach verbindlicher, dogmatischer Weltanschauung.

(D. Rohmann: Mögliche Dispositionen einer Sekten-/Kultmitgliedschaft. In: Report Psychologie 1999, Heft 10, S. 764f.)

Im philosophischen Café sollte erstmal ein Überblick über die Komplexität der philosophischen Praxen Asiens vermittelt werden. Hintergründe dieser Praxen sollten aufgezeigt werden. Unterschiede zwischen indischen, chinesischen oder arabischen Praxen sollten verdeutlicht werden. Die einzelne Glückspraxis sollte im Licht der biographischen und sozialgeschichtlichen

Hintergründe erklärt werden. Ein Vergleich asiatischer und europäischer Praxen kann angestrebt werden. Durch kleine Übungseinheiten kann sich jeder Cafébesucher einen konkreten Eindruck der Anwendungs- und Wirkungsweise der einzelnen Glückspraxen machen. Der Dogmatismus einzelner Praxen wird durch die Konfrontation mit vielen Praxen abgebaut. Strukturen der Verhaltens-, Gedanken- und Informationskontrolle als Kennzeichen von Gehirnwäsche und Indoktrination werden im Café nicht entwickelt. (Vgl. S. Hassan: Ausbruch aus dem Bann der Sekten. Reinbek 1993, S. 100-112) Die asiatischen Praxen stehen immer im Kontext der Erweiterung der eigenen Lebensphilosophie. Sie sind keine Heilsangebote. Das Café praktiziert auch keine dreistufige Bewusstseinskontrolle, die auf das Aufbrechen des alten Denkens zielt, auf Veränderung im Sinne eines Sektenglaubens und im Fixieren auf eine totalitäre Lebensführung. (Vgl. S. Hassan, a.a.O., S. 112-121) Für das Café gilt weltanschaulicher Pluralismus, demokratische Gleichheit, Toleranz, Bemühen um individuelles Selbstdenken und nicht sektiererischer Dualismus, Elitementalität, Gruppenterror oder Lernen am Modell des Führers.

Das philosophische Café verfolgt Aufklärung, Information, Unterhaltung, aber auch individuelles Wachstum. (Vgl. L.v. Werder: Das philosophische Café. Berlin 1998)

Das philosophische Café informiert aber auch über philosophische Krisen auf dem Weg zum Glück. Das Auftreten von philosophischen Krisen auf dem Weg zum glücklichen Überbewusstsein wird in der philosophischen Literatur vielfältig beschrieben. Die Verunsicherung des Ichs bei philosophischen Übungen lässt sich schon bei den hellenistischen Stoikern wie Seneca und Epiktet finden. Die „dunkle Nacht der Sinne und des Geistes" auf dem Weg zum Überbewusstsein wird bei Johannes vom Kreuz thematisiert. Die ZEN-Krankheit beschreibt zuerst der ZEN-Meister Hakuin. Die yogische Krankheit dokumentiert Sri Aurobindo. Über die Krise des Ichs auf dem Wege zum Glück schreibt jeder asiatische Philosoph. Fallgeschichten aus der europäischen Gegenwart zeigen, durch Übermeditation kann eine Psychose ausgelöst werden. Transzendentale Meditation kann eine Schizophrenie unterstützen. Manien treten in Folge von spirituellen Exerzitien auf. ZEN-Meditation kann auch ein Einstieg in den Verfolgungswahn sein. Ich-Auflösung wird begleitet von Todes- und Untergangsängsten. Aus Beziehungen zu vermeintlichen Gurus entstehen Übertragungspsychosen und Liebeswahn. Kundalini-Erfahrungen steigern durchaus die narzisstische Selbsterhöhung. (Alle Fälle werden beschrieben in: C. Scharfetter: Der spirituelle Weg und seine Gefahren. Stuttgart 1997, S. 88-90)

Es ist also unbedingt nötig, im Café auf Methoden der philosophischen Selbstverteidigung gegen philosophische Krisen auf dem Weg zum

Überbewusstsein hinzuweisen. Dabei stammen die Methoden zur philosophischen Selbstverteidigung aus verschiedenen Quellen, nämlich aus der Spiritualitätsforschung, aus der Meditationsforschung, aus der Forschung der Tiefenpsychologie und aus der philosophischen Praxis selbst. Diese Methoden müssen für die eigenen Belange entsprechend ausgewählt werden.

Die **Spiritualitätsforschung** schlägt folgende Methoden der geistigen Selbstverteidigung bei Krisen auf dem Weg zum Überbewusstsein vor:

Langsames Vorgehen: „Machen sie häufig Pausen, um sich zu erden."
(M. Hope: Geistige Selbstverteidigung. Basel 1987, S. 23)

Rezentrierung des Ichs bei übergroßer Bewusstseinserweiterung: Diese Rezentrierung kann man durch Visualisierung von Basissymbolen erreichen, z.b. durch die Visualisierung der zentralen Basissymbole der östlichen Philosophie, wie Yin-Yang, den vielblättrigen Lotus oder einen Kreis.

Umschaltung nach Meditationsübungen: „Ein warmes Getränk, Unterhaltung und die Stabilisierung des Alltagsbewusstseins tragen dazu bei, die Bewusstseinsveränderung zu verkraften." (M. Hope, a.a.O., S. 47)

Überprüfung der außeralltäglichen Bewusstseinserfahrungen: Diese Überprüfung ist besonders fruchtbar, wenn man die neuesten Forschungen aus der Bewusstseinswissenschaft heranzieht.

Die **Meditationsforschung** nennt folgende Methoden der psychischen Selbstverteidigung bei schädlicher Ich-Auflösung:

Kokon: Visualisieren Sie um sich herum eine große leuchtende Kugel aus leuchtendem Licht.

Andreaskreuz: Kreuzen Sie die Arme über der Brust, so dass die Handflächen jeweils auf der gegenüberliegenden Schulter liegen.

Rückendeckung: Stellen Sie sich vor, dass ein verlässlicher Philosoph hinter Ihnen steht und Sie beschützt.
(R. Kakuska: Meditation. Freiburg 1995, S. 168-170)

Die **tiefenpsychologische Forschung** hat mit den Autoren C.G. Jung, S. Grof, E. Bragdon, K. Ring, K. Wilber und C. Scharfetter viele Methoden geistiger Selbstverteidigung bei philosophischen Krisen auf den Weg zum Überbewusstsein vorgestellt. Hier soll nur eine kleine Auswahl präsentiert werden.

Innerer Dialog mit dem eigenen Philosophen: Wer auf innere Krisen stößt, „braucht einen guten inneren Meister und einen Dialog mit ihm, um die entsprechenden Warnungen und Hinweise zu bekommen." (C. Scharfetter: Der spirituelle Weg und seine Gefahren. Stuttgart 1997, S. 58; C.G. Jung: Erfahrungen, Gedanken, Träume. Opladen 1970)

Distanzierung von narzisstischen Gedankenbildern: Viele inneren Glücksbilder, die mit intensiven Methoden der Bewusstseinserweiterung entwickelt werden, können zur narzisstischen Selbsterhöhung missbraucht werden. „Distanzierung ist die Parole dagegen." (C. Scharfetter, a.a.O., S. 35) Die Methoden der Distanzierung hat C.G. Jung erarbeitet. Sie heißen: Amplifikation (Anreicherung und Relativierung von Gedankenbildern durch ähnliche Bilder aus anderen Kulturen), Mandala-Malen (Distanzierung von Gedanken durch Darstellung in Kreisbilder), Übersetzung von Gedanken in Mythen (z.B. in Reden mythischer Gestalten).

Selbstintervention bei philosophischen Krisen: Für die Stärkung des Körpers auf dem Weg zum Überbewusstsein sind Zentrierungsübungen, Erden, Atemarbeit, Diät, physische Arbeit und ausreichender Schlaf sinnvoll. (S. Grof: Die stürmische Suche nach dem Selbst. München 1991) Für den sozialen Bereich ist die Distanzierung von aufregenden Menschen nötig. Im transpersonalen Bereich wird die Einbettung in das Leben auf der Erde, in sich selbst, in der Gemeinschaft und die Aufgabe der Flucht vor Alltagsaufgaben auf dem Weg zum Glück wichtig. (Vgl. C. Scharfetter, a.a.O., S. 61-63; E. Bragdon: Spirituelle Krisen. Freiburg 1994)

Für die Teilnehmer an philosophischen Cafés wurde außerdem als Methode zur Krisenbewältigung das Instrument des philosophischen Tagebuchs in offener und systematischer Form entwickelt. (Vgl. L.v. Werder: Einführung in die philosophische Lebenskunst. Die Kunst ein philosophisches Tagebuch zu schreiben. Berlin 1999) Mit Hilfe des Tagebuchs erhält das Denken des Ichs und seine Krise einen Spiegel, aber auch einen inneren Gesprächspartner, der dann Züge des inneren Philosophen annehmen kann. Die Information über philosophische Krisen ist ein Aspekt des Einsatzes asiatischer philosophischer Praxen im philosophischen Café.

Kapitel B

Das Glück des langen gesunden Lebens in China

1. Geschichte der praktischen Glücksphilosophie Chinas
2. I-Ging   (1100 v.Chr.):   Das Buch der Wandlungen nutzen
3. Konfuzius   (551-479 v.Chr.): Versuche die Selbstkultivierung
4. Laotse   (5. Jahrh. v.Chr.): Einfach verschwinden
5. Mo Ti   (5. Jahrh. v.Chr.): Den Himmel lieben
6. Yang Dschu   (4. Jahrh. v.Chr.): Die Lüste gebrauchen
7. Menzius   (372-289 v.Chr.): Die Welt retten
8. Dschuang Dsi (350-280 v.Chr.): Gelassenheit üben
9. Ge Hong   (280-340 n.Chr.): Die Unsterblichkeit suchen
10. Wang Wei   (700-761 n.Chr.): Jenseits der weißen Wolken leben
11. Li Tai Bo   (701-762):   Das Tao bedichten
12. Der Meister vom blauen Fels (1063-1135): Bi-Yän-Lu's Koans durch Selberdenken knacken
13. T'Ang Yin   (1470-1524):   Lebensbilanz ziehen
14. Mao Tse-tung (1893-1976):   Revolutionäre Praxis machen
15. Falun Gong (ab 1992):   Den Weg zur Vollendung gehen
16. Techniken des Glücks in China

1. Geschichte der praktischen Glücksphilosophie in China

Die deutschen Philosophen Gottfried Wilhelm Leibniz und Christian Wolff erkannten schon im 17. Jahrhundert, dass die chinesische Philosophie als praktische Glücksphilosophie der europäischen weit überlegen ist (A. Hsia: Deutsche Denker über China. Frankfurt 1985, S. 11, 61). Philosophische Lebenskunst wurde von den Chinesen immer auf die Praxis ihres Lebens angewandt. Handeln um glücklich zu werden, war den chinesischen Philosophen immer wichtiger als Wissen. Die klassischen chinesischen Philosophen behandelten ihre Themen des Glücks „nicht systematisch, sondern aphoristisch und gern auch anekdotisch. Die Kurzgeschichte ersetzte oft die entsprechende allgemeine Formulierung ... Nicht wenige dieser Geschichten haben sich bis heute als allgemeines Bildungsgut in China so lebendig erhalten, dass selbst in der kommunistischen Literatur noch darauf angespielt wird" (H. Schleichert: Klassische chinesische Philosophie. Frankfurt 1990, S. 19). Die chinesischen Kinder lernen schon in der Grundschule das Lesen auf der Basis der philosophischen „Gespräche" des Konfuzius, ein Buch das älter als 2500 Jahre ist.

Die chinesische Philosophie unterscheidet drei Arten von Glück: äußeres, inneres und mystisches Glück. Das Glück ist für die chinesische Philosophie nur unabhängig von den äußeren Verhältnissen zu finden. Glück ist Produkt der inneren Selbstkultivierung des Menschen. Je besser ein Mensch seine Seele zivilisiert hat, um so größeres Glück kann er genießen. Deshalb gilt der chinesischen Philosophie mit einigen Ausnahmen das Glück aus der Sinnenwelt nicht viel. Dschuang Dsi, der Taoist, sagte: „Was man für Glück zu halten pflegt, ist ein gesunder Leib, Genüsse der Nahrung, schöne Kleider, Augenlust und die Welt der Töne ... Nun weiß ich nicht, ob das, was die Welt tut, was sie für Glück hält, tatsächlich Glück ist oder nicht. Wenn ich das betrachte, was die Welt für Glück hält, so sehe ich wohl, wie die Menschen in Herden diesem Ziel nachstreben ... als könnte es nicht anders sein und alle sprechen, das ist das Glück ... Ich aber halte das Nicht-Handeln für wahres Glück, also gerade das, was die Welt für die größte Bitternis hält." (Dschuang Dsi: Das wahre Buch vom südlichen Blütenland. Düsseldorf 1982, S. 194f.)

Auch der große chinesische Philosoph Konfuzius lehnt das Glück der Sinnwelt ab und setzt auf die Kraft des inneren Maßes und der Mitte, auf Tugenden wie Humanität, Gerechtigkeit, Höflichkeit, Weisheit und Zuverlässigkeit.

Das höchste Glück ist für die chinesische Philosophie aber die mystische Versenkung ins Tao und die daraus resultierende Gelassenheit des Nicht-Handelns. Dschuang Dsi sagte über die Erfahrung des glücklichen Über-

bewusstseins,: „Süßes Glück und Wahrung des Lebens ist nur durch das Nicht-Eingreifen zu erhoffen ... Himmel und Erde verharren im Nicht-Tun und nichts bleibt ungetan". (Dschang Dsi, S. 195)
China hat in seiner 4000 Jahre umfassenden Geschichte „all diese verschiedenen Formen auf Glück verspürt ... durch alle Widersprüche zwischen dem Konfuzianismus und Taoismus, dem Buddhismus und Marxismus ist doch unverkennbar eine bestimmte Kontinuität spürbar, die alle Lehren von der Erlösung des Einzelnen und der Gesellschaft durchzieht". (W. Bauer: China und die Hoffnung auf Glück. München 1972, S. 13)

In der Geschichte der chinesischen Philosophie lassen sich sechs Perioden unterscheiden:

1. **die Orakelphilosophie**
2. **die klassische Philosophie**
3. **der Konflikt von Konfuzianismus und Buddhismus**
4. **der Sieg des Konfuzianismus**
5. **der Marxismus**
6. **die Rückkehr des Taoismus**

In der **ersten Periode (11. Jahrhundert bis 8. Jahrhundert v. Chr.)** herrscht die Orakelphilosophie des I-Ging. I-Ging ist ein Werk, das das Glück des Einzelnen durch Zufallsmethoden bestimmen möchte. Dieses Werk beinhaltet aber vieles, was die klassische chinesische Philosophie ausbaute. Im Zentrum des I-Ging steht das Gesetz des Tao, des Unwandelbaren im Wandel. Das I-Ging vermittelt eine Methode, um das richtige glückliche Verhalten der Menschen im Wandel der Verhältnisse genau bestimmen zu können.

Die zweite Periode der Klassik (8. bis 3. Jahrhundert v. Chr.) umfasst das Auftreten der größten Philosophen und die Entwicklung der wichtigsten philosophischen Schulen in China:
  - Konfuzianismus
  - Taoismus und
  - Hedonismus.

Auch die Hedonisten hatten sich dem Glück verschrieben. Sie vertraten nur scheinbar einen wilden Egoismus. Sie wollten aber im Grunde „die unterschiedlichen Quellen der Lebenskraft, die in jedem einzelnen Ich verborgen sind, freilegen und wieder zum Fließen bringen". (W. Bauer, a.a.O., S. 81)
In dieser Periode kämpften 100 Schulen miteinander (S. Gan: Die chinesische Philosophie. Darmstadt 1997, S. 5). Die klassische chinesische Philo-

sophie entstand fast gleichzeitig mit der vorsokratisch griechischen Philosophie, mit Buddha, den jüdischen Propheten und dem persischen Philosophen Zarathustra. Allerdings lassen sich irgendwelche Einflüsse der anderen Zentren der Philosophie auf die chinesische Philosophie in dieser frühen Periode nicht nachweisen. Die chinesischen Philosophen der klassischen Periode beschäftigten sich nicht nur mit dem Glück des Einzelnen, sondern versuchten auch an den Regierungsgeschäften als Berater und Beamte teilzunehmen. Konfuzius und Menzius waren mittlere Regierungsbeamte. In der klassischen Phase kämpften schon zwei Denkströmungen gegeneinander:
- Der Konfuzianismus propagierte die Lehre von der Humanität und der Menschenliebe.
- Laotse betrachtete das Tao als das allgemeine Bewährungsgesetz der Geschichte der Natur und des Glücks des Einzelnen.

In der **dritten Periode** (206 vor bis 960 nach Chr.) setzte sich dann der Konfuzianismus durch. Gleichzeitig wird seit 220 n. Chr. der Einfluss des indischen Buddhismus stärker. Aus dem indischen Buddhismus entwickelt sich dann der chinesische Zen-Buddhismus, den Bodhidharma um 520 n. Chr. begründete, der aber „mit seinen taoistisch geprägten Anfängen bis ins zweite Jahrhundert zurück reicht" (W. Bauer. a.a.O., S. 243).

Die **vierte Periode** (960 n.Chr. bis 1911) steht ganz im Zeichen des Neo-Konfuzianismus, der drei Schulen ausbildete:
- die Ideen-Schule,
- die Bewusstseinsschule und
- die empiristische Schule.

Alle drei Schulen zeigen die Tendenz, „die ursprünglich rein praktische Philosophie des Konfuzianismus in eine rein spekulative theoretische Philosophie zu verwandeln". (S. Gan, a.a.O., S. 22)

Die **fünfte Periode** (1911 bis 1995) begann mit dem Auslandsstudium und der Rückkehr chinesischer Studenten aus Frankreich. Sie brachten den Marxismus nach China (W. Bauer, a.a.O., S. 509). 1921 wurde die chinesische kommunistische Partei gegründet, die 20 Jahre später in einem blutigen Bürgerkrieg die Macht an sich riss und den Marxismus durch Mao Tse-tung zur Staatsphilosophie erhob. Der Marxismus entwickelte sich zum Zerstörer aller konkurrierenden chinesischen Philosophien. Er propagierte das individuelle Glück in der Hingabe des Einzelnen an die Klasse und das Volk. Seine Hauptstoßrichtung wandte der Marxismus jedoch gegen den Konfuzianismus und dessen Humanitätsideal.

Die **sechste Periode** begann 1995. Im Untergrund ist nun die Taoistisch-buddhistische Bewegung Falun-Gong mit rund 50 Millionen Mitgliedern entstanden. Falun-Gong vereinigt taoistische und buddhistische Meditation mit Atemübung und einer an Kampfsportarten erinnernden Bewegungslehre. Heute sollen schon 15 % der Mitglieder der kommunistischen Partei Falun-Gong-Anhänger sein. Die chinesische Philosophie des Glücks kehrt damit in unseren Tagen zu ihren Ursprüngen zurück.

Literatur zur Philosophie in China:
Bauer, W.: China und die Hoffnung auf Glück. München 1971
Debon, G./Speiser, W.: Chinesische Geisteswelt. Baden-Baden 1957
Forke, A.: Geschichte der chinesischen Philosophie. Hamburg 1964, Bd. 1-3
Frank, H. u.a.: Das chinesische Kaiserreich. Frankfurt 1968
Gan. S.: Die chinesische Philosophie. Darmstadt 1997
Granet, M.: Das chinesische Denken. München 1963
Hackmann, H.: Chinesische Philosophie. München 1963
Hsia, A.: Deutsche Denker über China. Frankfurt 1985
Needham, J.: Wissenschaft und Zivilisation in China. Frankfurt 1988
Reichweg, A.: China und Europa. Berlin 1923
Schleichert, H.: Klassische chinesische Philosophie. Frankfurt 1990

Lexika zur chinesischen Philosophie:
Lexikon der östlichen Weisheitslehren. Buddhismus, Hinduismus, Taoismus, Zen. Bern 1986
Das Lexikon des Taoismus. Bern 1992
Das Lexikon des Zen. Bern 1991

Zeittafel zur Geschichte der chinesischen Philosophie

Europa		China	
1000 v.Chr.	Moses, Salomo	1100 v.Chr.	I-Ging
800 v.Chr.	Homer	551-479 v. Chr.	Konfuzius
640-546 v.Chr.	Thales	500 v.Chr.	Laotse
500 v.Chr.	Heraklit	400 v.Chr.	Yang Dschu
469-399 v. Chr.	Sokrates	372-289 v.Chr.	Menzius
427-347 v. Chr.	Platon	350-280 v.Chr.	Dschuang Dsi
384-322 v. Chr. 342-270 v. Chr.	Aristoteles Epikur		
205-270 n.Chr.	Plotin	280-340 n.Chr.	Ge Hong
		527 n.Chr.	Bodhidharma (ZEN)
		700-761 n.Chr.	Wang Wei
		701-762 n.Chr.	Li Tai Bo
1034-1109 n.Chr.	Anselm v. Canterburry	1063-1135 n.Chr.	Der Meister vom blauen Fels
1596-1650 n.Chr.	Descartes	1470-1524 n.Chr.	T´Ang Yin
1883-1969 n.Chr.	Karl Jaspers	1893-1976 n.Chr.	Mao Tse-tung
		Seit 1992	Falun Gong

Geschichte der praktischen Glücksphilosophie in China 45

Orte des Philosophierens in China

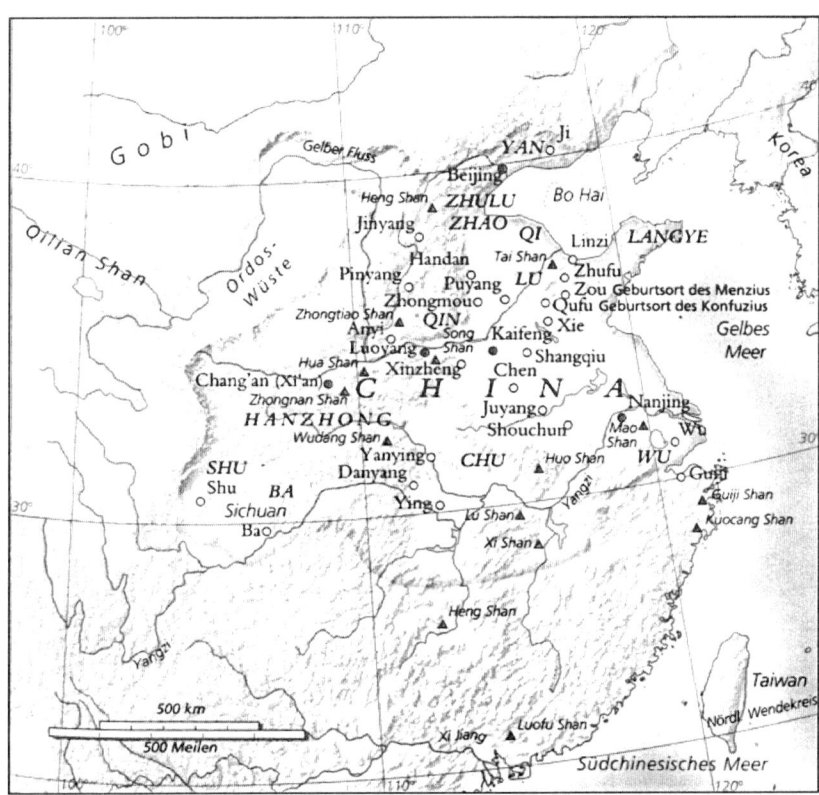

Quelle: Dumont Weltatlas der Geschichte, Köln 2000

2. I-Ging (1100 v. Chr.):
Das Buch der Wandlungen nutzen

Der Entstehungsprozess des I-Ging, des chinesischen Orakelbuches verschwindet im Dunkel der Geschichte (F. Adrian: die Schule des I-Ging. Hintergrundwissen. München 1994, S. 38ff.). Das I-Ging hat altsteinzeitliche Wurzeln im chinesischen Schamanentum und gleichzeitig eine zentrale Wirkung auf die gesamte folgende chinesische Philosophie. „Das I-Ging ist selbst kein philosophisches Buch, beinhaltet aber vieles, was für die Philosophie bedeutsam ist." (S. Gan: Die chinesische Philosophie. Darmstadt 1997, S. 27) Da die chinesische Philosophie ihre Hauptgedanken zwischen 770 v. Chr. (Laotse, Konfuzius) bis 221 v. Chr. (Menzius, Dschuang Dsi) entwikkelt hat, lassen sich bei allen chinesischen Philosophen die Grundgedanken des I-Ging finden. Das I-Ging zerfällt in zwei Teile. Im ersten Teil wird das Wesen der Welt als ständige Wandlung in 64 Grundfiguren erklärt. Nach der Überlieferung wurde dieser Teil von Fuxi und vom König Wen um 1100 v. Chr. verfasst. Der zweite Teil enthält 10 Kommentare zum ersten Teil, die etwa um 300 v. Chr., unter anderem von Konfuzius, geschrieben sein sollen.

Die philosophischen Grundgedanken des I-Ging in seinem zweiten Teil umreißen die altchinesische Metaphysik des ewigen Wandelns und Werdens. Der Ursprung des Werdens ist die Leere (0). Die Leere erzeugt die Einheit (1). Die Einheit erzeugt die Zweiheit: Yang und Yin. Die Zweiheit erzeugt die Dreiheit (Yang und Yin und Mensch). Die Dreiheit erzeugt die komplette Vielheit aller Dinge. (F. Adrian: Die Schule des I-Ging. Die Praxis. München 1994, S. 18f.) Der Kosmos ist also ein ordnungsgemäßer Entwicklungsprozess, der sich in vier Jahreszeiten, im Lebensalter der Menschen und Kulturen, im Wandel von Tag und Nacht äußert. Das Wesen der Veränderung liegt in der Interaktion und im Kampf von Yang und Yin. Yang ist das Aktive, die Erde, Yin das Aufnehmende, der Himmel. Ständig wechselt das Verhältnis von Yang und Yin, ohne dass eine Partei das Übergewicht erhält, da es vom Tao in der Balance gehalten wird. Der Weg des Menschen und sein Glück ist von der Beachtung des Tao abhängig. Die Hochachtung des Tao des Himmels im I-Ging stellt die theoretische Grundlage der philosophischen Gedanken aller chinesischen Philosophen bis zur Neuzeit dar (S. Gan, a.a.O., S. 45). Für die chinesische Philosophie steht immer das Tao des Kosmos, nie, wie im westlichen Denken, der Einzelne im Mittelpunkt. Philosophisches Glück soll in China den Einzelnen zur Übereinstimmung mit dem Tao des Kosmos führen. „Das Tao der Welt ist zwar Güte und Weisheit, aber es ist seinem innersten Wesen nach auch jenseits von Güte und Weisheit ... Das Tao bleibt

I-Ging

geheimnisvoll am lichten Tag." (I-Ging. übers. v. R. Wilhelm. München 1998, S. 277) Um die Übereinstimmung des Weges des Menschen mit dem Weg des Tao zu erlangen, bietet das I-Ging eine Entscheidungshilfe an. Der erste Teil des I-Ging versucht die Welt der Wandlungen durch Strichdiagramme zu erfassen. Yang wird als ganzer Strich, Yin als gebrochener Strich dargestellt. Die Kombination von Yang und Yin bedeutet die Einheit von Himmel und Erde, so dass sich erst mal vier Erscheinungen der Welt in vier Strichdiagrammen abbilden lassen können.

> Zwei Striche, die übereinander sind, bedeuten Yang und Yang
> = Sommer/Süden.
> Zwei gebrochene Striche übereinander bedeuten Yin und Yin
> = Winter/Norden.
> Ein gebrochener und ein ganzer Strich bedeuten Yin und Yang
> = Frühling/Osten.
> Ein ganzer Strich und ein gebrochener Strich bedeuten Yang und Yin
> = Herbst/Westen.

Die Diagramme bilden Himmel und Erde aber nicht den Menschen ab. Deshalb entwickelte das I-Ging Triagramme, die aus drei Strichen bestehen. Ein Strich für Yang (Erde), ein Strich für Yin (Himmel), ein Strich für den Menschen. Aus diesem Triagramm ergeben sich 8 Kombinationsmöglichkeiten, die jeweils im I-Ging eine Naturerscheinung darstellen sollen:

─── ─── ───	Himmel	- - - - - -	Erde
- - ─── ───	See	─── - - - -	Berg
─── - - ───	Feuer	- - ─── - -	Wasser
- - - - ───	Donner	─── ─── - -	Wind

Übung:
Stellen Sie sich die empirische Erscheinung aller acht Triagramme bei geschlossenen Augen bildlich vor. Beschreiben Sie dann Ihre inneren Bilder, die Sie gesehen haben, z.B.:

―――
――― Himmel: Stellen Sie sich die Kraft der Galaxien und der Sterne vor.
―――

- -
- - Erde: Stellen Sie sich vor, Sie liegen auf einer grünen Wiese
- -   und betrachten die Welt.

―――
――― See: Stellen Sie sich einen See vor, der voller Lebewesen ist.
―――

- -
- - Berg: Stellen Sie sich vor, Sie besteigen einen Berg und
- -   erreichen einen Gipfel.

―――
- -   Feuer: Stellen Sie sich die Sonne vor.
―――

- -
――― Wasser: Stellen Sie sich einen Fluss vor.
- -

- -
- -   Donner: Stellen Sie sich ein Gewitter mit Blitz und Donner vor.
―――

―――
――― Wind: Stellen Sie sich vor, wie der Wind die Bäume eines
- -   Waldes zum Rauschen bringt.

Wenn die Triagramme erweitert werden, entstehen die Hexagramme:

Die Hexagramme 1 - 34

1	Wegweisend		2	Fügsam
3	Anfangsschwierigkeiten		4	Anfängerglück
5	Abwarten		6	Forderungen stellen
7	Der einsame Krieger		8	Zusammenhalt
9	Wachsam		10	Risikofreudig
11	Das Rechte tun		12	Hindernisse
13	Mit Freunden teilen		14	Alles besitzen
15	Bescheiden, zurückhaltend		16	Zur Tat inspiriert
17	Tun, was man will		18	Tun, was getan werden muß
19	Sogleich handeln		20	Dinge gut überlegen
21	Sich anstrengen		22	Spaß und Feste
23	Stolpern, stürzen		24	Zum rechten Weg zurückkehren
25	Natürlich handeln		26	Die Kontrolle übernehmen
27	Nahrhaftes finden		28	Dem Druck entkommen
29	Allein, in Schwierigkeiten		30	Hilfe von anderen
31	Geben und Nehmen		32	Dauerhaftigkeit
33	Rückzug		34	Ausbruch

Die Hexagramme 35 - 64

35	Der Gewinner		36	Schlechte Zeiten
37	Familienbande		38	Eigene Wege gehen
39	Hindernisse		40	Der Gefahr entkommen
41	Sich über kleine Dinge freuen		42	Wachstum, Steigerung
43	Der Durchbruch		44	Störende Einflüsse
45	Die Sammlung		46	Die nächste Stufe erklimmen
47	Ausgebrannt		48	Reichlich Kraft
49	Hinweg mit dem Alten		50	Das Neue hält Einzug
51	Reihum erschüttert		52	Ruhig und besonnen
53	Steter Fortschritt		54	Dummköpfe stürmen herein
55	Die Ernte einbringen		56	Unterwegs
57	Sich im Wind neigen		58	Seine Interessen vertreten
59	Auf der Welle reiten		60	Grenzen festlegen
61	Von Herzen kommend		62	Am Rande des Existenzminimums
63	Ein perfekter Tag		64	Die Sache ist noch nicht gelaufen

I-Ging

Wenn man also die acht Triagramme auf alle erdenkliche Weise in sechs Linien kombiniert, ergeben sich 64 Hexagramme, die alle natürlichen und menschlichen Veränderungssituationen in der Welt erfassen können. Diese 64 Hexagramme werden in verschiedenen I-Ging-Übersetzungen unterschiedlich benannt. Eine leicht eingängige Benennung entnehmen wir dem Buch von R. Sorell/A. M. Sorell: I-Ging. Das chinesische Münzorakel. Niederhausen 1996, S. 20-21.

Die 64 Hexagramme

Das I-Ging gab nicht nur jedem Hexagramm einen Namen, sondern auch eine genaue Beschreibung und verdeutlichte sein Zeichen auch noch mit Geschichten und mit Sprichwörtern. Außerdem lesen die Chinesen die Hexagramme von unten nach oben und fügen jeder der sechs Linien noch eine besondere Bedeutung zu. So können sie die sechs Linien als Lebensabschnitte, als sechs Abschnitte einer Projektarbeit, als sechs Abschnitte der spirituellen Entwicklung oder als Doppellinie von Erde, Himmel und Menschheit verstehen.

Die entscheidende Praxis von I-Ging ist aber nicht die Darstellung der Metaphysik und des Werdens der Welt in 64 Situationen, sondern die Methode der Befragung. Die Befragung des I-Ging geht folgendermaßen vor sich:

Übungen:
1. Stellen Sie sich eine Frage und schreiben Sie diese Frage auf.

2. Werfen Sie die Münzen: Nehmen Sie 5 Fünfpfennigstücke und 1 Zweipfennigstück. Werfen Sie die Münzen. Zahl gilt als Yin und wird mit unterbrochener Linie dargestellt. Kopf gilt als Yang und wird mit geschlossener Linie dargestellt. Die sechs Linien ergeben sich aus der Anordnung der geworfenen Münzen.

Zum Beispiel:

6. Linie	Zahl	=	- -
5. Linie	Zahl	=	- -
4. Linie	Zahl	=	- -
3. Linie	Kopf	=	___
2. Linie	Kopf	=	___
1. Linie	Zahl	=	- -

Aus diesem Wurf ergibt sich dieses Hexagramm.

Dieses Hexagramm bedeutet: „Die nächste Stufe erklimmen" und steht im System der Hexagramme an 46. Stelle.

3. *Schauen Sie nach Ihrem Wurf in folgender Tabelle nach*, welches Diagramm Sie geworfen haben. Bestimmen Sie nun, was es ganz allgemein bedeutet. Schreiben Sie Ihre Gedanken zur Bedeutung Ihres Diagramms auf.

Tabelle zur nummerischen Bestimmung von Hexagrammen:

Mit dieser Tabelle können Sie Ihr Hexagramm bestimmen: Auf der linken Seite der Tabelle suchen Sie nach den drei Linien, die mit Ihren unteren drei Münzen übereinstimmen, am oberen Rand der Tabelle finden Sie die drei Linien, die mit Ihren oberen drei Münzen übereinstimmen. Im Schnittpunkt dieser beiden Quadrate finden Sie die Zahl Ihres Hexagramms.

Obere Trigramme

	☰	☱	☲	☳	☴	☵	☶	☷
☰	1	9	14	26	43	5	34	11
☱	44	57	50	18	28	48	32	46
☲	13	37	30	22	49	63	55	36
☳	33	53	56	52	31	39	62	15
☴	10	61	38	41	58	60	54	19
☵	6	59	64	4	47	29	40	7
☶	25	42	21	27	17	3	51	24
☷	12	20	35	23	45	8	16	2

Untere Trigramme

4. *Lesen sie nun den entsprechenden Kommentar zu Ihrem Diagramm im Buch Sorell/Sorell (1996) oder im I-Ging übersetzt von Richard Wilhelm (1998) oder R. L. Wang: Das Arbeitsbuch zu I-Ging, München 1994, C. K. Anthony: Handbuch zum klassischen I-Ging, München 1989, G. Damian-Knight: I-Ging für Manager, München 1993 nach. Stellen Sie mit Hilfe dieser Bücher schriftlich fest, in welcher Situation Sie sich augenblicklich befinden.*

5. *Stellen Sie schließlich fest, welche Linie Ihr Zweipfennigstück markiert. Diese durch das Zweipfennigstück markierte Linie gilt als „bewegte Linie". In ihrem Kommentarbuch Sorell/Sorell oder R. Wilhelm etc. finden Sie die Antwort auf Ihre anfangs gestellte Frage. Schreiben Sie diese Antwort neben Ihre Frage und geben Sie zur Antwort des I-Ging einen Kommentar auch im Hinblick auf eine mögliche praktische Umsetzung der gewonnenen Antwort.*

Sie können mit dem I-Ging aber noch viele weitere Übungen anstellen, um Ihr philosophisches Lebensglück mit dem ältesten philosophischen Werk der Welt zu vertiefen.

Übung:
Werfen Sie 10 Tage lang die Münzen und schreiben Sie dann eine längere Orakelchronik.

Übung:
Benutzen Sie jeden Wurf als Selbstkonfrontation und als Anstoß zum Nachdenken über sich selbst.

Entwickelte Praktiker des I-Ging in Europa betrachten dieses Buch „wie einen alten Weisen, dem man mit Achtung begegnen, und den man auch nicht alles fragen sollte." (H. Moog (Hrsg.): Leben mit dem I-Ging. München 1996, S. 243)

Betrachten wir nun das Glücksbild des I-Ging auf der folgenden Seite und machen anschließend folgende Übung:

Übung:
Betrachten Sie das Bild. Versuchen Sie zu beschreiben, was jenseits von Yang und Yin ist.

Das Glücksbild des I-Ging

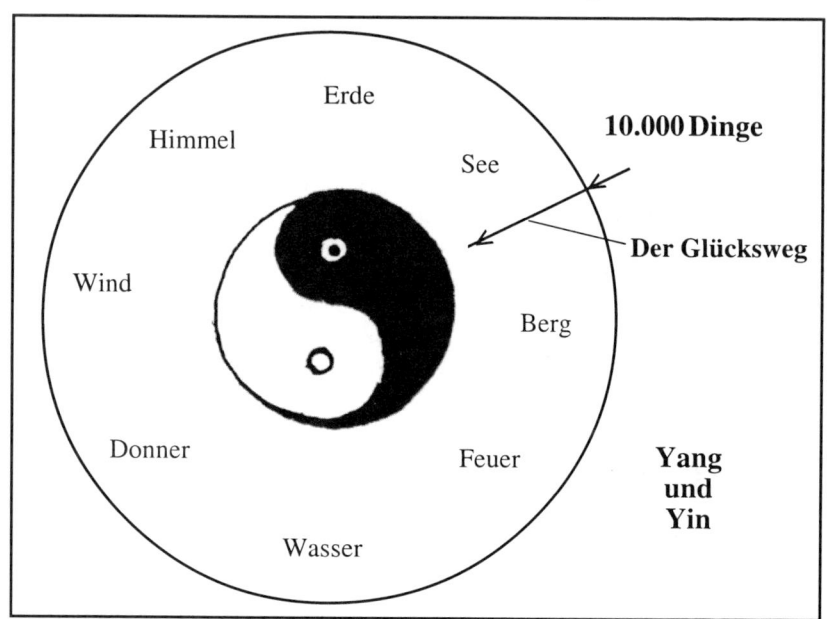

Literatur zum I-Ging
Es wird dem Anfänger empfohlen, sich wenigstens folgende I-Ging Ausgaben anzuschaffen:
Sorell, R.; Sorell, A.M.: *I-Ging. Das chinesische Münzorakel.* Niederhausen 1996
Feng, G. F.: *Yi Jing.* München 1989.

Außerdem sind für Fortgeschrittenen folgende I-Ging-Bücher wichtig:
Adrian, F.: *Die Schule des I-Ging. Bd. 1. Das Hintergrundwissen. Bd. 2 Die Praxis.* München 1995.
Anthony, C. K.: *Meditation zum I-Ging.* München 1993
Blofeld, I: *I-Ging.* München 1983.
Cleary, T. (Hrsg.): *Das Tao des I-Ging.* München 1989.
Damian-Knight, G.: *I-Ging für Manager.* München 1993.
Diederichs, U. (Hrsg.): *Erfahrungen mit dem I-Ging.* München 1984.
Gan, S.: *Die chinesische Philosophie.* Darmstadt 1997.
Gräfe, E. H.: *Die 8 Urbilder des I-Ging.* Oberstedten 1969.
Hook, D.: *I-Ging für Fortgeschrittene.* München 1983.

I-Ging. Übers. R. Wilhelm. München 1998.
Moog, H.: I-Ging. München 1994.
Perrottet, O.: I-Ging. München 1991.
Secter, M.: Das I-Ging Handbuch. München 1991
Stein, D.: I-Ging für Frauen. München 1893.
Wang, R. L.: Das Arbeitsbuch zum I-Ging. München 1994.
Wilhelm, H.: Sinn des I-Ging. München 1988.

3. Konfuzius (551-479 v. Chr.):
Versuche die Selbstkultivierung

Konfuzius legte großen Wert darauf, nicht der erste chinesische Philosoph zu sein. Sein ganzes Denken will er aus der archarischen Geschichte der Philosophie geschöpft haben. Sein Ziel war zu überliefern und nicht zu schaffen. „Ich übermittle, aber ich schaffe nichts Neues. Ich glaube an das Alte und liebe es." (Konfuzius: Gespräche. Übers. R. Moritz. Stuttgart 1998, 7,1)

Konfuzius

Konfuzius geht es beim Glück um Selbstkultivierung und Selbstbeherrschung. Konfuzius betrachtet sich nicht als Heiligen. Er entdeckte den Menschen. Über folgende Themen sprach Konfuzius als Agnostiker und Realist sehr selten. „Zauberei, Kraftstücke, Aufruhr, Geister (7,21), Fasten, Krankheit, Krieg (7,13), Gewinn, Schicksal und Menschenliebe (9,1)." Konfuzius wollte sich im Hier und Jetzt auf die Selbstsorge des Menschen konzentrieren, der nach dem Verblassen der Mythen und Riten, im Kampf vieler Reiche um die chinesische Zentralmacht die Orientierung verloren hatte. Konfuzius entschied sich angesichts der Alternative, sich von der Welt zurückzuziehen oder mit den Menschen zusammen in der Welt zu leben, für das Leben in der Welt. Konfuzius hat seine Lehre nicht selber niedergeschrieben. Sie ist in den „Gesprächen des Konfuzius" von vielen Schülergenerationen aufgezeichnet worden.

Konfuzius, auch Kong Fuzi, Zhongui genannt, wurde 551 v.Chr. im Staate Lu in China geboren und starb dort 479 v.Chr. Er war damit Zeitgenosse von Pythagoras und Heraklit aus Griechenland. Mit drei Jahren starb der Vater von Konfuzius. Konfuzius wuchs in ärmlichen Verhältnissen auf. Mit 19 Jahren heiratete er und hatte einen Sohn und zwei Töchter. Er wurde als Angestellter einer adligen Familie Aufseher der Herden. Mit 32 Jahren lehrte er Philosophie für die Söhne eines Ministers. Mit 33 Jahren besuchte er Lo-Yang, die verfallene Hauptstadt des chinesischen Reiches. Dort soll er auch seinen großen Konkurrenten, den Philosophen Laotse getroffen haben. Als Begleiter des Herzogs von Lu floh er in einen Nachbarstaat und lernte dort die therapeutische Wirkung der Musik kennen. „Die Lieder erheben den Menschen ... Die Musik macht ihn vollkommen." (8,8) „Die Lieder regen an. Sie schärfen den Blick. Sie stärken den Gemeinschaftssinn und sind hilfreich bei Kummer und Unzufriedenheit." (17,9)

Übung:
Beschreiben Sie die Wirkung von Musik auf Ihre Selbstkultivierung und auf die Entwicklung von Glücksgefühlen. Schreiben Sie den Satz weiter: „Musik bedeutet für mich ..."

Konfuzius kehrte nach Lu zurück und studierte 15 Jahre lang weiter Philosophie. Dabei entwickelte er seine philosophische Methode, die darin bestand, dass man von anderen oder aus der Geschichte zu lernen habe. „Ich habe schon Tage und Nächte lang über die gerechte Art zu leben nachgedacht, nichts gegessen und nicht geschlafen. Ich versuchte selbst darauf zu kommen. Das aber hat keinen Nutzen. Besser ist, von anderen zu lernen." (16,31)

Übung:
Für welche Art zu leben haben Sie sich entschieden? Was bedeutet für Sie der größte Wert, das höchste Gut, dem Sie nachstreben? Wie sind Sie auf dieses höchste Gut gekommen? Versuchen Sie Antworten auf diese Fragen.

Mit 51 Jahren wurde Konfuzius Kanzler des Staates Lu. Er scheint einigen Erfolg gehabt zu haben, musste aber nach 4 Jahren den Kanzlerposten wieder aufgeben. Von seinem 56. bis zu seinem 68. Lebensjahr lebte er als wandernder Philosoph in verschiedenen Teilen Chinas. Mit 68 Jahren kehrte er in seine Heimatstadt Lu zurück. Das Resümee seiner Reise durch China ist bitter. „Es hat alles keinen Sinn. Ich habe noch niemanden getroffen, der seine eigenen Fehler sieht und sich dabei selbst anklagt." (5,27)

Übung:
Schreiben Sie schnell alle Ihre Fehler und die dazugehörigen Selbstanklagen auf.

Konfuzius fragte sich: „Warum nehmen die Menschen nicht den rechten Weg? (6,17) Warum wenden die Menschen sich nicht nach innen und prüfen sich selbst? (4,17) Denn der rechte Weg des Himmels und des Tao zu erkennen ist doch ganz einfach. Wer am Morgen das Tao erkannt hat, könnte am Abend getrost sterben." (4,8)

Konfuzius war tief von der Vergänglichkeit der Dinge beeindruckt. Er stand einmal am Fluss und sagte: „Wie dieses Wasser fließt alles dahin. Unaufhaltsam ist der Wechsel von Tag und Nacht, so geht die Zeit vorüber."

Übung:
Schreiben Sie ein serielles Gedicht. Jede Zeile sollte mit folgender Floskel beginnen: Alles fließt, weil ......

Seine letzte Lebenszeit lebte Konfuzius still im Staate Lu. Er sammelte nun Schüler um sich und lehrte sie die philosophischen Übungen. „Etwas Lernen und sich immer wieder darin üben – schafft das nicht auch Befriedigung?" (1,1)

Über den Tod sprach er wenig. „Wer noch nicht das Leben kennt, wie will der wohl den Tod begreifen?" (11,12)

Übung:
Schließen Sie mal aus Ihrer Kenntnis des Lebens auf den Tod. Schreiben Sie: „Das Leben ist ..." und schlussfolgern Sie dann mit dem Satz: „Also ist der Tod ..."

Eines Tages fühlte Konfuzius, dass er sterben müsse. Sein Lebensresümee fiel nicht positiv aus. Konfuzius war sich sicher: „Die Welt geht nicht den rechten Weg. Ich möchte am liebsten ein Floß nehmen und aufs Meer hinausfahren." (5,7)

Konfuzius ging langsam auf seinem Hof spazieren und sang sein Todeslied: „Der große Berg muss hinstürzen, der starke Balken muss zerbrechen und der Weise schwindet dahin wie eine Pflanze." Ein Schüler sprach ihn an. Konfuzius sagte: „Kein weiser Herrscher ersteht und niemand im Reich will mich zu seinem Lehrer machen. Meine Todesstunde ist gekommen."

Im Zentrum der Philosophie des Konfuzius steht das Glück der Selbstbeherrschung. „Ein Mensch, der nicht immer wieder darüber nachdenkt, wie er sich verhalten soll – mit dem weiß ich nichts anzufangen." (15,16)

Übung:
Beschreiben Sie Ihr Nachdenken darüber, wie Sie sich richtig verhalten können – in Form eines inneren Dialogs mit sich selbst.

Konfuzius spornte zur Selbstkultivierung an: „Fordere viel von dir selbst und erwarte weniger von anderen." (15,15) Er stellte auch die Methoden der Selbstkultivierung vor. Das erste ist die Selbsterziehung: „Der Weise erzieht sich selbst, um anderen Menschen Ruhe und Frieden zu geben." (14,41)

Die Richtschnur der Selbsterziehung ist für Konfuzius der kategorische Imperativ, den Konfuzius 2000 Jahre vor Kant lehrte: „Gibt es ein Wort", wurde Konfuzius gefragt, „das ein ganzes Leben lang als Richtschnur des Handelns dienen kann?" Konfuzius antwortete: „Das ist die gegenseitige Rücksichtnahme. Was man dir nicht antun soll, will ich auch anderen Menschen nicht zufügen." (15,24) Oder: „Was du selbst nicht wünschst, das tue auch anderen nicht an." (12,2)

Übung:
**Listen Sie alles auf, was Sie selbst nicht angetan bekommen wünschen und überlegen Sie, ob Sie es anderen schon angetan haben.
Arbeiten Sie dabei mit zwei Spalten, Spalte 1: das wünsche ich mir selbst nicht. Spalte 2: das habe ich anderen schon angetan.**

Nach Konfuzius soll man sich täglich dreimal in seinem Verhältnis zu anderen prüfen. „War ich anderen gegenüber treu und zuverlässig? War ich aufrichtig im Umgang mit Freunden? Habe ich geübt, was ich gelernt habe?" (1,4)

Übung:
Geben Sie jetzt Ihre Antwort auf diese drei Fragen.

Das richtige Verhalten gegenüber anderen stellt man nicht nur durch Emphatie und Reziprozität her, sondern durch die Orientierung an „Maß und Mitte". Konfuzius sprach: „Maß und Mitte bewahren, das ist die höchste Tugend. Sie ist selten geworden, seit langem schon." (6,29)

Übung:
Schreiben Sie, was für Sie die Extreme im Verhalten sind, und was für Sie zwischen den Extremen Maß und Mitte ist.

Zum richtigen Verhalten gehört auch das Vermeiden von Konkurrenz: „Der Weise steht mit niemandem im Wettstreit". (3,7)

Übung:
Was tun Sie, um Konkurrenz mit anderen zu vermeiden?

Zur Klärung des eigenen Ich und seiner Glücksressourcen empfiehlt Konfuzius eine häufige Lebenslaufanalyse:
„*Als ich 15 war, war mein ganzer Wille aufs Lernen gerichtet.*
Mit 30 stand ich fest.
Mit 40 hatte ich keinen Zweifel mehr.
Mit 50 kannte ich den Willen des Tao.
Als ich 60 war, hatte ich ein feines Gehör, um das Gute und das Böse, das Wahre und das Falsche herauszuhören.
Mit 70 konnte ich dem Wunsch meines Herzens folgen, ohne das Maß zu überschreiten." (2,4)

Übung:
Legen Sie eine eigene Lebenslaufanalyse an. Ergänzen Sie dazu folgende Sätze:
Als ich 15 war ...
Mit 30 ...
Mit 40 ...
Mit 50 ...
Als ich 60 war ...
Mit 70 ...

Die Grundregel des glücklichen und richtigen Lebens ist für Konfuzius im Rahmen der Praxis, der Übungen der Selbstkultivierung, der Selbstsorge ganz einfach: „Die Menschen lieben." (12.22)

Übung:
Schreiben Sie einen langen Satz, der mit den Worten beginnt: „Die Menschen lieben heißt für mich ..."

Der lehrende Konfuzius

Wichtig für die Entfaltung der glücklichen Selbstsorge ist die Selbstkritik. Konfuzius war sich immer klar, dass er seine sittlichen Ideale nicht selbst erfüllen konnte. „Voll innerer Ruhe, alles Wissen bewahren, Lernen, ohne Überdruß zu empfinden, andere unterweisen, ohne dabei zu ermüden – was gelingt mir schon davon." (7,2) „Was Vollkommenheit und wahre Sittlichkeit betrifft – wie könnte ich es wagen, mich dessen zu rühmen." (7,34)

Übung:
Stellen Sie ein ABC-Darium zusammen, was Ihnen alles noch nicht gelingt. Ergänzen Sie es um ein ABC-Darium, was Ihnen schon alles gelingt. (Ein ABC-Darium ist eine Liste von Worten, die jeweils, von A bis Z geordnet, mit einem Buchstaben des Alphabets beginnen.)

Konfuzius überprüfte auch seine Träume, um zu erkennen, wie weit seine innere Selbstbeherrschung schon gewachsen ist. Er stellte dabei einen schweren Mangel fest. „Wie geht es doch abwärts mit mir. Schon lange ist mir der erfolgreiche Begründer des Staates Lu (Zhou-Gong) nicht mehr im Traum erschienen." (7,5)

Übung:
Wann ist Ihnen ein idealer Mensch im Traum erschienen? Was wollte er und was haben Sie aus seinem Erscheinen gelernt?

Konfuzius riet seinen Schülern, sich ihre wichtigsten Verhaltensmaximen als Glaubenssätze „auf ihren Gürtel zu schreiben." (15,6)

Übung:
Welche Worte würden sie auf Ihren Gürtel schreiben?

Konfuzius mit Schülern (Holzschnitt, um 1600)

Konfuzius riet zur Askese: „Einfache Nahrung, zum Trinken nur Wasser und den gekrümmten Arm als Kopfkissen – auch dabei kann man glücklich sein." (7,16)

Übung:
Wann werden Sie mit einfachster Nahrung und Wasser glücklich sein können?

Als wichtigste Politik empfahl Konfuzius den präzisen Gebrauch der Sprache: „Stimmen die Namen und Begriffe nicht, so ist die Sprache konfus. Ist die Sprache konfus, so entstehen Unordnung und Mißerfolg. Gibt es Unordnung und Mißerfolg, so geraten Anstand und gute Sitten in Verfall." (13,3)

Übung:
Mit welchen Begriffen gehen Sie leichtfertig um? Welche Begriffe müssen Sie noch wesentlich schärfen? Wählen Sie drei Ihrer unschärfsten Begriffe aus und versuchen Sie eine präzise Definition.

Das ganze Leben gewinnt für Konfuzius Ruhe, wenn man sich vom Nicht-Handeln (Wu-Wei) leiten lässt. Konfuzius sprach: „Das Reich in Ordnung halten und selbst dabei ruhig und gelassen bleiben, das konnte wohl nur der alte sagenhafte Kaiser Schuy. Denn was tat er anderes, als ernst und würdevoll auf dem Thron zu sitzen, das Gesicht nach Süden gewandt?" (15,5)

Übung:
Haben Sie schon mal versucht, ganz ruhig sitzen zu bleiben, wenn große Katastrophen sich ereigneten? Was war die Folge? Beschreiben Sie sie.

Über die letzten Dinge der Metaphysik redete Konfuzius überhaupt nicht. „Beim Essen führte er keine Unterhaltung. Im Bett redete er nicht." (10,10)

Übung:
Wann schweigen Sie? Beschreiben Sie eine Schweigeminute Ihres Lebens.

Konfuzius' Lehre der Selbstbeherrschung hatte eine 2500-jährige Wirkung. „Wenn die chinesische Kultur als eine der wenigen der Antike überlebte, dann nicht zufällig im Zeichen des Konfuzianismus." (H. Roetz: Konfuzius. München 1998, S. 45)

Konfuzius' Selbstsorge wurde als Beamtenethik im chinesischen Kaiserreich etabliert. Konfuzianismus gab es dann in vielen Spielarten. Der Neo-Konfuzianismus erreichte zwischen dem 9. und 12. Jahrhundert seinen Höhepunkt. Seit 687 gab es in allen Städten Chinas Konfuziustempel. Im 20. Jahrhundert erklärte die bürgerliche chinesische Regierung Konfuzius zum Gott. Heute gilt der Konfuzianismus wieder „als Stolz der chinesischen Nation". Der 28. September, der Geburtstag des Konfuzius, wird heute als nationaler Feiertag begangen.

Das Glücksbild des Konfuzius

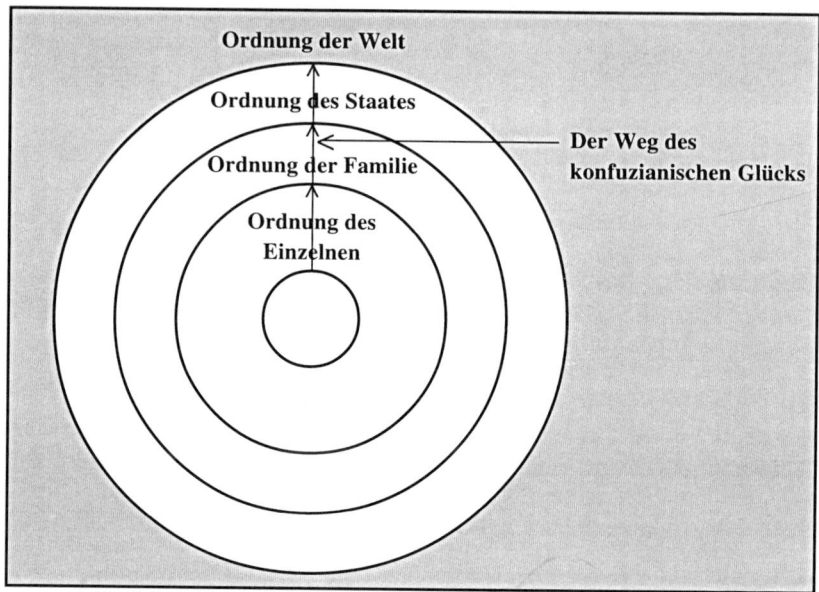

Übung:
Schließen Sie die Augen. Stellen Sie sich vor, Sie sind glücklich. Prüfen Sie, wie Ihr Glück auf die Familie, den Staat und die Welt wirken könnte. Beschreiben Sie die erkannte Wirkung Ihres Glücks.

Literatur zu Konfuzius:
Konfuzius: Gespräche. Stuttgart 1998
Konfuzius: Worte. München 1966
Bauer, W.: China und die Hoffnung auf Glück. München 1971
Do-Dinh, P.: Konfuzius. Reinbek 1960
Forke, A.: Geschichte der alten chinesischen Philosophie. Hamburg 1964
Grimm, T.: Meister Kung. Opladen 1976
Jaspers, K.: Die maßgebenden Menschen. München 1964
Poetz, H.: Konfuzius. München 1998
Schleichert, H.: Klassische chinesische Philosophie. Frankfurt 1990
Wilhelm, R.: K'ungste und der Konfuzianismus. Berlin 1928
Yutang, L.: Konfuzius. Frankfurt 1975

4. Laotse (5. Jahrhundert v. Chr.):
Einfach verschwinden

Laotse legte in seinem „Tao-Te-King" im Gegensatz zu Konfuzius ein mystisches Programm der Selbstsorge und Selbstkultivierung vor. Kein Wunder, dass es in einer 2500-jährigen Geschichte in China zum Ausgangspunkt der praktischen Philosophie des Taoismus geworden ist. In Europa wurde der „Tao-Te-King" im 19. und 20. Jahrhundert zum Anlass vieler Nachdichtungen, die oft sein Programm der praktischen Philosophie verwässerten. Laotses praktische Philosophie handelt vom Verbergen, und so überrascht es nicht, dass er selbst zur langen Reihe der verborgenen Philosophen des Taoismus zählt. Über Laotses Leben ist kaum etwas bekannt. Er soll Archivar am Hofe des Schou-Königs gewesen sein. Er soll Konfuzius einmal getroffen haben. Er zog schließlich nach Westen. „Dabei geschah es, daß er auf Verlangen des Paßwächters Ying Hsi ein Werk in zwei Teilen verfaßte, indem er seine Gedanken über das ‚Tao' und das ‚Te' darlegte, welches mehr als 5000 Worte umfaßte. Darauf setzte er seine Reise fort, und niemand weiß, was aus ihm geworden ist." (M. Kaltenmark: Lao tzu und der Taoismus. Frankfurt 1981, S. 24)

Lao-tse (nach einem Gemälde des 12. Jahrhunderts)

Laotse, auch Lao Zi, hinterließ also als einzige Spur ein Buch, das dazu aufforderte, sein Glück zu finden, indem man namenlos im Verborgenen lebt. Diese verborgene Lehr- und Lebensweise hatte in China viele Nachfolger. Die meisten taoistischen Denker lebten im Verborgenen und weigerten sich, öffentlich zu wirken. „Die von altersher tüchtig waren als Meister, waren im Verborgenen eins mit den unsichtbaren Kräften." (Laotse: Tao Te King. Übersetzung R. Wilhelm. Düsseldorf 1957, S. 55)

Diese taoistischen Denker hatten meist eine kleine Anhängerschaft, die die Lehre und die Übungen mündlich an spätere Schülergenerationen weitergaben. Als diese Überlieferungen aufgezeichnet wurden, entstanden Bücher wie das Tao Te King. Laotse's Buch erhielt erst in der Han-Zeit den Titel

„Heiliges Buch vom Tao und vom Te". Es wurde dann in 81 kurze Kapitel gegliedert und zerfiel seitdem in zwei Teile, deren erster Teil 37 Kapitel umfasst. Es scheint, dass das Tao Te King in seinen 81 Kapiteln an verschiedenen Orten entstanden ist und erst im 3. Jahrhundert n. Chr. seine endgültige Form erhalten hat. Die Endfassung des Tao Te King verrät aber einen Meisterphilosophen, dessen Einfluss auf die Textgestaltung sich klar auswirkte. „Nichts hindert uns, diesen Meister Lao-tzu zu nennen." (M. Kaltenmark: a.a.O., S. 34)

Das Tao Te King wurde in China oft kommentiert. Es hat Kaiser, Staatsmänner, Dichter und die lange Reihe der verborgenen Philosophen stark beeinflusst.

Der Passwächter Ying Hsi empfängt Laotse

Der erste Teil des Tao Te King handelt vom Tao. Das Tao ist das Unermessliche und Unvergleichliche. Es ist das „gestalt- und namenlose Prinzip des Universums und zugleich der Weg der Lebenskunst, die darin besteht, der Natur ihren Lauf zu lassen." (M. Kaltenmark, a.a.O., S. 61)

Das erste Kapitel des Tao Te King formuliert die Lehre vom unaussprechlichen Tao in folgenden Sätzen:

Ein Tao über das man sprechen kann, ist nicht das stete Tao.
Ein Namen, der zur Benamung dienen kann, ist nicht der stete Name.
Was aber ohne Namen ist, ist der Ursprung von Himmel und Erde.
Was einen Namen hat, ist die Mutter der 10000 Wesen.
Solchermaßen im steten Zustand der Begierdelosigkeit betrachten wir diese
  Geheimnisse.
Im steten Zustand, dem Zustand der Begierden, betrachten wir nur seine
  Grenzen.
Diese beiden Modalitäten beruhen auf dem gleichen Prinzip. Aber ihre Namen
  sind verschieden.
Vereint nenne ich sie das Dunkle, das Dunkelste in dieser Dunkelheit ist das
  Tor aller Geheimnisse.

(Laotse: Tao Te King, Kapitel 1 zit. in M. Kaltenmark, a.a.O., S. 59)

Das Tao ist nur in der Meditation zu erfassen. Zur Methode der taoistischen Meditation macht das Tao Te King folgende Angaben:
Die Sinne werden durch das Schließen der Augen abgeblendet. Der Blick wendet sich nach innen. „Die Farben machen die Augen blind. Die Töne machen taub. Das Rennen und Jagen macht das Menschenherz toll. Darum wirkt der Meditierende durch den Leib und nicht für das Auge. Entfernt den Eindruck der Sinne und eröffnet das innere Sehen." (Laotse: übers. v. R. Wilhelm, S. 52) Der Meditierende stellt sich in innerer Konzentration das Tao vor und erlebt schrittweise eine immer größere Stille: „Rückkehr zur Wurzel heißt Stille. Stille heißt Wendung zum Schicksal." (Laotse: Tao Te King übers. nach R. Wilhelm, S. 56) In der Stille geschieht die mystische Verschmelzung mit dem Tao. „Wer festhält das große Urbild, zu dem kommt die Welt. Sie kommt und wird nicht verletzt, in Ruhe, Gleichheit und Seligkeit." (Laotse: Tao Te King nach R. Wilhelm, a.a.O., S. 75)

Übung:
Schließen Sie die Augen. Stellen Sie sich das unermessliche Tao vor, aus dem alles entspringt. Beschreiben Sie dann die Unermesslichkeit, indem Sie alle Aussagen über das Unermessliche bejahen und verneinen und schließlich feststellen, dass das Unermessliche das ist, was jenseits von Bejahung und Verneinung ist.

Laotse empfiehlt die mystische Imagination des unermesslichen Einen. Denn: Das Tao ist unsichtbar, sichtbar sind nur die 10000 Wesen, die es hervorbringt und im Tode wieder zu sich nimmt. Das Tao „bewirkt die Dinge, so chaotisch, so dunkel. Chaotisch, dunkel sind in ihm Bilder. Dunkel, chaotisch sind in ihm Dinge. Unergründlich finster ist in ihm Samen." (Laotse: Tao Te King, übers. v. R. Wilhelm, a.a.O., S. 61) Das Tao ist **weiblich**.

„Es gibt ein Ding, das ist unterschiedlos vollendet.
Bevor der Himmel und die Erde waren, ist es schon da.
So still, so einsam.
Allein steht es und ändert sich nicht.
Im Kreis läuft es und gefährdet sich nicht.
Man kann es nennen die Mutter der Welt."
(Laotse: Tao Te King, R. Wilhelm, a.a.O., S. 65)

> *„Die Welt hat einen Anfang,*
> *das ist die Mutter der Welt.*
> *... wenn man sein Licht benützt,*
> *um zu dieser Klarheit zurückzukehren,*
> *so bringt man seine Person nicht in Gefahr.*
> *Das heißt die Fülle der Ewigkeit."*
> (Laotse: Tao Te King. R. Wilhelm. S. 95)

> *„Der Geist des Tales stirbt nicht,*
> *das heißt das dunkle Weib.*
> *Das Tor des dunklen Weibes,*
> *das heißt die Wurzel von Himmel und Erde.*
> *Ununterbrochen wie beharrend*
> *wirkt es ohne Mühe."*
> (Laotse: Tao Te King. R.Wilhem, S. 46)

Übung:
Schließen Sie die Augen. Stellen Sie sich die „Mutter der Welt" vor. Beschreiben Sie diese Mutter.

Die Schöpfungstätigkeit der „Mutter der Welt" wird folgendermaßen umschrieben:

> *„Das Tao erzeugt die Eins.*
> *Die Eins erzeugt die Zwei.*
> *Die Zwei erzeugt die Drei.*
> *Die Drei erzeugt alle Dinge."*
> (Laotse: Tao Te King nach R. Wilhelm, S. 85)

Das „Tao" erzeugt also das Tao. Das Tao erzeugt dann Yin und Yang. Aus Yin und Yang entspringen alle Entwicklungsphasen der Natur. Yang regt die Lebenskraft aller Lebewesen an. Yin führt sie in den Frieden des Unsichtbaren zurück. Aus der Vereinigung von Yin und Yang geht der Strom des Lebens hervor. Der Strom des Lebens kehrt ins Tao zurück. „Die Dinge in all ihrer Menge, ein jedes kehrt zurück zu seiner Wurzel. Rückkehr zur Wurzel heißt Stille." (Laotse: Tao Te King nach Wilhelm, S. 56) Das Tao umfasst so den Kreislauf aller Wesen und Dinge zwischen Geburt, Leben und Tod. „Rückkehr ist die Bewegung des Tao. Schwachheit ist die Wirkung des Tao. Alle Dinge ohne dem Himmel entstehen im Sein. Das Sein entsteht im Nichtsein." (Laotse: Tao Te King nach R. Wilhelm, S. 83) „Das Tao ist die

prozessierende Fülle, die sich immer wieder in sich zurücknimmt. Das heißt immer bewegt. Immer bewegt, das heißt ferne. Ferne, das heißt zurückkehren." (Laotse: Tao Te King nach R. Wilhelm, S. 65)
Tao das ist die ewige Wiederkehr. Aus der mystischen Versenkung ins Tao als ewige Wiederkehr der Lebenskraft erwächst die philosophische Praxis der glücklichen Selbstkultivierung, die im 2. Teil des Tao Te King dargestellt wird. Die Schau des Tao's beglückt den, der meditiert. „Ohne aus der Tür zu gehen, kannst du die Welt erkennen. Ohne den Blick aus dem Fenster siehst du Tao's Weg. Wer allzu vieles schaut, der sieht nur wenig. Der Meditierende aber wandelt nicht und kommt trotzdem ans Ziel. Er sieht nicht, und doch ist ihm alles klar. Er handelt nicht, und gelangt doch zur Vollendung." (Laotse: Tao Te King übersetzt von O. Sumitomo. Zürich 1945, S. 59)
Aus der glücklichen Schau des natürlichen Weges des Tao's erwächst Askese: Das Wu Wei, das nicht Nichthandeln. „Wer die Welt behandelt, verdirbt sie, wer sie festhalten will, verliert sie." (Laotse: Tao Te King nach Wilhelm, a.a.O., S. 69)

Übung:
Schließen Sie die Augen und versuchen Sie einmal fünf Minuten an eine Handlung zu denken. Beschreiben Sie dann diesen Versuch.

Der Taoist „macht das Nichtmachen. So kommt alles in Ordnung." (Laotse nach R. Wilhelm, S. 43) Laotse lehnt die Anwendung militärischer Gewalt ab:
„*Waffen sind unheilvolle Geräte. Alle Wesen hassen sie wohl.*"
(Laotse: Tao Te King nach R. Wilhelm, S. 71)

„*Wo die Heere Gewalt haben, wachsen Disteln und Dornen.*"
(Laotse: Tao Te King nach R. Wilhelm, S. 70)

Übung:
Begründen Sie einen radikalen Pazifismus in drei Sätzen.

Die glückliche Vereinigung mit dem Tao wird unterstützt durch überlegte Körperpflege. Dazu gehört die Atemmeditation. „Kannst du dich auf deinen Atem konzentrieren und zart werden wie ein Säugling?" (Laotse übers. von H. Knospe, Zürich 1985, S. 10)

Übung:
Schließen Sie die Augen und atmen Sie langsam ein. Stellen Sie sich vor, wie Sie durch das linke Nasenloch, durch die Luftröhre, in die linken Bronchien und dann in die linke Lunge atmen. Spüren Sie dann, ob in Ihrer

linken Körperhälfte mehr Energie ist, als in der rechten. Beschreiben Sie die Erfahrung mit der Atemübung.

Die Körperpflege bezieht sich auch auf das Zurückhalten der Ejakulation beim Geschlechtsakt. „Wer seine Pforten zumacht, der kommt sein Leben lang nicht in Mühen." (Laotse: Tao Te King nach R. Wilhelm, S. 95)
„Wer seine Mannheit kennt und seine Weibheit wahrt, der ist die Schlucht der Welt." (Laotse: Tao Te King nach R. Wilhelm, S. 68)
Damit rät Laotse zum passiven Sexualverhalten des Mannes, um die so zurückgehaltene Körperenergie in geistige Energie zu steigern.

Übung:
Schließen Sie die Augen. Stellen Sie sich vor, Sie haben Verkehr. Stellen Sie sich vor, Sie und Ihr Partner richten ihre Liebeskraft auf ein höheres Objekt als auf Ihre beiden Körper. Was löst diese Vorstellung in Ihnen aus? Schreiben Sie einen kleinen Text, über die Sublimation von Körperkräften in Geisteskräfte.

Der Taoist lebt bescheiden zurückgezogen und verborgen. „Wer selber etwas sein will, wird nicht herrlich. Wer sich selber rühmt, vollbringt nicht Werke." (Laotse: Tao Te King nach R. Wilhelm, S. 64)

Übung:
Was hindert Sie daran, im Verborgenen zu leben, auf jede Wirkung und auf jeden Ruhm zu verzichten? Geben Sie eine Begründung für Ihren Drang nach Öffentlichkeit.

Das Ziel der philosophischen Praxis ist nach Laotse das Glück des langen Lebens. Das lange Leben wird gesichert durch häufige zwanglose Meditation des Tao's. „Wer die Mutter findet...und sich wieder zur Mutter wendet, der kommt sein Leben lang nicht in Gefahr." (Laotse: Tao Te King nach R. Wilhelm, S. 95) Tao-Meditation verhilft zur immer wieder aktivierten Kraft eines Neugeborenseins, sie verhilft zur

Laotse auf dem Büffel reitend (Gemälde des 11. Jahrh.)

Das Glücksbild des Laotse

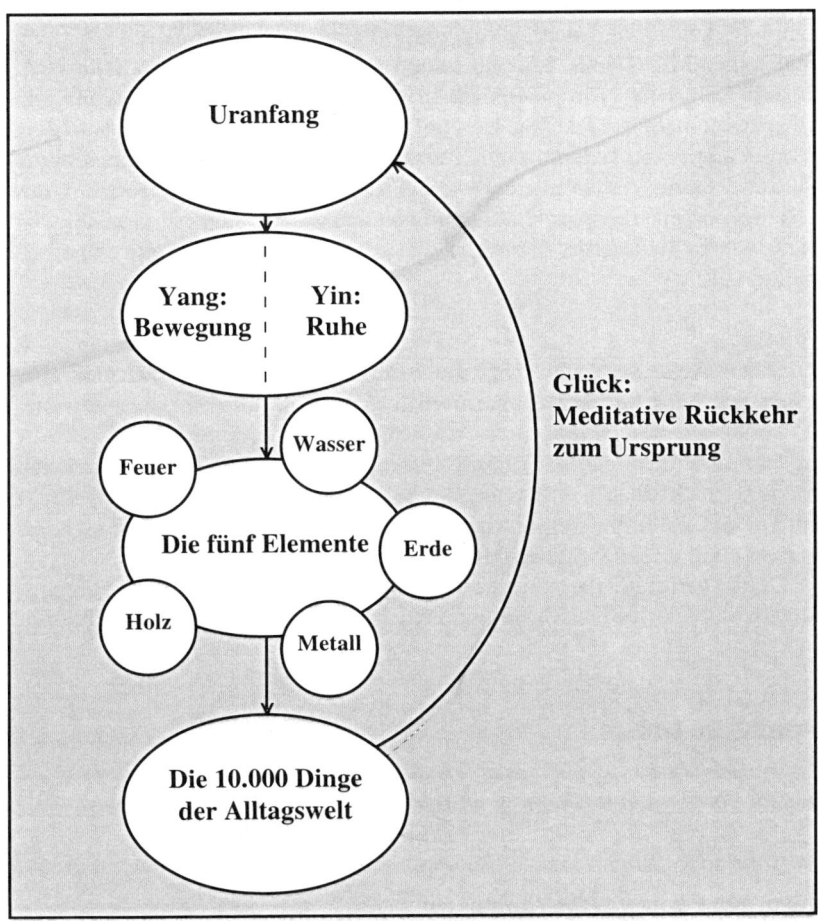

Übung:
Stellen Sie sich das Glück vor, im Uranfang zu ruhen. Beschreiben Sie Ihre Erfahrung.

Natalität. „Wer festhält des Tao's Völligkeit, der gleicht einem neugeborenen Kindlein." (Laotse: Tao Te King nach R. Wilhelm, S. 98) Der Weg zur Langlebigkeit ist der innere Weg zur Verschmelzung mit dem Tao. „Man muß seinen Mund schließen und seine Pforte zumachen, seinen Scharfsinn abstumpfen, seine wirren Gedanken auflösen, sein Licht mäßigen, sein Irdisches gemeinsam machen. Das heißt verborgene Gemeinsamkeit mit dem Tao." (Laotse: Tao Te King nach R. Wilhelm, S. 99) Der Kern des langlebigen Glücks entspringt nicht nur der Meditation, sondern der Überwindung des Ichs und dessen ständiger Hektik und Aktivität. „Wer sich selbst besiegt, ist stark ... wer sich selber kennt, ist weise." (Laotse: Tao Te King nach R. Wilhelm, S. 73)

Übung:
Wie können Sie sich selber besiegen? Legen Sie eine Liste Ihrer Möglichkeiten zur Selbstüberwindung an.

Im Tao Te King findet sowohl die „Verachtung der etablierten staatlichen Praxis als auch die Wertschätzung des bescheidenen nur auf das Tao bezogenen Lebens ihren philosophischen Ausdruck." (H. Schleichert: Klassische chinesische Philosophie. Frankfurt 1990, S. 120)

Laotse verbreitet die Abwendung von der sozialen Welt und die Gewinnung des Glücks durch Hinwendung zu einer mystischen Praxis der Meditation.

Literatur zu Laotse:

Laotse: Tao Te King. Übers. nach A. Sumitomo. Zürich 1945
Laotse: Tao Te King. Übers. nach H. Knospe. Zürich 1985
Laotse: Tao Te King. Übers. nach v. Strauß. Zürich 1959
Laotse: Tao Te King. Übers. R. Wilhelm. Düsseldorf 1978

Bauer, W.: China und die Hoffnung auf Glück. München 1974
Forke, A.: Geschichte der alten chinesischen Philosophie. Hamburg 1964
Kaltenmark, M.: Lao-tzu und der Taoismus. Frankfurt 1981
Reiter, F. C.: Lao-tzu. Zur Einführung. Hamburg 1994
Schleichert, H.: Klassische chinesische Philosophie. Frankfurt 1990
Yutang, L.: Lao-tse. Frankfurt 1955

5. Mo Ti (5. bis 4. Jahrhundert v. Chr.):
Den Himmel lieben

Mo Ti gilt in der Weltphilosophie als erster Philosoph des Sozialismus. Er propagierte den Vorrang der Gesellschaft vor Clan und Familie und entwarf als Gegner des Konfuzius eine Idealgesellschaft der menschlichen Liebe: die Glücksutopie der „großen Gemeinschaft". Obwohl er im 18. Jahrhundert scheinbar aus dem öffentlichen chinesischen Geistesleben verschwand, wurde er im 19. und 20. Jahrhundert von vielen Kritikern des Konfuzius und von den chinesischen Kommunisten als Vorläufer beim Aufbau eines neues China, und von den Christen als früher Christus wieder zu Ehren gebracht.

Die mohistischen Glückssucher wurden immer wieder zum Ausgangspunkt des Widerstandes der unteren Schichten der chinesischen Gesellschaft gegen Ausbeutung und Unterdrückung. Die sozial-revolutionäre Anregung des Mo Ti zieht sich im Untergrund der Geheimgesellschaften durch die ganze chinesische Geschichte (W. Eichhorn: Kulturgeschichte Chinas. Stuttgart 1964, S. 60). Kein Wunder, dass der Sozialist Bert Brecht im 20. Jahrhundert Mo Ti in seinem Buch „Me Ti, Buch der Wendungen" (Frankfurt 1965) besonders würdigte.

Mo Ti, auch Mo -tzu oder Meister Mo genannt, lebte in der Zeit zwischen Konfuzius Tod (479 vor Chr.) und Menzius Geburt (372 v. Chr.). Er arbeitete in der Zeit der „Streitenden Reiche" und der „Wanderphilosophen", als China sich in ständige Kriege von Kleinstaaten verwickelte, weil das Zentralreich untergegangen war. Wahrscheinlich stammte Mo Ti aus dem Fürstentum Lu. Er soll eine Zeitlang im Reich Sung Beamter und dann in seiner Heimtat Lu als praktischer Philosoph tätig gewesen sein. „Als Bürger des Staates Lu könnte er Minister in Sung gewesen sein und hat wahrscheinlich eine Schule für künftige Beamte bei den Feudalfürsten geführt." (J. Needham: Wirtschaft und Zivilisation in China. Frankfurt 1984, Band 1, S. 148) Es wird vermutet, dass Mo Ti der Sohn eines freien Bauern gewesen ist. Als wandernder Philosoph hatte Mo Ti ebenso wenig Erfolg wie Konfuzius. Die Fürsten hörten gerne seinen Rat, befolgten ihn aber nicht. Mo Ti erscheint als unbestechlicher Denker, den eine große Menschenliebe und Friedfertigkeit auszeichnete. Er lebte mit seinen Schülern in größter Bescheidenheit und lehnte jeden Luxus, jeden teuren Ritus, übermäßige Beerdigungskosten und Angriffskriege strikt ab. Viele der sozial-revoultionären Geheimgesellschaften Chinas bezogen sich auf Mo Ti's Ideen der solidarischen Nachbarschaftshilfe und auf seine vehemente Kritik an der Vergoldung und Verprassung der Güter des Volkes durch den Staat. Mo Ti scheint eine straff organisierte Schule gegründet zu haben, die auf ihn selbst eingeschworen war. Seine

Schüler waren so mit Mo Ti verbunden, dass er sie veranlassen konnte, durch Feuer zu gehen und auf Schwerter zu treten. Mo Ti übernahm von Konfuzius als oberstes Glücksgebot die Kultivierung des eigenen Selbst. Wenn der Mensch „seine eigene Handlungsweise nicht kultivierte, so würde er verfallen, und daher beschäftigt er sich zunächst mit sich selbst. Er prüft, wo er mit sich selbst nicht zufrieden ist, und müht sich um Verbesserung". (Mo Ti: Von der Liebe des Himmels zu den Menschen. München 1992. S. 40).

Übung:
Prüfen Sie, was Ihnen an Ihnen selbst nicht gefällt. Legen Sie zwei Spalten an. Spalte 1: Was mir an mir nicht gefällt. Spalte 2: Vorschläge der Selbstkultivierung.

Wenn der Mensch sein Glück sucht, braucht er Maßstäbe. Der Hauptmaßstab für das glückliche menschliche Handeln ist für Mo Ti das Prinzip der Gegenseitigkeit, die goldene Moralregel: den anderen so zu lieben, wie sich selbst. Den Ursprung dieser Urform des kategorischen Imperativs findet Mo Ti im Gegensatz zu Konfuzius im Himmel: „Das Vorbild ist der Himmel. Des Himmels Wege sind allumfassend und uneigennützig ... Sein Licht ist ewig und nimmt nie ab." (Mo Ti, a.a.O., S. 46)

Übung:
Mo Ti fragte: Was wünscht der Himmel vom Menschen und was missfällt ihm am Menschen? Beantworten Sie diese Frage in zwei Sätzen.

Mo Ti beantwortete die Frage nach dem Willen des Menschen als Maßstab für das Glück der Menschen folgendermaßen: „Ganz gewiß wünscht der Himmel, daß die Menschen einander lieben und sich gegenseitig unterstützen. Und er wünscht nicht, daß die Menschen einander hassen und sich gegenseitig befehden." (Mo Ti, a.a.O., S. 46)

Übung:
Mo Ti fragte: „Woher wissen wir den Willen des Himmels?" Beantworten Sie diese Frage.

Mo Ti's Antwort auf die Frage nach der Richtigkeit der Auslegung des Willens des Himmels lautet: Wir erkennen den Willen des Himmels daran, daß „er alle Menschen in seiner Macht hat und sie alle ernährt." (Mo Ti, a.a.O., S. 46) Der Wille des Himmels zeigt sich außerdem darin, dass er „solche Menschen, die ihre Mitmenschen unterstützen, beglückt, doch jene,

die ihre Mitmenschen hassen und schädigen, denen bringt der Himmel Unglück." (Mo Ti, a.a.O., S. 46f.)
Schließlich wird der Himmel Gerechtigkeit lieben und Unrecht hassen. Denn: „Wo es Gerechtigkeit in der Welt gibt, da ist Leben und wo es Ungerechtigkeit gibt, da ist Tod." (Mo Ti, a.a.O., S. 157) Außerdem wissen die Menschen, dass der Himmel sie liebt. Denn „woher wissen wir, daß der Himmel die Menschen liebt? Daher, daß er sie alle erleuchtet." (Mo Ti, a.a.O., S. 159) Die Liebe des Himmels zu den Menschen als Inhalt menschlichen Glücks zeigt sich aus den himmlischen Erscheinungen. Nach Mo Ti ordnet der Himmel die Bahnen der Sterne. Der Himmel regelt die Jahreszeiten. Der Himmel schafft Nahrung. Der Himmel sorgt für gute Herrscher. Der Himmel lässt schlecht regierte Reiche zugrunde gehen. Der Himmel fördert die Technik. (Mo Ti, S. 166-168)

Übung:
Entwerfen Sie das Grundgesetz des Kosmos. Schreiben Sie über dieses Grundgesetz ein ELFchen (1. Zeile = 1 Wort, 2. Zeile = 2 Worte, 3. Zeile = 3 Worte, 4. Zeile = 4 Worte, 5. Zeile = 1 Wort, ein Ausruf).

Der Philosoph sollte bei Mo Ti also eine wichtige Rolle im Staat spielen, um das allgemeine Glück zu fördern. Der Philosoph hat die Fähigkeit, am Maßstab des Himmels die Ursache aller staatlicher Verwirrung zu untersuchen. „Wenn er nachforscht, woher die Verwirrung kommt, so wird er finden, daß sie in dem Mangel an gegenseitiger Liebe ihren Grund hat." (Mo Ti, a.a.O., S. 104)

Übungen:
Untersuchen Sie die heutige gesellschaftliche Verwirrung. Gehen Sie wie Mo Ti vor.
Legen Sie erst Ihre Maßstäbe für eine harmonische Gesellschaft in einem Satz fest.
Stellen Sie fest, was der Grund für die Abweichung der bestehenden Gesellschaft von Ihrem vorgegebenen Maßstab ist.
Machen Sie Vorschläge, wie die bestehende verwirrte Gesellschaft an Ihren neuen Maßstab angepasst werden kann.

Mo Ti entwickelte auf der Basis seines Prinzips der „gegenseitigen Liebe" eine harte Kritik der unglücklichen Gesellschaften seiner Zeit. „*Da die Menschen im Reiche sich alle nicht gegenseitig lieben, überwältigen die Starken die Schwachen, verhöhnen die Reichen die Armen, lästern die Vornehmen über die Einfachen, und die Schlauen betrügen die Dummen.*

Alles Elend, Übergriffe, Unzufriedenheit und Haß in der Welt haben ihren Ursprung in dem Mangel an gegenseitiger Liebe. Die Aufrichtigen verurteilen dies." (Mo Ti, a.a.O., S. 107)

Übung:
Wer verurteilt heute im Zeitalter der Globalisierung die Macht der Reichen über die Armen? Welche Argumente benutzen Sie heute gegen die Macht der Reichen. Schreiben Sie einen Aufruf für die Beförderung des allgemeinen Glücks.

Mo Ti wurde von seinen Zeitgenossen als Illusionist angegriffen. Seine Gegner sagten, sein Liebeskonzept des Glücks lässt sich nicht durchsetzen. Mo Ti antwortete seinen Kritikern: Alle Menschen nehmen sich den obersten Machthaber zum Vorbild. Wenn also dieser Mächtige die allgemeine Liebe befiehlt, wird sie eintreten: „Denn wer andere liebt, den werden auch die anderen lieben und wer anderen nützt, dem werden auch die anderen nützen." (Mo Ti, a.a.O., S. 109) Das Reich ist zu ordnen, indem sich die Unteren den Oberen angleichen. Die Angleichung der Unteren an die Oberen kann durch die Methode „die Meinungen im Reich zu einigen" erreicht werden. „Warum", fragt Mo Ti, „war der Himmelssohn so erfolgreich in der Regierung des Reiches? – Nur durch seine Fähigkeit, die Meinungen im Reich zu einigen, gelang ihm die Regierung des Reiches." (Mo Ti, a.a.O., S. 89) Damit der oberste Machthaber zum Durchsetzer der Liebe und des Glücks wird, muss er sich am Prinzip der Universalität und nicht am Prinzip der Parteilichkeit orientieren. Um die allgemeine Menschlichkeit durchzusetzen, sagt Mo Ti, „sollte Parteilichkeit durch Universalität ersetzt werden". (Mo Ti, a.a.O., S. 112)

Damit Universalität an die Stelle der Parteilichkeit tritt, dafür sieht Mo Ti historische Beispiele: nämlich die Könige der chinesischen Urzeit Wen und Wu. Wen und Wu haben für Mo Ti Gleichheit gefordert und Ungleichheit bekämpft. Sie haben dabei „das System materieller Belohnungen und sozialer Anreize eingeführt. Je wertvoller ein Beamter dem Herrscher ist, desto höher soll sein Einkommen sein ... Aber auch ... je größer die notleidende Gesellschaft ist, um so niedriger soll das Einkommen der Beamten sein." (A. Schleichert: Klassische chinesische Philosophie. Frankfurt 1990, S. 97)

Übung:
Welche Vorschläge haben Sie für die heutige Einführung des universellen Prinzips der Menschenliebe als Basis des allgemeinen Glücks? Legen Sie eine Liste an.

Mo Ti's Programm der sozialistischen Glücksförderung umfasste neben der Durchsetzung der allgemeinen Menschenliebe noch folgende Schwerpunkte:

Nieder mit dem Angriffskrieg:
Warum sollen Angriffskriege vermieden werden, fragt Mo Ti. „Betrachtet man, was man erobert, so ist es in keiner Weise brauchbar. Und was man erlangt, ist bei weitem nicht so viel wie das, was man verliert." (Mo Ti, a.a.O., S. 126)

Übung:
Listen Sie alle Argumente gegen einen modernen High-Tech-Angriffskrieg auf.

Mäßigung im Aufwand:
Der Staat soll von unnützen Ausgaben für Armeen, Bauten und Straßen absehen. Die Menschen sollen bei Begräbnissen, bei der Kunst und bei der Kleidung Maß halten.

Übung:
Wie würden Sie heute die Priorität für die Einschränkung der öffentlichen und private Haushalte formulieren?

Abwehr von Fatalismus und Resignation:
Den Glauben an das Schicksal lehnte Mo Ti ab, weil Fatalismus das Unglück befördert. Für die Ablehnung von Glaubenssätzen entwickelte Mo Ti folgende Methode der Urteilsprüfung. Jedes Urteil muss für Mo Ti **drei Kriterien** erfüllen: das Kriterium des Ursprungs, der Begründbarkeit und der Anwendbarkeit. Wenn wir diese drei Kriterien auf den Glaubenssatz vom Fatalismus anwenden, ergibt sich folgendes Resultat. Da der Ursprung der Welt in der Liebe des Himmels liegt, kann er nicht im Schicksal liegen. Da die Hauptgründe für etwas in den Sinneseindrücken liegen, lässt sich das Schicksal nicht begründen. Denn es ist unsichtbar. Da eine Anwendung des Schicksalsglaubens zu politischer Inaktivität, Resignation und zum Untergang des Staates führt, hat der Schicksalsglaube nur negative praktische Folgen und ist daher abzulehnen. (Mo Ti, a.a.O., S. 200, 206 und 210)

Übung:
Schreiben Sie Ihren wichtigsten Glaubenssatz auf und überprüfen Sie ihn. Benutzen Sie dabei die drei Kriterien von Mo Ti: Fragen Sie nach dem Ursprung, der Begründbarkeit und der Anwendbarkeit Ihres Glaubenssatzes.

Nieder mit Konfuzius und seinem Traditionalismus:
Mo Ti entwickelte folgende Argumente gegen die Glücksideale des Konfuzius.
- Konfuzius vertritt den Fatalismus und bringt damit dem Reich Unheil.
- Konfuzius fördert komplizierte Riten und lässt die Leute verarmen.
- Konfuzius unterstützt falsche Herrscher und schadet dem Reich.
- Konfuzius ist arrogant, verachtet die Armen und spaltet das Volk.

Schließlich:
Konfuzius' kompliziertes Denksystem ist für das Volk einfach unverständlich (Mo Ti, S. 223f.).

Übung:
Kritisieren Sie die Glücksphilosophie des Geldes, indem Sie das Geld, wie Mo Ti, in seiner Wirkung auf Staat, Gesellschaft und untere Schichten untersuchen.

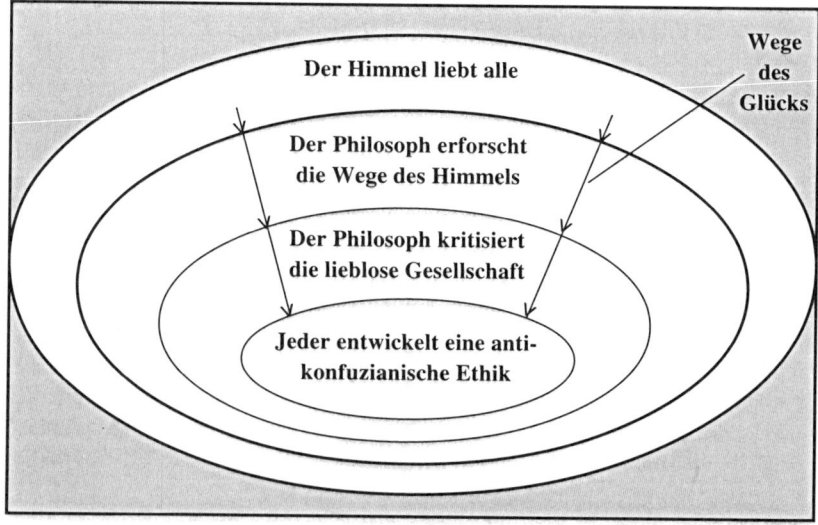

Das Glücksbild des Mo Ti

Übung:
Stellen Sie sich vor: „Der Himmel liebt alle." Welche Gedanken löst dieses Bild in Ihnen aus. Schreiben sie drei Sätze.

Literatur zu Mo Ti

Mo Ti: Von der Liebe des Himmels zu den Menschen. München 1992
Bauer, W.: China und die Hoffnung auf Glück. München 1974
Brecht, B.: Me-Ti, Buch der Wendungen. Frankfurt 1965
Faber, E.: Die Grundgedanken des alten chinesischen Sozialismus. Elberfeld 1877
Forke, A.: Me Ti. Des Sozialethikers und seiner Schüler philosophische Werke. Berlin 1922
Steinfeld, E.: Die sozialen Lehren der altchinesischen Philosophen Mo-Tzu, Meng-Tzu und Hsün-Tzu. Berlin 1971

6. Yang Dschu (4. Jahrhundert v. Chr.): Die Lüste gebrauchen

Mit Yang Dschu begegnen wir dem Philosophen der Lust, den Individualisten und Anarchisten der chinesischen Philosophie. Er scheint einen der frühesten Ansätze des Taoismus vertreten zu haben (W. Bauer: China und die Hoffnung auf Glück. München 1974, S. 77). Durch Zufall sind Bruchstücke seiner Philosophie der glücklichen Lust im Buch „Liä Dsi . Das wahre Buch vom quellenden Urgrund. Übersetzung R. Wilhelm. München 1996, Kap. VI und VII" überliefert worden. Yang Dschu entdeckte als Zentrum seiner Glücksphilosophie das goldene Jetzt. Da das Leben kurz ist, kaum Anlass zu wirklicher Freude bietet, darf man sich nicht das mögliche Glück durch Moral, Staat oder Ehrgeiz verderben lassen. „Sich ausleben ist das Ganze! Nichts verhindern, nichts unterdrücken ... Laß Deine Ohren hören, was sie begehren! Laß Deine Augen sehen, was sie begehren! Laß Deine Nase riechen, was sie begehrt! Laß Deinen Leib genießen, was er begehrt! Laß Deinen Willen tun, was er begehrt!" (Liä Dsi: Das wahre Buch vom quellenden Urgrund. München 1996, S. 140)

Übung:
Haben Sie sich dem völligen Ausleben, dem totalen Gebrauch der Lüste schon einmal hingegeben? Beschreiben Sie die Exzesse Ihres Hedonismus.

Die glückliche Erfahrung der Lüste sprengen das Selbst, seine Moral und Routine und eröffnen den „goldenen Augenblick des Jetzt". „Wer die Unterdrücker der Lust verjagt, der kann fröhlich sein Ende erwarten, sei es ein

Tag, ein Monat, ein Jahr oder 10 Jahre lang. Das nenne ich Pflege des Lebens." (Liä Dsi: Das wahre Buch vom quellenden Urgrund. München 1996, S. 140)

Übung:
Was halten Sie von der Lust als zentraler Pflege des Lebens? Entwickeln Sie ein Manifest des totalen Luststrebens als Ziel eines glücklichen Lebens in 3 Punkten.

Yang Dschu stellt fest, dass die Welt vollkommen wird, wenn jeder seiner Lust folgt. Er verweist auf die Heroen des Altertums die „kein Haar hergaben, um der Außenwelt zu nützen ... Kein einziger gab ein Haar her, kein einziger nützte der Gesamtheit und die Gesamtheit war in Ordnung." (Liä Dsi, a.a.O., S. 147) Als Yang Dschu gefragt wurde: „Würdet Ihr wohl auf ein einziges Härchen Eures Leibes verzichten, wenn Ihr damit die ganze Welt retten könntet?" sagte er: „Der Welt kann unmöglich mit einem Haar geholfen werden." (Liä Dsi, a.a.O., S. 147)

Übung:
Was würden Sie hergeben, um die Welt zu retten, ein Bein, Ihre Gesundheit, Ihre Seele? Geben Sie Ihre Antwort in einem Satz.

Das Engagement für die Welt ist völlig sinnlos. Die Welt ist voller Menschen, die in „rastloser Hast um eitles Lob streiten, um nach dem Tod überflüssige Verherrlichung zu erreichen" (Liä Dsi, a.a.O., S. 137). Das Leben selber ist voller „Schmerzen und Krankheiten, Trauer und Verdruß, Verlust und Mißerfolg, Kummer und Sorgen." „Die Zeit, in der man sich vollkommen frei selbst genießen kann, ungetrübt von jeglichen Spuren sorgender Gedanken, umfaßt kaum einer Stunde Spanne." (Liä Dsi, a.a.O., S. 137) Der Tod hebt alle schon im Leben erkämpften Unterschiede sofort wieder auf. „Im Leben gibt es Weise und Narren, Vornehme und Geringe und dadurch Unterschiede, mit dem Tod kommt Verwesung, Fäulnis, Vernichtung und dadurch Gleichheit ... vollkommene Heilige sterben, ebenso wie bösartige Narren sterben ... alle Modergebeine sind eins." (Liä Dsi, a.a.O., S. 138) Jeder Einsatz für Moral, Rechtsstaat und Ruhm sind in diesem Leben völlig unsinnig. „Sich im Leben abzumühen, Askese zu üben, sich unter der Moral zu ducken, um nach dem Tode für einige hundert Jahre seinem Namen eine Dauer zu geben, die doch nicht imstande ist, die modernden Gebeine zu beleben: Was ist das für eine Lebensfreude?" (Liä Dsi, a.a.O., S. 152)

Die Hoffnung auf Ruhm, Heiligkeit und Ansehen enthüllt sich, angesichts des Todes, als eine Abkehr vom Leben, „das sich eben nur im Augenblick erfüllt und nicht minder als eine Abkehr vom Glück, das den Menschen nur im Jetzt berühren kann." (G. Bauer, a.a.O., S. 81)

Übung:
Welche Form des erfüllten Augenblicks und des glücklichen Jetzt erkennen Sie? Wählen Sie zwischen folgenden Glückslüsten aus:
Kennen Sie die Lüste der Sinne,
des Denkens,
des Träumens,
der Erinnerung,
der Lektüre,
des Gesprächs,
des Lachens,
des bloßen Daseins,
der körperlichen Bewegung,
der Musik?
Welche Lüste lieben Sie am meisten? Geben Sie eine Antwort.

Yang Dschu lehnt den Selbstmord als Konsequenz der Absurdität der Welt ab. Der Selbstmord verhindert die Chance jeglicher zukünftiger Lust. „Wenn man schon einmal im Leben steht, so muß man es unwichtig nehmen und über sich ergehen lassen, seine Wünsche beachten und so den Tod erwarten. Kommt dann der Tod heran, so muß man auch ihn unwichtig nehmen und über sich ergehen lassen." (Liä Dsi, a.a.O., S, 146)

Übung:
Beschreiben Sie mal, wie unwichtig Leben und Tod gleichermaßen sind.
Ergänzen Sie die Sätze:
Das Leben ist egal, weil ...
Der Tod ist gleichgültig, weil ...

Yang Dschu lehnte auch eine übermäßige Verlängerung des Lebens ab, denn: „Die Leiden und Freuden der Welt bleiben sich gleich von alters her bis heute. Wenn man das Treiben der Welt gesehen, gehört und mitgemacht hat, so hat man mit hundert Jahren Überdruß daran, wie bitter müßte dann erst eine weitere Verlängerung des Lebens sein." (Liä Dsi, a.a.O., S, 146)

Übung:
Nennen Sie 3 Gründe, warum Sie niemals älter als 100 Jahre werden wollen.

Yang Dschus Idealmensch ist nicht der taoistische Einsiedler oder der disziplinierte Konfuzianer. Yang Dschu plädiert für ein Leben als Lebenskünstler, Lebensmensch und glücklicher Übermensch. Er unterstützt Menschen, die in Saus und Braus leben, die Wein, Weib und Gesang suchen, die die Nacht zum Tage machen. Seine Helden sagen: *„Wir wünschen die Freuden dieses einen Lebens auszukosten und die Genüsse der Gegenwart zu erschöpfen. Darum kennen wir nur die Sorge, daß, wenn der Leib überfüllt ist, der Genuß am Trinken gehindert wird, daß, wenn die Kraft erschöpft ist, die Befriedigung der Lust gehindert wird, nicht aber beunruhigen wir uns darüber, daß unser Name stinkend wird und unser Leib und Leben in Gefahr kommt."* (Liä Dsi, a.a.O., S. 143) Wenn alle Menschen ihren Wünschen freien Lauf lassen, verschwindet die Frustration und die Aggression zwischen den Menschen, die nun ihrem Wesen gemäß der Lust leben können. So lobt Yang Dschu auch die Bösen, die in Saus und Braus lebten und verspottete die Heiligen, die „während ihres Lebens nicht einen Tag der Freude hatten." (Liä Dsi, a.a.O., S. 149) Seine Begründung: „Jedem Heiligen sagt man wohl Gutes nach: aber sie hatten Bitternis bis zu ihrem Ende ... Jenen Bösewichtern sagt man wohl Übles nach, aber sie genossen der Freuden bis zu ihrem Ende. Tod aber sind nun alle zusammen." (Liä Dsi, a.a.O., S. 150)

Übung:
Beschreiben Sie Ihren Idealmenschen. Begründen Sie seinen Lebensentwurf und sein Ideal vom Glück.

Yang Dschus Glücksphilosophie der Lust will die Quellen der Lebenskraft, die in jedem Ich verdrängt und diszipliniert werden, wieder zum Fließen bringen. Er will die Diktatur der Moral über die Triebe beseitigen. Die Moral erschien ihm als Verfall, als Naturwidrigkeit, weil sie die Glückswünsche des Einzelnen unterdrückt und den Menschen verformt. „Bequeme Wohnung, schöne Kleider, feine Speisen und schöne Frauen, wer diese vier Dinge hat, was braucht er mehr zu begehren?" (Liä Dsi, a.a.O., S. 155)

Übung:
Was begehren Sie für Ihr Glück mehr als die vier Lustmittel und Lustobjekte? Legen Sie eine Liste Ihrer weiteren Wünsche an.

Es ist kein Wunder, dass die anarchistische Glücksphilosophie Yang Dschus in China nicht auf große Verbreitung stieß. Aber Yang Dschu ist ein Glücksphilosoph, der in seiner Art in allen philosophischen Kulturen der Welt in Erscheinung tritt und für Anstoß sorgt.

Glücksbild des Yang Dschu

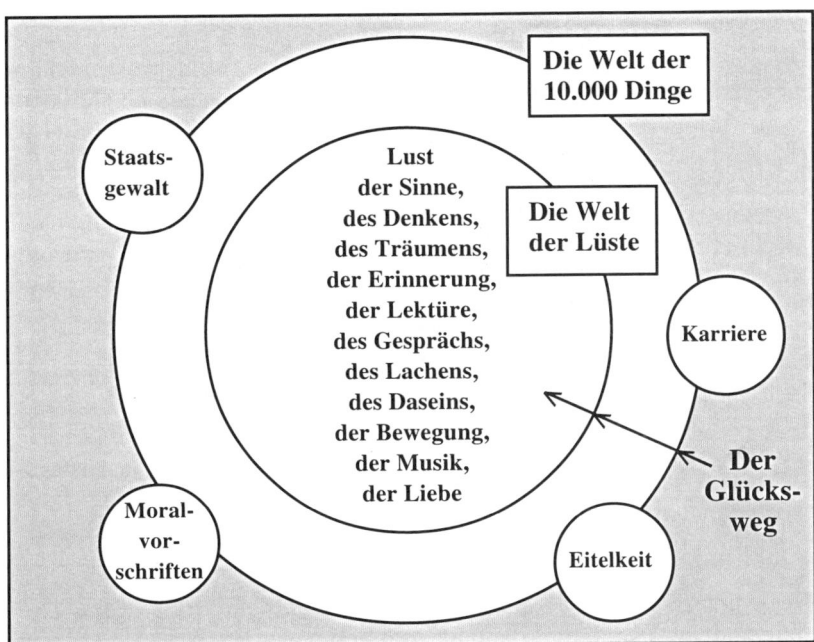

Übung:
Stellen Sie sich vor, Sie ziehen sich aus der Alltagswelt in die Welt der Lüste zurück. Welche Erfahrungen machen Sie in dieser Welt. Beschreiben Sie Ihre Erfahrungen.

Literatur zu Yang Dschu:

Liä Dsi: Das wahre Buch vom quellenden Urgrund. Übers. nach R. Wilhelm. München 1996, S. 135-156

Bauer, W.: China und die Hoffnung auf Glück. München 1974, S. 77-84
Schleichert, H.: Klassische chinesische Philosophie. Frankfurt 1990, S. 110-118

7. Menzius (372 - 289 v. Chr.)
Die Welt retten

Menzius, ein Zeitgenosse des Aristoteles, gilt als der erste wichtige Nachfolger des Konfuzius. Menzius will in der Zeit des Verfalls des chinesischen Reiches, zur Zeit der „100 streitenden Reiche", die Kultur retten mit Hilfe des Konzepts des Konfuzius, die Herrscher zu humanisieren. Menzius wählte für diesen Zweck den freien Beruf des Lehrers von Fürsten. Er war dabei auf die Gabe und Geschenke freigiebiger Mäzene angewiesen. Er versuchte sich aber mit aller Kraft von den sophistischen Wanderphilosophen seiner Zeit zu unterscheiden, die für Geld nur zur Unterhaltung der Hofgesellschaften beitragen wollten.

Menzius, auch Mong Dsi genannt, wurde 372 in dem kleinen Staat Dsu geboren. Seine Familie entstammte dem verarmten Feudaladel. Schon in früher Jugend starb sein Vater. Seine Mutter versuchte sich mit seiner Erziehung. Als Menzius früh heiratete, erkannte er bald die Last der Ehe. Nach Absolvierung einer Philosophieausbildung ließ sich Menzius als Philosophielehrer nieder und nahm Schüler an. Aber als Lehrer war er nicht zufrieden. Er wurde deshalb Wanderphilosoph. Er versuchte nun mit seiner Glücksphilosophie auf die Mächtigen seiner Zeit, die dauernde Kriege führten, einzuwirken. Ihm ging es um die Durchsetzung des Ideals des Konfuzius „Friede auf Erden". Dieses Ideal schien ihm durchsetzbar zu sein, wenn man, wie es Konfuzius gelehrt hatte, sich an die Methoden der Philosophie der Vorzeit halten würde.

Im Jahr 322 wurde Menzius an den Hof des Königs Hui von We gerufen. Das Reich We hatte in der Zeit der streitenden Reiche (475-221 v. Chr.) große Niederlagen erlitten. Der Kronprinz war ebenso gefallen wie der beste Feldherr, große Teile des Reiches waren besetzt worden. Menzius stand dem König Hui Rede und Antwort. Als der König fragte: „Welche Eigenschaften muß man haben, um König der Welt sein zu können?" antwortete Menzius: „Wer sein Volk schützt, wird König der Welt, niemand kann ihn daran hindern." (Mong Dsi: Die Lehrgespräche des Meisters Meng K'o. München 1994, S. 47)

Übung:
Wie kann man als Regent sein Volk schützen, stärken, entwickeln, so dass es die Führungsmacht der Welt wird? Entwickeln Sie einen Plan.

Der König Hui stellte weiter bohrende Fragen, ob man denn die anderen Staaten durch Angriff überwinden kann? Menzius antwortete: „*Der Kleine darf nicht den Großen angreifen, die Minderzahl nicht Mehrzahl, die Schwachen dürfen nicht den Starken angreifen, aber der Schwache kann bei Ausbildung der Macht Milde walten lassen, so daß alle Beamte der Erde an Eurem Hof Dienst zu tun begehren, alle Bauern in Euren Ländern pflügen wollen, alle Kaufleute zu Euch kommen, alle Wanderer zu Euch kommen und alle Unterdrückten Euren Schutz suchen.*" (Mong Dsi, a.a.O., S. 51) Der König lehnte Menzius Vorschläge ab: „Ich bin zu unklar, um diesen Weg gehen zu können."

Übung:
Welche Chance hätte heute dieses Programm des Menzius für Deutschland?

Menzius hatte also in We keinen Erfolg. Als der König Hui starb, und auch seine Nachfolger kaum an Reformen interessiert waren, verließ Menzius die Hauptstadt des Staates We und ging zu König Süan von Tsi. König Süan sammelte Gelehrte an seinem Hof und spielte sich als großer Förderer der Philosophie auf. Allerdings erwies sich König Süan bald als wenig aufgeschlossen. Als Menzius ihn fragte: „Wenn Unordnung im ganzen Lande herrscht, was soll da geschehen?" wandte der König sich einfach ab und redete mit seinem Hofstaat über andere Dinge. (Mong Dsi, a.a.O., S. 57)

Übung:
Was würden Sie veranlassen, wenn in ganz Deutschland Bürgerkrieg herrschen würde?

König Süan wollte aber von Menzius wissen, ob der Tyrannenmord gerechtfertigt ist. Menzius entgegnete, dass, wer einen tyrannischen König ermordet, nicht besser ist als der Tyrann und mit Recht wegen der Mordtat getötet werden sollte. (Mong Dsi, a.a.O., S. 58)

Übung:
Unter welchen Umständen ist für Sie der Tyrannenmord gerechtfertigt? Legen Sie eine Liste Ihrer Argumente an.

Als die Mutter von Menzius starb, verließ er Liang und ging nach Lu, wo seine Mutter gelebt hatte. Er trauerte, wie es damals Brauch war, drei Jahre und hielt sich während dieser Zeit von allen öffentlichen Geschäften fern. Mit 59 Jahren kehrte er nach Tsi zurück. König Süan ernannte ihn nun zum königlichen Ratgeber. Als der Staat Tsi den Nachbarstaat Jän eroberte, riet Menzius von diesem Eroberungskrieg ab. Wenn der Nachbarstaat schon erobert werden würde, dann sollte das Volk darüber entscheiden, ob sie einen Anschluss an den Staat Tsi wollten. Doch der König hielt sich nicht an Menzius Rat und geriet deshalb in Konflikt mit den anderen Nachbarstaaten, die die Eroberungspolitik von Tsi zu bekämpfen begannen. Menzius verließ nun Tsi. Er entwickelte eine pessimistische Geschichtstheorie: „Lange ist es schon, daß die Welt steht, und immer folgten auf Zeiten der Ordnung Zeiten der Verwirrung ... Wenn es so weitergeht, wird ein Zeitpunkt eintreten, wo die Menschen einander noch auffressen."

Übung:
Stellen Sie sich die Höhen- und Tiefpunkte der deutschen Geschichte seit 1871 vor. Begründen Sie die erkannten Höhen- und Tiefpunkte und entwerfen Sie ein Zukunftsbild von Deutschland im 21. Jahrhundert.

Menzius wandte sich dann in das Reich Tong, einem kleinen Fürstentum im Inneren Chinas. Auch in Tong hatte Menzius keinen großen Erfolg. In Tong erlebte Menzius, dass sich eine romantische taoistische Philosophie ausbreitete, die die Rückkehr zur Natur forderte und deren Anhänger als Naturmenschen lebten und das Geld und den Profit ablehnten. Menzius seinerseits lehnte die Naturmenschen ab: „Wie will man mit solchen Lehren einen Staat in Ordnung bringen?" fragte er (Mong Dsi, a.a.O., S. 99).

Übung:
Schließen Sie die Augen. Stellen Sie sich eine agrarische Gesellschaft ohne Staat vor. Beschreiben Sie eine solche staatenlose Gesellschaft, die durch einfachen Tausch ihre Beziehungen regelt.

Also hatte auch in Tong Menzius keinen Erfolg. Er zog sich mit seinen Schülern in seinen Geburtsstaat Dsu zurück und schrieb dort seine Lehre nieder. Menzius sieht das Zentrum des Glücks in der Ordnung der Welt. Alle Herrschaften „haben die Macht durch Menschlichkeit erlangt und durch Unmenschlichkeit verloren." (Mong Dsi, a.a.O., S. 114)
    Politik zieht also auf die Verhinderung des Krieges und auf die Milderung von Ausbeutung und Unterdrückung. Politik ist also auch das größtmögliche Glück der größtmöglichen Zahl. Deshalb ist die Kritik der Mächtigen nötig.

Menzius geißelt soziale Ungleichheit. „In der Hofküche ist fettes Fleisch ... in den Gesichtern der Leute wohnt die Not, auf dem Anger draußen wohnt der Tod ..., das heißt, die Tiere werden angeleitet Menschen zu fressen." (Mong Dsi, a.a.O., S. 45)

Menzius lehnte Kriege aller Art, gerechte wie ungerechte kategorisch ab. „Wenn der Herrscher Krieg führt um Städte, so daß die Getöteten die Stadt erfüllen, das heißt die Erde dazu bringen, daß sie Menschenfleisch frißt, dieser Frevel kann selbst durch den Tod nicht gesühnt werden." (Mong Dsi, a.a.O., S. 119)

Übung:
Schreiben Sie einen Aufruf gegen Ungleichheit und Krieg. Entwerfen Sie weitere Prinzipien des größtmöglichen Glücks der größtmöglichen Zahl.

Menzius glaubt, dass der Mensch gut ist. „Wenn einer Böses tut, dann liegt das nicht in seiner Veranlagung. Das Gefühl des Mitleids ist allen Menschen eigen." (Mong Dsi, a.a.O., S. 163)

Übung:
Wie erklären Sie sich, dass ein Mensch zum Mörder wird? Beschreiben Sie die Kurzbiographie eines Mörders in sechs Sätzen.

Für Menzius soll der Einzelne sein Schicksal erkennen. Der Kern der Schicksalserkenntnis ist Selbsterkenntnis. „*Wer seiner Seele auf den Grund kommt, der erkennt sein eigentliches Wesen. Erkenntnis dieses eigentlichen Wesens ist Tao-Erkenntnis. Wer seine Seele bewahrt, der nährt sein eigentliches Wesen ... Früher Tod oder langes Leben machen für ihn keinen Unterschied. Er veredelt sein Leben und erwartet, was kommt.*" (Mong Dsi, a.a.O., S. 184)

Übung:
Was erkennen Sie für ein Grundprinzip, wenn Sie auf den Grund Ihrer Seele blicken?

Das Glück des Einzelnen liegt in der Akzeptanz des Schicksals. Aus der Erkenntnis des Schicksals sollte der Einzelne Schicksalsergebenheit entwickkeln. „Alles ist Schicksal! Füge Dich dem, was für Dich recht ist ... dass der Mensch seinen Weg vollendet und dann stirbt, das ist der ihm bestimmte Wille des Schicksals." (Mong Dsi, a.a.O., S. 184)

Übung:
Schreiben Sie ein Reimgedicht (a a b b in vier Strophen) über Ihr Schicksal. Dabei sollte jede Strophe eine Phase Ihres Lebens darstellen.

Menzius starb am Tag der Wintersonnenwende im Jahr 289 v. Chr. Die von ihm gegründete Schule des politischen Glücks hat sich in den Wirren der Geschichte aufgelöst. Seine Bücher entgingen ihrer Verbrennung. Sie wurden schließlich zu klassischen Büchern, die heute noch in China gelesen werden.

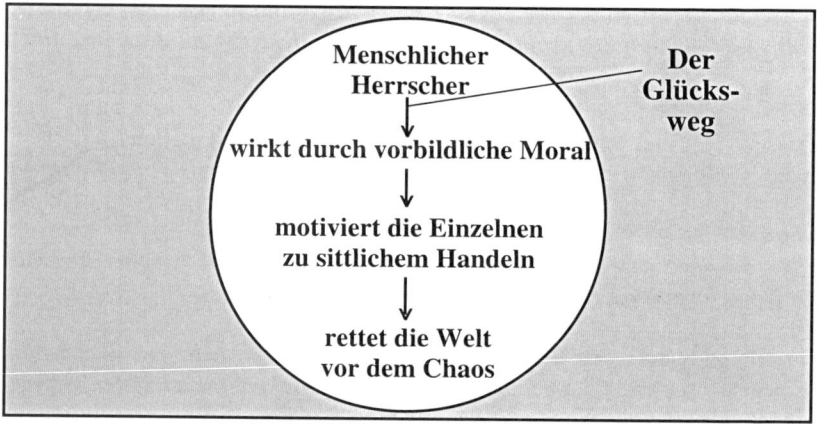

Übung:
Überlegen Sie: Wie kann man in der heutigen Gesellschaft einen wirklich menschlichen Machthaber gewinnen? Wie würde ein wirklich menschlicher Machthaber auf das Verhalten des Einzelnen wirken? Könnte er dem Einzelnen zu seinem Glück verhelfen?

Literatur zu Menzius:

Mong Dsi: Die Lehrgespräche des Meisters Meng K'o. Übers. R. Wilhelm. München 1994

Bauer, W.: China und die Hoffnung auf Glück. München 1970
Forke, A.: Geschichte der alten chinesischen Philosophie. Hamburg 1964
Gan, S.: Die chinesische Philosophie. Darmstadt 1997
Schleichert, H.: Klassische chinesische Philosophie. Frankfurt 1990, S. 56-84

8. Dschuang Dsi (350 - 280 v. Chr.): Gelassenheit üben

Dschuang-Dsi

Nach Laotse ist Dschuang Dsi der wichtigste taoistische Philosoph. Dschuang Dsi wendet sich ganz und gar an das Glück des einzelnen Individuums. Sein Buch „Das wahre Buch vom südlichen Blütenland" besteht aus Szenen, Gesprächen, Gleichnissen und Bildern. Die Glücksprobleme der Taoistischen Mystik werden bei ihm in narrativer Form abgehandelt. „Unter meinen Worten sind neun Titel Gleichnisreden, das heißt, ich bediene mich äußerer Bilder, um meine Gedanken auszudrücken." Dschuang Dsi benutzt die narrative Methode, weil die wichtigsten Glückserkenntnisse jenseits der Worte liegen: „Jenseits der Worte herrscht Übereinstimmung ... darum gilt es ohne Worte auszukommen." (Dschuang Dsi: Das wahre Buch vom südlichen Blütenland. Übers. R. Wilhelm. Düsseldorf 1982, S. 285)

Übung:
Drücken Sie Ihre zentrale Glücksidee einmal nur in Bildern aus.

Dschuang Dsi, auch Chuang Tzu oder Zhuang Zhou genannt, lebte in der heutigen chinesischen Provinz Hunan. Er bekleidete für kurze Zeit ein kleines Amt im „Park der Lackbäume". Als Taoist lebte er aber hauptsächlich im Verborgenen. Er hatte offensichtlich überhaupt keine Lust, staatspolitische Ratschläge zu geben. Er vertrat eine pessimistische Geschichtsphilosophie. Die frühe Menschheitsgeschichte zeigte noch Menschen, die im Einklang mit der Natur lebten. Doch dann wurde das harmonische Verhältnis des Menschen zur Natur durch Zäune, Pferdedressur, durch Gesetze, Tugendlehre, soziale Unterschiede, Straßen- und Fahrzeugbau zerstört. Schließlich entwickelte die Warenproduktion und das Geld die Profitgier der Menschen. Die Menschen orientierten sich nun nur noch an der Außenwelt. Die meisten sahen ihr Glück in einer ständigen Mühe ohne Erfolg und in einem erschöpfenden Dienst ohne Ziel. „Ist das Menschenleben wirklich so vom Dunkel umhüllt oder bin ich nur allein im Dunkeln?" fragt Dschuang Dsi, angesichts einer Zeit, in der China in endlose Kriege von Kleinstaaten zerfallen war. Dschung Dsi sieht den Untergang des Projekts Menschheit. „Nach tausend Geschlechtern wird es sicher noch dahin kommen, daß die Menschen einander auffressen." (Dschuang Dsi, a.a.O., S. 241)

Übung:
Schließen Sie die Augen. Stellen Sie sich die Welt der Zukunft vor, wenn noch einmal tausend Geschlechter gelebt haben. Beschreiben Sie diese Zukunft als eine glückliche.

„Heute sind die Leute vollends betört und verwirrt, und kein Weg führt mehr für die Masse zurück zur wahren Natur und zum Naturzustand." (Dschuang Dsi, a.a.O., S. 175) Radikal fordert Dschuang Dsi: „Verbrennt die Stempel und zerstört die Siegel und die Leute werden einfältig und ehrlich ... wenn einmal die ganze Kultur auf Erden ausgerottet ist, dann erst kann man mit den Leuten vernünftig reden." (Dschuang Dsi, a.a.O., S. 112)

Übung:
Schließen Sie die Augen. Stellen Sie sich das Ideale der archaischen Urzeit der Menschen vor: ein goldenes Zeitalter. Beschreiben Sie es.

Unter den Bedingungen des Verfalls der Welt bleibt für das Glück des Einzelnen nur noch der soziale Rückzug und die meditative Bewusstseinsveränderung. „In seiner Stille ist der Taoist eins mit dem Wesen der Nacht. In seinen Regungen ist er eins mit den Wogen des Tages." (Dschuang Dsi, a.a.O., S. 171)

Die Bewusstseinsveränderung beginnt für Dschuang Dsi **als Weg nach Außen** mit der Einsicht in die Grenzen der Erkenntnis.

Der 1. Schritt heißt: Die philosophischen Systeme befinden sich in einem aussichtslosen Streit. „Was der andere verneint, bejaht man, was jener bejaht, verneint man." (Dschuang Dsi, a.a.O., S. 42) Jede philosophische Diskussion endet im Streit und in Schuldzuweisungen. „Wenn zwei sich streiten hat einer von uns Recht und einer Unrecht oder haben beide Recht oder haben beide Unrecht?" (Dschuang Dsi, a.a.O., S. 51)

Übung:
Machen Sie einen Vorschlag, wie man philosophische Streitereien schlichten kann.

Für Dschuang Dsi sind alle Werturteile relativ. Es zeigt sich, dass „Wert und Unwert alle ihre Zeit haben und nicht als etwas Absolutes angesehen werden können." (Dschuang Dsi, a.a.O., S. 184) Alles Erkenntnisstreben ist zum Scheitern verdammt. Es fällt uns zum Beispiel schon schwer Traum und Wirklichkeit zu unterscheiden. Dschuang Dsi gibt folgendes Beispiel: „Einst träumte Dschuang Dsi, daß er ein Schmetterling sei ... plötzlich wachte er auf: Da war er wieder Dschuang. Nun weiß ich nicht, ob Dschuang Dsi geträumt hat, daß er ein Schmetterling sei, oder ob der Schmetterling geträumt hat, daß er Dschuang Dsi sei." (Dschuang Dsi, a.a.O., S. 52)

Übung:
Nehmen wir einmal an, dass alles eins ist. Alles wird vom Tao bestimmt. Ist dann nicht Traum und Wirklichkeit dasselbe? Geben Sie auf diese Frage eine Antwort in einem Satz. Ergänzen Sie folgenden Satz: Traum und Wirklichkeit sind ...

Das alltägliche Bewusstsein verliert seine Plausibilität, wenn die Sicherheit wissenschaftlicher Erkenntnisse schwindet.

Der zweite Schritt in der Bewusstseinsentwicklung des Taoismus ist die Veränderung des Blicks auf die Realität: Das Hässliche und Unbrauchbare gewinnt an Wert. Krüppel werden zum Beispiel im Alltagsbewusstsein verachtet, aber die taoistische Erkenntnis, dass die eigene Erkenntnisfähigkeit verkrüppelt ist, ist ein Gewinn. „Jedermann weiß, wie nützlich es ist, nützlich zu sein, und niemand weiß, wie nützlich es ist, nutzlos zu sein." (Dschuang Dsi, a.a.O., S. 71) So wird ein verwachsener knorriger Baum uralt, weil aus ihm keine Bretter zu fertigen sind. Ein Krüppel überlebt alle, weil keine Armee ihn gebrauchen kann. Ein Buckliger sorgt sich viel eher um das Glück seines Inneren, weil sein Äußeres keinen anzieht.

Der dritte Schritt der taoistischen Bewusstseinsentwicklung ist schließlich die Einsicht, dass alle Wesen eins sind. „Vom Standpunkt der Gemeinsamkeit betrachtet sind alle Wesen eins. Wer es so weit gebracht hat, der ist in seiner Erkenntnis nicht mehr angewiesen auf die besonderen Sinneseindrücke von Auge und Ohr ..., sondern er sieht die große Einheit und sieht hinweg über die Unvollkommenheit." (Dschuang Dsi, a.a.O., S. 73f.)

Auf der dritten Stufe des taoistischen Bewusstseins erkennt man, dass alles eins ist, weil alles das Tao ist. Und wer das Tao hat, hat das Glück. Das Tao lässt sich aber nicht denken. „Das Tao ist ein Grenzbegriff der dinglichen Welt. Reden und Schweigen reichen nicht aus, ihn zu erfassen. Jenseits vom Reden, jenseits vom Schweigen liegt sein Erleben, denn alles Denken hat Grenzen." (Dschuang Dsi, a.a.O., S. 274) Das Tao des Glücks lässt sich zwar nicht denken, aber erfahren. Deshalb macht es Sinn, sich von der Oberfläche der tausend Dinge zu trennen, um das Wesen hinter den Dingen zu erfassen. „Vergiß die Zeit! Vergiß die Meinungen! Erhebe Dich ins Grenzenlose! Und wohne im Grenzenlosen." (Dschuang Dsi, a.a.O., S. 51)

Übung:
Schließen Sie die Augen. Stellen Sie sich das Grenzenlose vor. Stellen Sie sich deshalb ein Licht vor, das erst klein ist, und dann immer größer wird und schließlich grenzenlos scheint.

Wenn alle Wesen eins sind, dann ist Leben und Tod auch eins. Als Dschuang Dsi's Frau gestorben war, weinte er nicht, sondern dachte an die Zeit vor jeder Zeit. „Da fand ich, daß es eine Zeit gegeben hatte, wo sie noch nicht geboren war ... damals war sie eins mit der Eigenschaftslosigkeit des Chaos. Durch eine Verwandlung bildete sich ihre Gestalt. Durch ihren Tod ist wieder eine Verwandlung eingetreten ... sie schläft nun wieder ruhig im Chaos." (Dschuang Dsi, a.a.O., S. 196)

Übung:
Schließen Sie die Augen. Stellen Sie sich das Urchaos vor aller Zeit vor. Stellen Sie sich vor, dass Sie in diesem Urchaos ruhten und wieder ruhen werden. Beschreiben Sie Ihre Denkerfahrungen dieser aktiven Imagination.

„Das Tao hat Wirkung und Wirksamkeit, aber weder handelt es, noch hat es Gestalt. Man kann es empfangen, aber nicht ergreifen. Man kann es gewinnen, aber nicht sehen. Es ist von sich aus Stamm und Wurzel zugleich. Ehe Himmel und Erde waren, bestand es von Ewigkeit ... Es war vor aller Zeit und ist nicht hoch, es ist jenseits allen Raumes und ist nicht tief, es ging der Entstehung von Himmel und Erde voran und ist nicht alt." (Dschuang Dsi, a.a.O., S. 87)

Dschuang Dsi beschreibt die Ein-Punkt-Meditation als **inneren Weg** zum Tao mit folgenden Worten:

„Nimm die richtige Körperhaltung ein,
richte den Blick nur auf einen Punkt!
...
Sammle dich und konzentriere deinen Blick auf Eines!
Dann fragst du nicht mehr nach Gründen und Ursachen.
dein Leib ist starr wie trockenes Gebein,
wie tote Asche ist des Herzens Stille."
(Dschuang Dsi, a.a.O., S. 228)

Dschuang Dsi

Übung:
Versuchen Sie diese Meditation. Sitzen Sie ganz entspannt. Richten Sie bei geschlossenen Augen den Blick auf ein inneres Licht. Weisen Sie alle Tagesresteinfälle ab. Werden Sie eins mit dem Licht. Beschreiben Sie diesen Versuch.

Mit dem Ausblenden der äußeren Sinnesreize beginnt der taoistische Weg nach innen.

> *„Hüte dein Inneres, schließe dein Äußeres.*
> *Viel Erkenntnis führt zum Verfall.*
> *Dann will ich mit dir hinauf steigen zu den Höhen der großen Wahrheit ...*
> *Ich will mit dir eindringen in das große geheimnisvolle Tor ...*
> *Wir wollen eingehen in das Tor der Ewigkeit,*
> *um zu wandeln auf den Gefilden der Unendlichkeit."*
> (Dschuang Dsi, a.a.O., S. 121f.)

Übung:
Schließen Sie die Augen. Schalten Sie alle Ihre Assoziationen aus. Dringen Sie in das große geheimnisvolle Tor ein. Durchschreiten Sie das Tor und sehen Sie eine ganz ganz große Weite. Beschreiben Sie dann Ihren inneren Weg, nachdem Sie sich in den Alltag wieder zurückbegeben haben.

Der Weg nach innen kann auch unterstützt werden durch **Atemmeditation**.

> *„Ausatmen und Einatmen,*
> *die alte Luft ausstoßen und die neue einziehen ...*
> *so liebten es die Leute, die Atemübung trieben."*
> (Dschuang Dsi, a.a.O., S. 170)

Übung:
Schließen Sie die Augen. Atmen Sie in folgendem Rhythmus. Ziehen Sie die neue Luft langsam ein und stoßen Sie die eingeatmete Luft schnell und tief aus. Merken Sie, wie Sie sich beim tiefen Ausatmen entspannen und immer ruhiger werden. Betreiben Sie diese Meditation nur ein paar Atemzüge lang und beschreiben Sie dann ihre Wirkung.

Neben der Atemmeditation empfiehlt Dschuang Dsi auch die **Spiegeltechnik**. Die Spiegeltechnik beschreibt Dschuang Dsi mit folgenden Worten:

> *"Gehe den Dingen nicht nach und gehe ihnen nicht entgegen.*
> *Spiegle die Dinge nur wider, aber halte sie nicht fest ...*
> *Nimm alle Dinge entgegen, aber verhalte dich so,*
> *als hältest du nichts. Bleib dabei demütig."*
> (Dschuang Dsi a.a.O., S. 99)

Übung:
Blicken Sie sich an dem Ort um, an dem Sie gerade sind. Blicken Sie völlig gleichgültig. Nehmen Sie kein Ding richtig wahr. Ziehen Sie sich aus dem unterscheidenden Sehen völlig zurück. Stellen Sie fest, wie ruhig Sie werden. Beschreiben Sie Ihre Erlebnisse.

Dschuang Dsi empfiehlt auch die **sexuelle Meditation**. Er schreibt:

> *"Höchstes Taos Samenkraft*
> *dunkel im geheim schafft*
> *Höchstes Taos Vollkommenheit*
> *dämmernde Verschwiegenheit ...*
> *und der Leib folgt dem Verein,*
> *wird von selber still und rein,*
> *mit dem Leibe kämpfe nicht,*
> *deinen Samen rege nicht:*
> *also schaust du der Ewigkeit Licht."*
> (Dschuang Dsi, S. 121)

Übung:
Wenn Sie einen Partner haben, der mit Ihnen Sex ohne Ejakulation machen kann, dann können Sie durch die Zurückhaltung des Samens den Orgasmus steigern und langsam vergeistigen. Bevor es also zur Ejakulation kommt, ziehen Sie Ihren Penis zu 90 % aus der Scheide und atmen Sie einmal tief in das Zwerchfell, wobei Sie den Unterleib zusammenziehen, als wenn Sie Ihren Harn zurückhalten wollten. Beschreiben Sie anschließend mit Ihrem Partner zusammen Ihre Erlebnisse.

Als Dschuang Dsi im Sterben lag, beratschlagten seine Schüler über ein prächtiges Begräbnis. Duschang Dsi wehrte ab: „Himmel und Erde sind mein Sarg ... So habe ich doch ein prächtiges Begräbnis! Was wollt ihr da noch hinzufügen." Die Schüler sprachen: „Wir fürchten, die Krähen und Raben könnten den Meister fressen." Da antwortete Dschuang Dsi: „Unbeerdigt fressen mich die Krähen, beerdigt die Würmer. Warum wollt ihr es dem einen nehmen und dem anderen geben?"

Das Glücksbild des Dschuang Dsi

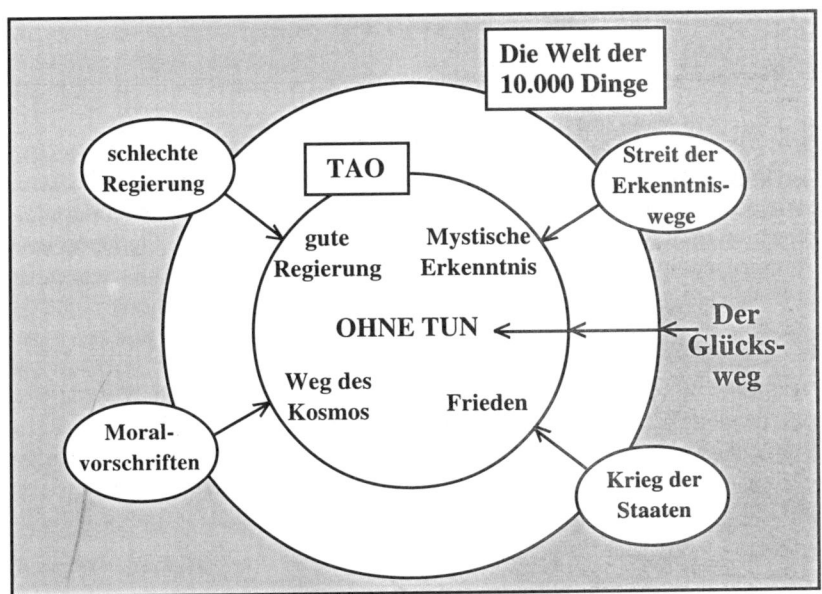

Übung:
Stellen Sie sich das Glück des TAO vor: gute Regierung, Mystische Erkenntnis, Frieden, alle gehen den Weg des Kosmos. Beschreiben Sie Ihre Erfahrung mit diesem Glücksbild.

Literatur zu Dschuang Dsi

Dschuang Dsi: Das wahre Buch vom südlichen Blumenland. Übers. von R. Wilhelm. Düsseldorf 1982

Bauer, W.: China und die Hoffnung auf Glück, München 1974
Chang, T.-T.: Metaphysik, Erkenntnis und praktische Philosophie im Chuang Tzu. Frankfurt 1982
Forke, A.: Geschichte der alten chinesischen Philosophie. Hamburg 1964
Gan, S.; Die chinesische Philosophie. Darmstadt 1997
Hackmann, H.: Chinesische Philosophie. München 1973
Kaltenmark, M.: Lao Tzu und der Taoismus. Frankfurt 1981
Schleichert, H.: Klassische chinesische Philosophie. Frankfurt 1990
Schweppe, R., Schwarz, A.: Tao und Unsterblichkeit. München 1998
Waley, A.: Lebensweisheit im alten China. Frankfurt 1979
Zenker, E.: Geschichte der chinesischen Philosophie. Reichenberg 1926, Bd. 1

9. Ge Hong (ca. 280 bis ca. 340 nach Chr.): Die Unsterblichkeit suchen

Ge Hong gilt als der größte taoistische Meister aller Zeiten. Sein Beiname lautete Pao P'u Tzu, „der Meister, der am Einfachen festhält". (J. Blofeld: Der Taoismus oder die Suche nach Unsterblichkeit. Köln 1986, S. 67)
Ge Hong, auch Ko Hũng genannt, wird oft als Alchimist, als Sucher nach dem Stein der Weisen, dargestellt. Er wollte aber viel mehr. Er suchte einen Weg zur Erlangung der Unsterblichkeit als Inbegriff des Glücks. Ge Hong entstammte einer Aristokratenfamilie und wuchs im südlichen China auf. Er erwarb in der Jugend eine umfassende Bildung. Während der Regierungszeit des Kaisers Hui Ti (290 bis 307 n.Chr.) wurde er Oberbefehlshaber der Kaiserlichen Truppen. Die Erfahrung des Krieges trieb aber Ge Hong zur Niederlegung seiner Ämter. Er ging in die ländliche Einsamkeit. Nachdem er mehrere Jahre durch China gewandert war, ließ er sich auf dem Lo-Fu-Berg nieder, baute sich dort eine Einsiedlerklause und vertiefte sich in die Kultivierung des Tao. Mit 81 Jahren starb er auf dem Lo-Fu-Berg. „Man fand ihn in Meditationshaltung, als wenn er in der Kontemplation eingeschlafen wäre." (J. Blofeld, a.a.O., S. 68f.)

Sein Hauptwerk, das „Pao P'u Tzu" (das Buch des Meisters, der am Einfachen festhält), beginnt mit einer Umschreibung des Tao, dessen Erreichung die Unsterblichkeit, das absolute Glück sichern soll. Im Stil von Laotse schreibt Ge Hong über das geheimnisvolle Tao:

„Das Geheimnis ist der uranfängliche Ahn des Spontanen ...
Unausloltbar in seiner Tiefe
wird es auch als nicht wahrnehmbar bezeichnet.
...
In sich trägt es den Embryo der ursprünglichen Einheit, es bildet und
formt die beiden Prinzipien Yin und Yang ...
Es ruft die Vielzahl der Arten hervor.
...
Wo das Geheimnis weilt, da ist unendlich die Freude."
(J. Robinet: Geschichte des Taoismus. München 1995, S. 124f.)

Ge Hong schließt sich damit dem philosophischen Taoismus von Laotse und Dschuang Dsi an. Ge Hong glaubt, dass es jedem möglich ist, sein eigenes Leben zu bewahren, physische Langlebigkeit zu erlangen und geistige Unsterblichkeit anzustreben.

Ge Hong

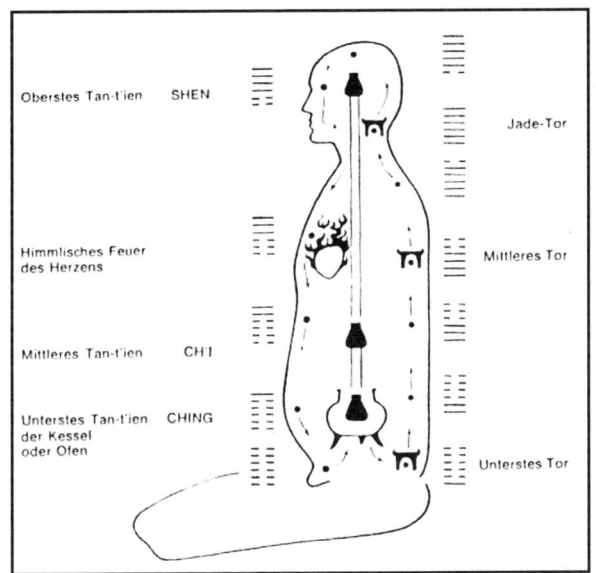

Der taoistische „Fein-Körper", für die „innere Alchemie", mit seinen Zirkulationssystemen

Die Erlangung der körperlichen Langlebigkeit erfordert folgende Maßnahmen:
1. Die Führung eines gesunden Lebens.
2. Die Vermeidung jedes Exzesses.
3. Die Steigerung der Körperkräfte durch Übungen.
4. Der Rückzug in die Einsamkeit, auf große Berge.
5. Das Sammeln und Aufbereiten von Heilkräutern.
6. Die Übung von Sexualpraktiken, die die Ejakulation verhindern.
7. Die Übung des Fastens.
8. Die Benutzung von Zauberformeln und das Lesen heiliger Schriften.

(J. Ribonet, a.a.O., S. 136-148)

Übung:
Welche Übungen praktizieren Sie eigentlich, um Ihre körperliche Langlebigkeit und das damit verbundene Glück zu erlangen?

Diese Übungen hielt Ge Hong aber nicht für ausreichend, um die geistige Unsterblichkeit zu erreichen. Ge Hong nennt acht Stufen, die zur geistigen Unsterblichkeit führen sollen. Diese acht Stufen haben wir in folgender Grafik mit entsprechenden Übungen vorgestellt.

Die Übungen zur geistigen Unsterblichkeit

Die Stufen	Die Übungen
1.	Erst soll der Übende den Lebenssamen sorgsam bewahren und ihn reichlich mehren. *Übung: Haben Sie Erfahrungen mit der Sexualmagie?*
2.	Alsdann die Körper maßvoll nähren und seine wilden Leidenschaften zügeln. Die Glieder heilsam regen und tief atmen, jedoch unhörbar, sanft und weich. *Übung: Welche Techniken zur Zügelung der Leidenschaften durch gymnastische Übungen und Atemmeditation nutzen Sie?*
3.	Und drittens soll im Stillen sich das reine Ch'i des Kosmos sammeln. *Übung: Welche Stille-Übungen benutzen Sie?*
4.	Zum vierten sei er nicht mehr länger erpicht auf dieses oder jenes, er sei still, ohne Hetze hin und her. *Übung: Wie überwinden Sie Ihre Nervosität?*
5.	Und fünftens soll er auch nicht wissen, wie man das innere Feuer schürt, damit er vom subtilen Ch'i (Lebenskraft) sich einen frischen Vorrat sammle. *Übung: Wie sammeln Sie sich einen Vorrat an ungebrochener Lebenskraft?*
6.	Und sechstens soll sein Geist beständig in ruhiger Gelassenheit verharren. *Übung: Wie erlangen Sie geistige Ruhe?*
7.	Danach sein Geist in reiner Wesensschau verweilen, in Leerheit ohne Unterscheidung. *Übung: Haben Sie schon einmal die reine Wesensschau der leeren Fülle erreicht?*
8.	Zuletzt sollte es in seinem Geist kein „Ich" und nicht „das Andere" geben. *Dann fliegt er über Sonne und Mond hinaus,* *dorthin, wo endlos sich das Tao* *jenseits des Universums dehnt,* *den Wanderer zurückerwartend.* (J. Blofeld: Der Taoismus ...,a.a.O., S. 269f.) *Übung: Verfügen Sie schon über extrakosmische Erfahrungen?*

Die wichtigste Glücksmethode auf dem Weg aus der Welt der 100.000 Dinge zum einen ist also die Meditation. Über die bevorzugten Arten der Meditation lesen wir bei Ge Hong: „Sitz eine Zeitlang ruhig. Laß den Geist klar werden ... Richte deine Augen auf die Nasenspitze und halte die Nase in einer Linie über den Nabel. Die Atemzüge sollten ruhig, langsam und gleichmäßig und keineswegs wie ein Schnaufen sich anhören. Man darf weder Pausen machen, noch den Atem anhalten. Man sollte der Atmung nur geringe Aufmerksamkeit schenken ... Man darf auch dem Gehörsinn nicht erlauben, bei irgend einem anderen Objekt zu verweilen." (J. Blofeld, a.a.O., S. 259)

Übung:
Probieren Sie diese Arten der Übung einmal aus. Beschreiben Sie ihre Wirkung.

Das Tao ist also für Ge Hong das Eine. „Das Eine zu erkennen ist leicht, die Schwierigkeit besteht darin, es ganz und gar zu bewahren ... Das Eine zu bewahren und den Geist stets darauf zu richten, verlangt die äußerste Aufrichtigkeit der Absicht ... Die Gedanken müssen fest auf den reinen Geist gerichtet sein – auf das eine, dann wird der Geist nach dem geheimnisvollen Tao greifen und der langersehnte Zustand der geistigen Unsterblichkeit wird erreicht sein." (J. Blofeld, a.a.O., S. 277)

Das Tao und die Unsterblichkeit erfahren bedeutet, dass man begreift, dass nichts erst mit der Geburt beginnt oder mit dem Tod endet, sondern dass das Tao alle Zeit und immer da ist. Beim Tod wird nichts verloren, da das Tao unabhängig vom einzelnen Leben und vom Kosmos immer schon existiert hat. Die Kultivierung des Taos des Glücks vollzog Ge Hong in seiner Einsiedelei. Sie war ein Gebäude mit einem Innenhof, der blühende Sträucher und Blumen umfasste. Vom Innenhof aus konnte er seine Zelle betreten. Die Einrichtung der Zelle war ganz einfach: ein Bett, eine Holztruhe für die Bekleidung. Auf einem Regal standen neben einigen Büchern, eine Statue des Laotse, der auf seinem Ochsen nach Westen reitet. Schließlich besaß seine Einsiedelei auch noch eine kleine Bibliothek, eine Küche, Lagerräume, ein Bad und ein Klo. Oft verbrachte Ge Hong die ganze Nacht in meditativer Versenkung. Am Tag hat er dann gemalt, Schönschrift geübt, Gedichte geschrieben, gespielt, gelesen oder im Garten gearbeitet. Im Sommer besuchte er andere Einsiedler, schwamm im See, nahm an Wettbewerben im Stehgreif-Dichten teil, an Orten, „die für den Anblick der auf- und untergehenden Sonne, des Vollmondes oder ähnlicher Naturerscheinungen bekannt waren" (J. Blofeld, a.a.O., S. 324).

Übung:
Schreiben Sie ein Gedicht über die aufgehende Sonne. Benutzen Sie dafür vier Zeilen. Wobei sich nur die zweite und die vierte Zeile reimt.

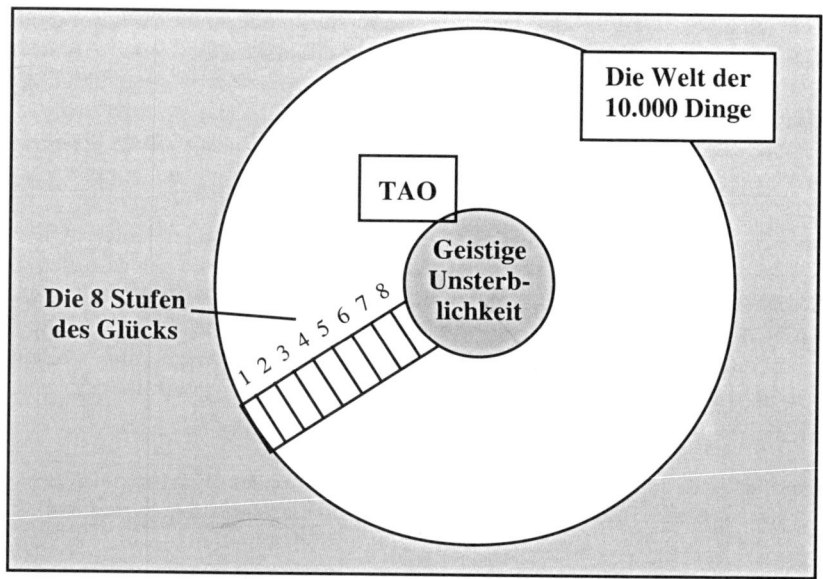

Übung:
Überlegen Sie, welche Stufen zum Glück der geistigen Unsterblichkeit Ihnen ab sofort möglich sind. Entwerfen Sie einen Stufenplan zur Förderung Ihres Glücks.

Literatur zu Ge Hong:

Blofeld, J.: *Der Taoismus oder die Suche nach Unsterblichkeit.* Köln 1986
Blofeld, J.: *Eine Reise von 1000 Meilen beginnt mit einem Schritt.* Bern 1991
Ribonet, J.: *Geschichte des Taoismus.* München 1995
Schoeppe, R., Schwarz, a..: *TAO und Unsterblichkeit. Übungen zur Steigerung von Gesundheit und Lebensfreude.* München 1998

10. Wang Wei (700-761):
Jenseits der weißen Wolken leben

Durch den Handel mit Zentralasien kam der Buddhismus mittels Kaufleuten und Händlern ab dem 2. Jahrhundert nach Christus nach China. In der Zeit der Sui- und Tang-Dynastien (589 - 906) war der Höhepunkt des chinesischen Buddhismus. Ab dem 9. Jahrhundert kam es aber zu massiven Verfolgungen des Buddhismus, zur Zerstörung von buddhistischen Klöstern und zur Verbrennung von buddhistischen Texten. Von dieser Verfolgung hat sich der Buddhismus in China nie mehr erholt. (M. v. Brück: Buddhismus. Gütersloh 1998, S. 207)

Wang Wei

War in Indien der Buddhismus eine Philosophie der Mönche, so wurde er in China eine Philosophie der Lebenskunst des Volkes. Vom 3. bis 6. Jahrhundert sind über 100 Pilger überliefert, die von China nach Indien reisten, um die indischen Originaltexte des Buddhismus nach China zu holen. Der bekannteste dieser Pilger war Hsüan-tsang (596-664). Er brach 627 nach Indien auf und kehrte nach 17 Jahren mit 657 Sanskriptrollen zurück, die er in weiteren 19 Jahren ins Chinesische übersetzte. (R. Grousset: Die Reise nach Westen. Oder wie Hsüang-tsang den Buddhismus nach China holte. München 1994)

Während die Taoisten sich den Buddhisten verwandt fühlten, grenzte sich der Konfuzianismus vom Buddhismus eher ab. Der Buddhismus entwickelte in China drei Schulen, die sich darüber stritten, ob das Erwachen des glücklichen Buddha-Bewusstseins allmählich oder plötzlich passiert sei. Besonders die Schule des „Buddhismus des reinen Landes" plädierte für die plötzliche Erleuchtung. „Gibt der Strebende die Illusion persönlicher Fähigkeit zur Befreiung auf und läßt damit von der eigenen Kraft ab, wird er automatisch von der anderen Kraft des Buddha als letzter Wahrheit getragen und befreit." (V. Zotz: Geschichte der buddhistischen Philosophie. Reinbek 1996, S. 194)

Übung:
Welche Argumente sprechen für das Eintreten der Erleuchtung des Buddha durch stufenweises Lernen und welche Argumente sprechen für die Plötzlichkeit seiner Erleuchtung?

Der Zen-Buddhismus wurde die wichtigste buddhistische Philosophie in China. Der Legende zufolge wurde Zen durch Bodhidharma (480-520 n. Chr.) nach China eingeführt. Zen basiert auf der Tradition der Waldmönche auf dem Berg Sung in der Nähe der nördlichen alten Reichshauptstadt Loyang. Zen leitet sich von einer der letzten Lehrhandlungen des historischen Buddha ab: „Als der Buddha einst seine Lehre vor einer großen Mönchsversammlung darlegen wollte, hob er eine Blume empor und schwieg dabei. Nur sein Schüler Maha-Kashyapa lächelte und war erwacht."

Übung:
Was lehrt Sie diese Lehrhandlung des Buddha: eine Blume empor zu halten und dabei zu schweigen? Schreiben Sie als Antwort zwei spontane Sätze.

Zen-Buddhismus stellte die Erfahrung vor die Theorie. „Erlösung entspringt meditativer Erfahrung und wird deshalb nicht in schlüssiger Formulierung, sondern von Herz zu Herz weitergegeben." (V. Zotz, a.a.O., S. 194) Als Zentrum des Zen gilt das Za-Zen: die Meditation. „Die Übung besteht in stundenlangem regungslosen Sitzen mit aufrechter Wirbelsäule, bei dem der Atem völlig beruhigt wird. Gleichzeitig beobachtet das Bewußtsein das Auf und Ab von Gedanken und Gefühlen, ohne dieselben zu bewerten. Allmählich kommen alle Bewußtseinsvorgänge zur Ruhe, und nur die geschärfte Aufmerksamkeit bleibt übrig. Dieser Zustand ist kein Trance, sondern eine hellwache Bewußtheit ... die sich oft erst nach langer Übung einstellt, die aber unbeschreiblich ist: völlig transparent, all eins, zeitlos und doch ganz und gar gegenwärtig, Strom der universalen Liebe, absoluten Glückseligkeit und Friede." (M. v. Brück, a.a.O., S. 226f.)

Übung:
Versuchen Sie einmal für 5 Minuten das gedankenfreie meditative Sitzen. Beschreiben Sie dann Ihre Bewusstseinslagen in Metaphern. Ergänzen Sie deshalb den Satz: „Mein Bewusstsein war wie ..."

Die besten Dokumente über die Zen-Meditationen und ihre Wirkung haben die großen chinesischen Dichter hinterlassen. „Die meisten großen chinesi-

schen Dichter waren in der Kunst der Meditation wohl geübt." (C. Chung-yuan: Tao, Zen und schöpferische Kraft. Köln 1983, S. 163f.)
Die chinesischen Dichter, besonders während der Tang-Zeit (618-906 n.Chr.) mussten sich schulen, bis sie einen Zustand erreichten, der von einem Zen-Buddhisten folgendermaßen beschrieben wurde:

> *„Durch Stillhalten und Leere wird die Verwirrung aufgelöst.*
> *So wie sich weiße Wolken an der kalten Klippe brechen,*
> *das Licht wahrer Erkenntnis vertreibt die Dunkelheit,*
> *wie Mondlicht der nächtlichen Fahrt des Schiffes folgt."*
> (C. Chung-yuang, a.a.O., S. 163)

Übung:
Schreiben Sie ein Antwortgedicht. Beginnen Sie Ihr Gedicht mit dem Satz: „Durch Stillhalten und Leere wird ..." Schreiben Sie dann insgesamt vier Zeilen.

Für viele Chinesen stand fest: „Der Weg des Zen-Buddhismus führt zur Erleuchtung, und auch der Weg der Dichtung führt zur Erleuchtung. Bevor ein Dichter Erleuchtung erfährt, sieht er die Blumen als Blumen und die Weiden als Weiden. Auch nach der Erleuchtung sieht er Blumen noch als Blumen und Weiden als Weiden, aber er ist sich zudem des geistigen Rhythmus bewußt, der in den Blumen und Weiden pulsiert." Ein Zen-Buddhist schrieb:

> *„Wenn die Vögel in den Wipfeln singen*
> *dann ist ihr Lied die Lehre aller Patriarchen.*
> *Wenn die wilden Blumen blühen,*
> *bringt uns ihr Duft des Tao tiefsten Sinn."*
> (C. Chung-yuang, a.a.O., S. 165)

Übung:
Schreiben Sie ein Antwortgedicht. Die erste Zeile beginnt mit den Worten: „Die Lehre aller Patriarchen ..." Die zweite Zeile beginnt mit den Worten: „Des Tao tiefsten Sinn ..." Schreiben Sie insgesamt vier Sätze.

Beim Dichten verschmelzen Subjekt und Objekt, der subjektive Geist wird zum objektiven Spiegel der Dinge. „Dieser mystische Geist ist nicht notwendig ein Ergebnis langsam fortschreitender Meditation, er kann auch aus einem plötzlichen Erwachen des Geistes entstehen." (C. Chung-yuan, a.a.O., S. 173) Besser als alle Zen-Anekdoten spiegeln die Gedichte von Wang Wei das Erlebnis der plötzlichen Zen-Erfahrung wider.

Wang Wei wurde um 700 in der chinesischen Provinz Shansi geboren. Sein Vater war Gouverneur und bestimmte den Sohn zur Beamtenlaufbahn. Ab 16 Jahren studierte er. Mit 21 Jahren bestand er die höchste Beamtenprüfung als Bester. Er wurde Hofrat für Musik, wurde aber nach einigen Monaten wegen eklatanter Verfehlungen in die Provinz verbannt. Er verbrachte nun einige Zeit auf dem Sung-Berg, einem der heiligen Berge Chinas, wo er im Kloster die zen-buddhistische Meditation lernte.

10 Jahre lang lebte er dann völlig zurückgezogen in einem kleinen Landhaus auf dem Lande. 734 konnte er dann in die Hauptstadt zurückkehren. Nun kaufte er sich das „Landhaus am Südgebirge, am Wang-Fluß". Obwohl er nun 20 Jahre lang hohe Regierungsämter bekleidete, lebte er doch am liebsten im Landhaus am Südgebirge.

Als 749 seine Mutter starb, trauerte Wang Wei drei Jahre und magerte zum Skelett ab. Der Hinrichtung durch die An-Lu-Shan-Rebellion 753, die die chinesischen Haushalte in 8 Jahren von 9 Millionen (753 n.Chr.) auf 2 Millionen (760 n.Chr.) reduzierte, entging er nur mit knapper Not. 759 wurde er, nach der Rückkehr des Kaisers, stellvertretender Premierminister. (Vgl. H. Franke: Das chinesische Kaiserreich. Frankfurt 1968, S. 173)

Im Sommer 761 spürte Wang Wei seinen Tod kommen. Während er im Sterben lag, schrieb er noch einige Gedichte. In seinem schönsten Gedicht beschreibt Wang Wei sein meditatives Bewusstsein mit dem Symbol der weißen Wolke.

„Die weißen Wolken, die spontan aus der Leere des blauen Himmels hervortreten und die ohne Widerstand darin aufgehen, sind ein Symbol für den Bewußtseinszustand des Erleuchteten, eine Metapher für das unsagbare Nirvana." (Wang Wei: Jenseits der weißen Wolken. Düsseldorf 1982, S. 30)

In seinem Gedicht Abschied steht deshalb auch das **Symbol der weißen Wolke** im Mittelpunkt.

„Abschied
Steig doch vom Pferd, komm, laß uns einen Becher leeren,
verrate mir, wohin die Reise geht!
Du sagst, Dir sei im Leben nichts gelungen,
nun gehst Du heim, am Rand des Südgebirges auszuruhen.
So reite denn, ich will Dich nicht mehr fragen,
die weißen Wolken steigen und vergehen
dort ohne Unterlaß."

(Wang Wei: Jenseits der weißen Wolken. Düsseldorf 1982, S. 85)

Übung:
Schreiben Sie einen seriellen Text, dessen Zeilen immer mit den Worten beginnen: „Die weißen Wolken ..."

Wang Wei soll als buddhistischer Laie das Erleuchtungserlebnis des Buddha erfahren haben. Im folgenden Gedicht bezieht er sich auf die Erweckung des Buddhas und ersehnt dessen drei Nachtwachen. In der **ersten Nachtwache** unter dem Bodhi-Baum durchlebte Buddha alle Stadien der Versenkung. In der **zweiten Nachtwache** schaute er in Meditation alle seine vergangenen Leben und auch die aller anderen Lebewesen. Gegen Ende der **dritten Nachtwache** erlangte er beim Anblick des Morgensterns vollkommene Erleuchtung. Buddha begriff, dass das, was ungeboren und unvergänglich ist, auch allem Werden und Vergehen entzogen ist. Wang Wei lehnte deutlich die taoistische Suche nach einem alchimistischen Elixier des ewigen Lebens ab. Er stellte sich seinem Alter und rettet sich dann in ein höheres Bewusstsein, das im „Rauschen des Regens die wilden Beeren fallen hört."

> *„In einer Herbstnacht einsam sitzend*
> *Einsam sitzend, bekümmert ob der grauen Schläfen,*
> *im leeren Zimmer ersehn' ich die zweite Nachtwache,*
> *wilde Beeren fallen im Rauschen des Regens,*
> *unter der Lampe zirpt ein Heuschreck.*
> *Des Schopfs Ergrauen ist schließlich unumkehrbar,*
> *das Lebenselixier hat niemand je zustande gebracht.*
> *Wer wissen will, was Krankheit und Alter überwindet,*
> *der muß sich allein dem Ungeborenen widmen."*
> (Wang Wei, a.a.O., S. 93)

Übung:
Unterstreichen Sie 10 Worte im vorliegenden Gedicht. Schreiben Sie mit diesen Worten ein eigenes Gedicht zum Thema: „In einer Herbstnacht einsam sitzend ..."

In der Meditation erscheint die Welt des Ichs als leerer Schein. Jenseits der Subjekt-Objekt-Spaltung des Bewusstseins erscheint die ungeborene Fülle. Wang Wei lässt die Sinnenwelt los und will nun in die Unendlichkeit treiben.

> *„Auf dem Wasser dahintreibend*
> *Der Herbsthimmel in seiner christallenen Weite,*
> *und ich – dem Weltgetriebe fern –*
> *freu' mich am Kranich auf dem Ufersand,*
> *den Bergen, die die Wolken überragen.*

*Die klaren Wellen haben zum Abend sich geglättet,
und in der Stille leuchtet hell der Mond.
In dieser Nacht, einsam dem Staken überlassen,
treib' ich dahin, will nicht an Umkehr denken."*
(Wang Wei, a.a.O., S. 147)

Übung:
Verwandeln Sie dieses Gedicht in ein Elfchen um. Ein Kurzgedicht mit 11 Worten. Erste Zeile ein Wort, zweite Zeile zwei Worte, dritte Zeile drei Worte, vierte Zeile vier Worte, fünfte Zeile ein Wort als Ausruf.

Wo Wang Wei begraben liegt, ist unbekannt.

Das Glücksbild des Wang Wei

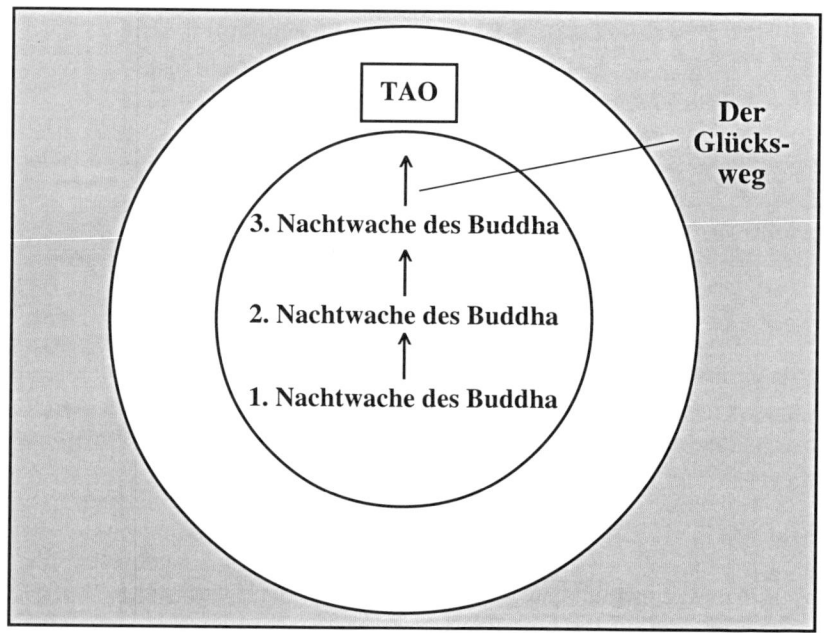

Übung:
Stellen Sie sich die Erweckungssituation des Buddha vor. Schreiben Sie 3 Sätze zu den 3 Nachtwachen des Buddha, in denen er seine Erlösung fand.

Literatur zu Wang Wei:

Wang Wei: Jenseits der weißen Wolken. Düsseldorf 1982
Brück, M. v.: Buddhismus. Gütersloh 1998
Chung-yuan, C.: Tao, Zen und schöpferische Kraft. Köln 1983
Franke, H.: Das chinesische Kaiserreich. Frankfurt 1968
Grousset, R.: Die Reise nach Westen. Oder wie Hsüan-tsang den Buddhismus nach China holte. München 1994
Zotz, V.: Geschichte der buddhistischen Philosophie. Reinbek 1996

11. Li Tai-Bo (701 - 762): Das Tao bedichten

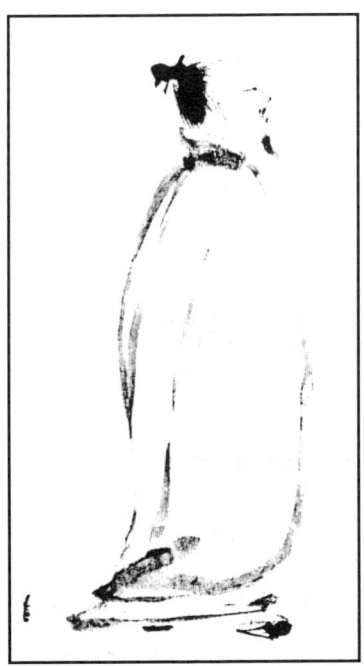

Li Tai-Bo (Tuschzeichnung, 13. Jahrhundert)

Während der Tang-Dynastie (618-907) hatte der Taoismus einen gewissen Einfluss auf den chinesischen Staat. Nach 907, während der Sung-Dynastie (960-1279) und über die Zeit der Ming-Dynastie (1368-1644) bis zur kommunistischen Revolution im 20. Jahrhundert wurde allerdings der Konfuzianismus zur herrschenden Staatsphilosophie. Der Taoismus verwässerte sich in dieser Zeit zur Volksreligion mit pompösen Ritualen und der Verehrung des Laotse als Gottheit. (Vgl. J. Robinet: Geschichte des Taoismus. München 1991)

Der philosophische Taoismus fand seit der Tang-Zeit mehr und mehr Unterschlupf bei taoistischen Eremiten und den chinesischen Dichtern. „Dichter wie Li Tai-Bo ... waren im wahrsten Sinne taoistische Adepten, so intensiv äußerten sie ihre Übereinstimmung mit der Natur, und so innig wußten sie deren Wirkung zu schätzen." (J. Blofeld: Der Taoismus und die Suche nach Unsterblichkeit. Stuttgart 1992, S. 77)

Li Tai-Bo wurde 701 geboren. Seit seinem 5. Lebensjahr lebte er im Westen Chinas in der Provinz Setschuan. Als Jugendlicher wanderte der Dichter in den Bergen und Wäldern und verkehrte dort mit taoistischen Eremiten. Er konnte gut mit dem Schwert umgehen und tötete mehrere Angreifer. Mit 20 Jahren durchquerte er China und kam zu den großen Handelsstädten am Unterlauf des Yangdse. 726 heiratete Li Tai-Bo und lebte nördlich von Hang-Kau. Wenn er auch zeitweilig sesshaft war, so unternahm er doch immer wieder Wanderungen, die ihn in alle Ecken des chinesischen Reiches führten. Ohne ein literarisches Staatsexamen geriet Li Tai-Bo früh an den Rand der Gesellschaft.

Für eine Beamtenkarriere war Li Tai-Bo nicht zu gebrauchen. Seiner unbändigen Natur entsprach deshalb die taoistische Mystik. So erwirbt Li Tai-Bo 744-45 in der Provinz Schandung ein taoistisches Diplom und besuchte auf seinen weiteren Fernreisen viele taoistische Meister in ihren Eremitenbehausungen auf den hohen Bergen. 742 wird er vom Kaiser an seinen Hof in der Millionenstadt Tschang-an eingeladen. Allerdings sprach Li Tai-Bo dort oft und gern dem Wein zu und wurde deshalb bald aus den Diensten des Kaisers entlassen. 753-60 kam es zu einem grausamen Bürgerkrieg in China, der 36 Millionen Chinesen das Leben kostete. (H. Franke: Das chinesische Kaiserreich. Frankfurt 1968, S. 173) Li Tai-Bo floh nach Luschan.

757 beteiligte sich Li Tai-Bo am Aufstand des Prinzen Lin von Yung. Der Dichter wurde, nach dem Scheitern des Aufstandes, ins Gefängnis geworfen, dann begnadigt und in die Provinz Yünnan verbannt. 759 wurde er rehabilitiert und versuchte nach Zentralchina zurückzukehren. 761 findet Li Tai-Bo Unterschlupf in der Provinz Anhui. Er erkrankt schwer, und ist durch den Trunk und die Mühen seiner Reisen stark erschöpft. 762 stirbt Li Tai-Bo in Anhui. Die meisten Werke Li Tai-Bo's wurden im Bürgerkrieg 753-60 vernichtet. Das gerettete Werk umfasst 779 Gedichte sowie 58 Prosastücke. Li Tai-Bo ist von der Vergänglichkeit der Welt tief überzeugt. *„Was ist die Welt? Ein Gasthof den 10000 Wesen. Und was ist die Zeit? Ein Fremdling, reisend durch Äonen. Und unser Leben ist gleichsam ein Traum – wie lange können wir uns seiner freuen?"* (Li Tai-Bo: Gedichte. Stuttgart 1992, S. 137)

Übung:
Beantworten Sie die drei Fragen Li Tai-Bo's. Was ist die Welt? Was ist die Zeit? Was ist unser Leben?

Li Tai-Bo praktizierte selber die taoistische Meditation. 754 schrieb er über seine Meditation folgendes Gedicht:

> *„Allein am Ging-Ting-Berge sitzend*
> *Vögel in der Höhe flogen fort.*
> *Still die Wolke war dahingetrieben.*
> *Sahn uns unersättlich an, wir beide:*
> *Nur der Ging-Ting-Berg war dageblieben."*
> (Li Tai-Bo: Gedichte, a.a.O., S. 107)

Li Tai Bo hat den Ging-Ting-Berg im Jahre 754 oft besucht. Das Gedicht beschreibt das meditative Sitzen und das Leerwerden des Bewusstseins. Die Wolke gilt als ein Symbol des Tao, auf das er sein Bewusstsein eingeschränkt hatte. Dabei erlebte Li Tai-Bo, dass sein Ich mit der Wolke, dass also Subjekt und Objekt verschmolzen und nur der Berg als weiteres Symbol des Tao blieb.

Übung:
Wählen Sie ein Meditationsobjekt, z.B. einen großen Berg. Stellen Sie sich diesen Berg bei geschlossenen Augen solange vor, bis Ihr Ich-Bewusstsein mit dem Objektberg verschmilzt. Schreiben Sie dann einen Vierzeiler über Ihre Meditationserfahrung, bei dem sich die zweite mit der vierten Zeile reimt.

Das Meditationsobjekt kann auch der weiße Reiher sein, der im Taoismus als unsterblich gilt und den Flug ins Tao erreicht. Li Tai-Bo schreibt:

> *„Der weiße Reiher*
> *Weiß fällt ein Reiher ein auf herbstlichem See*
> *gleich einem Tropfen Tau, der herniederweht.*
> *Reglos mein Herz und nur ihm zugewandt,*
> *der einsam dort am Rand der Sandbank steht."*
> (Li Tai-Bo: Gedichte, a.a.O., S. 113)

Übung:
Schließen Sie die Augen. Stellen Sie sich einen einsamen weißen Reiher an einem herbstlichen See vor. Achten Sie darauf, dass die Stille des herbstlichen Sees sich in Ihrer Seele spiegelt. Schreiben Sie dann einen Vierzeiler, über Ihren Meditationsversuch, indem sich die zweite mit der vierten Zeile reimt.

Oft hat Li Tai-Bo versucht, die Erfahrung des Tao im Gedicht zu bannen. 720 musste sich Li Tai-Bo in den Bergen Setschuans verbergen. Er verkehrte dort wieder mit taoistischen Einsiedlern, die ihn weitere Geheimnisse der taoistischen Meditation lehrten. Als der Kaiser nach ihm schickte, und ihn an den Hof zurückholen wollte, lehnte Li Tai-Bo dankend ab. Diese Szene beschreibt Li Tai-Bo in folgendem Gedicht und gibt auch gleich einen Grund für die Ablehnung der Rückkehr ins weltliche Leben an: Er hat eine tiefe Ahnung vom Tao erfahren.

> *„In den Bergen als Antwort an einen Alltagsmenschen*
> *Und fragst du mich, warum ich hier*
> *in blauen Bergen hause,*
> *so bleib ich stumm und lächle nur –*
> *voll Frieden ist mein Herz.*
>
> *Im Wasser treiben Pfirsichblüten,*
> *verschwimmend in dunkelen Fernen:*
> *Ein Himmel ist und eine Erde,*
> *die nicht der Menschen Welt."*
> (Li Tai-Bo: Gedichte, a.a.O., S. 59)

...ismus lehrt: wer weiß, sagt nichts und wer etwas sagt, weiß nichts. Li so beschreibt sein Schweigen und beschreibt den Zustand seines Bewußtseins. Sein Denken ist erfüllt durch das Verschwinden von treibenden Blüten in dunkler Ferne. Er beschreibt damit die mystische Verschmelzung von Himmel und Erde, die die Subjekt-Objekt-Spaltung der Menschenwelt nicht kennt.

Übung:
Stellen Sie sich bei geschlossenen Augen die zweite Strophe vor: Pfirsichblüten treiben auf dem Wasser und verschwimmen mit der dunkleren Ferne des Horizonts. Schreiben Sie dann einen Vierzeiler über die dunkle Ferne ohne einen Reim.

Li Tai-Bo besuchte auch den taoistischen Einsiedler Meister Jung. Über diesen Besuch und die durch ihn erfolgte Unterweisung ins Tao schrieb Li Tai-Bo dann folgendes Gedicht:

Stilles Leben in einer Waldschlucht

„Meister Jung den Eremiten, aufsuchend
Wo grün der Schründe Joch bis an den Himmel rührt,
da schweigst im Weiten du, nicht untertan den Jahren,
hörst an den Baum gelehnt, dem Rinnsal zu,
suchst überm Wolkensaum den Weg des Alten Wahren.
Da ruht im Blütenglast ein dunkles Rind,
im Föhrenwind träumt ein weißer Reiher.
Der Strom verdämmert. Wir saßen noch und sprachen.
Allein stieg ich hinab durch kalte Nebelschleier."
(Li Tai-Bo: Gedichte, a.a.O., S. 87)

Der Eremit erlebt in diesem Gedicht in Versenkung die Erfahrung des Überbewusstseins bei der Konzentration auf das Tao. Der Taoist erkennt in den Naturvorgängen das ewig gleiche des Taos im Wechsel. Li Tai-Bo erkennt im Gespräch mit Meister Jung das Rind, das Laotse nach Westen trug und er erblickt den weißen Reiher der Ewigkeit, die wie ein Strom am dunklen Horizont verdämmert. Als Li Tai-Bo den Berg herabsteigt, erlebt er im Nebel die Erfahrung des All-Einheits-Bewusstseins des Taos.

Übung:
Schließen Sie die Augen. Stellen Sie sich den Besuch bei einem chinesischen Eremiten in seiner Klause auf einem hohen Berg vor. Führen Sie mit diesem Eremiten ein Gespräch über das Tao. Steigen Sie nach diesem Gespräch allein durch kalte Nebelschleier wieder auf die Ebenen ab. Schreiben Sie über Ihre Phantasiereise ein Gedicht in zwei Strophen, zu vier Versen, die sich in der zweiten und vierten, sechsten und achten Zeile untereinander reimen.

Gegen Ende seines Lebens zieht Li Tai-Bo eine Bilanz. Er stellt sich vor den Spiegel und betrachtet sich selbst. Er bemerkt die grundlegenden Veränderungen seines Gesichts und seiner grauen Haare. Er gewinnt aber bald gegen die Angst vor der drohenden körperlichen Vernichtung Hilfe durch den geistigen Aufschwung zum Tao.

„Beim Blick in den Spiegel beschreiben, was mich bewegt
Wer je den Weg erlangt, dem schwinden Einst und Heute.
Wer je den Weg verlor, siecht hin, ein Greis.
Ich lache des Mannes vor mir im blanken Spiegel.
Des Haar wie herbstliche Gräser, wie Rauhreif weiß."
(Li Tai-Bo: Gedichte, a.a.O., S. 125)

Übung:
Machen Sie die Spiegelmeditation. Werden Sie im Spiegel selbst zum Meditationsobjekt. Betrachten Sie sich im Spiegel. Bemerken Sie den Verfall Ihrer Gesichtszüge und Ihres Haares. Stellen Sie sich dann vor, dass Ihr sterblicher Geist das unsterbliche Tao finden wird. Lachen Sie nun Ihre Alterung und Ihren Verfall als bloße Äußerlichkeiten aus. Schreiben Sie dann vier Zeilen, die sich in der zweiten und vierten Zeile reimen.

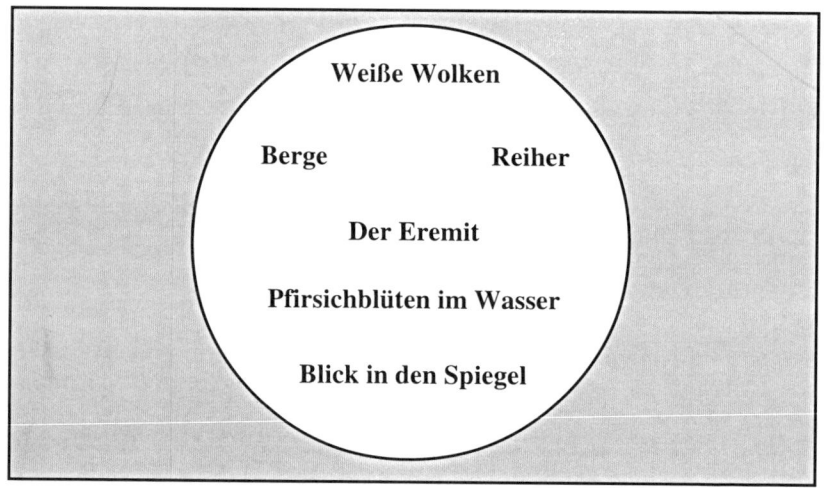

Das Glücksbild des Li Ti-Bo

Übung:
Schreiben Sie unter Benutzung der Worte des Glücksbildes ein Gedicht in vier Zeilen, in der sich die 2. und 4. Zeilen reimen.

Literatur zu Li Tai-Bo:

Li Tai-Bo: Gedichte. Stuttgart 1992

Blofeld, J.: Der Taoismus oder die Suche nach Unsterblichkeit. Köln 1986, S. 77ff

Couper, J. T.: Der Weg des Tao. Reinbek 1996

Klabund: Li-tai-pe. Berlin 1916

Lin Yu-tang: Weisheit des lächelnden Lebens. Reinbek 1963

Rawson, P., Legeza, L.: TAO. Die Philosophie von Sein und Werden. München 1974

Waley, A.: The Poetry and Career of Li Po. New York/London 1950

12. Der Meister vom blauen Fels (1063 - 1135): Bi-Yän-Lu's-Koans durch Selberdenken knacken

Der chinesische Zen-Buddhismus verzichtete von Anfang an auf jede Form der Theorie, des dogmatischen Unterrichts und der rituellen Frömmigkeit. Zen gründete sich auf meditative Praxis und persönliches Erlebnis. Zen will die Subjekt-Objekt-Spaltung des Alltagsbewusstseins überwinden und im Zusammenfall der Gegensätze das Alltagsbewusstsein in ein Überbewusstsein oder „kosmisches Bewusstsein" verwandeln. Von Bodhidharma, der den Zen-Buddhismus nach China brachte wird folgendes Gedicht überliefert, das Schriften und Lehre als Weg zur mystischen Erleuchtung verwirft.

„Kein Schrifttum soll errichtet werden.
Gelehrt sei außerhalb der Lehre.
Trefft geradewegs das Menschenherz.
Zum Buddha wird, wer so sein Wesen fand."

Statt Sutren und Traktate versuchten die Zen-Meister durch Aussprüche und Handlungen, das alltägliche Denken zu erschüttern und zum Selberdenken anzuregen. Solche Lehrminiaturen des Selberdenkens wurden **Koans** genannt. Koans stellen den Leser oder Hörer vor eine kognitive Dissonanz, vor ein Entweder-Oder. Die Lösung des Koans liegt allerdings jenseits des Entweder-Oder, jenseits der Gegensätze des alltäglichen Denkens. „Koans sind bloß ein Mittel zum Durchbrechen einer Schranke." (A. Watts: Vom Geist des Zen. Frankfurt 1986, S. 61) Der große japanische Zen-Meister Hakuin (1685-1768) hat ein fünfstufiges Koansystem ausgearbeitet:

1. **Koans der äußersten Pforte**
2. **Koans der listigen Schranke**
3. **Koans der Wortuntersuchungen**
4. **Schwer ergründbare Koans**
5. **Koans, die Beziehungen zwischen Schüler und Meister thematisieren.**

(A. Watts: Zen-Buddhismus: Tradition und lebendige Gegenwart. Reinbek 1961, S. 198f)

Auf diesen Stufen sollte das Individuum in sich die Kraft zur glücklichen Selbsterlösung von allem äußerlichen Schein und zur Lösung vom Anhaften an die Dinge erwerben.

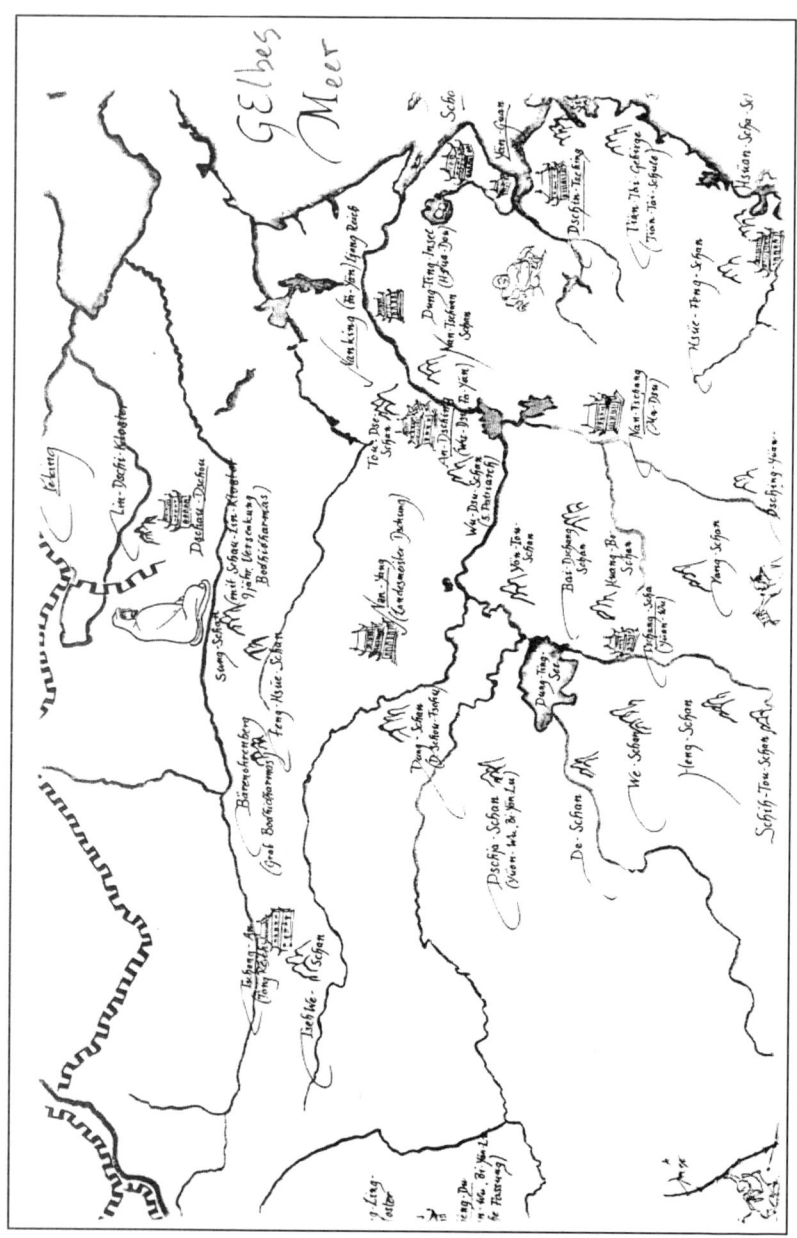

Karte der Lebensorte des „Meisters vom blauen Fels"

Zwischen 700-1100 nach Chr. entwickelte das chinesische Zen Sammelwerke von Koans, die rund 100 Lehr-Koans enthielten. Zu jedem Koan gab es eine Einführung, das Koan selbst, eine Auslegung, eine Koanversion in Versen und eine Auslegung der Verse. Meister Yüan-Wu (1063-1135), der Meister vom blauen Felsen, hat das Bi-Yän-Lu als wichtigstes dieser chinesischen Koan-Lehrbücher verfasst, das auf 1500 Jahren Koan-Lehre basiert.

Yüan-Wu wurde mit 18 Jahren Mönch. Er wanderte in China umher, war hin und wieder Klostervorsteher und trug dann im Ling-Tschüan-Kloster am Dscha-Schou (dem blauen Fels) den größten Teil seiner 100 Musterbeispiele an Koans seinen Schülern vor. Seine 100 Musterbeispiele erschienen zum erstenmal 1128. 10 Jahre nach dem Tod von Yüan-Wu veranstaltete sein Schüler Dsung-Gan eine öffentliche Verbrennung aller Exemplare der Koan-Sammlung seines Meisters. „Eine in der Geschichte Chinas einmalige unerhörte Tat der Pietätlosigkeit eines Schülers seinem Meister gegenüber. (E. Schwarz: Aufzeichnungen des Meisters vom blauen Fels. Bi-Yän-Lu. München 1999, S. 46) Da aber einige Exemplare unversehrt blieben, konnte dann das Werk von Yüan-Wu ab 1300 neu verbreitet werden.

Wir wollen uns im Folgenden an 17 von 100 dieser Koans versuchen. Wir wissen dabei, dass wir mit unserem Versuch nur an die äußerste Oberfläche des Überbewusstseins jenseits der Subjekt-Objekt-Spaltung gelangen werden.

Koan 1: Das Höchste Prinzip der Weisheit
„König Wu fragte Bodhidharma: ‚Was ist das höchste Prinzip der Weisheit?‘ Bodhidarma erwiderte: ‚Unendlich unweise sein‘."
(E. Schwarz: a.a.O., S. 54)

Mit großen Weisheitsansprüchen ist also für den Zen-Buddhisten bei der Erlangung der kosmischen Bewusstseins nicht viel zu erreichen. Erst wo die Alltagsweisheit scheitert, kann der Weg der Erleuchtung und der Entwicklung des Überbewusstseins beginnen.

Übung:
Welche Weisheiten sind Ihrer Meinung nach völlig untauglich, um echte mystische Erfahrungen hervorzurufen? Legen Sie eine Liste solcher Weisheiten an.

Koan 2: Das Sterben des Erleuchteten
„Ma-Dsu lag schwerkrank darnieder. Der Abt des Klosters fragte ihn: ‚Wie ist das werte Befinden in diesen Tagen, verehrter Klosterbruder?‘ Der

Meister erwiderte: ‚Buddha mit dem Sonnen-Antlitz – Buddha mit dem Mondes-Antlitz'." (E. Schwarz: a.a.O., S. 62)

Der sterbende Zen-Meister Ma-Dsu (709-788) will nicht in der Alltagssprache antworten, sondern weist das Sterben als einen Naturprozess aus, weil der Wechsel von Sonne und Mond, von Leben und Tod Teil der kosmischen Buddha-Natur ist.

Übung:
Was wäre Ihre Antwort auf folgende Frage: "Welchen Prozeß vollziehen Sie im Sterben?"

Koan 3: Frage nach dem Wesen des Buddha
„Ein Mönch sagte zu Fa-Yän: ‚Ich heiße Hue Tschau. Darf ich Ehrwürden eine Frage stellen? Was ist das, ein Buddha?' Fa-Yän erwiderte: ‚Ihr seid Hue-Tschau'."

Die Frage nach dem Wesen des Buddhas wird in vielen Koans gestellt. Fa-Yän (885-958) gibt Hue Tschau einfach die Antwort: „Du besitzt das Buddha-Wesen selbst in dir. Suche es in dir und du wirst wissen, was ein Buddha ist."

Übung:
Was denken Sie: Können Sie ein Buddha werden? Schreiben Sie einen Antworttext in einer Minute Freewriting.

Koan 4: Eine weitere Frage nach dem Wesen des Buddha
„Ein Mönch fragte Dung-Schan: ‚Was ist das – Buddha?' Der Meister erwiderte: ‚Drei Pfund Hanf'." (E. Schwarz, a.a.O., S. 106)

Die Antwort Dung-Schans (10.-11. Jahrhundert) gehört zu den geheimnisvollsten Antworten eines Koans. Der Schüler wird durch diese Antwort gezwungen, die angebotene Erklärung längere Zeit zu bedenken. Er muss die konkrete Antwort „drei Pfund Hanf" transzendieren. Der Schüler erfährt beim Transzendieren einen unbegrenzten Spielraum für das Denken und gelangt so vielleicht zu ganz neuen Einsichten.

Übung:
Was ist Ihre Antwort auf die Frage des Mönchs? Lassen Sie sich drei Minuten Zeit, ehe Sie Ihre Antwort schriftlich niederlegen.

Koan 5: Die Entwicklung der Lehre des Buddha
„Ein Mönch fragte Yün-Men über Buddhas Lehre in den verschiedenen Epochen seines Erdendaseins. Yün-Men antwortete: ‚Predigen, dem Einen zugewandt'." (E. Schwarz, a.a.O., S. 119)
Sicher lassen sich Perioden in der Lehrtätigkeit Buddhas unterscheiden. Solche Unterschiede können aber nicht im Interesse des Zen-Buddhismus sein. Yün-Men (886-949) will den Frager auf das Überwinden der Subjekt-Objekt-Spaltung hinweisen. Er hält die Rückkehr zum Einen für bedeutend wichtiger als jede historische Erforschung und Philologie der Buddha-Lehre.

Übung:
Was halten Sie von der Idee, dass die Rückkehr zum Einen, zum ungeborenen Ursprung, alles Leiden aufhebt? Geben Sie eine Antwort in einem Schneeball-Gedicht. (Ein Schneeballgedicht umfasst in der ersten Zeile ein Wort, in der zweiten Zeile zwei Worte und entwickelt sich bis zur N-Zeile mit N-Worten.) Beginnen Sie Ihren Schneeball in der ersten Zeile mit dem Wort: „Eins ..."

Koan 6: Die Reise von Bodhidharma in den Osten
„Ein Mönch fragte Hsjang-Lin: ‚Warum kam der Patriarch aus dem Westen zu uns?' Hsjang-Liu erwiderte: ‚Langes Sitzen macht müde'."
(E. Schwarz, a.a.O., S. 134)

Hsjang-Lin (908-987) gibt als Antwort nur das Stereotyp, das so viel heißt wie: „Mein Vortrag ist zu Ende." Der Meister will sagen: „Jede Antwort auf die vom Schüler gestellte Frage ist überflüssig, denn sie ist irrelevant für die Suche nach Erleuchtung. Wichtig ist es eher, sich Bodhidharma zum Vorbild zu nehmen, der neun Jahre gegen eine weiße Wand meditierte."

Übung:
Welche Anstrengungen würden Sie auf sich nehmen, um die Erlösung vom Leiden zu finden? Legen Sie ein Liste an.

Koan 7: Der Zeigefinger
„Welche Frage auch immer man dem ehrwürdigen Mönch Dschü-Dschih stellte, seine Antwort darauf war lediglich ein erhobener Zeigefinger." (E. Schwarz, a.a.O., S. 142)

Der erhobene Zeigefinger des Dschü-Dschih (9. Jahrhundert) weist auf die Einheit alles Seienden hin. Erst wenn der Fingerzeig befolgt wird, erlebt der Schüler das Ablösen von den 10000 Dingen und die Erfahrung des transempirischen Wesens des Tao, d.h. des transzendenten Buddhas.

Übung:
Welche Methoden benutzen Sie, um von der Empirie des Konkreten zur Abstraktion des Einen aufzusteigen? Probieren Sie einmal die Abstraktionsleiter aus. Zeichnen Sie eine Leiter. Schreiben Sie einen konkreten Gegenstand auf die unterste Stufe Ihrer Leiter und Ihren abstraktesten Gegenstand, den Sie überhaupt denken können, auf die höchste Stufe der Leiter. Beschreiben Sie dann den Prozess der stufenweisen Annäherung an Ihr abstraktestes Eines.

Koan 8: Die Lotusblume
„Ein Mönch fragte Meister Dschih-Men: ‚Was ist die Lotusblume, ehe sie über den Wasserspiegel hinausgewachsen ist?' Der Meister antwortete: ‚Eine Lotusblume'. Der Mönch fragte weiter: ‚Und wenn sie dann darüber hinaus gewachsen ist?' ‚Lotusblätter', erwiderte der Meister." (E. Schwarz, a.a.O., S. 151)

Die Lotusblume ist ein indisches Symbol für das Göttliche, das durch die Überwindung finsterer Mächte wie Schlick und Schlamm, entsteht. Der Buddha wird deshalb oft auf einer Lotusblume sitzend dargestellt. Die Antwort will sagen, dass das Göttliche sowohl Schlick und Schlamm umfasst als auch die makellose Reinheit.

Übung:
In welchem Symbol würden Sie die Existenz des Bösen in der guten Schöpfung ausdrücken wollen? Schließen Sie eine Minute Ihre Augen und stellen Sie sich ein derartiges antagonistisches Symbol vor. Öffnen Sie dann die Augen und schreiben Sie über Ihre Erfahrung einen kleinen Text.

Koan 9: Die Meditation auf dem Gipfel
„Ein Mönch fragte Bai-Dschang: ‚Was ist das Wundersamste?' Bai-Dschang erwiderte: ‚Allein auf dem Da-Hsjung-Gipfel zu sitzen.' Der Mönch verbeugte sich ehrfurchtsvoll. Bai-Dschang versetzte ihm darauf einen Schlag." (E. Schwarz, a.a.O., S. 174)

Bai-Dschang bezog 798 eine Einsiedlerhütte auf dem Bai-Dschang, dem Berg des großen Bären, der einen großen Wasserfall besitzt. Es hatte für den Mönch den Anschein, dass Bai mit seiner Antwort sagen wollte: Auf dem Gipfel der Weisheit sitzen ist das höchste, und ich habe diesen Gipfel erreicht. Bai-Dschangs Schlag sollte nun dem Mönch zeigen: Du versuchst mich mit deiner Verbeugung des Größenwahns zu bezichtigen. Ich zeige dir mit meiner Faust, dass mich nur das Befolgen der harten Meditationslehre Buddhas auf den Gipfel geführt hat.

Übung:
Wohin sind Sie bisher mit östlichen Meditationsübungen gekommen? Schreiben Sie einen kleinen autobiographischen Bericht.

Koan 10: Die Zeit überleben

„Ein Mönch fragte Yün-Men: ‚Was ist das für eine Zeit, wenn der Bäume Laub dahinwelkt und die Blätter fallen?' Yün-Men erwiderte: ‚Man verkörpert sich selbst im goldenen Wind'." (E. Schwarz, a.a.O., S. 178)

Der Mönch möchte wissen, wie Yün-Men (864-949) mit der Erfahrung der Vergänglichkeit und des Todes im Herbst fertig wird. Der Meister antwortet: „Werde zum Teil des goldenen Herbstwindes, werde Teil der universalen Buddha-Natur und du wirst als Erleuchteter keine Angst vor der Zeit haben, weil du die Vergänglichkeit überwunden hast."

Übung:
Beschreiben Sie Erfahrungen Ihrer Verschmelzung mit der Natur. Skizzieren Sie dabei besonders die Veränderung Ihres inneren Zeitbewusstseins. Beschreiben Sie die Erfahrung der Zeit- und Ortlosigkeit, wie es ja jedes „Flow-Erlebnis" auszeichnet. (Vgl. C. Chiczentmihalyi: Flow. München 1998)

Koan 11: Weltuntergang

„Ein Mönch fragte Da-Sue: ‚Ich weiß nicht, ob auch Das Da untergeht, wenn im Weltbrand der ganze Kosmos vernichtet wird oder nicht?' Da-Sue erwiderte: ‚Es geht unter'. Der Mönch fragte weiter: ‚So geht es also mit allem anderen unter?' Da-Sue sagte: ‚Mit allen anderen geht es zugrunde'." (E. Schwarz, a.a.O., S. 194)

Da-Sue (9. Jahrhundert) will den Mönch dazu bewegen, zu erkennen, dass er mit seinem „Das Da" noch in der Welt der empirischen Dinge denkt. Er will ihn auf den Weg des abstrakten überempirischen Denkens führen, dass das ungeborene Eine erfasst, das natürlich vom Weltuntergang nicht berührt wird, weil es vor der Entstehung jeder Welt schon bestanden hat.

Übung:
Mit welchen Gedanken versuchen Sie Ihre Angst vor dem Weltuntergang zu bewältigen? Prüfen Sie die Methode: „Nach mir die Sintflut" oder Luthers Methode: „Ich werde noch einen Apfelbaum pflanzen."

Koan 12: Die Erleuchtung
„Prior Ding fragte Meister Lin-Dschi: ‚Was ist das Wesentliche an Buddhas Gesetz?' Meister Lin-Dschi stieg von seinem Meditationssitz herab, packte den Prior am Kragen, gab ihm eine Ohrfeige und stieß ihn vor sich hin. Prior Ding stand noch ganz verdutzt da, als ihm ein Mönch, der daneben stand, zuflüsterte: ‚Warum verbeugt Ihr Euch denn nicht vor dem Meister?' Als der Prior sich nun verbeugte, kam jählings die Erleuchtung über ihn." (E. Schwarz, a.a.O., S. 211f.)

Prior Ding hatte offenbar seine Seele in vielen Zweifeln über Buddha erstarren lassen. Lin-Dschi (gestorben 866) unterzog den Prior einer Initiationsprozedur. Diese Prozedur eröffnete dem Prior schlagartig die Erleuchtung. Die faustgerechte Mitteilung, dass er bisher überhaupt noch nichts vom Buddha begriffen hatte, vermittelte dem Prior endlich die Einsicht, dass das Nichtwissen über die Buddha-Natur schon den wesentlichen Kern der Wahrheit darstellt.

Übung:
Welche plötzlichen Schicksalsschläge haben Ihnen welche tieferen Erkenntnisse jenseits des Alltagsverstandes eröffnet? Schreiben Sie die Kurzgeschichte eines Schicksalsschlages und die dabei gewonnene Erkenntnis.

Koan 13: Die Erleuchtung als großer Tod
„Dschau-Dschou fragte Tou-Dse: ‚Wie ist das, wenn einer nach dem großen Tod wieder lebendig wird?' Tou-Dse erwiderte: ‚Da sollte man nachts nicht umherwandern, sondern die Tageshelle abwarten, um sicher anzukommen'." (E. Schwarz, a.a.O., S. 265)

Tou-Dse (819-904) sieht im großen Tod den Abschied von der Sinnenwelt. Er gibt Dschau-Dschou (778-897) den Rat: Nach der Erlösung nicht in der Umnachtung der Sinne umher zu irren. Statt der persönlichen Seligkeit zu frönen, sollte man lieber im hellen Tageslicht sich um die Seelen anderer Leidender zu bemühen.

Übung:
Was würden Sie tun, wenn Sie erlöst worden sind, wenn Sie zum Besitz von Überbewusstsein gelangt sind? Entwickeln Sie ein Projekt, das sie auf der Basis Ihres Überbewusstseins anschieben würden.

Koan 14: Das Eine
„Ein Mönch fragte Dschau-Dschou: ‚All die unzähligen Dinge des Seienden lassen sich auf das Eine zurückführen, worauf aber läßt sich dann das Eine

zurückführen?' Dschau-Dschou erwiderte: ‚Als ich in Tsching-Dschou weilte, schneiderte ich mir ein Hemd, das sieben Pfund wog'." (E. Schwarz, a.a.O., S. 287)

Viele Europäer fragen, wer hat Gott geschaffen? Dschau Dschou (778-897) gibt auf solche Fragen den Rat: Suche nicht nach konkreten Ursachen für das Eine, wie z.b. ein Hemd, das sieben Pfund wiegt, sondern gib auch das Eine auf und du hast die Antwort.

Übung:
Haben Sie schon mal erlebt, dass Sie Ihr Denken von allem Konkreten abgezogen und auf jeden Begriff verzichtet und dabei alles gewonnen haben? Geben Sie eine Antwort in einem ELFchen (erste Zeile ein Wort, zweite Zeile zwei Worte, dritte Zeile drei Worte, vierte Zeile vier Worte, fünfte Zeile wieder ein Wort, aber ein Ausruf!).

Koan 15: Vortrag über die Leere
„Kaiser Wu lud Bodhisattva Fu ein, das Diamant-Sutra auszulegen. Der Bodhisattva bestieg die Kanzel, schlug einmal auf das Pult und stieg wieder herab. Der Kaiser starrte ihn verblüfft an. ‚Majestät haben doch verstanden?' fragte der ehrwürdige Bau-Dschih. ‚Nein', erwiderte der Kaiser, ‚ich verstehe das nicht'. ‚Aber der Großmeister hat doch das Sutra schon ganz ausgelegt', sagte der ehrwürdige Bau-Dschih." (E. Schwarz, a.a.O., S. 363)

Kaiser Wu (464-549) hat nicht verstanden, dass Buddha im Diamant-Sutra seine Schüler belehrt, dass die Erscheinungswelt keinerlei Realität besitzt. Am Schluss des Diamant-Sutra heißt es nämlich:

> *„Denn alles was da ist, ist nur*
> *Traum, Täuschung, leere Schattenwelt,*
> *wie Tau vergänglich, wie der Blitz,*
> *wohl dem, der das im Auge behält."*

Der Eremit Fu (um 500) entsprach also mit seiner Geste dem tiefsten Sinn dieser Lehre: er wischte mit einer Handbewegung seine Auslegung des Sutra und die ganze empirische Realität weg.

Übung:
Mit welcher Bewegung würden Sie ausdrücken, dass alles empirische Dasein nur leere Schattenwelt ist? Versuchen Sie eine kleine Pantomime.

Koan 16: Das unvergängliche Buddha-Wesen

„Ein Mönch fragte Da-Lung: ‚Der Leib des Menschen verwest, wie kann es da ein unvergängliches Buddha-Wesen geben?' Da-Lung erwiderte: ‚Die Blumen blühen so prachtvoll wie Brokat. Blau wie der Himmel fließt der Bach zu Tal'." (E. Schwarz, a.a.O., S. 421)

Das lyrische Bild der Antwort belehrt, dass auch der Blick auf die Natur in ihrem Werden und Vergehen ein Hinweis auf das Unvergängliche geben kann.

Übung:
Mit welchen Metaphern der Natur würden Sie das unvergängliche Wesen des Buddhas beschreiben? Versuchen Sie es mit einem Haiku. (Ein Haiku ist ein Gedicht in drei Zeilen, dessen erste Zeile fünf, die zweite Zeile sieben und dessen dritte Zeile wieder fünf Silben umfasst.)

Koan 17: Die wichtigste Lehrrede des Buddha

„Buddha bestieg einstmals den Lehrsitz. Der Buddhisattva Manjushri rief mit einem Klöppelschlag die Mönchsgemeinde zusammen und sagte: ‚Beobachtet genau, was der Buddha Euch zu sagen hat.' Und Buddha stieg wieder wortlos von seinem Lehrsitz herab." (E. Schwarz, a.a.O., S. 457)

Buddha selbst hat im hohen Alter gesagt, er habe in den 49 Jahren seiner Lehre eigentlich kein Wort gesagt. Denn in der Welt des Scheins ist auch jedes Wort Schein. Deshalb sollte die höchste Belehrung auf jedes Wort verzichten.

Übung:
Was bedeutet für Sie die wichtigste Lehre des Buddha? Geben Sie eine Antwort in drei Sätzen.

Das Glücksbild des Bi-Yän-Lu

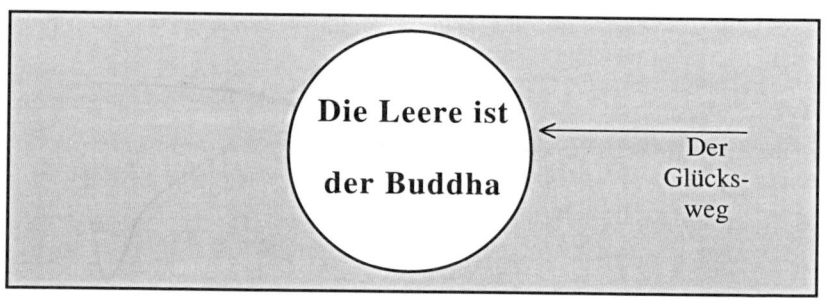

Übung:
Schreiben Sie den Satz weiter: „Die Leere ist der Buddha ..."

Literatur zu Bi-Yän-Lu:
Gundert, W.: Bi-Yän-Lu. München 1977
Schwarz, E.: Bi-Yän-Lu. München 1999
Blofeld, J.: Der Geist des Zen. Bern 1983
Dumoulin, H.: Geschichte des Zen-Buddhismus. München 1985/1986, Bd. 1-2
Dürckheim, K.: Zen und wir. Hamburg 1976
Enomiya-Lasalle, H. M.: Zen-Unterweisung. München 1987
Suzuki, T. S.: Die große Befreiung. München 1960
Suzuki, T. S.: Leben aus Zen. München 1955
Watts, A. W.: Vom Geist des Zen. Frankfurt 1986
Watts, A. W.: Zen-Buddhismus. Reinbek 1960

13. T´Ang Yin (1470 - 1524):
Lebensbilanz ziehen

Viele chinesische Philosophen waren zugleich Maler, Dichter und Denker. Die eigenen philosophischen bzw. poetischen Texte schrieben sie auf die eigenen Bilder oder auf die Bilder von Freunden. Meist wurden diese Texte erst in der Gegenwart entdeckt, gesammelt und veröffentlicht. T'Ang Yin, der 1470 geboren wurde, galt schon immer als großartiger Maler. Heute kennt man viele seiner Texte, die eine pessimistische Lebensbilanz ziehen. Er pricht von einer genialischen Jugend und entwickelt dann Gedichte zur Altersresignation nach einem erfolglosen Leben. T'Ang Yin erweist sich in seinen Texten als Philosoph der Vergänglichkeit, der Vergeblichkeit und des Pessimismus. Er ist damit ein Antipode der optimistischen Zen-Philosophen. Berühmt ist sein Gedicht:

„Selbstbetrachtung
Die Pfirsichblüten von Tu-ch'u' schwimmen im Becher wie Schnee.
Das duftende Gras von Pa-ling ist wie Nebel von Träumen.
Auf dem Weg der Zukunft bleibt kein Ruhm,
mein Ärmel trocknet die Tränen,
mein unseliges Geschick war bereits drei Leben lang vorherbestimmt."

(G. Debon, W. Speiser: Chinesische Geisteswelt. Baden-Baden 1957, S. 262f.)

Übung:
Verfassen Sie auch eine eigene Selbstbetrachtung. Blicken Sie also erst mal in Ihre Jugend zurück und blicken Sie dann auf Ihre Gegenwart und Ihre Zukunft. Verfassen Sie diese Selbstbetrachtung einmal in pessimistischer und einmal in optimistischer Perspektive. D.h. Sehen Sie einmal in der Zukunft Ihr Scheitern und zum andern in der Zukunft Ihr Glück.

Über sein Leben verfasste T'Ang Yin folgendes Gedicht:

„*Mein Leben*
Daß jemand 70 Jahre wird, ist seit alters selten.
Zuerst verfliegen die Jugendjahre, dann das Alter,
und die Lichtblicke darin, sind nicht häufig:
Vielmehr gibt es Hitze und Kälte mit Last und Ärger.

Ist das Mittelherbstfest vorbei, scheint der Mond nicht mehr hell,
ist das Ching-Ming-Fest vorüber, sind die Blumen nicht mehr schön.
Vor Blumen und unter dem Mond sollte man laut Lieder singen,
die goldenen Becher füllen und sie leeren.

In der Welt gewinnt man von Geld oft nicht genug,
und bei Hofe kommen die Beamten nicht voran:
und hat ein Beamter viel Geld, dann bedrängen sein Herz oft Sorgen
und früh entfallen seinem Haupt die grauen Haare.

Frühling, Sommer, Herbst und Winter sind im Handumdrehen vorbei.
Glocken begleiten die gelbe Abenddämmerung
und Hähne künden den Morgen.
Sieh Dir nur ein wenig die anderen vor uns an,
kaum verging ein Jahr und sie liegen unter den wilden Rosen.

Wie viele hohe und niedrige Grabhügel sind in den Feldern.
Ein Jahr und ein halbes und niemand pflegt sie mehr."
(G. Debon, W. Speiser, a.a.O., S. 259f)

Übung:
Schreiben Sie Ihr Lebensgedicht mit folgenden fünf Strophen und versuchen Sie einmal eine pessimistische und zum anderen eine optimistische Version:

Strophe 1: Die Länge und der Wert des Lebens.
Strophe 2: Die Feste des Lebens.
Strophe 3: Die öffentliche Karriere.
Strophe 4: Der Lauf der Jahreszeiten.
Strophe 5: Der Nachruhm.

Der Pessimismus T'Ang Yin's erwächst aus der buddhistischen Lehre von der Nichtigkeit der Welt. Aber im Prozess des Dichtens, in der Einsamkeit, findet T'Ang Yin den Geist des Alls, der alle Sorgen aufhebt.

„Einsamkeit
Den Stab auf die Bachbrücke setzen
inmitten von Bambus und Bäumen verhüllen Wälder die Hütte.
In der Verborgenheit ein Einsiedler zu sein,
ich schäme mich meiner Freude daran.
Im Bachtal schäumen die Quellen auf wie tausend Fuß Schnee.
Ich wünschte, Du kämest hier her,
Dein Herz vom Staub der Welt zu befreien."

(G. Debon, W. Speiser, a.a.O., S. 262)

Übung:
Schließen Sie die Augen. Stellen Sie sich Ihren idealen Lebensort und ideale Lebensart vor. Beschreiben Sie diesen Lebensort, der es Ihnen möglich macht, den Geist des Alls zu begreifen in vier Zeilen ohne Reime.

Das Glücksbild des T´Ang Yin

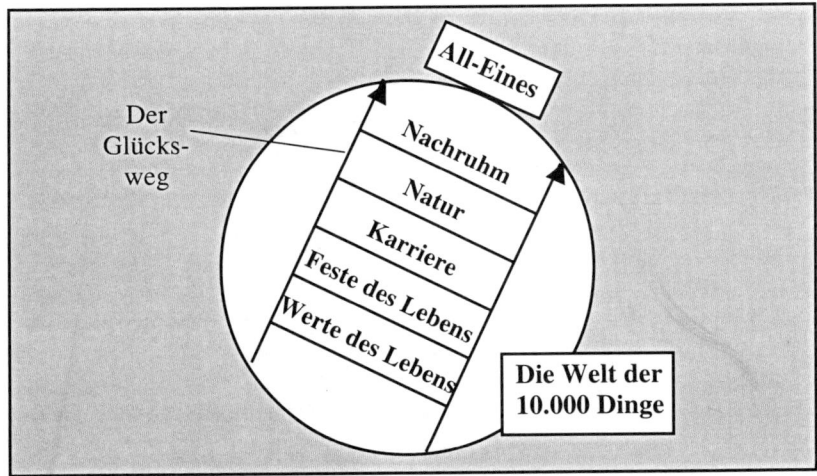

Übung:
Schreiben Sie zu jedem Stichwort der Lebensleiter zum All-Einen einen Satz.

Literatur zu T'Ang Yin:

Debon, G., W. Speiser, W.: Chinesische Geisteswelt. Baden-Baden 1957, S. 258ff.
Blofeld, J.: Der Taoismus oder die Suche nach Unsterblichkeit. Köln 1986, S. 109ff.
Cooper, J.C.: Der Weg des Tao. Reinbek 1996
Giles, H.A.: A History of Chinese Literature. London 1897
Watts, A.W.: Zen-Buddhismus. Reinbek 1961?

14. Mao Tse-tung (1893 - 1976): Revolutionäre Praxis machen

Mit Mao Tse-tung entsteht in China eine praktische Philosophie, die Laotse, Konfuzius und Marx, östliches und westliches Denken vermitteln möchte. Die Statik des Konfuzianismus, der sein Ideal in den alten glücklichen Zeiten sah, und der Taoismus mit seiner Weltflucht einerseits und die Dynamik des Marxismus andererseits, der seine Ideale in der Zukunft der klassenlosen Gesellschaft erblickte, gehen bei Mao Tse-tung eine explosive Synthese ein. Der chinesische Marxismus stellt die philosophische Praxis, wie bei der Zen-Meditation, in den Mittelpunkt und grenzt sich vom europäischen Marxismus ab, der von der Theorie eines neuen Gesellschaftssystems her denkt und handelt. Neben dem Marxismus hatten aber auch das europäische Denken von Bergson und Nietzsche mit ihrer vitalistischen Lebensphilosophie Einfluss auf Mao. Gegen den Konfuzianismus und seine Buchgelehrsamkeit vermittelte die europäische Lebensphilosophie Mao einen Begriff von Aktion und Leben. Maos Philosophieren vollzieht sich in einer Phase des Untergangs des chinesischen Kaiserreichs und der revolutionären Durchsetzung des Kommunismus, dessen entscheidende Rückkehr zum Kapitalismus er nicht mehr erlebte. Mao hatte im Rückgriff auf das alte I-Ging (1100 v. Chr.) immer eine Idee vom ständigen

Mao-Tse-tung

Wandel der Gesellschaft. Deshalb stellte er schon 1965 fest: „Des Menschen Bedingungen auf Erden wandeln sich mit wachsender Beschleunigung. In tausend Jahren werden wahrscheinlich selbst Marx, Engels und Lenin recht lächerlich wirken."

Übung:
Was wird von der philosophischen Praxis in tausend Jahren noch ernst genommen werden? Stellen Sie eine Spekulation an.

Mao wurde am 26.12.1893 als Sohn eines Bauern im Dorf Shao-Shan in Hünan, Südchina, geboren. Durch den Dorflehrer lernte er mit Hilfe konfuzianischer Texte Lesen und Schreiben. Er wurde also früh mit der konfuzianischen „Dreizeilenfibel" vertraut, die später zum Vorbild der Mao-Bibel der Kulturrevolution wurde. In dieser Dreizeilenfibel standen die Sätze: „Der Mensch in seinem Anfang ist von Natur eigentlich gut. Von Natur stehen sich die Menschen nahe, erst durch Gewohnheit geraten sie auseinander." (Zit. n. T. Grimm: Mao Tse-tung. Reinbek 1991, S. 38)

Übung:
Worin sehen Sie den Ursprung der ständigen Konflikte unter den Menschen? Versuchen Sie, diese Konflikte aus der Natur, aus den Genen, aus der Charakterschwäche und aus der Konkurrenz abzuleiten und stellen Sie Ihre Ergebnisse in vier Sätzen dar.

Aus der konfuzianischen Loyalität gegenüber dem Vater brach Mao aus, indem er aus dem Haus floh und die angedrohte Prügel des Vaters mit der Drohung beantwortete: „Ich werde mich im Dorfteich ertränken."

Übung:
Haben Sie schon mal mit Ihrem Selbstmord gedroht? Geben Sie die Gründe für diese Drohung an.

Durch seine ständigen Bitten erreichte Mao bei seinem Vater den Besuch einer höheren Schule. Als Oberschüler nahm Mao als freiwilliger Soldat an einem scheiternden Aufstand in Hankau Teil, der die Einführung der Demokratie in China erreichen wollte. Mao interessierte sich früh für den französischen Diktator Napoleon und große chinesische Kriegskaiser. Als er von 1913 bis 1918 in der Hauptstadt seiner Heimatprovinz klassische chinesische Philologie studierte, las er die französischen Philosophen Adam Smith, John Stuart Mill und Herbert Spencer, aber auch die chinesische Klassik. Ein gewisser Hang zum Anarchismus zeigte sich beim jungen Mao. Er schrieb:

„Es kann kein schlimmeres Vergehen geben, als dort, wo das Individuum gehemmt wird." Mao agitierte im Studentenmilieu gegen das alte Familiensystem und die autoritären Lehrer- und Schülerbeziehungen. Mao interessierte sich für die Philosophie und die Natur: „In den Winterferien wanderten wir durch die Wälder, bergauf und bergab, an Stadtmauern vorbei und überquerten Flüsse und Ströme."

Seine Leidenschaft wurde dann die Politik. Der Zerfall Chinas in den Bürgerkriegswirren festigte seinen linken Radikalismus. 1918 schloss er sein Studium als Volksschullehrer ab. Er organisierte nun eine kommunistische Buchhandlung und sagte von sich: „Im Sommer 1920 war ich ein Marxist geworden."

Übung:
Waren Sie auch mal Marxist? Nennen Sie Gründe für diese Wahl.

1922, mit 28 Jahren, war Mao Volksschulrektor, Mitglied der kommunistischen Partei Chinas, Vortragsreisender, ab 1925 Leiter einer Landkadarschule, Banditenführer, Soziologe des chinesischen Dorfes. Ab 1930 ein Regierungschef in einem befreiten Gebiet und zuletzt Vorsitzender des ZK's der KP Chinas. Mit 43 Jahren hatte er schon einen recht unruhigen Lebenslauf hinter sich. Diesen Lebenslauf kommentierte er zum Ende seines Lebens in 37 Gedichten, die Joachim Schickel 1965 ins Deutsche übersetzte.

Über seinen jugendlichen Aufbruchswillen schrieb er:

> *„Freizügig und genialisch*
> *ungestüm als Studenten*
> *verteilten wir neu die Welt,*
> *mit Finger zeigend auf unser Land."*

(Mao: 37 Gedichte. Hamburg 1965, S. 11)

Übung:
Beschreiben Sie Ihre anarchistische Jugendphilosophie im Alter von 20 Jahren in vier Zeilen.

Der Mao der Jahre 1920-1935 war Anhänger der marxistischen Utopie und zugleich Erbe der uralten chinesischen Vorstellungen vom Paradies. Mao sagte: „Die große Einheit des chinesischen Volkes muss zustande kommen ... unser goldenes Zeitalter ... steht bevor." Diese Vorstellung des goldenen Zeitalters geht auf Mo-Ti (479-381 v. Chr.) zurück, der mit der Forderung nach Gleichheit und Friede zum Begründer des altertümlichen chinesischen Sozialismus wurde. Mo-Ti's Grundidee lautet: „Wenn die Einzelmenschen einander lieben, gibt es kein Unrecht mehr." (Mo-Ti: Von der Liebe des Himmels zu den Menschen. München 1992, S. 105)

Übung:
Schreiben Sie Satz weiter: „Wenn die Einzelmenschen sich lieben, dann..."

Bei Mao's Denken zeigte sich früh, dass er „marxistische Thesen mit verschiedenen altchinesischen Ideen zu harmonisieren suchte." (T. Grimm, a.a.O., S. 54) Schon immer spielten in der chinesischen Geschichte religiöse Geheimgesellschaften eine große Rolle bei der Organisation der Aufstände der Bauern gegen die feudale Unterdrückung. So gab es im zweiten und dritten Jahrhundert nach Christus die „Gelbturbane" oder die „Fünf-Scheffel-Reis-Taoisten", die militante Bauernaufstände anleiteten. (Vgl. W. Bauer, a.a.O., S. 312) So ist es nur konsequent, dass Mao 1921 nach dem Vorbild der alten chinesischen Geheimgesellschaften zum Mitbegründer der kommunistischen Partei Chinas wurde, die zum Zeitpunkt seines Eintritt nur rund 400 Mitglieder in ganz China zählte.

Übung:
Schreiben Sie drei Minuten Freewriting zum Thema: der Wert von Geheimgesellschaften und werten Sie dann Ihren Freewriting-Text aus.

Mao erkannte im Kontext der chinesischen Tradition, dass die chinesische Revolution, abweichend von Marx und Stalin, eine Bauernrevolution sein musste. Das zeigte sich schon an der Entwicklung der Mitglieder der kommunistischen Partei Chinas: „Während noch 1925 die Bauern kaum 5 % der Parteimitglieder ausmachten, zählten sie 1928 bereits 70-80 % und 1930 praktisch fast die Gesamtheit der Mitglieder." (W. Bauer, a.a.O., S. 537)

Um die Bauernrevolution gegen den Feudalismus zu fördern, übernahm Mao auch in den befreiten Gebieten seit 1927 in Südchina die Führung, um sich dann vor der antikommunistischen Kuomintang-Bewegung des Generals Chiang Kai-shek im Jahre 1934 bis 1935 auf dem „langen Marsch" in die bergige Nordwestprovinz Shensi zu retten. Für das Gelingen des langen Marsches war es wichtig, dass in China seit dem 4. Jahrhundert vor Christus die „Reise als Glückserlebnis" gefeiert wurde. Im 3. und 4. Jahrhundert nach Christus spielten die „wandernden Unsterblichen" eine große Rolle bei der Frage, wie kann man dem Leid der Welt entgehen?

Übung:
Können Sie sich das unstete Wandern in der Fremde als Befreiung vom Elend der Welt vorstellen? Schreiben Sie einen Zweiminuten-Freewritingtext zum Thema: „Wandernde Nomaden sind ..."

1935 wurde Mao zum Vorsitzenden der kommunistischen Partei Chinas gewählt. In Yen-an, der Hauptstadt der Republik der kommunistischen Partei, schrieb Mao 1937 seine zwei wichtigsten philosophischen Schriften: „Über die Praxis" und „Über den Widerspruch". In marxistisch-hegelianischer Begrifflichkeit formulierte Mao in diesen Schriften Grundthesen des alten I-Ging und des Tao Te King des Laotse. Nach dem I-Ging ist die Welt in ständiger Bewegung als Folge des Gegensatzes von Yang und Yin. Bei Mao wird Yang und Yin zum Klassenwiderspruch, der die Gesellschaft in Bewegung hält. Schon im I-Ging wird die Lehre von der gegenseitigen Bewegung der Widersprüche dargestellt: „Ohne Leben kein Tod – ohne Tod kein Leben. Ohne Oben kein Unten – ohne Unten kein Oben." Maos sozialistisches Denken in Widersprüchen führt immer wieder auf das I-Ging, Laotse und das Tao Te King zurück. „Es kann kein Zweifel bestehen, daß Yang und Yin, das altchinesische Kosmospaar, hinter dem Widerspruchssatz des maoistischen Denkens steht." (T. Grimm, a.a.O., S. 97) Mao kennt, obwohl er natürlich das „Tao" leugnet, die Ewigkeit der Widersprüche, die nicht nur im Kapitalismus, sondern auch im Sozialismus weiter bestehen werden. „Der Prozeß der Veränderung der objektiven realen Welt hat nie ein Ende und ebenso unendlich ist die Erkenntnis der Wahrheit durch die Menschen im Verlauf ihrer Praxis." (Mao Tse-tung: Gesammelte Werke. Peking 1972, Bd. 2, S. 362f)

Übung:
Schließen Sie die Augen. Stellen Sie sich den Zustand der Welt in hundert Jahren vor. Beschreiben Sie drei philosophische Grundsätze für das Jahr 2100.

Für Mao beginnt, wie für die Zen-Buddhisten, die Erkenntnis mit der Praxis. Auch Mao lässt jede Erkenntnis von der sinnlichen Praxis ausgehen, die dann auf den Begriff gebracht, wieder die Praxis beeinflussen soll. Mao sagt: „Um das Wesen eines Apfels zu erkennen, muß man in ihn hineinbeißen." Die chinesischen Taoisten und Zen-Buddhisten gewinnen Erleuchtung auch durch empirische Meditationspraxis, die dann zur Veränderung des Alltags führen soll. Bei Mao wird aber aus der meditativ erlebten Erleuchtung „die rauschhafte Ewigkeit der Erde, die sich aus einer unendlichen Kette unendlich kleiner ekstatischer Augenblicke des politischen Handelns zusammensetzt." (W. Bauer, a.a.O., S. 544)

Übung:
Schildern Sie die Kette der ekstatischen Augenblicke in Ihrem Leben. Geben Sie in einer kleinen biographischen Skizze die politischen Ursachen für Ihre ekstatischen Augenblicke an.

Yen-an, die Räterepublik der Bauern unter Maos Führung nach dem langen Marsch, nähert sich dem chinesischen Urkommunismus vom Mo-Ti an, „der in der klaren Luft der einsamen Berge dem traditionellen Wohnort chinesischer Heiliger sich entwickelte". (W. Bauer, a.a.O., S. 545) Mao schreibt 1935 ein Gedicht über den Kun-Lun, den Berg der Unsterblichkeit. Über den Kun-Lun hieß es 100 vor Christus: „Wenn du die Berge des Kun-Lun besteigst, so wirst du unsterblich." (W. Bauer, a.a.O., S. 143) Mao dichtete aber aktionistisch:

> *„Kun-Lun, gelehnt an den Himmel*
> *zieh ich das Zauberschwert,*
> *Dich zu zerhauen dreifach in Stücke*
> *eins laß ich Europa, eins geb ich Amerika,*
> *eins behalt ich für das östliche Land,*
> *daß großer Friede sei über aller Welt."*

(Mao Tse-tung: 37 Gedichte, a.a.O., S. 58)

Mao erweist sich mit diesem Gedicht als Erbe der früheren taoistischen Himmelsmeister, die die Erde teilten und Frieden stifteten. Mao führt auch die Ideen des taoistischen und buddhistischen Messianismus fort, die gegen das Elend der Welt die Revolution durch den Messias setzten. (Vgl. W. Bauer, a.a.O., S. 186) Auch im buddhistischen Volksglauben sollte im Kampf zwischen Licht und Schatten der Buddha Maitreya die neue Welt erkämpfen. Diese neuen Erlöser traten in Chinas Geschichte öfter auf: so 515 n. Chr. als sich der Mönch Fa-ching zum neuen Buddha erklärte und dazu anstachelte, alle Teufel zu töten. Ebenso entstanden in China messianische Bewegungen 613, Anfang des 8. Jahrhunderts und 1047 (W. Bauer, a.a.O., S. 186 ff.).

Übung:
Beschreiben Sie das Entstehen und die Folgen der Erscheinung von messianischen Führergestalten in einem Gedicht. Benutzen Sie dafür ein Cluster mit dem Kernwort: der Messias.

In Maos Gedichten wird die Gestalt des taoistischen Heiligen immer wieder beschworen, der die weißen Wolken der taoistischen Entrückung nur zu gut kennt.

> *„Am weißen Wolkenberg beginnen Wolken sich zu türmen."*
> *„Chui-i Berg, da oben die weißen Wolken im Flug."*
> *„Wirbelnde Wolken, im Flug dahin, doch gelassen."*
> (Vgl. Mao Tse-tung: 37 Gedichte, a.a.O.)

Übung:
Schreiben Sie ein Haiku über die weißen Wolken und benutzen Sie dabei die Metaphern von Mao Tse-tung.

Am 1. Oktober 1949 konnte Mao Tse-tung in Peking den Sieg der Kommunisten über die Kuomintang und die Gründung der Volksrepublik China ausrufen. Mao tat das in dem Bewusstsein, dass „ein Augenblick von großer Bedeutung erreicht sei: die vollständige Beseitigung der Finsternis in der Welt und in China und die Umwandlung in eine noch nicht dagewesene lichtvolle Welt." Gemäß seiner vitalistischen Theorie der Notwendigkeit der Arbeit an den gesellschaftlichen Widersprüchen wurde seine Staatspolitik zu einer Serie von fortwährenden Revolutionen. 1957 forderte er zum „großen Sprung nach vorn" auf und verbreitete den Slogan „laßt hundert Blumen blühen".

Dann folgte 1966 bis 1968 die „große Kulturrevolution". Die Kulturrevolution ging im Sinne des Taoismus und Buddhismus davon aus, dass der Mensch sich von der bestehenden Welt des Leids vollständig lösen sollte. Dabei sollten im Sinne des Mahâyâna-Buddhismus (des großen Fahrzeuges) alle Menschen in den neuen Zustand der Erlösung eintreten. Der Messias dieser Transformation hieß Mao: „der große Steuermann". Das Mittel der Transformation war nicht Meditation, sondern die Verbindung von körperlicher und geistiger Arbeit, die in der Abfassung von „Wandzeitungen und extensiven Einsätzen der Intellektuellen in der Landwirtschaft gipfelten. Mit den ‚Wandzeitungen' konnten Wissen und Handeln, Denken und Tun im Akt des Schreibens zu einer Einheit zusammenfließen". (W. Bauer, a.a.O., S. 558)

Übung:
Verfassen Sie eine kurze persönliche Wandzeitung zum Thema: meine Verbindung von körperlicher und geistiger Arbeit.

Neben dem Schreiben von massenhaften Wandzeitungen traten die Märsche der roten Garden, die vom alten chinesischen Mythos der Reise als Weg des Glücks lebten.

Übung:
Welche Aufklärungsmärsche könnten Sie sich heute vorstellen? Entwikkeln Sie ein Konzept.

In der Kulturrevolution verkündete Mao neue Aspekte seiner Metaphysik und Todesphilosophie. Mao erklärte: „Unser Gott ist niemand anderes als die Volksmasse Chinas." (Mao Tse-tung: Gesammelte Werke, a.a.O., Bd. 3, S. 322)

Übung:
Schreiben Sie zwei Minuten Freewriting nach dem Satz: „Das Volk ist..."

Mao Tse-tung

Mao sprach 1966 in seinen „drei immer während zu lesenden Schriften" vom Tod. Er löste das Todesproblem ganz im buddhistischen Sinne als Aufhebung des Ichs schon zu Lebzeiten. Das Ziel der Aufhebung ist allerdings nicht die taoistische Leere, sondern der neue diesseitige Gott: Das Verschwinden des Ichs im Volk. „Wenn wir für das Volk sterben, dann sterben wir einen würdigen Tod", sagte Mao. (Mao Tse-tung: Gesammelte Werke, Bd. 3, S. 205f.)

Übung:
Schreiben Sie den Satz weiter: „Der Tod für das Volk ist ..."

Mao agierte in der Kulturrevolution auch uralte religiöse chinesische Archetypen: Das Schwimmen und die Verehrung der Sonne. Versuchten die chinesischen Schamanen der Frühzeit durch Fliegen die Luft zu besiegen, so Mao 1966 durch Schwimmen das Wasser. Mao's Durchschwimmen des Yangtse animierte ihn zur Abfassung seines Gedichtes „Schwimmen".

In diesem Gedicht heißt es:

"*Schwimmen*
*Ich achte nicht, daß der Wind die Wellen peitscht,
das ist herrlicher, als im stillen Hof ziellos zu wandern.
Heute wird alles groß und weit,
große Werke entstehen.*"
(Mao Tse-tung: 37 Gedichte, S. 37)

Übung:
Welche Großtaten haben Sie sich für Ihr Alter vorgenommen? Legen Sie eine Liste an.

Die Gedanken Mao Tse-tungs wurden in der Öffentlichkeit der Kulturrevolution als „nie untergehende Sonne" tituliert. Maos philosophische Grundsätze erhielten den Namen „rote Bibel". Mit der Kulturrevolution als letzter Praxis Maos, verbreitete der neue Buddha seine neue aktionistische „Religiösität". Sie zeigte, was chinesischer Marxismus wirklich ist: eine Transformation des Taoismus und Buddhismus in eine materialistische Utopie. Doch Mao blieb widersprüchlich. Gegen Ende seines Lebens konnte Mao in dem Gedicht „**Antwort an einen Freund**" noch einmal die alten taoistischen Paradiese beschwören:

"*Menschen von der langen Insel,
ihr Singen bewegt die Erde im Lied
Wünsche mir davon zu träumen,
in stiller Einsamkeit.
Lotusland,
darin die Fülle des Morgenlichts.*"
(Mao-Tse-Tung: 37 Gedichte, S. 41)

Mao denkt beim Lotusland an das Reich des Buddha Amitabha (aus dem 3. Jahrhundert n. Chr., der das Lotusland der Erlösung im Westen beherrscht). (Vgl. W. Bauer a.a.O., S. 224f) Dieses Land ist nicht nur „ein Land des unendlichen Lichts", sondern auch „ein Land des unendlichen Lebens".

Übung:
Schließen Sie die Augen. Stellen Sie sich das Lotusland des Buddha Amitabha im Westen vor. Beschreiben Sie sein Lotusland.

Am 8. September 1976 starb Mao. Mit dem Prozess gegen seine Witwe und die „Viererbande" zerfiel der maoistische Marxismus und der religiöse Personenkult um Mao Tse-tung bald.

Mao Tse-tung

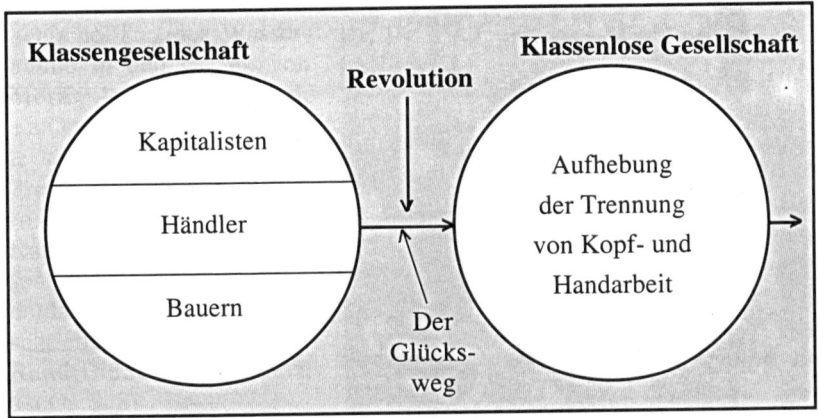

Das Glücksbild des Mao-Tse-tung

Übung:
Beschreiben Sie das Glück „Revolution zu machen". Schreiben Sie den Satz weiter: „Die Aufhebung der Trennung von Kopf- und Handarbeit..."

Literatur zu Mao Tse-tung:

Mao Tse-tung: 37 Gedichte. Hamburg 1965
Mao Tse-Tung: Das rote Buch. Frankfurt 1967
Mao Tse-tung: Gesammelte Werke. Peking 1972 Bd. 1-4

Grimm, T.: Mao Tse-tung. Reinbek 1991
Snow, E. P.: Roter Stern über China. Frankfurt 1970

15. Falun Gong (ab 1992):
Den Weg zur Vollendung gehen

China brach in jüngster Zeit mit Mao Tse-tung und ging den Weg des Kapitalismus, verbunden mit der Herrschaft einer kommunistischen Staatspartei. Im Kontext dieses brisanten Widerspruchs kam es zur Renaissance der alten chinesischen philosophischen Praxis des Glücks. Im Zeichen der Arbeit mit dem Qi, den Lebenskräften, kam es in China spätestens seit 1990 zu einem Boom des Qi Gong, der „Heilung durch Lebensenergie". Schon 1987 sollen mindestens 20 Mio. Chinesen Qi Gong praktiziert haben. 1992 schätzte Yo Gong-bao von der chinesischen Wushu-Akademie die Qi-Gong-Anhängerschaft in China auf 70 bis 80 Mio. (K. Cohen: Qigong. Frankfurt 1998, S. 62). Außerhalb Chinas soll die Qi-Gong-Anhängerschaft mindestens 100.000 Personen umfassen. In ganz China gibt es heute die Qi-Gong-Forschung an Universitäten. Auch in Schulen können Schüler Qi Gong lernen. Trotz des Verbotes des Qi Gong währen der maoistischen Kulturrevolution (1966-1976) hat es immer viele Chinesen gegeben, die das Qi Gong im Untergrund gegen das staatliche Verbot praktizierten.

Qi Gong hat eine lange Geschichte in China. Schon Laotse und Konfuzius praktizierten Übungen des Qi Gong zur Förderung ihrer spirituellen Entwicklung und ihrer Intelligenz. Qi Gong war seit alters her das, was das Yoga für Indien war. Um 200 n.Chr. entstand die Qi-Gong-Methode als das „Spiel der fünf Tiere": der Tiger, der Hirsch, der Bär, der Kranich, der Affe. (Vgl. R. Schweppe, A. Schwarz: TAO und Unsterblichkeit. München 1998, S. 100 ff.) Diese Körperübungen wurden folgendermaßen begründet. „Jeder Mensch hat das Verlangen sich Bewegung zu verschaffen, nur erreichen die meisten darin nicht Vollkommenheit. Wenn man sich bewegt, kann das mit der Nahrung aufgenommene Qi (Lebensenergie) verbraucht werden, zirkulieren die Kräfte ungehindert und Krankheit kann nicht entstehen." (C. Proksch: Taijiquan. Die Kunst der natürlichen Bewegung. Darmstadt 1987, S. 132)

Übung:
Welche Erfahrungen haben Sie mit der Gesundheitsvorsorge durch die Verbesserung ihres Atems, ihrer inneren Aufmerksamkeit und der Vervollkommnung ihrer Bewegung. Geben Sie eine Antwort in drei Sätzen.

Qi Gong hat heute wieder großen Einfluss in der traditionellen chinesischen Medizin und Philosophie. Es basiert auf der alten Lehre von Yin und Yang. Das Universum, der Macro-Kosmos, ist aus dem Wechselspiel von Yin und

Yang entstanden und auch der Mensch stellt als Micro-Kosmos sich als Wechselspiel von Yin und Yang dar. Qi, die Lebensenergie, entsteht aus der Spannung von Yin und Yang. Qi „ist der notwendige Energielieferant für alle Auf- und Abbauvorgänge des lebendigen Organismus." (J. Zöller: Das Tao der Selbstheilung. Bern 1984, S. 20f.) Qi ist also Lebenskraft, Energie, Libido, Lebensarten und heißt auf griechisch „Pneuma" oder auf indisch „Prana". Solange der Mensch ausgewogenes Qi hat, ist er gesund, kommt sein Qi-Kreislauf aus der Bahn, kann eine Krankheit entstehen. (J. Bölts: Qi Gong. Freiburg 1994, S. 43) Es gibt 12 Leitbahnen des Qi im Körper: Lunge, Dickdarm, Magen, Milz, Herz, Dünndarm, Blase, Niere, Herz, Gallenblase und Leber. (J. Bölts, a.a.O., S. 49-62) Das Qi-Zentrum (Dantiam) befindet sich im Unterbauch. Es gilt als Quelle für die Versorgung der Organfunktionen und als Wurzel der 12 Qi-Hauptleitbahnen. Durch die Stimulierung des Dantiam werden die Yin- und Yang-Ströme des Qi im Körper angeregt. Es gibt das angeborene Qi des Embryos und das erworbene Qi des Erwachsenen durch Essen und Atem. Das Qi Gong will eine optimale Regulierung der Körperspannung erreichen, die Wahrnehmung von Körpersignalen schärfen und die Sensibilität für die Beziehung des Macro-Kosmos (Universum) mit dem Micro-Kosmos (Mensch) vertiefen.

Qi Gong umfasst eine riesige Vielfalt von Übungsmethoden, die alle darauf zielen, unter der Führung des Geistes den Körper und den Atem optimal zu entwickeln. 1981 waren in China 3.600 verschiedene Formen von Qi Gong bekannt. Viele geheime Praktiken des Qi Gong wurden in den letzten 20 Jahren der Öffentlichkeit erst zugänglich gemacht (A. Schillings, Hinterthür, P.: Qi Gong. Aitrang 1989, S. 23)

Für die Qi Gong Praxis gelten sieben Prinzipien:
- Verbindung von Ruhe und Wohlspannung
- Vereinigung von Ruhe und Bewegung
- obere Leere des Kopfes bei unterer Fülle des Leibes
- Verbindung von Geist und Qi
- angemessene Übungspraxis
- Zusammenspiel von Üben und Nähren
- Fortschritt ohne Eile und Erwartung

(J. Bölts, a.a.O., S. 100-104)

Die verbreitetsten Qi Gong Übungen zielen, ähnlich wie das westliche autogene Training nach I. H. Schultz „Eine Art westliches Qi Gong" (K. Cohen, a.a.O., S. 189), auf folgende Wirkungen:

- Die <u>Entspannung der unteren Lendenwirbel</u> wird erreicht durch parallele Fußposition, Beugung der Knie, Rundung des Schrittes und Einnahme einer Sitzposition.

- Die <u>Entspannung des Rumpfes</u> umfasst die Einrollung des Unterbauches, die Hebung des Anus, die Entspannung der Taille, das Einziehen der Magenhöhle und die Aufrichtung der Wirbelsäule.

- Die <u>Entspannung des oberen Rumpfes</u> umfasst die Entspannung der Schultern, das Lösen der Ellenbogen, das Aufrichten der Hände und das Ausrollen der Ellenbogen.

- Die <u>Verminderung der gedanklichen Aktivität</u> wird erreicht durch das Aufrichten des Kopfes, das Aufstützen der Wangen, das Lösen der Augenlieder, das Entspannen der Lippen, die Anschmiegung der Zunge an den Gaumen und das Schließen der 7 Öffnungen (Ohren, Augen, Nase, Mund und Anus).

(Vgl. A. Bölts, a.a.O., S. 91-98, und K. Cohen, S. 192-195)

Übung:
Versuchen wir die eben genannten 18 Prinzipien zur Regulierung des Körper-Qi einmal durchzuprobieren. Richten wir unseren Körper von unten nach oben so aus, dass wir den unteren und den oberen Rumpf entspannen und gleich die Verminderung der gedanklichen Aktivität betreiben.
Versuchen Sie auch einmal die Übung „Über den Boden schweben": Wenn Sie sitzen oder liegen „spannen Sie Scheitel und Gesichtsmuskel an und lassen dann wieder los. Spannen Sie Ihre Nackenpartie an lassen Sie sie wieder los. Dann entspannen Sie die beiden Arme und Handgelenke. Schließlich müssen Sie den Bauch anspannen und loslassen. Zum Schluß Beine, Füße und Zehen." „Stellen Sie sich nun vor, der Boden wäre ein wundervoller, tragfähiger See, der ihren Körper trägt. Genießen Sie das Erleben des Schwebens – entspannt und sorgenfrei." (K. Cohen, a.a.O., S. 196)

Das Qi Gong umfasst Steh-, Geh-, Entspannungs- und Meditationsübungen. Es umfasst auch Diät und Liebesübungen. (K. Cohen, Qi Gong, a.a.O., S. 463ff., 521ff.) Das Qi Gong ist neben dem Taoismus und dem indischen Tantrismus eine der wenigen Philosophien, „in dem Essen und Sexualität wichtige Aktivitäten sind, um auf den Pfad der Erleuchtung zu gelangen." (K. Cohen, a.a.O., S. 522) Die Qi Gong Forschung hat festgestellt, dass es neben der Steigerung des Wohlbefindens durch Qi Gong auch Gefahren des Qi Gongs gibt: neben Schwindel, Kopfweh, Übelkeit, Haarausfall, Atemprobleme, gibt es auch das kurzfristige Auftreten von Qi-Gong-Psychosen. Diese Kurzpsychosen werden durch „exzessives und inkorrektes Qi Gong ausgelöst". (K. Cohen, a.a.O., S. 457)

In China hat man festgestellt, dass „fanatische Qi Gong Praxis latente psychische Probleme manifest machen und zu Halluzinationen führen kann". (K. Cohen, a.a.O., S. 459) Man darf also mit dem Qi Gong nicht zu schnell üben und nicht zuviel auf einmal zu erreichen versuchen.

Die Falun-Gong-Bewegung nimmt innerhalb der Qi Gong Szene eine besondere Rolle ein. Sie ist mit 50 Mio. Anhängern die größte Gruppe innerhalb der Qi Gong Kultur. Sie empfiehlt allerdings nur fünf Übungen. Sie hat eine eigene Qi Theorie entwickelt.

Meister Li Hongzhi, der Begründer der Falun-Gong-Bewegung (um 1990)

Gegründet wurde Falun Gong im Mai 1992 durch den buddhistischen Meister Li Hongzhi. Er wurde am 13. Mai 1951 in der Stadt Gong Holis in der chinesischen Provinz Jiliu in einer Akademikerfamilie geboren. Schon mit vier Jahren nahm er Meditationsunterricht bei dem buddhistischen Meister Quanjue. Bis zu seinem 12. Lebensjahr war Li Schüler des Quanjue und entwickelte große meditative Kräfte. Mit 12 Jahren wechselte Li zu einem taoistischen Meister mit Namen Baje Zhenren. Mit 21 Jahren ergriff Li einen Beruf in der Wirtschaft. Daneben lernte er bei weiteren taoistischen Meditationsmeistern. Seit 1984 beschäftigt sich Li intensiv mit Qi Gong. 1989 hatte Li sein System des Qi Gong, das er nun Falun Gong nannte, abgeschlossen. Ab 1992 unterrichtete er Falung Gong für ein öffentliches Publikum. 1995 emigrierte er plötzlich in die USA, weil man in China begann, die Falun Gong Bewegung zu unterdrücken. Im Juli 1999 wurde sie als „böser Kult" verboten. Im Januar 2001 gab es die 1. Sebstverbrennung einer Falun-Gong-Anhängerin auf dem Tianonmen-

Platz in Peking. Tausende von Falun-Gong-Anhängern kamen ins Gefängnis. Hunderte von Falun-Gong-Anhängern starben schon in Straflagern. Die KP Chinas sieht ihre Macht durch Falun Gong tödlich bedroht. Die Falun-Gong-Bewegung gibt sich unpolitisch. Sie hat in China viele Beratungsstellen eingerichtet, um die Falun-Gong-Meditation zu verbreiten. Diese Beratungsstellen arbeiten kostenlos. Die engagieren sich nicht politisch und dienen nur dem Erfahrungsaustausch ihrer Ratsuchenden.

Die Anhänger von Falun Gong dürfen „keinesfalls die Methoden anderer Schulen anwenden ... Das Lesen der Bücher über Falun Gong sollte zum täglichen Programm des Falun-Gong-Anhängers gehören." (Li Hongzhi: Falun Gong. München 1998, S. 153)

Meister Li als Oberhaupt der Falun-Gong-Bewegung lehrt eine spezifische Methode der buddhistischen Qi Gong-Kultivierung. Sie unterscheidet sich zugleich stark von der üblichen buddhistischen Meditation. Li meint, das Dantiam („Sonnengeflecht" im Unterbauch), als zentraler Sitz von Chi, ließe sich besser als Falun bezeichnen. Allerdings geht das Falun weit über die Kräfte des Dantiam hinaus. Das Falun „besitzt die gleichen Eigenschaften wie das Universum. Es ist ein Abbild des Universiums ... Nachdem das Falun gebildet ist, dreht es sich täglich automatisch am Unterbauch des Praktizierenden. Es sammelt ununterbrochen die Energie vom Kosmos und verarbeitet sie so weit, daß sich diese Energie im Körper des Praktizierenden in Heilkraft verwandelt." (Li Hongzhi, a.a.O., S. 41) „Das Falun am eigenen Unterbauch als Qi-Zentrum ist am kostbarsten. Es nicht käuflich." (Li Hongzhi, a.a.O., S. 42) Es vermittelt dem Praktizierenden die Eigenschaften des ergetischen Universiums: nämlich Wahrhaftigkeit (Zhen), Barmherzigkeit (Shan) und Nachsicht (Ren). Durch die richtige Kultivierung des Falun erreicht der Übende „den untersterblichen Körper" (Li Hongzhi, a.a.O., S. 43). Der Praktizierende des Falun Gong wird ewig jung bleiben. Der schließlich erreichte unsterbliche Geist je Körper wird solange existieren, wie das Universum selbst. „Das Falun ist im Universum verwurzelt. Das Universum dreht sich, alle Sternensysteme drehen sich ebenfalls. Deshalb dreht sich auch das Falun." (Li Hongzhi, a.a.O., S. 44). Beim Praktizieren von Falun Gong, der Heilung durch die Energie des Falun „darf man nicht sich selbst vergessen ... Bei den Übungen muß man unbedingt einen klaren Kopf behalten" (Li Hongzhi, a.a.O., S. 48). Der gewöhnliche Mensch will sein weltliches Glück. Bei Falun Gong ist es anders. Er erwirbt eine Energie, die den eigenen Tod überdauert. Die ist allerdings nur zu erreichen, wenn man durch Meditation ein neues Bewusstsein entwickelt, das nicht durch Haben-Wollen, durch Sein-Wollen, nicht durch Macht, sondern durch Demut, nicht durch das Ego, sondern durch das Universum, nicht durch Neid, sondern durch Mitgefühl,

nicht durch Leid, sondern durch Glück, nicht von Unruhe, sondern durch Ruhe bestimmt ist. (Li Hongzhi, a.a.O., S. 62-84) Das System der Kultivierung des Faluns ist durch folgende Aspekte gekennzeichnet:
- Li's Lehre ist kein klassisches Qi Gong, das nur das Qi steigert, sondern sie zielt auf die Herausbildung des Faluns.
- Das Falun ist auch außerhalb der Übungen aktiv.
- Der Übende des Falun Gong verändert sein Bewusstsein.
- Körper und Bewusstsein werden gleichzeitig kultiviert. Es gibt beim Falun Gong keine Gedankenlenkung.
- Falun Gong ist jederzeit zu üben.
- Es gibt nur fünf Übungen im Falun Gong.

(Li Hongzhi, a.a.O., S. 87-92)

Die fünf Übungen des Falun Gong, die vier Steh- und eine Sitzübung umfassen) wollen wir nun vorstellen.

Buddha streckt Tausend Hände aus	Die Falun Pfahlstellung	Verstärkung göttlicher Kräfte Eine Meditation im Lotussitz, bei der ein starkes Energiefeld rund um den Körper entsteht.	Falun Himmelskreis	Verbinden der beiden kosmischen Pole
Durch Anspannung/ Entspannung werden Energieblockaden im Körper aufgehoben und alle Meridiane geöffnet.	Langanhaltendes und ruhiges Stehen in vier verschiedenen Positionen steigert die Energie.		Die Energie in den Meridianen wird großflächig zum Zirkulieren gebracht, unkorrekte Zustände werden berichtigt.	Die fließenden Bewegungen der Arme dienen zu einer intensiven Reinigung des Körpers.

Falun Gong-Übungen

Von Kennern können diese Übungen mit geschlossenen Augen praktiziert werden. Dabei soll immer die Zunge den oberen Gaumen berühren.

1. Übung: Der Buddha streckt Tausende von Händen aus

Bei dieser Übung soll man sich dehnen und dann wieder entspannen.
1. Man steht entspannt mit leicht geschlossenen Augen, die Hände vor dem Bauch.
2. Man hebt die Hände.
3. Man senkt sie dann zum Unterbauch.
4. Man faltet sie dann vor der Brust.
5. Nun zeigen die Hände einmal links und einmal rechts auf Himmel und Erde.
6. Die Hände werden nun waagerecht gehalten.
7. Die Hände werden vor den Körper, neben und hinter den Körper geführt.
8. Die Hände schieben einen Berg.
9. Die Hände werden vor dem Bauch überkreuzt.
10. Die Hände werden vor dem Unterbauch verzahnt.

Übung:
Versuchen Sie einmal diese Übung. Sie ist bei Li Hongzhi auf Seite 93-103 mit einprägsamen Bildern vorgestellt.

2. Übung: Falun-Pfahlstellung

Diese Übung ist eine ruhige Stehübung. Sie umfasst vier Grundbewegungen, mit denen das Falun gehalten wird. Man soll bei dieser Übung spüren können, wie das Falun sich zwischen den Armen dreht.
1. Man steht entspannt mit leicht geschlossenen Augen. Die Hände vor dem Bauch.
2. Die Arme werden über den Kopf gehoben und bilden einen Kreis.
3. Die Arme sinken zum Unterbauch.
4. Die Arme heben sich über den Kopf und halten das Falun.
5. Die Hände halten das Falun auf Schulterhöhe.
6. Die Hände senken das Falun vor dem Körper nieder.
7. Die Hände halten das Falun vor dem Unterbauch.

Übung:
Versuchen Sie einmal diese Übung. Sie ist bei Li Hongzhi auf Seite 104-108 mit Bildern vorgestellt.

3. Übung: Die beiden kosmischen Pole verbinden

Diese Übung soll die eigene Energie mit den zwei kosmischen Polen verbinden. Da eine solche Verbindung sinnlich nicht vorstellbar ist, soll bei

dieser Übung jede Gedankenaktivität unterbleiben. „Du kannst dir keineswegs vorstellen, wie groß und weit die kosmischen Pole sind. Das liegt jenseits der Vorstellungskraft ... Deine Gedankenaktivität ist nicht nötig."(Li Hongzhi, a.a.O., S. 142) Und nun zur Übung:
1. Man steht entspannt mit leicht geschlossenen Augen. Die Hände vor dem Bauch.
2. Man faltet die Hände vor der Brust.
3. Eine Hand streckt sich nach oben, die andere nach unten. Diese Bewegung wird neunmal wiederholt.
4. Beide Hände strecken sich nach oben und nach unten. Diese Übung wird neunmal wiederholt.
5. Die Hände drehen dann vor dem Unterbauch das Falun im Uhrzeigersinn. Diese Übung wird viermal wiederholt.
6. Die Hände werden vor dem Bauch gehalten.

Übung:
Versuchen Sie einmal diese Übung. Sie ist bei Li Hongzhi auf Seite 109-114 mit Bildern vorgestellt.

4. Übung: Falun-Himmelskreis

Diese Übung soll das Qi großflächig zum Fließen bringen von der Yin-Seite zur Yang-Seite. Durch das Drehen des Falun sollen dabei anormale Körperzustände berichtigt werden. Alle Gedankenaktivitäten sind bei dieser Übung überflüssig. Und nun zur Übung:
1. Man steht entspannt mit leicht geschlossenen Augen. Die Hände vor dem Bauch.
2. Man faltet die Hände vor der Brust.
3. Man geht in die Knie, die Hände gleiten die Schienbeine hinab und die Rückseiten der Beine nach oben.
4. Der Körper richtet sich auf. Die Arme sind hinter dem Rücken verschränkt.
5. Die Hände werden dann nach vorne gebracht, vor der Brust überkreuzt und dann über den Kopf gehalten.
6. Dann bewegen sich die Hände über den Kopf bis zur Brust. Die Phasen 3. bis 6. werden als Zirkulation des Himmelskreises neunmal wiederholt.
7. Die Hände werden wieder vor den Bauch gehalten.

Übung:
Versuchen Sie einmal diese Übung, sie ist bei Li Hongzhi auf Seite 115-121 abgebildet.)

5. Übung: Verstärkung göttlicher Energie

Das ist eine Sitzübung im Lotussitz. Während der Übung ist man ohne Gedanken. „Sie war früher", schreibt Li Hongzhi, „nur für mich selbst gedacht. Ich gebe sie nun unverändert an euch weiter, weil ich keine Zeit mehr habe ... Es wird kaum noch eine Gelegenheit geben, daß ich euch persönlich unterrichte. Aus diesem Grunde lehre ich euch alles auf einmal." (Li Hongzhi, a.a.O., S. 145) Während der Entwicklung dieser Meditation bleibt kein Körpergefühl bestehen, nur der Kopf bleibt klar. Dann verschwindet auch das Kopfgefühl. Es bleibt schließlich nur noch der Gedanke: „Ich übe." (Li Hongzhi, S. 149) Und nun zur Übung:

1. Lotussitz einnehmen. Augen geschlossen. Im Herzen entsteht Warmherzigkeit.
2. Die Hände drehen sich geschlossen über dem Kopf und öffnen sich dann.
3. Die Hände werden auf Schulterhöhe gehalten und überkreuzen sich dann.
4. Die Hände werden wechselseitig erhoben und gesenkt.
5. Die Hände werden vor der Brust gekreuzt, auseinandergezogen und weit vom Körper weggestreckt.
6. Eine Hand ist dann unter dem Kinn, eine Hand am Unterbauch. Diese Position sollte so lange wie möglich gehalten werden.
7. Nun kann die Meditation ohne Gedanken beginnen. Die Meditation ohne Gedanken soll möglichst lange durchgehalten werden.
8. Die Hände werden wieder vor dem Bauch gehalten. Man tritt aus der stillen Meditation heraus. Die Beine lösen sich aus dem Lotussitz.

Übung:
Versuchen Sie einmal diese Übung, sie ist bei Li Hongzhi auf Seit 122-131 mit eindrücklichen Bildern vorgestellt.

Li Hongzhi ist sich bewusst, dass es auch die Falun-Gong-Psychose gibt. Sie äußert sich darin, dass Falun-Gong-Praktikanten sich gleich als Heiler betätigen wollen, Besessenheit entwickeln und Ehrgeiz und Macht pflegen. (Li Hongzhi, a.a.O., S. 38-40) Außerdem wird der Falun-Gong-Psychotiker von Sex-Dämonen befallen. Erschreckende und böse Gesichter können vor seinen Augen erscheinen. (Li Hongzhi, a.a.O., S. 78) Solche Erscheinungen gehen vorbei, wenn man Wahrhaftigkeit, Barmherzigkeit und Nachsicht übt. Falun Gong stellt eine Popularisierung und Radikalisierung des Qi Gong dar. Falun Gong wird in Deutschland von 10 Meistern in Berlin, Darmstadt, München, Heidelberg, Münster, Stuttgart, Weinheim und Wuppertal, angeboten. Jeder, der Qi Gong oder Falun Gong praktiziert, wird am Ende erfahren: „Der Weg der Vielschichtigkeit des Qi Gong führt wieder zurück zu Einfachheit und Bescheidenheit." (K. Cohen, a.a.O., S. 555)

Das Glücksbild des Falun Gong

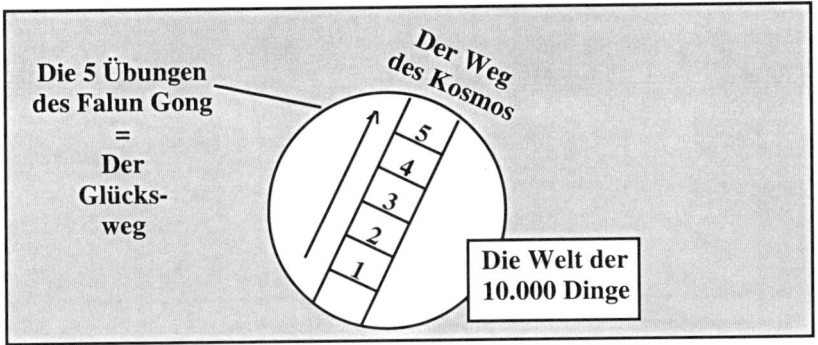

Übung:
Stellen Sie sich vor, wie Sie die 5 Übungen praktizieren. Beschreiben Sie Ihre Erfahrungen.

Literatur zu Qi Gong und Falun-Gong:

Li Hongzhi: Falun Gong. Der Weg zur Vollendung. München 1998
Bölts, J.: Qigong. Freiburg 1994
Chang, J.: Das Tao der liebenden Paare. München 1990
Chang, S.T.: Der Tao der Sexualität. München 1995
Chia, M.: Tao-Yoga der Liebe. Interlakten 1987
Cohen, K.: Qigong. Frankfurt 1998
Engelhardt, U.: Die klassische Tradition der Qi-Übungen. Stuttgart 1987
Lawson-Wood, D. u. J.: Die Praxis des Qigong. Hongkong 1988
Schillings, A., Hinterthür, P.: Qi Gong. Aitrang 1989
Schneider-Wohlfart, U. (Hrsg.): Entspannt sein – Energie haben. München 1994
Zöller, J.: Das Taro der Selbstheilung. München 1984

16. Techniken des Glücks in China

Wir wollen nun einen Überblick über die Techniken des Glücks in China geben. Wir ordnen diese Techniken den sechs Stufen des Glücksbewusstseins zu, damit jeder Nutzer dieser Übungen gleich einschätzen kann, welche Wirkung die Praxis dieser Techniken auf sein Glücksbewusstsein haben könnte.

	Bewusstseinsstufen	Glücksmethoden
Ich-Bewusstsein	Alltagsbewusstsein	keine besonderen Methoden
	kleine Annehmlichkeiten	Magische I-Ging-Praxis, Methoden der Selbstzivilisierung (Konfuzius) Leben im Verborgenen (Laotse) Sexuelles Ausleben (Yang Dschu) Selbsterkenntnis (Mo Ti, Menzius) Revolutionäre Praxis (Mao Tse-tung)
	Wohlbefinden	Ethik der Mitte (Konfuzius) Wu-Wei / Nichthandeln (Laotse, Dschuang-Dsi) Liebe zum Himmel (Mo Ti) Langlebigkeit einüben (Ge Hong) Traumarbeit (Dschuang Dsi)
Über-Bewusstsein	Flow	Meditation nach dem Symbolen des I-Ging, TAO-Meditation (Laotse, Dschuang Dsi) Sexuelle Sublimation (Laotse) Altersmeditation (Wang Wei)
	Peak-Erfahrung	ZEN-Meditation (Wang Wei) Dichten im Trance (Wang Wei, Li Tai Bo) Koan-Meditation (Bi Yän Lu)
	Plateau-Erfahrung	Menschenliebe üben (Konfuzius, Mo Ti) Sich unsichtbar machen (Laotse) Das TAO im Jahreslauf bedichten (Wang Wei, Li Tai Bo) Das Leben loslassen (T'Ang Yin) Die Revolution bedichten (Mao Tse-tung) Die 5 Übungen des Falun Gong

Übung:
Stellen Sie sich nun ein Übungsprogramm der chinesischen Glücksphilosophie für die nächsten fünf Wochen zusammen. Probieren Sie dabei aus jeder Glücksstufe jeweils eine Übung pro Woche. Schreiben Sie nach fünf Wochen einen kleinen Bericht über: „Mein chinesisches Glück".

Kapitel C

Glück als Überwindung des Leidens in Indien

1. Geschichte der praktischen Glücksphilosophie Indiens
2. Veden   (1200-100 v.Chr.): Das Eine suchen
3. Upanishaden   (1000-500 v.Chr.): Athman finden – den Tod überwinden
4. Buddha   (563-483 v.Chr.): Das Nirvana suchen
5. Bhagavadgita   (400 v.Chr.):   Handeln ohne zu handeln
6. Die indischen Anti-Metaphysiker
   (ab 4. Jh. v.Chr.): Halte dich an die Lust
7. Der Yoga des Patanjâli
   (150 v.Chr.):   Das Überbewusstsein erreichen
8. Mahâyâna-Buddhismus   Benutze das große Fahrzeug
   (ab 1. Jh. v.Chr.)   über den Ozean des Leidens
9. Hinduistischer   Versuche den Weg der
   Tantrismus   (ab 4. Jh. n.Chr.) körperlichen Liebe
10. Shankara   (788-820 n.Chr.): Das Überbewusstsein entwickeln
11. Ramakrishna   (1836-1886):   In Ekstase leben
12. Mahatma Gandhi (1869-1948):   Die Gesellschaft befreien
13. Sri Aurobindo (1872-1950):   Das Überbewusstsein erforschen
14. Jiddu Krishnamurti (1895-1986): Meditieren ohne Autorität
15. Falun Gong   (ab 1992):   Den Weg zur Vollendung gehen
16. Techniken des Glücks in Indien

1. Geschichte der praktischen Glücksphilosophie in Indien

Für den deutschen Philosophen Hegel war Indien die „schweifende, ungebundene Unruhe". Er wollte eine Ähnlichkeit der indischen mit der griechischen Philosophie erkennen. (A. Hsia: Deutsche Denker über China. Frankfurt 1985, S. 158)

Allerdings geschah ein Kontakt zwischen der indischen und der europäischen Philosophie sehr früh. Es gibt die Sage, dass Pythagoras, Demokrit und Aristoteles Indien bereist und die indische Philosophie studiert hätten. Sicher ist aber, dass auf dem Zug Alexander des Großen (300 v.Chr.) der griechische Philosoph Zenon diesen Zug begleitet und engen Kontakt mit indischen Philosophen aufgenommen hat. Bei seiner Rückkehr hat dann Zenon die philosophische Schule der Stoa auf der Basis indischer Einflüsse in Athen gegründet. Der Einfluss des Buddhismus ist in Europa seit dem 3. Jahrh. n.Chr. nachzuweisen (Vgl. H.v. Glasenapp: Die Philosophie der Inder. Stuttgart 1974, S. 3f.).

Der griechische Philosoph Plotin hatte 243 n.Chr. Kontakt mit indischen Philosophen. Allerdings hörte im Mittelalter die geistige Verbindung zwischen Indien und Europa auf, um ab 1498 durch die Entdeckung des Seeweges nach Indien durch Vasco de Gama sich wieder zu entwickeln. Mit dem 19. Jahrhundert wurden wichtige Schriften indischer Philosophen ins Deutsche übersetzt, die dann ihren Einfluss auf die deutschen Philosophen Schelling und Schopenhauer ausübten.

Im Gegensatz zur europäischen Philosophiegeschichte, die zwischen der griechischen, mittelalterlich christlichen und modernen Philosophie Brüche aufweist, entwickelte sich in Indien die Philosophie ohne große Neuanfänge aus grauer Urzeit bis in die Gegenwart. In Indien sind die frühen philosophischen Schriften der Veden und der Upanishaden noch heute „autoritative heilige Schriften und die Lehrsätze der philosophischen Schulen der alten Zeit sind auch heute noch die maßgeblichen Grundtexte." (H.v. Glasenapp, a.a.O., S. 19)

Aus der Traditionsbindung der Inder leitet sich auch der Umstand ab, dass die Person des Philosophen ganz hinter seiner Philosophie verschwindet. „Von den Biographien der meisten indischen Philosophen bis weit in die Moderne hinein, weiß man fast nichts, und was von ihnen berichtet wird, ist zumeist geschichtlich belanglos und verliert sich im Dunkel der Sage." (H.v. Glasenapp, a.a.O., S. 14)

Die indische Philosophie des Glücks bezieht sich in ihrem Hauptstrom auf die „Befreiung von den Banden der Wandelwelt und damit auf einen Zustand absoluten Heils, das als *summum bonum* (höchstes Gut) begriffen wird."

(H.v. Glasenapp, a.a.O., S. 414). Die Erlösung ist für die indische Philosophie kein Wunschtraum, sondern Realität. Das Glück der Erlösung ist für die indische Philosophie eine rein individuelle Aufgabe. Eine Kollektiv-Erlösung und ein kollektives Glück der ganzen Menschheit kennt die indische Philosophie nur in Ansätzen, z.B. beim Mahâyâna-Buddhismus. Das Glück der Erlösung beginnt für viele indische Philosophen mit der Abwendung von der Sinnenwelt und der Unterdrückung und Ausrottung der Leidenschaften. Glück heißt, die Entstehung eines ruhigen Gemütszustandes anzustreben. Dieser Glückszustand der völligen Ruhe wird durch Askese, durch geistige Erkenntnis, durch Überwindung des Alltagsbewusstseins und mit der Erlangung des Überbewusstseins erreicht. Das Zentrum des Glücks, nach einem langen Weg der Überwindung des Alltagsbewusstseins und der Erreichung des Überbewusstseins, ist ein „mystisches Erlebnis, das entweder in den Menschen als folgerichtiger Abschluß seines Strebens erwachsen ist oder durch eine überirdische Macht, durch die Gnade Gottes hervorgerufen wird." (H.v. Glasenapp, a.a.O., S. 419)

Der höchste Zustand des Glück kann schon zu Lebzeiten erreicht werden. „Die meisten philosophischen Systeme beschreiben den indischen Weltüberwinder als einen begierdelosen, selbstbeherrschten Weisen..., der aufgrund seiner reinen Gesinnung nicht anders als ethisch handeln kann." (H.v. Glasenapp, a.a.O., S. 421) Daneben gibt es noch den glücklichen Weisen, der „im Hochgefühl des Besitzes der göttlichen Gnade singt, tanzt und sich wie ein Unsinniger gebärdet." (H.v. Glasenapp, a.a.O., S. 422)

Das Leben der glücklichen Philosophen erscheint in vielfacher Gestalt. So gibt es einmal den Typus eines glücklichen irdischen Daseins ohne Leid oder den Typ der reingeistigen Existenz, die alles aus sich schöpft, oder den Typus der völligen Erreichung des Überbewusstseins, „bei dem auch nicht der geringste Rest von dem erhalten bleibt, was einst eine Persönlichkeit bildete." (H.v. Glasenapp, a.a.O., S. 426) Für die meisten indischen Philosophen ist das Glück „nur durch Weltentsagung und Weltüberwindung erreichbar." (H.v. Glasenapp, a.a.O., S. 426)

Von außen kann kein Glück die Menschen erreichen. Es kann nur von innen auf dem Wege geistiger Höherentwicklung gewonnen werden.

Im Groben lassen sich in der Geschichte der indischen Philosophie drei Phasen unterscheiden:

1. Die Zeit der Veden (1200 v.Chr. – 1000 v.Chr.)
2. Die Zeit des Kampfes zwischen Brahmanismus und Buddhismus (550 v.Chr. – 1000 n.Chr.)
3. Die Zeit des Hinduismus (1000 n.Chr. bis heute)

In der **vedischen Periode** (1200 – 1000 v.Chr.) bildet sich der Brahmanismus aus, der sich um den Weg zum Absoluten sorgt, die Befreiung als höchstes Glück feiert und das ewige Leben als Ziel des höchsten Glücks vorstellt. (R. Sequeira: Die Philosophien Indiens. Aachen 1996, S. 28ff.)

In der **zweiten Phase** (550 v.Chr. bis 1000 n.Chr.) unterteilt sich die Schule des Brahmanismus, die sich besonders auf die Veden stützt, in sechs orthodoxe philosophische Systeme:

a) Die Mîmânsâ (200 v.Chr. - 200 n.Chr.), die eine rituelle wissenschaftliche Methode zur Deutung der Veden entwickelte.
b) Der Vedânta (ab 200 v.Chr.), der die Grundlehren der Upanishaden vertrat.
c) Das Sânkhya (500 n.Chr.), welches das Brahman als All-Seele ablehnte und die Existenz eines Gottes leugnete. (G. Chattopadhyaya: Indische Philosophie. Berlin 1975, S. 120).
d) Das Yoga (450 n.Chr.) stellt eine Sammlung von Meditationsübungen dar, die aus dem 3. Jahrh. v.Chr. stammen, aber erst später verschriftlicht wurden. Das Yoga „will nicht philosophische Probleme diskutieren, sondern praktische Anweisungen für die Heilsgewinnung geben." (H.v. Glasenapp, a.a.O., S. 225) Das Yoga wurde äußerst einflussreich und gewann mit der Zeit eine Aufnahme in alle philosophischen Bemühungen Indiens (vgl. D. Chattopadhyaya: Indische Philosophie. Berlin, S. 130)
e) Der Nyâya. Dieses System umfasst alle Grundsätze der wissenschaftlichen Argumentation.
f) Das Vaisheshika. Dieses System präsentiert die Grundlagen der Erkenntnistheorie.

Diese vedische Philosophie in ihren sechs Ausprägungen wird in der zweiten Periode durch drei andere philosophische Schulen bekämpft.
a) Der Buddhismus (500 n.Chr.), der auf der Lehre Buddhas aufbaut und sich bald in die Richtung des Hînayâna („kleines Fahrzeug") und Mahâyâna („großes Fahrzeug") aufspaltete.
b) Der Jainismus (500 n.Chr.), der ein dogmatisches System der Heilsgewinnung vorstellt.
c) Die materialistische und nihilistische Philosophie (ab 500 n.Chr.), die Agnostiker und reine Materialisten umfasst. (D. Chattopadhyaya, a.a.O., S. 194-209)

In der **3. Periode** (1000 n.Chr. bis heute) verschwindet der Buddhismus, und die islamische Philosophie dringt seit 1206 n.Chr. in Indien ein. Als Gegenbewegung gegen die islamische Philosophie entwickelt sich dann die hinduistische Philosophie, besonders mit dem Philosophen Shankara und vielen weiteren Sekten. Mit der Kolonialisierung Indiens durch die Engländer (ab 1957) gewinnen in Indien auch europäische Philosophen an Einfluss. Dieser Einfluss wird durch die Entwicklung der neohinduistischen Philosophie eines Ramakrishna, Tagore, Mahatma Gandhi, Sri Aurobindo oder Krishnamurti im 19. und 20. Jahrhundert bekämpft.

Die Auseinandersetzung mit der indischen Philosophie kann die praktische Philosophie und Lebenskunst nur unterstützen, „weil die Inder nie eine rein theoretische Weltdeutung anstrebten, sondern sich stets um eine praktische Lebensgestaltung bemühten." (H.v. Glasenapp, a.a.O., S. 454) Im Bereich der Erforschung des Ichs sind die Inder viel früher zur Erfassung des Überbewusstseins und des Unbewussten gekommen als Europa, das sich mit Psychoanalyse und Hypnose erst seit dem späten 19. Jahrhundert den höheren und tieferen Seiten des Ichs zuwandte. Indien bietet letztlich aber als Archetyp des Glücks auch „seine weltüberlegene stille Heiterkeit an, die sich auf dem Antlitz der großen Welterleuchter und Weltüberwinder spiegelt." (H.v. Glasenapp, a.a.O., S. 455)

Es könnte deshalb die Meinung von Karl Jaspers gelten: „Die geistigen Welten Chinas und Indiens sind uns unersetzlich geworden, aber nicht nur als Kontrast zu uns selbst ... aber wir spüren dort die große endgültige Überwindung, eine unüberschreibbare Wahrheit und die Quelle tieferer Ruhe, als sie je ein Abendländer gewonnen hätte." (K. Jaspers: Vom europäischen Geist. München 1974, S. 9)

Der weibliche Buddha Vajrayoginī.
(indischer Tantrismus (3. Jh. n.Chr.)

Literatur zur Philosophie in Indien

Chattopadhyaya, D.: Indische Philosophie. Berlin 1975
Chattopadhyaya, D.: Lokayata: A Study of Ancient Indian Materialism. New Delhi 1959
Dasgupta, S.N.: A History of Indian Philosophy. Cambridge 1963ff. Bd. 1-5
Deussen, P.: Allgemeine Geschichte der Philosophie. Leipzig 1894ff. Bd. 1-3
Frauwallner, E.: Geschichte der indischen Philosophie. Salzburg 1953-56, Bd. 1-2
Glasenapp, H.v.: Die Philosophie der Inder. Stuttgart 1974
Hasenfratz, H.-P.: Der indische Weg. Freiburg 1994
Mall, R.A. u.a.: Die drei Geburtsorte der Philosophie: China, Indien, Europa. Bonn 1989
Mall, R.A.: Philosophie im Vergleich der Kulturen. Darmstadt 1995
Radhakrishna, S.: Indische Philosophie. Baden-Baden 1955, Bd. 1-2
Ruben, W.: Beginn der Philosophie in Indien. Berlin 1956
Ruben, W.: Die Philosophen der Upanishaden. Bern 1947
Schweitzer, A.: Die Weltanschauungen der indischen Denker. München 1974
Sequeira, R.: Die Philosophien Indiens. Aachen 1996
Winternitz, M.: Geschichte der indischen Literatur. Leipzig 1907-1920, Bd. 1-3
Zimmer, H.: Philosophie und Religion Indiens. Frankfurt 1979

Lexika zur indischen Philosophie

Ehrhard, F.-K.: Fischer-Schreiber, J.: Das Lexikon des Buddhismus. Bern 1993
Friedrichs, K.: Das Lexikon des Hinduismus. München 1996
Lexikon der östlichen Weisheitslehren – Buddhismus, Hinduismus, Taoismus. München 1986

Zeittafel zur Geschichte der indischen Philosophie

Europa	Indien
1000 v.Chr. Moses, Salomo	1200-1000 v.Chr. die Veden
800 v.Chr. Homer	1000- 550 v.Chr. die Upanishaden
640-546 v.Chr. Thales	558-483 v.Chr. Buddha
469-399 v. Chr. Sokrates	400 v.Chr. die indischen Antimetaphysiker
427-347 v. Chr. Platon	400 v.Chr. Bhagavadgita
	150 v.Chr. Patanjâli (Yoga)
	ab 80 v.Chr. Hînayâna-Buddhismus
	1. Jh. n.Chr. Mahâyâna-Buddhismus
205-270 n.Chr. Plotin	200 n.Chr. Nâgârjuna
	400 n.Chr. hinduistischer Tantrismus
	788-820 n.Chr. Shankara
1034-1109 n.Chr. A. v.Canterbury 1596-1650 n.Chr. Descartes	1025 n.Chr. Ende des Buddhismus in Indien
	1836-1896 Ramakrishna
	1969-1948 Mahatma Gandhi
	1872-1950 Sri Aurobindo
1883-1969 n.Chr. Karl Jaspers	1895-1986 Krishnamurti

Orte des Philosophierens in Indien

2. Die Veden (1200 - 1000 v.Chr.): Das Eine suchen

Die Geschichte Indiens beginnt mit den Hochkulturen des Industales um die Städte Mohenjo Daro und Harappa, die ihre Hochblüte zwischen 2300 und 1800 v.Chr. hatten. Diese Kulturen wurden durch mehrere Einwanderungswellen arischer Stämme aus den kaukasischen Steppen zerstört. Die arischen Einwanderer und Eroberer brachten erste Ansätze einer Philosophie mit, die mit Mythologie vermischt in den „Veden" (1200-1000 v.Chr.) ihren Niederschlag fand. Das Hauptmotiv der vedischen Philosophie war „die ständige Suche nach der letzten Einheit, die der Manigfaltigkeit der Welt zugrunde liegt." (H. Zimmer: Philosophie und Religion Indiens. Frankfurt 1979, S. 304) Das Ziel der vedischen Philosophie war die Erkenntnis der ungeheuren Macht in und hinter allen Dingen und ihre Beherrschung.

Die vedische Philosophie verfolgte zwei Fragen:

1. Im Hinblick nach dem Glück wurde gefragt: „Welche ist die eine und einzige Substanz, die sich in der Welt vervielfältigt hat?"
2. Im Hinblick auf das Ich lautete die Frage: „Was ist die Quelle, aus der ich als Individuum selbst hervorgegangen bin?"

Übung:
Geben Sie auf beide Fragen eine eigene Antwort.

Diese Fragen drängten sich auf, weil mit der arischen Einwanderung ständig Kriege der Arier mit den Ureinwohnern herrschten. Die Erkenntnis der unzerstörbaren Urkraft sicherte die Unsterblichkeit und gab die Kraft, die Todesangst des Ichs in Kriegen und Hungersnöten zu überwinden.

Die vedische Philosophie wurde in Gesängen vorgestellt, die die Schamanen und Medizinmänner „durch Selbsthypnose in Ekstase" geschaffen hatten. (A. Schweitzer: Die Weltanschauung der indischen Denker. München 1982, S. 17) Bei ihrer späteren Verschriftlichung entstanden vier Sammlungen der Veden: die Veda der Verse, der Gesänge, der Opferformeln und der Magie. Neben den Veden gab es noch die esoterischen Waldbücher (Aranyakas), die für die Einsiedler und Eremiten geschaffen wurden, die der Welt entsagten und in den Wald und in die Einsamkeit gegangen waren.
Für die Veden war hinter allen Göttern das Eine. Das Eine war früher als alle Götter. (R.A. Mall: Der Hinduismus. Darmstadt 1997, S. 12) Auf das Eine geht die Schöpfung der Welt zurück. Das Eine ist aber weder Sein noch Nicht-Sein. Es drängt aber zur Hervorbringung der Welt.

Über diese Weltschöpfung gibt es das „**Weltschöpfungslied**" der Veden, darin heißt es:

„Damals war weder das Nicht-Sein, noch das Sein.
Kein Raum war, kein Himmel darüber –
Wer behütete die Welt: Wer schloß sie ein?
Wo war das Urwasser, wo die Erde?
Damals war weder Leben noch Tod.
Nicht Tag noch Nacht –
In aller Ursprünglichkeit atmete Es ohne Luft.
Es, außer dem nichts war.

Vor allem Werden war Finsternis,
und das Urwasser erstreckte sich überall –
Von Finsternis umhüllt, erregte Es sich erst,
und ward durch die Kraft des eigenen Wollens.

Es begehrte eine Welt in sich,
die als Keim des Geistes als Erstes war –
die Sehenden in ihren Herzen forschend,
fanden den Ursprung des Seins im Nicht-Sein."

Übung:
Schließen Sie die Augen und stellen Sie sich, wie die ersten indischen Philosophen, „in ihrem Herzen forschend" die Weltschöpfung vor. Beschreiben Sie Ihr Bild der Weltschöpfung.

Ihre Forschungsergebnisse schätzen die ersten indischen Philosophen skeptisch ein. Das Weltschöpfungslied lautet nämlich weiter:

„Doch wem auszuforschen es gelungen,
wer hat, woher die Schöpfung stammt, vernommen?
Die Götter sind diesseits von ihr entsprungen,
wer sagt also, wo sie hergekommen?"

Übung:
Schließen Sie die Augen und suchen Sie eine Antwort auf die vedische Frage: Woher stammen die Götter?

Das Weltschöpfungslied schließt mit der Strophe:

„Er, der die Schöpfung hat hervorgebracht,
der auf sie schaut im höchsten Himmelslicht,

Die Veden 155

*der sie gemacht hat oder nicht gemacht,
der weiß es! – oder weiß auch er es nicht?"*
(Zit.n. R.A. Mall, a.a.O., S. 13)

Übung:
Schließen Sie die Augen und stellen Sie sich folgende Frage: Weiß das Eine, dass es die Welt und die Götter geschaffen hat oder weiß es es nicht?

Das Glücksbild der Veden

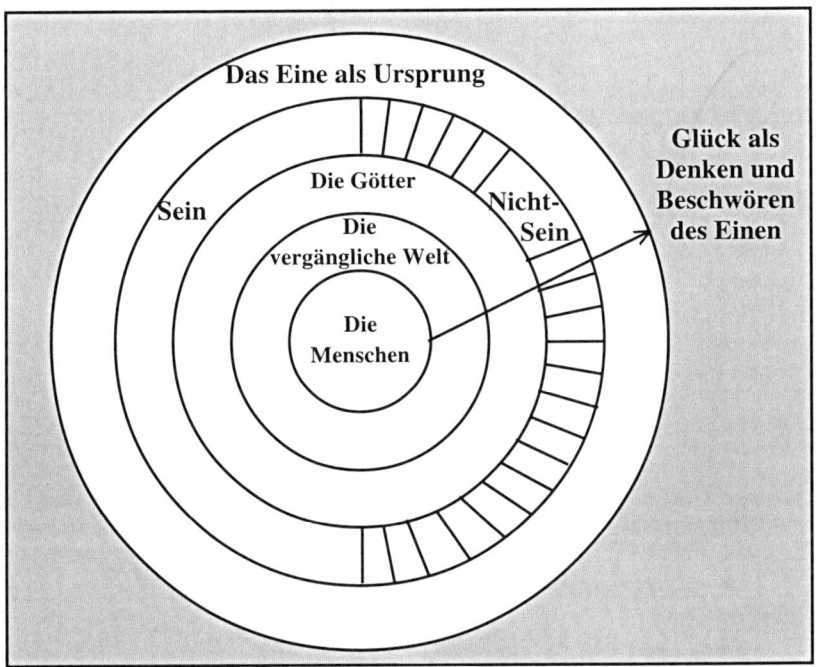

Übung:
Versuchen Sie, im Blick auf das Glücksbild, das Eine jenseits von Sein und Nicht-Sein zu beschreiben. Notieren Sie die Glücksaugenblicke der Findung einer gelungenen Metapher für das Eine.

Die vedische Suche nach der Urkraft erreicht eine große Tiefe hinter der Realität, so dass die Beschränkung der Alltagsrealität in ihrer zeitlichen und sinnlichen Dimension sehr deutlich wurde. Allerdings gerät das Denken bei der Suche nach der Urkraft an eine Grenze. Das Eine ist das, „vor dem Worte und Gedanken umkehren, denn sie erreichen es nicht." (H. Zimmer, a.a.O., S. 309)

Die Götter sind älter als die Menschen. Aber auch sie sind geboren aus dem Einen und nicht ewig. Es gibt für die Veden kein ewiges Sein für geschaffene und geborene Dinge. Das Eine verliert aber „durch die Vielfalt seiner Inkarnation nicht seine Einheit, Einmaligkeit und Singularität." (R.A. Mall, a.a.O., S. 15)

Übung:
Schließen Sie die Augen. Stellen Sie sich das Eine, das die Götter geschaffen hat, in einem Symbol vor.

Literatur zu den Veden:

Becke, A.: Hinduismus. Hamburg 1996
Deussen, P.: Sechzig Upanishad's des Veda. Leipzig 1905
Friedrichs, K.: Das Lexikon des Hinduismus. München 1996
Geldner, K.F.: Der Rig-Veda. Göttingen 1923-1957, Bd. 1-4
Glasenapp, H.v.: Die Philosophie der Inder. Stuttgart 1974, S. 25-50
R.A. Mall: Der Hinduismus. Darmstadt 1997
Schweitzer, A.: Die Weltanschauung der indischen Denker. München 1982
Thieme, P.: Gedichte aus dem Rig-Veda. Stuttgart 1964
Zimmer, H.: Philosophie und Religion Indiens. Frankfurt 1979

3. Die Upanishaden (1000 - 500 v.Chr.): Atman finden – den Tod überwinden

Die Upanishaden sind der indische Beitrag zur revolutionären Achsenzeit, die zwischen 800 und 200 v.Chr., nach Karl Jaspers, in Griechenland, China und Indien eine große Entfaltung der Philosophie hervorbrachte. „Der denkende Mensch vermochte in der Achsenzeit sich der ganzen Welt gegenüber zu stellen. Er entdeckte in sich den Ursprung, aus dem er sich über sich selbst und die Welt erhebt." (K. Jaspers: Vom Ursprung und Ziel der Geschichte. München 1949, S. 22) Der Philosoph befreite sich von den direkten Naturzwängen und stellte radikale Fragen nach seiner Befreiung und Erlösung. Die Upanishaden gehen auf viele Philosophen zurück, die zu ganz verschiedenen Zeiten gelebt haben müssen. Die Gestaltung der ältesten Upanishaden soll um 550 v.Chr. abgeschlossen worden sein. Nach der Überlieferung soll es zwischen 100 bis 108 Upanishaden geben, die diejenigen philosophischen Texte enthalten, die geschrieben wurden, als die Veden ihre Wirkung verloren. Wie die Veden sind auch die Upanishaden im Grunde das Resultat einer langen mündlichen Tradition. Die Upanishaden entwerteten die herrschende Ritualtheologie und die Realität des sichtbaren Universums. Die Philosophen der Upanishaden entdeckten, auf den Spuren der Veden, das Eine „in sich selbst und traten dort mit ihm in Verbindung." (H. Zimmer, a.a.O., S. 320) Der Weg zum Einen wurde als Weg nach Innen durch schamanistische Praxen und rudimentäre Yoga-Praktiken gesucht. Bei dieser philosophischen Selbsterforschung entdeckten die indischen Philosophen den Geist des Einen als Brahman in der äußeren Welt. Brahman ist das schöpferische Ur-Eine, der Urgrund alles Seins.

Das Isha-Upanishad schreibt über das Brahman:

„Der gesamte Kosmos, mit allem, was darin existiert, ist von Göttlichkeit durchdrungen. Erkenne dies und entsage dem Vergänglichen."
(H.G. Türstig: Die Weisheit der Upanishaden. Frankfurt 1996, S. 17)

Übung:
Welche Widerstände fühlen Sie gegenüber der Erkenntnis des Ewigen? Geben Sie eine Antwort in zwei Sätzen.

Brahman war also der Anfang der Welt. Das Brahman erschuf nach der Welt die Götter. Brahman ist allerdings auch Teil jedes einzelnen Menschen. Als Teil des Menschen heißt es „Atman". Das Verhältnis von Brahman und Atman erscheint als das Verhältnis von Macro und Micro-Kosmos. Das Chandoya-Upanishad schreibt: *„Das Brahman ist diese ganze Welt ... Dieser mein Atman im Inneren des Herzens ist feiner als ein Reis- oder Gerstenkorn und ist größer als die Erde ... Dieser mein Atman im Inneren des Herzens ist das Brahman, zu ihm werde ich nach meinem Scheiden von hier gelangen. Wem solche Gewißheit ist, dem bleibt kein Zweifel."* (A. Hildebrandt: Upanishaden. München 1998, S. 99) Die Upanishaden lehren die Einheit vom individuellen und kosmischen Selbst. Atman ist Brahman, das ist die All-Einheitslehre der Upanishaden. Die Upanishaden verbreiten als Kernsatz ihrer Philosophie die Formel: „tat tvam asi – das bist Du."

Übung:
Schreiben Sie den Kernsatz Ihrer Philosophie auf, in dem deutlich wird, wie sich Ihr Ich zur Welt und dem Einen hinter der Welt verhält. Beginnen Sie zwei Sätze: „Ich und die Welt ..." und: „Ich und das Eine ..."

Wie die vorsokratische Philosophie der Griechen, die mit Thales das Wasser, mit Anaximander das Unendliche, mit Anaximenes die Luft, mit Parmenides das Sein als Ur-Eine identifizierten, so erkannten die Upanishaden das Ur-Eine als Brahman. Wie bei den Griechen sahen die Inder, dass das Eine dem Denken gleich sein muss. Atman wie Brahman sind nicht dieses oder jenes Ding. Beide sind eines und sind nicht begreifbar.

Das Atman „ist feiner als ein Atom und kein Gegenstand logischen Beweisens. Die Einsicht ist auf dem Wege logischen Beweisens nicht zu gewinnen." (A. Hildebrandt, a.a.O., S. 163) Das Atman ist die Kraft jeder Sinnes- und Denktätigkeit. „Feiner als ein Atom, größer als groß wohnt der Atman in der Herzenshöhlung des Geschöpfes." (A. Hildebrandt, a.a.O., S. 165)

Übung:
Schreiben Sie eine Minute Freewriting über Atman. Beginnen Sie mit dem Satz: „Atman ist ..."

Das Brahman kann man nur umkreisen durch die Negation aller Konkretion. *„Es ist nicht dick, nicht dünn, nicht kurz, nicht lang, ohne Blut, Fett, Schatten, Dunkel, ohne Wind, Raum, Gefühl, Geruch, Geschmack, Auge, Ohr, Stimme, Verstand, ohne Hauch, ohne Mund, ohne Name und Geschlecht, frei von Alter, Tod und Gefahr ... Es ist ohne Staub, ohne Laut, nicht offen, nicht verdeckt, es hat nichts vor und nichts hinter sich, nichts innen und nichts außen."* (A. Hildebrandt, a.a.O., S. 70)

Übung:
Beschreiben Sie nun weiter, was das Brahman und das Sein nicht ist. Beginnen Sie mit dem Satz: „Brahman ist nicht ..." und führen Sie weitere Aussagen an.

Die Einheit von Brahman und Atman erlangt man durch Yoga-Meditation, mit der die Trennung von Brahman und Atman im Alltagsbewusstsein durchbrochen wird. Wer Yoga-Meditation beherrscht, wird als Sucher des Brahman, als Brahmane, bezeichnet.

Die Upanishaden beschreiben die Anfänge des Yoga an mehreren Stellen: Der Yogi *„bringe seinen Körper in eine ebene Lage, ... konzentriere die Sinne in seinem Inneren mit dem Verstand ... Er hemme seine Atemzüge und wenn der Atem geschwunden ist, hauche er durch die Nase aus ... Wenn einer, dem Yoga hingegeben, mit der wahren Natur seiner Seele wie mit dem Licht das wahre Wesen des Brahman schaut, dann erkennt er den, der von Ewigkeit besteht, fest und frei von allen Eigenschaften ist, und wird so von allen Fesseln befreit."* (A. Hildebrandt, a.a.O., S: 173)

Übung:
Versuchen Sie eine erste Yoga-Übung nach dem beschriebenen Muster. Schließen Sie die Augen, mäßigen Sie Ihre Atemzüge, beobachten Sie das Ein- und Austreten des Atems durch Ihre Nase. Verharren Sie längere Zeit in dieser meditativen Stellung und stellen Sie fest, ob Sie etwas vom wahren Selbst Ihrer Seele erkennen. Diese Erkenntnisse schreiben Sie bitte nach Ihrer Meditation auf.

Die Upanishaden schlagen auch die Meditation der Silbe „OM" als Weg zu Brahman vor. „Die Silbe OM ist der Wagen, er eilt empor." (A. Hildebrandt, a.a.O., S. 126) Im Manduka-Upanishad wird die OM-Meditation genauer beschrieben. OM besteht aus den Buchstaben A, U, M.

A bedeutet das Wachbewusstsein, U das Traumbewusstsein, M das Bewusstsein des Tiefschlafes. (M. Eliade: Yoga. Frankfurt 1977, S. 131) Alle drei Buchstaben zusammen zielen auf das Nicht-Duale, auf die All-Einheit, in dem das Bewusstsein vom Wachbewusstsein über das Traumbewusstsein zum Bewusstsein des Tiefschlafes emporsteigt.

„*OM! Diese Silbe ist all dieses. Dazu folgende Erläuterung: Alles was war, ist und sein wird, das alles ist nichts anderes als die Silbe OM. Und was es sonst noch außerhalb der Zeit gibt, auch das ist nichts anderes als die Silbe OM. Alles dies ist das Brahman. Dieser Atman aber ist das Brahman ...* **Atman ist vierfach** *... der erste ist der Bewusstseinszustand, das Wachbewusstsein ... der zweite ist der Bewusstseinszustand des Träumens ... der dritte ist der Bewusstseinszustand des Tiefschlafes ... der vierte Bewusstseinszustand ist unsichtbar, ungewöhnlich, nicht spürbar, undefinierbar, undenkbar und unbenennbar.*" (H.-G. Türstig, a.a.O., S. 182f.)

In der Rezitation vom OM sind diese vier Bewusstseinszustände zu durchlaufen, bis man den vierten Zustand erreicht. „Die gesamte manifeste Welt ist dann ausgelöscht. Es gibt keine Dualitäten mehr, nur noch Seligkeit. In dieser Weise ist die Silbe OM der Atem. Wer das weiß, der geht mit dem Atman im Atem auf." (H.-G. Türstig, a.a.O., S. 184) Man spricht also in seinem Herzen die Silbe OM, „wenn man nichts mehr hört und nichts mehr wahrnimmt, wenn es keine Reflektion über den Gegenstand des Yoga mehr gibt, dann hat man das Ziel erreicht." (M. Eliade, a.a.O., S. 145)

Übung:
Probieren Sie mal die OM-Meditation. Schließen Sie die Augen. Wiederholen Sie für eine Minute still die Silbe OM. Schreiben Sie dann einen Text über Ihre Erfahrung.

Die vierte Bewusstseinsstufe von der OM-Meditation ist das Schweigen: „Das Schweigen ist sogar immer noch da, wenn irgendwo die Silbe OM ausgesprochen wird – also auch während der Erschaffung, Manifestation und Auflösung des Universums." (H. Zimmer, a.a.O., S. 339)

Übung:
Stellen Sie sich den Ton vor, der den Urknall und den Endknall des Kosmos begleitet. Summen Sie jetzt diesen Ton.

Die Upanishaden vertreten schon die Lehre von der Seelenwanderung. Wenn der Einzelne nicht das Brahman erreicht, so verfällt er seinem Karma und wird gemäß seiner guten und bösen Taten in besserer oder schlechterer Lage, je nach den Bedingungen der vier Kasten in Indien wiedergeboren.

Übung:
Welche Wiedergeburt würden Sie anstreben? Geben Sie einen Hinweis.

Die Upanishaden vertreten eine zyklische Zeitvorstellung von der Entwicklung des Kosmos. Der Kosmos ist ewig und alles kehrt wieder. Alle Lebewesen, auch die Götter, unterliegen dem Zeitkreislauf und ebenso auch alle nichtbefreiten Seelen. Neben den vier Kasten, dem Lehrstand (Brahman), dem Wehrstand, dem Nährstand und dem Dienststand, kennen die Upanishaden auch noch die Unberührbaren. Diese Unberührbaren stehen außerhalb der Gesellschaft. Über die Kastenzugehörigkeit bestimmte immer die Geburt. Damit erweist sich die indische Gesellschaft als eine äußerst statische Gesellschaft, an der es nicht viel zu ändern gab, und die deshalb den individuellen Weg zur Befreiung forderte. Das Leben der oberen Kastenmitglieder wurde in vier Phasen geteilt: die Stufe des Schülers, des Familienvaters, des Einsiedlers und des Entsagenden. Der ersten Stufe entsprach das Streben nach Begierde, der zweiten Stufe das Streben nach Besitz, der dritten Stufe das Streben nach dem Guten und der vierte Stufe das Streben nach Befreiung.

Übung:
Teilen Sie mal Ihren Lebenslauf in vier Stufen ein und ordnen Sie diesen Stufen bestimmte ethische Ziele zu. Beschreiben Sie dann Ihre vier Lebensphasen und die Ihnen entsprechenden Lebensziele.

Die Upanishaden

Glücksbild der Upanishaden

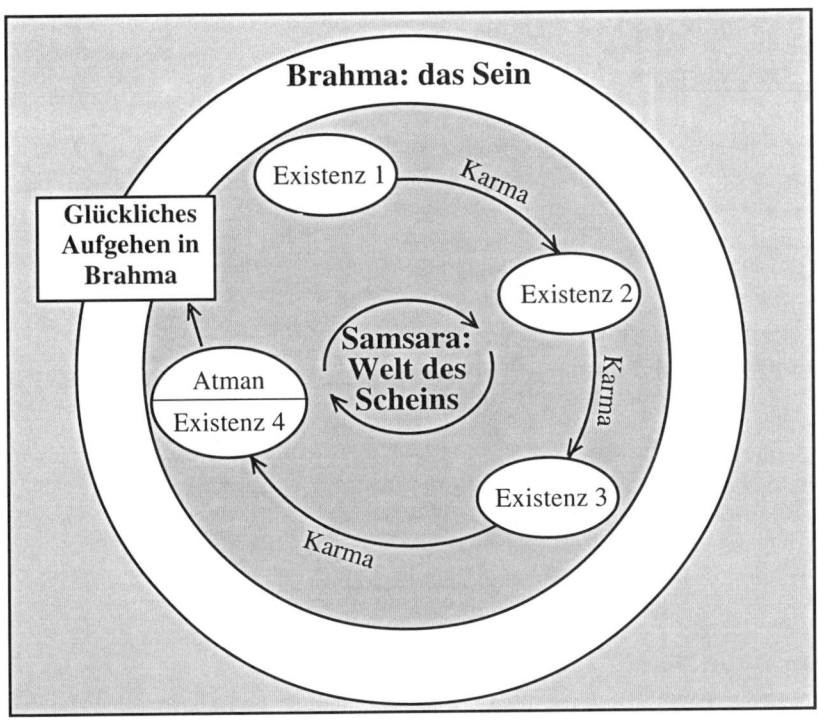

Übung:
Beschreiben Sie die Erreichung des Glücks nach der Lehre der Upanishaden.

Literatur zu den Upanishaden:

Bäumer, B.: Befreiung zum Sein. Auswahl aus den Upanishaden. Zürich 1986
Glasenapp, H.v.: Upanishaden. München 1998
Hildebrandt, A.: Upanishaden. München 1998
Thieme, P.: Upanishaden. Stuttgart 1966
Türstig, H.-G.: Die Weisheit der Upanishaden. Frankfurt 1996

Becker, A.: Hinduismus. Hamburg 1996
Chinmoy, S.: Veden, Upanishaden, Bhagavadgita. München 1994
Eliade, M.: Yoga. Frankfurt 1977
Mall, R.A.: Hinduismus. Darmstadt 1997
Zimmer, H.: Philosophie und Religion Indiens. Frankfurt 1979

4. Buddha (563 - 483 v.Chr.): Das Nirvana suchen

Im 6. Jahrhundert erlebte die indische Philosophie eine besondere Blüte. Diese Blüte ging mit einer gesellschaftlichen Revolution einher. Die Stammesgesellschaften wurden durch sich bekämpfende Staaten abgelöst. Viele Menschen wurden zu Wanderasketen in der vedischen Tradition. Von den meisten von ihnen wissen wir wenig mehr als ihre Namen. Ihre Lehren werden nur in Fragmenten überliefert. (M. Eliade: Geschichte der religiösen Ideen. Freiburg 1987, Bd. 2, S. 77) In dieser Zeit erfasste ein Drang nach Befreiung vom Elend des Lebens Tausende Männer aller Kasten. Sie gaben ihren Brotberuf auf, verließen Frau und Kinder, ihr Haus und ihren Wohnort, um ein mönchisch zölibatäres Wanderleben zu praktizieren. Aus ihren Reihen

Buddha

entstammte auch Buddha, der die Veden ablehnte, die Existenz eines höchsten Gottes leugnete und rituelle Opfer für unnötig und grausam hielt. Buddha sah sich weder als Prophet eines Gottes noch als sein Sohn noch als Gott selbst. Er trat aber mit dem Anspruch auf, ein philosophischer Lehrer zu sein. Obwohl biographisch genaue Quellen über Buddhas Leben nicht existieren, kann man durch Analysen doch einige wichtige Daten über den historischen Buddha erschließen. Dabei müssen aber viele spätere mythische Verzerrungen des Lebens Buddhas beiseite gelassen werden. Seine Historizität kann allerdings nicht geleugnet werden. (Vgl. M.v. Brück: Buddhismus. Gütersloh 1998, S. 44, H.-W. Schumann: Der historische Buddha. München 1999)

Siddhartha Gautama Sakyamuni (oder Siddhattha Gotama), der sich später Buddha, d.h. der Erwachte, nannte, wurde 563 v.Chr. (nach neueren Untersuchungen erst 450n v.Chr.) als Sohn des Regenten von Kapilavastu in Nordindien geboren. Seine Mutter Maya soll kurz nach seiner Geburt gestorben sein. Siddhartha wuchs offenbar in sozial und wirtschaftlich sicheren Verhältnissen auf. Als Sohn eines hohen Beamten wurde er bestimmt in folgenden Disziplinen unterrichtet: Reiten, Bogenschießen und Schwertkampf. Mit 16 Jahren wurde Siddhartha verheiratet. Die Ehe blieb kinderlos. Schon in der Jugend hatte Siddhartha eine meditative Gipfelerfahrung. Er saß unter einem Rosenapfelbaum und sah seinem Vater beim Pflügen zu, als er spontan in einen meditativen Bewusstseinszustand eintrat. Alle Wünsche verschwanden in diesem Zustand, zufriedene Ruhe und Heiterkeit begleitete diese Glückserfahrung. Schon als Jugendlicher hat er gewusst, dass diese Bewusstseinsstufe, jenseits des Alltagsbewusstseins, der Weg zur Befreiung vom Tod ist.

Übung:
Haben Sie in der Jugend Formen spontaner Meditation erlebt? Geben Sie einen kleinen Bericht.

Die Konfrontation mit dem Elend des Lebens verlegt die Sage in die vier Ausfahrten Siddharthas in die Umgebung des väterlichen Palastes. So begegnete er einem Greis, einem Kranken und einem Toten. Schließlich sah er einen Wandermönch, der beherrscht und konsequent nach dem Glück jenseits von Leben und Tod suchte. Diese Begegnung regte den Wunsch bei Siddhartha an, ebenso von zu Hause fort und in die Hauslosigkeit zu gehen.

Heimlich bereitete er seinen Aufbruch ins Ungewisse vor. Um Mitternacht verließ er, gegen den Willen der Eltern, sein Vaterhaus. Er schor sich das Kopfhaar und den Bart, legte das Gewand der Wandermönche an und begab sich allein auf die Wanderschaft. Er besaß nun nur noch acht Gegenstände: drei Gewänder, die Almosenschale, ein Rasiermesser, eine Nadel, einen Gürtel und ein Wassersieb. Das hedonistische Leben des sinnlichen Glücks im weltlichen Alltag lag nun weit hinter ihm.

Übung:
Unter welchen Umständen würden auch Sie auf das sinnliche Glück verzichten?

Siddhartha suchte nun nach philosophischen Lehrern. Zu seiner Zeit wurde Geistesschule, körperliche Askese und moralische Integrität schon seit langem von brahmanistischen Philosophen gelehrt. Der erste Lehrer Siddharthas hieß Ârâda Kâlâma. Dieser Lehrer vermittelte Siddhartha die Achtsamkeits-Meditation. Diese Meditation vermittelte dem kommenden Buddha die Erfahrung des „Nichts" (Buddhas Reden. Übersetzt von K. Schmidt. Reinbek 1961, S. 87) Siddhartha erlangte die geistigen Ruhe, die die Subjekt-Objekt-Spaltung des Alltagsbewusstseins überwand .

Übung:
Schließen Sie die Augen. Versuchen Sie sich "nichts" vorzustellen. Beschreiben Sie Ihren Versuch.

Siddhartha war mit der Nichts-Lehre nicht zufrieden. Sie führte „nicht zum Aufgeben und Schwinden der Leidenschaften ... sondern nur zum Gebiet des Nichts, und unbefriedigt von dieser Lehre gab ich sie auf und zog fort." (Buddhas Reden, a.a.O., S. 87)

Sein nächster Lehrer war <u>Udraka Râmaputtra</u>. Dieser lehrte Siddhartha die Bewusstseinsveränderung bis zum Grenzgebiet von „Wahrnehmung und Nichtwahrnehmung" (Buddhas Reden, a.a.O., S. 87) Damit erreichte Siddhartha eine Meditationsstufe jenseits jeder geistigen Aktivität, wie sie schon die Upanishaden-Philosophie gelehrt hatte. Siddhartha war auch mit dieser Lehre nicht zufrieden. „Diese Lehre führte nicht zum Aufgeben der Leidenschaften ... sondern nur zum Grenzgebiet von Wahrnehmung von Nichtwahrnehmung und unbefriedigt von dieser Lehre gab ich sie auf und ging fort." (Buddhas Reden, a.a.O., S. 88)

Übung:
Schließen Sie die Augen. Stellen Sie sich vor, dass Sie weder etwas wahrnehmen noch etwas nicht wahrnehmen. Beschreiben Sie diesen Versuch.

Nach seinen Meditationsversuchen probierte Siddhartha die Askese aus. *„Ich habe mich aufs Äußerste kasteit, ich lebte sehr elend, sehr rücksichtsvoll und sehr einsam ... Ich ging nackt ... Ich saß immer hockend ... Was an meinen eigenen Ausscheidungen unverdaut war, nährte mich ... Dann machte ich mir auf einem Totenacker aus Leichenknochen ein Lager ... Wenn ich meine Notdurft verrichtete, fiel ich kopfüber ... Durch diese geringe Ernährung wurde ich äußerst mager ... Durch solche Lebensweise auf solchem Pfad, durch solche Kasteiungen erreichte ich nicht das höchste edle Wissen und Schauen."* (Buddhas Reden, a.a.O., S. 47-49) Siddhartha machte also Konzentrationsübungen, Atemübungen und extreme Hunger-Askese und fand doch nicht den Weg ins höhere Glücksbewusstsein des Nirvana.

<u>In seinen sechs Askese-Jahren übte er folgende Techniken:</u>
- Er versuchte die höhere Erkenntnis mit Gewalt zu denken und scheiterte.
- Er hielt den Atem lange an und erlebte Schwindel und Ohnmacht.
- Er erprobte den vollständigen Katalog äußerer Asketetechniken.

Die Folge dieser Übungen aber war, dass sich fünf Asketen Siddhartha als Bewunderer seiner spirituellen Radikalität anschlossen.

Übung:
Welche Erfahrung mit höherer Erkenntnis, Atemmeditation und Askese haben Sie schon gemacht? Geben Sie einen Bericht in drei Sätzen.

Siddhartha gab nun die Askese auf und die fünf Bewunderer verließen ihn wieder. Er wählte nun im Rückgriff auf seine spontanen und gelernten Meditationserfahrungen den mittleren Weg zwischen sinnlichem Hedonismus und radikaler Askese. Auf seiner weiteren Wanderung erreichte Siddharta schließlich die kleine Garnisonsstadt Uruvela mit einem Hain und einem kleinen Fluss. „Der Ort gefiel mir und schien geeignet zum Nachdenken ... Dort ließ ich mich nieder, um die Erlösung zu suchen." (Buddhas Reden, a.a.O., S. 88)

In drei Nachtwachen erlangte Siddhartha dort das Nirvana-Bewusstsein und wurde damit zum Buddha.

In der ersten Nachtwache vollzog er vier Veränderungen seines Bewusstseins:
- Er gab das Verlangen nach sinnlicher Lust auf.
- Er konzentrierte seinen Geist auf einen einzigen Gegenstand.
- Er sensibilisierte sich für das körperliche Wohlbehagen.
- Er ging über Glück und Leid hinaus und erreichte die Plateau-Erfahrung des Glücks.

(Buddhas Reden, a.a.O., S. 281f.)

Übung:
Schließen Sie die Augen. Vollziehen Sie die vier Stufen der Versenkung: Ausblendung der Sinne, Konzentration auf einen Gegenstand, körperliche Sensibilität und Hinausgehen über Glück und Leid. Beschreiben Sie Ihre Erfahrungen.

Als Folge dieser Meditation sagt Siddhartha: „Ich erinnerte mich nacheinander an Hunderttausende meiner früheren Daseinsformen bis in frühere Weltperioden." (Buddhas Reden, a.a.O., S. 25)

In der zweiten Nachtwache nahm er sein Meditationsobjekt im „Vergehen und Wiedererstehen der Wesen. Ich sah mit himmlischem, klarem, übermenschlichem Blick, wie die Wesen vergehen und wieder entstehen." (Buddhas Reden, a.a.O., S. 25)

Übung:
Schließen Sie die Augen. Stellen Sie sich erst den Lebenskreislauf einer Sonnenblume, dann eines ganzen Feldes von Sonnenblumen vor. Beschreiben Sie dann Ihre Erfahrungen.

In der dritten Nachtwache richtete Siddhartha seine Meditation auf das Leiden. Er erkannte nun die vier edlen Wahrheiten: das Wesen des Leidens, die Ursache des Leidens, die Aufhebung des Leidens, den Weg der Aufhebung des Leidens.

Siddhartha erkennt, dass das Verschwinden des Durstes nach Leben als Sinnlichkeitstrieb, als Werdetrieb auch zugleich das Ende des Leidens bedeutet.

Übung:
Schließen Sie die Augen und versuchen Sie, vier Symbole zu finden. Stellen Sie sich das Wesen des Leidens vor, dann die Ursache des Leidens, dann den Weg zur Aufhebung des Leidens und schließlich die Aufhebung des Leidens selber. Beschreiben Sie Ihre Symbole.

Siddhartha wurde am Ende der dritten Nachtwache zum Buddha: „Unwissenheit verschwand, Wissen trat auf, Finsternis verschwand, Licht trat auf, während ich so unermüdlich, eifrig und fest entschlossen verweilte." (Buddhas Reden, a.a.O. S. 25)

Sein Erleuchtungserlebnis in diesen drei Nachtwachen umfasste also insgesamt neun Stunden eines allmählichen Prozesses. Durch diese Meditation konnte er die aus seiner Lehrzeit gewonnenen Ideen vertiefen und zusammenfassen. Auch das System der vier Wahrheiten kannte Siddhartha aus der im 6. Jahrhundert in Indien bereits verbreiteten Medizin. (H.W. Schumann: Der historische Buddha. München 1999, S. 74) Aber die Erleuchtung gab ihm auch das höhere Bewusstsein, das er nun ein Wegweiser zum Anstoß für die Arbeit des Einzelnen an seiner Erlösung zu sein hatte. Keineswegs glaubte Siddhartha, er könnte die ganze Welt erlösen. Schmerz und körperlichen Verfall konnte er durch seine Erleuchtung nicht überwinden. Er musste auch die täglichen Ich-Leistungen weiter erbringen, um sein Leben in der Hauslosigkeit zu bewältigen. Aber er besaß durch seine Erleuchtung nun neben seinem Alltags-Ich ein überbewusstes Ich, mit dem er in 45 Jahren seiner folgenden Lehrtätigkeit „Königen und Bettlern, Freunden und Gegnern sehr selbstbewusst gegenüber treten konnte." (H.W. Schumann, a.a.O., S. 75) Sein überbewusstes Ich, „aus dem er seine Erhabenheit bezog, war das Offenbarwerden der Erlösung im Verlöschen." (H.W. Schumann, a.a.O., S. 227)

Buddha erreichte das Nirvana in zwei Phasen:
1. das Nirvana zu Lebzeiten als Verlöschen des Lebensdurstes, als zentraler Quelle des Leidens und
2. das Nirvana beim Sterben, als sich alle seine Persönlichkeitsmerkmale und Ich-Aspekte auflösten.

Buddha begab sich nach seiner Erleuchtung nach Benares, wo er das Rad seiner Lehre in Gang setzte.

Er sprach in seiner ersten Lehr-Rede über die vier edlen Wahrheiten vom Leiden und von der Überwindung des Leides.

Die erste seiner Wahrheiten lautete: Alles leidet.
Die zweite Wahrheit lautete: Das Leiden hat eine Ursache.
Die dritte Wahrheit lautete: Das Leiden kann beseitigt werden.
Die vierte Wahrheit hieß: Es gibt einen Weg, der zur Beseitigung des Leides führt.

Der Weise *„denkt darüber nach, was Übel oder Leiden ist, wodurch es entsteht, wie es vernichtet wird und welches der zur Vernichtung führende Weg ist. Wer über die vier edlen Wahrheiten nachdenkt, dem lösen sich drei Fesseln: der Glaube, dass die Person das Ich sei, seine Zweifelsucht und der Glaube an die Heilwirkung religiöser Bräuche und Sakramente."* (Buddhas Reden, a.a.O., S. 18)

Übung:
Schreiben Sie Ihre Version der vier edlen Wahrheiten in vier logischen Sätzen nieder. Vervollkommnen Sie dabei folgende Satzanfänge:
Der 1. Satz beginnt: „Das Leiden ..."
Der 2. Satz beginnt: „Die Ursache des Leides ..."
Der 3. Satz beginnt: „Die Aufhebung des Leides ..."
Der 4. Satz beginnt: „Der Weg zur Leidaufhebung ..."

Als der Buddha über Übel und Leiden lehrte, stellte er folgendes Ergebnis vor: *„Geburt ist Übel, Alter ist Übel, Krankheit ist Übel, Sterben ist Übel, Kummer, Jammer, Schmerz, Gram und Verzweiflung ist Übel. Der Ursprung des Übels ist der Durst- oder Lebenstrieb ... Der Durst nach sinnlicher Lust, der Durst nach Leben, der Durst nach Selbstabtötung. Dieses Durstes völliges Aufgeben, Vernichten, Verwerfen, Ablegen und Vertreiben ist Aufhören des Übels."* (Buddhas Reden, a.a.O., S. 35)

Der Weg zur Aufhebung des Leides ist achtfach. Er umfasst:
1. rechte Einsicht, d.h. Entwicklung einer ganzheitlichen Anschauung, die weiß, dass alles mit allem zusammengehört;
2. rechte Gesinnung, d.h. den Versuch, die ganzheitliche Anschauung im Leben ständig zu vertiefen;
3. rechtes Reden, d.h. keine ich-bezogenen Werte auf die Wirklichkeit projizieren, sondern Dingen und Menschen gleichgültig begegnen.
4. rechtes Tun, das umfasst ganzheitliches Denken und Handeln, nicht töten, nicht stehlen, keine sexuellen Kontakte pflegen;
5. rechter Lebenserwerb, d.h. man soll so arbeiten, dass die Arbeit mit dem ganzheitlichen Denken verträglich ist. Dazu gehört: keine Tiere zu quälen und keine Pflanzen unnötig zu zerstören;
6. rechte Schulung des Denkens, das bedeutet die Erlangung heiterer Gelassenheit durch Meditation;
7. rechte Andacht, d.h. alle physischen, psychischen und geistigen Vorgänge sollen dabei durch meditative Achtsamkeit kontrolliert werden;
8. rechte Geistessammlung, das bedeutet, die ganzheitliche Einswerdung und das Loslassen des Ichs soll durch die Praxis spezifischer Versenkungsübungen erreicht werden.

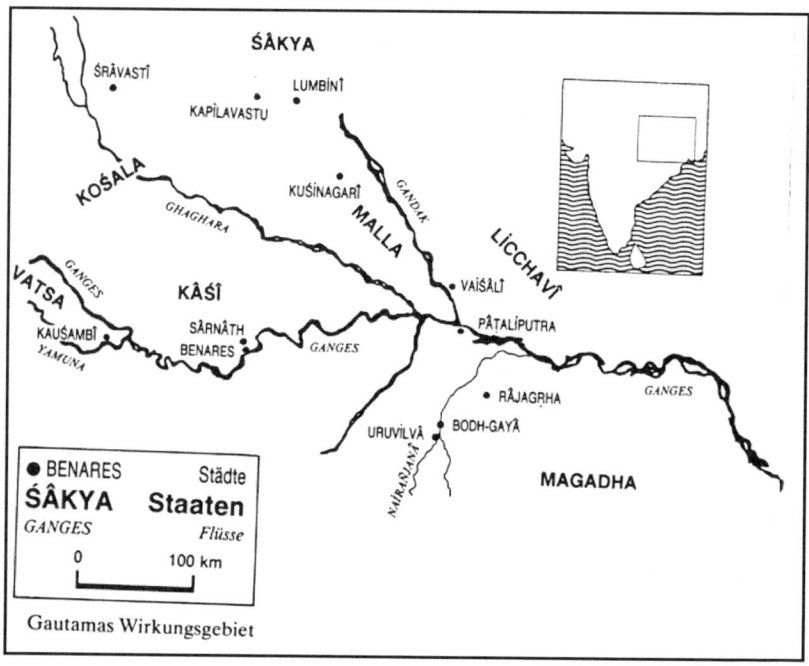

Gautamas Wirkungsgebiet

Besonders der 7. und 8. Aspekt des achtfachen Pfades, also die rechte Andacht und die rechte Geistessammlung, wurde durch Buddha besonders ausgearbeitet. Folgende **Übungen der rechten Andacht** (Aspekt 7 des achtfachen Pfades) nannte Buddha:

<u>Übung: Techniken der Visualisierung: Relativierung der Vorstellungen</u>
Betrachten Sie nacheinander die Erde, das Wasser, das Feuer und den Wind, Blau und andere Farben. Konzentrieren Sie sich zuerst auf äußere Objekte, dann auf innere Objekte. Geben Sie diese inneren Objekte auch noch auf. Erleben Sie, wie Vorstellungseindrücke entstehen und vergehen. Beschreiben Sie nun diesen Vorgang.
Stellen Sie sich Buddha, die Lehre und die Gemeinde der Mönche und Laien vor. Beschreiben Sie Ihre inneren Vorstellungen.

<u>Übung: Kontemplative Techniken: Umformung von negativen in positive Emotionen</u>
Erwecken Sie in sich das Gefühl der Liebe, des Mitleids, der Mitfreude, der Gelassenheit. Strahlen Sie diese positiven Emotionen in alle vier Himmelsrichtungen aus, bis die Welt gelassen und gütig erscheint. Beschreiben Sie diesen Versuch.

<u>Übung: Meditative Techniken durch konzentrative Versenkung</u>
Versetzen Sie sich in einen konzentrierten Zustand. Fixieren Sie Ihre Aufmerksamkeit auf einen Punkt. Vollziehen Sie dann die vier formhaften Versenkungen.
1. *Stufe: Freiheit von Begierden, Freuden, Spuren des Denkens*
2. *Stufe: Freiheit vom Denken, erfüllt von Konzentration*
3. *Stufe: Frei von Freude, dabei Entwicklung von Gleichmütigkeit und gleichbleibender Achtsamkeit*
4. *Stufe: Reine Achtsamkeit und Gleichmütigkeit*

<u>Übung: Vertiefung der Versenkung</u>
Wenn Sie Ihre Versenkung vertiefen wollen, können Sie als erfahrener Meditationspraktiker noch die fünf formlosen Versenkungen anschließen. Damit erreichen Sie die Versenkungsstufe 5 bis 9:
5. *Stufe: Vorstellung der Raumunendlichkeit*
6. *Stufe: Vorstellung der Unendlichkeit des Bewusstseins*
7. *Stufe: Vorstellung des Nichts*
8. *Stufe: Vorstellung der Sphären des Jenseits von Bewusstsein und Nicht-Bewusstsein, des Jenseits der Subjekt- und Obekt-Spaltung*
9. *Stufe: Aufhören von Wahrnehmung, Vorstellung und Empfindung.*
(Vgl. J. Schlieter: Buddhismus. Hamburg 1997, S. 63-70)

Als Methoden der rechten Geistessammlung (= Aspekt 8 des achtfachen Pfades) nannte Buddha folgende Übungen:
1. Die Selbstprüfung: „Während du etwas tust, frage dich, ob es dir schadet oder nützt." (Buddhas Reden, a.a.O., S. 187)

Übung:
Gehen Sie die Handlungen des jetzigen Tages durch. Stellen Sie fest, welche Handlungen zielten auf Befreiung vom Leib, welche Handlungen haben Leid verursacht. Ziehen Sie eine Bilanz.

2. Die Arbeit mit philosophischen Lehrsätzen: „Verständige Leute lernen die Lehrsätze auswendig, dann erforschen sie weise deren Sinn, darauf gewähren die Lehrsätze ihnen Einsicht." (Buddhas Reden, a.a.O., S. 73)

Übung:
Stellen Sie die philosophischen Lehrsätze zusammen, die Sie häufig in Ihrem Leben auf ihren Sinn überprüfen. Nennen Sie neue Einsichten, die Ihnen durch die Überprüfung Ihrer Lehrsätze eröffnet wurden.

3. Die Ordnung der Gedanken: Konzentration auf nützliche Gedanken und Abwehr falscher Gedanken, Abschwächung falscher Gedanken und Verdrängung falscher Gedanken. „Wer sein Denken so in seine Gewalt bringt, den nennt man Meister der Gedankenüberwachung." (Buddhas Reden, a.a.O., S. 67f.)

Übung:
Ordnen Sie Ihre Gedanken nach Gedanken, die Leid erleichtern und nach Gedanken, die Leid verbreiten. Versuchen Sie einen leidstiftenden Gedanken abzuwehren, abzuschwächen und zu verdrängen. Stellen Sie dann die Resultate Ihrer bewussten Gedankenordnung schriftlich fest.

4. Die Achtsamkeitsübungen: Ruhiges Atmen und Nachdenken über den Körper, über alle Körperteile, über den toten Körper. „Dies ist der Weg, der ... zum Erleben des Nirvana führt." (Buddhas Reden, a.a.O., S. 38, 41)

Übung:
Denken Sie einmal intensiv über Ihren Körper nach. Betrachten Sie ihn von innen und von außen, vom Scheitel bis zur Fußsohle, in allen Einzelheiten, von den Haupthaaren über die inneren Organe bis zu den Gelenken und Füßen. Stellen Sie sich dann einen toten Körper vor, der schon ein, zwei oder mehrere Tage tot ist. Beschreiben Sie dann die Geschichte Ihres Körpers.

5. Die Atemübung: „Atmet er lang ein, so ist er sich bewusst, dass er lang einatmet, atmet er kurz ein, so ist er sich bewusst, dass er kurz einatmet." (Buddhas Reden, a.a.O., S. 279)

Übung:
Versuchen Sie, Ihren Atem so zu regulieren, dass Sie sich entspannen, Wohlbehagen finden und sich über Ihr Denken freuen und sich schließlich vom Denken frei machen. Beschreiben Sie diese Versuche.

6. Falsche Ich-Theorien überwinden: Zu den falschen Ich-Theorien gehören folgende Aussagen: „Mein Ich ist." „Mit dem Ich erkenne ich das Ich." „Mit dem Ich erkenne ich das Nicht-Ich." „Mein Ich ist unvergänglich ... es wird immer dasselbe bleiben." (Buddhas Reden, a.a.O., S. 17)

Übung:
Schreiben Sie Ihre Ich-Theorien auf. Schreiben Sie fünfmal einen Satz, der mit „Ich bin ..." beginnt. Versuchen Sie dann, diese Sätze zu widerlegen. Prüfen Sie, was die Änderung von Ich-Sätzen für Sie selbst bedeutet.

Die mit der Erleuchtung anzustrebende ganzheitliche Anschauung der Welt basiert auf der Lehre von der „gegenseitigen Abhängigkeit, die zeigt, dass alles mit allem verbunden ist." Mit dieser Lehre wollte der Buddha zeigen, dass die Welt nicht in Subjekt-Objekt-Spaltung und auch nicht in Ich und Nicht-Ich zerfällt. Weil es für Buddha kein Ich gibt, gibt es auch kein Nicht-Ich. „Das Ich ist ein Erlebnisphänomen, nicht substantiell, keine Entität." (H.W. Schumann, a.a.O., S. 164)

Im Kreislauf der Wiedergeburten kreist kein unerlöstes Ich, sondern nur eine ichlose Disposition zum Leiden. Den Kreislauf der Geburten legte der frühe Buddhismus mit der **zwölfgliedrigen Nidana-Kette** vor, die das Prinzip des Entstehens und Vergehens für drei Lebenszyklen festlegte.

Der **erste** Lebenslauf der Nidana-Kette umfasst These 1-4:

1. Der nichtwissende Mensch glaubt an ein unabhängiges Ich.
2. Das führt ihn zur Lebensmotivation
3. und erzeugt einen bestimmten Bewusstseinszustand.
4. Dieser Bewusstseinszustand erzeugt die Vermittlung von Körperlichem und Geistigem und motiviert zur Fortpflanzung.

Der **zweite** Lebenslauf umschreibt die Nidana-Kette mit den Thesen 5-9:

5. Der Embryo entwickelt 6 Sinneskräfte.
6. Die Sinneskräfte berühren die Realität.
7. Die Berührung erweckt lustvolle Empfindung.
8. Daraus entsteht Durst und Begehren.
9. Durst und Begehren führen zum Lustwunsch, zum Machthunger und zur Ichsucht.

Der **dritte** Lebenslauf wird mit den Thesen 10-12 gefasst:

10. Aus Durst entsteht das Werden.
11. Aus dem Werden entsteht neue Geburt.
12. Aus Geburt entsteht Tod und Leiden.

Übung:
Versuchen Sie in einer Kreisargumentationskette zu zeigen, wie Ihr Vorleben mit Ihrem jetzigen Leben und Ihrem Nachleben zusammenhängen könnte. Argumentieren Sie in drei Sätzen, die folgendermaßen beginnen:
1. Satz: „Vor meinem Leben ...",   2. Satz: „Heute ...",
3. Satz: „In meinem nächsten Leben ..."

Der Buddha vertrat folgende anti-upanishadische mystische Weltanschauung:

Es gibt kein den Körper überdauerndes Ich und kein hinter allem wesendes Absolutes, also kein Atman und kein Brahman.

Die Vielheit der Welt lässt sich nicht aus Einem ableiten, noch die Erlösung des Ichs in Einem finden.

Der Prozess der Wiedergeburt vollzieht sich in der empirischen Welt des ewigen Werdens und des ewigen Vergehens der Welten. Die Welt ist pluralistisch und individuell. Das Gesetz des Werdens heißt: Alles hängt mit allem zusammen und bedingt alles. Die Erlösung aus der Werdewelt besteht in der Ego- und Gierüberwindung und in der Entwicklung von Gelassenheit jenseits von Angst und Hoffnung.

Übung:
Beschreiben Sie nun Ihre Weltanschauung. Schreiben Sie je einen Satz zu „Das Ich...", „Das Absolute...", „Das Werden...", „Die Erlösung...".

Der Buddha lehrte, dass erst das Erreichen des Nirvana den Kreislauf des Werdens durchbricht. Das Nirvana ist die Leerheit von der Lebensgier. Die Leerheit erreicht der Meditierende, wenn er erst die alltäglichen Ideen aufgibt, dann die Idee der Raumunendlichkeit, dann die Idee des Nichts, dann die Idee des Grenzgebietes von Wahrnehmung und Nichtwahrnehmung.

„Dann entfernt er auch diese Vorstellung und behält nur die vostellungslose Geistessammlung. Dabei erhebt sich sein Denken, beruhigt sich, festigt sich und wird frei ... Er weiß von dem, was nicht da ist, das ist leer, was aber geblieben ist, das ist da. Was aber da ist, erkennt er als Produkt seines Geistes und damit als vergänglich ... Wenn er das erkennt ..., wird sein Denken frei... Dann weiß er, dass er erlöst ist." (Buddhas Reden, a.a.O., S. 284f.)

Übung:
Schließen Sie die Augen. Versuchen Sie erst, die Idee von einzelnen Gegenständen bis zur Idee des Nichts wegzuschicken. Erreichen Sie die Geistessammlung und geben Sie sie dann auf. Beschreiben Sie Ihre Erfahrung.

Buddhas Philosophie nach der Rede von Benares kreiste immer wieder um die Frage des Nirvana. Nirvana wird von Buddha einmal negativ definiert, „als Aufhebung der Gier, Abbau von Begehren, Haß und Verblendung." Zum anderen kennt Buddha auch die positive Definition des Nirvana: „Es ist das höchste Glück, der höchste Frieden, die stille Stätte, die Sicherheit, der Segen, die Todlosigkeit, die Reinheit, die Wahrheit, das Höchste, Ewige, das Ungeschaffene und das Unendliche." (H.W. Schumann, a.a.O., S. 175)

Nirvana ist aber auch das vortodliche Überbewusstsein, das der Erlöste neben seinem relativierten empirischen Ich-Bewusstsein entwickelt und es ist das nachtodliche Ungeborene und Ungewordene, das vor aller Erlösung existiert und in das der Erlöste nach dem Tod eingeht.

Buddha beschreibt das nachtodliche Nirvana in folgendem Vers:

„Wie eine Flamme, ausgeweht vom Kinde,
verweht ist und Begriffe nicht mehr passen,
so der von Geist und Leid befreite Weise:
Er ist nicht mehr begrifflich zu erfassen."

Übung:
Schreiben Sie eine vierzeilige Strophe über das nachtodliche Nirvana, die in der zweiten und vierten Zeile auf „passen" (2. Zeile) und „erfassen" (4. Zeile) reimt.

Auf den Vorwurf der Brahmanen und Upanishaden-Philosophen, Buddha sei ein Nihilist, antwortete Buddha: „Ich vernichte nur eins: das Leiden." (Buddhas Reden, a.a.O., S. 77)

Als Skeptiker wollte Buddha sich nicht mit den metaphysischen Fragen befassen, weil die Spekulation nicht zur Befreiung vom Leid beiträgt. Er lehnte es z.b. ab, folgende metaphysische Fragen zu beantworten:
- Ist die Welt ewig oder nicht ewig?
- Ist die Welt begrenzt oder unbegrenzt?
- Sind Leib und Seele eins oder sind sie verschieden?
- Lebt ein Buddha nach dem Tode weiter oder nicht?

(Buddhas Reden, a.a.O., S. 192)

Übung:
Beantworten Sie diese vier Fragen.

Als ein Wandermönch den Buddha bestürmte, solche Fragen zu beantworten, sagte der Buddha: „Alle diese Theorien über die Welt, die Seele, den Buddha, sind ein Dickicht, eine Wildnis ..., eine Balgerei ... Sie führen nicht zum Loslassen." (Buddhas Reden, a.a.O., S. 204) Das wahre Wissen, jenseits der metaphysischen Spekulation nannte Buddha „die tiefe Wahrheit, schwer zu verstehen und schwer zu durchschauen, sie ist still und herrlich, sie übersteigt das Denken, sie ist tiefgründig." (Buddhas Reden, a.a.O., S. 204)

Übung:
Was für eine tiefe Wahrheit kann der Buddha mit diesen Worten des Schwerverstehens der Stille und der Herrlichkeit und der Tiefgründigkeit gemeint haben? Versuchen Sie diese Wahrheit in ein Symbol zu fassen.

Buddha war auch gegen den Selbstmord. Seine Argumente: Vernichtungsgier verhindert Gierbefreiung. Selbstmord mindert damit die seltene Chance als Mensch Nirvana zu erreichen.

Übung:
Welche Argumente haben Sie gegen den Selbstmord?

Sehen wir uns nun das Weltbild des Ur-Buddhismus an.

Das Glücksbild des Ur-Buddhismus

Der achtfache Pfad zum Glück

Nirvana

12-facher Kausalzusammenhang des Lebens

- Alter / Tod
- Nichtwissen
- Götter
- Triebkräfte
- Werden / Geburt
- Menschen
- Nichtwissen
- Titanen
- Bewusstsein
- Lebenslust
- Gier — **Ich** — Hass
- Tiere
- Name Form
- Durst / Gier
- Geister
- Höllengeister
- Sinne
- Empfindung
- Berührung

Kreislauf der Wiedergeburt

Quelle des Leidens

Übung:
Stellen Sie sich Ihre Befreiung vom Kreislauf der Wiedergeburt vor, durch die Meditation der vier edlen Wahrheiten. Beschreiben Sie Ihre Empfindungen bei der Meditation der vier edlen Wahrheiten.

Für die Organisation des Lebens der Nirvana-Glückssucher schuf Buddha seinen Mönchsorden. Er organisierte seinen Orden nach dem Vorbild anderer Wandermönchgemeinden und als Alternative zur brahmanistischen Opferphilosophie. Der Orden war wie seine Heimatstadt republikanisch organisiert. Der Orden kannte keine Kasten. Er ließ auch die Organisation von Nonnenklöstern zu. Allerdings wurde aus der freien Bewegung der Wandermönche bald ein Klostersystem, das auch die Nähe der herrschenden Kreise suchte und brauchte. 45 Jahre wanderte Buddha von Isipatana bis Vesali lehrend durch Nordindien und schuf aus seinen Anhängern, die meist aus der oberen Gesellschaftsschicht stammten, sein Ordenssystem. Neben seinem Nirvana-Bewusstsein verfügte der Buddha für die Bewältigung des Alltags über ein intaktes Ich-Bewusstsein, das eine so lange Lehr- und Organisationsarbeit erst möglich machte. Neben dem Mönchsorden entstand aber auch bald eine buddhistische Laienbewegung, die aus Berufstätigen und nicht aus Wandermönchen bestand. Im Frühbuddhismus „überlieferte man die Namen von 21 Haushabern, die die Erlösung verwirklichten, ohne jemals Mönche gewesen zu sein." (H.W. Schumann, a.a.O., S. 217)

Übung:
Wie stellen Sie sich einen buddhistischen Tageslauf als hausbesitzender Laie vor? Entwerfen Sie einen derartigen Tageslaufplan.

Als Buddha über 70 Jahre alt war, versuchte ihn der Mönch Devadatta als Schulhaupt zu stürzen. Er plante die Ermordung Buddhas und vollzog schließlich, als sein Vorhaben scheiterte, eine Spaltung des buddhistischen Ordens.

Mit 80 Jahren erkrankte der Buddha. Er sagte: „Zermürbt, alt, betagt, zum Lebensziel gelangt, Greis geworden, 80 Jahre habe ich vollendet ... Die Lehre sei nun eure Zuflucht." Die letzten Jahre waren für Buddha schwer. Sein Leben im Freien förderte bei ihm Rücken- und Stoffwechselkrankheiten. Buddha bewahrte aber bis ins hohe Alter einen klaren Geist und bezwang seine Schmerzen durch Willenskraft. Buddha befielen blutige Durchfälle, die er vollbewusst, besonnen und unverstörten Denkens ertrug. Im Sala-Hain bei Kusinagora lässt er im Jahre 483 sein Sterbelager richten. Der Verlusttrauer seiner Lieblingsmönche entgegnete er mit den Worten: „Was geboren ist, muß sterben, was entsteht, vergeht." Sein letztes Wort heißt: „Vergänglich ist jedes Ich. Strebet ohne Unterlaß."

Danach durchläuft er seine Meditationsstufen, erreicht die Raumunendlichkeit, die Bewusstseinsunendlichkeit, die Weder-Noch-Wahrnehmung, das Aufhören aller Empfindungen. Er vollzieht als letzten Lebensakt die Parallele von Meditations- und Sterbeprozess. Nach sieben Tagen wird Buddhas Leichnam verbrannt. Seine Philosophie verbreitete sich erst in Indien, wanderte dann aber nach Südostasien, Japan und Tibet weiter. Sie hat heute Amerika und Europa erreicht.

Buddha

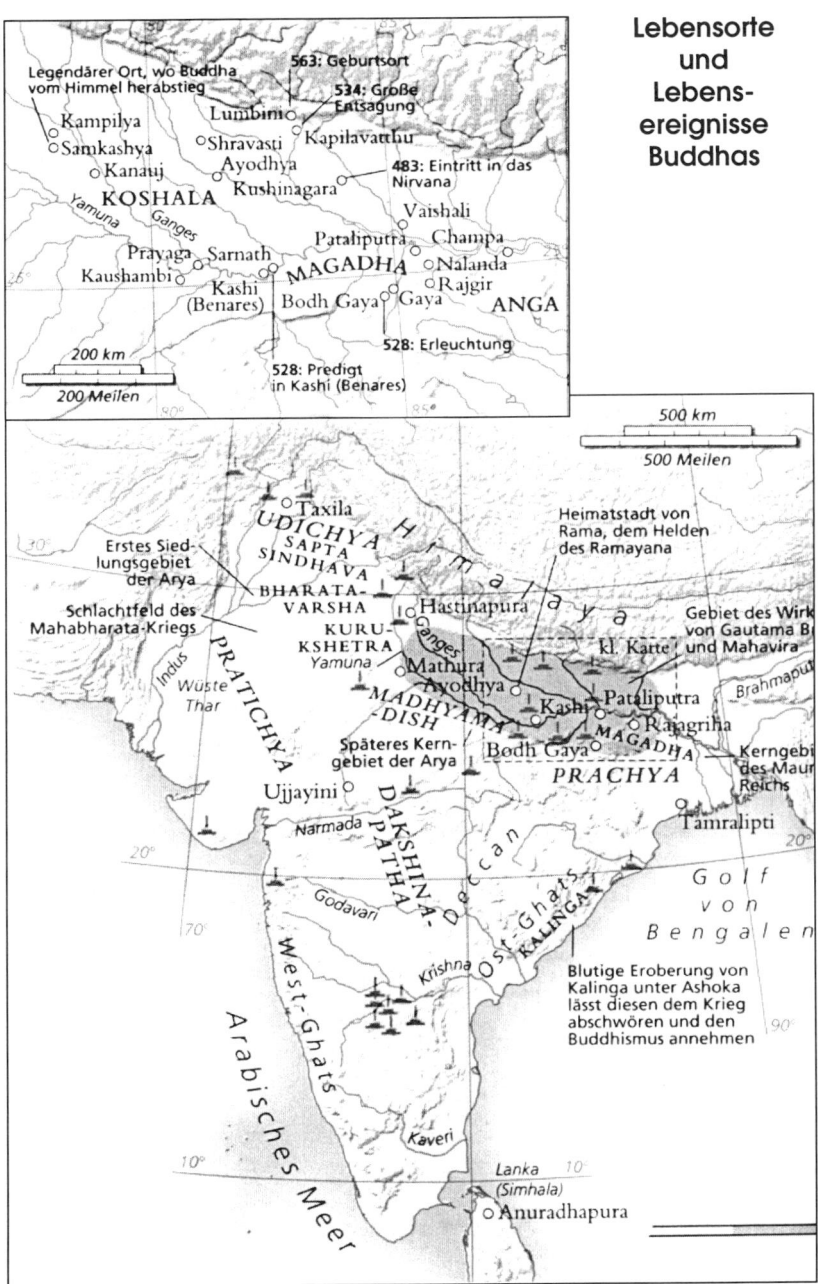

Lebensorte und Lebensereignisse Buddhas

Quelle: Dumont Weltatlas der Geschichte, Köln 2000

Literatur zu Buddha:

Buddhas Reden: Übersetzung von K. Schmidt. Reinbek 1961
Brück, M.v.: Buddhismus. München 1998
Conze, E.: Der Buddhismus. Stuttgart 1962
Glasenapp, H.v.: Die Weisheit des Buddha. Baden-Baden 1946
Klimkeit, H.-J.: Der Buddha – Leben und Lehre. Stuttgart 1990
Oldenberg, H.: Buddha, sein Leben, seine Lehre. seine Gemeinde. Stuttgart 1959
Schlieter, J.: Buddhismus. Hamburg 1997
Scholz, W.: Der Weg des Buddha. Düsseldorf 1998
Schumann, H.W.: Auf den Spuren des Buddha Gotama. Olten 1992
Schumann, H.W.: Buddhismus. München 1993
Schumann, H.W.: Der historische Buddha. München 1988
Uhlig, H.: Buddha, die Wege des Erleuchteten. Bergisch-Gladbach 1994
Zotz, V.: Buddha. Reinbek 1991
Zotz, V.: Geschichte der buddhistischen Philosophie. Reinbek 1996

5. Die Bhagavadgita (400 v.Chr.): Handeln ohne zu handeln

Für die indische Philosophie ist die „Gita" ein wichtiger Grundlagentext. Sie wurde zur populärsten Schrift der indischen Philosophie, in denen sich die wichtigsten Ideen aus den Veden und Upanishaden finden lassen. „Ein sehr großer Teil der modernen yogischen Literatur ... findet seine theoretische Rechtfertigung in der Gita." (M. Eliade: Yoga. Frankfurt 1977, S. 170) Von dem Befreier Indiens Mahatma Gandhi stammt das Wort: „In der Gita finde ich einen Trost, den ich selbst in der Bergpredigt vermisse ... Mein Leben ist voller Tragödien gewesen, und wenn sie alle keine sichtbaren, keine untilgbaren Wunden auf mir hinterlassen haben, verdanke ich dies den Lehren der Gita." (M. Gandhi zit.n. R.A. Mall: Der Hinduismus. Darmstadt 1997, S. 87) Als Verfasser der Gita gilt der Weise Vedav-Yása, über den aber nichts weiter überliefert ist. Ihre unbestrittene Beliebtheit verdankt die Gita einer poetischen und leicht lesbaren Sprache, ihren knappen Umfang (rund 700 Strophen) und der Klärung wichtiger Fragen der philosophischen Praxis. Denn im Zentrum der Gita steht die Frage, ist meditativer Rückzug von der Welt oder Handeln in der Welt die richtige Lebensweise. Die Gita ist Teil des indischen Heldenepos „Mahâbhârata", genauer der Gesänge 25-42 des 6. Buches dieses

Die Bhagavadgita

Krishna verwickelt Arjurna mitten auf dem Schlachtfeld in ein Gespräch.

großen Epos. Die Gita schildert eine wichtige Episode innerhalb des Riesenepos „Mahâbhârata", das sechsmal so umfangreich wie Homers Werk ist. Die zentrale Situation, den die Gita schildert, ist folgende: zwei verfeindete Fürstenhäuser stehen sich mit ihren Heeren auf dem Kúrúfelde bei Delhi zum Kampf bereit gegenüber. Der Führer des einen Heeres erblickt aber in den Reihen der Gegner viele Verwandte und will deshalb nicht kämpfen. Sein Wagenlenker, der sich als Gott Krishna, einer menschlichen Verkörperung des All-Gottes Vishnu erweist, verwickelt den zögernden Heerführer Ajurna in ein Gespräch, das eine umfassende Aufklärung über die Frage beinhaltet: soll man sich von der Welt nun zurückziehen oder soll man in ihr handeln, vielleicht auch kämpfen und sogar töten. Die Belehrung Krishnas beginnt mit dem Argument, dass die Seele unsterblich ist und deshalb auch nur der Leib getötet werden kann.

„Die Seele", sagt Krishna, „ist nicht geboren und kann nicht sterben ... Nicht zerschneiden sie die Schwerter, nicht brennt sie das Feuer, nicht benetzt sie das Wasser, nicht vertrocknet sie der Wind. Sie ist ewig, allgegenwärtig, fest, unbeweglich und immerwährend." (Die Bhagavadgita. Übersetzung v. K. Mylius. München 1997, S. 31f.)

Übung:
Listen sie alle Argumente auf, die für die Sterblichkeit und alle, die für die Unsterblichkeit der Seele sprechen.

Nach der Gita gibt es einen Urgrund der Welt, aus dem alles ist, was ist. Dieser Urgrund Brahman ist in allen Dingen der Welt enthalten und ist doch völlig frei von der Welt. Brahman „ist außerhalb und innerhalb der Wesen, unbewegt und sich bewegend, wegen seiner Freiheit unerkennbar, fernbefindlich und doch nah." (Die Bhagavadgita, a.a.O., S. 86) Brahman ist der Behälter des Alls. „Du bist das Unzerstörbare, das höchste Wissenswerte, du bist der höchste Schatz des Alls." (Die Bhagavadgita, a.a.O., S. 76) Der All-Gott erscheint in der Welt als Geist und Materie, als fünf Elemente, nämlich Erde, Wasser, Feuer, Luft, Wind, aber auch als Verstand, Vernunft und Ich. Der All-Gott erhält die Welt, ohne an ihr zu haften und ohne von der Welt gebunden zu sein. Die göttliche Aktivität tritt in den periodischen Zyklen der Weltentstehung und Weltzerstörung auf. Die Seele bleibt aber, wenn sie sich von den sinnlichen Bezügen zur Welt trennt, von den Zyklen der Weltzerstörung unberührt. Der Heerführer Ajurna kann also in den Kampf ziehen, weil er weder die unsterblichen Seelen seiner Freunde töten noch selbst als Seele zugrunde gehen kann.

Übung:
Schreiben Sie den Satz weiter: „Der All-Gott ist innerhalb und außerhalb der Welt, weil ..."

Da die Welt aber ein bloßer Schein ist, der die Sinne und die Seele an sie fesselt, muss die Seele <u>Methoden der Befreiung</u> von Leib und der sinnlichen Anhaftung gewinnen. Nach diesen Methoden fragt der Heerführer Ajurna, und Krishna gibt mehrere Methoden bekannt:

    1.   **Das Yoga der Liebe,**
    2.   **Das Yoga der Meditation,**
    3.   **Das Yoga des Nicht-Tuns**

Über den ersten Weg, das <u>Yoga der Liebe</u>, macht Krishna folgende Ausführungen: Das Yoga der Liebe wird praktiziert, wenn man das Sein liebt. „Sie lieben mich, nichts anderes denkend, mich als ewigen Ursprung des Seins kennend." (Die Bhagavadgita, a.a.O., S. 66)

Im Yoga der Liebe wird Liebender und Geliebter eins: „Aber die liebend mich verehren, die sind in mir, in denen bin ich auch." (Die Bhagavadgita, a.a.O., S. 68)

Im Yoga der Liebe erreicht der Liebende das ewige Sein. „Wer mich liebt und frei vom Anhaften ist, wer frei von allen Feindseligkeiten gegenüber allen Wesen ist, der gelangt zu mir." (Die Bhagavadgita, a.a.O., S. 81)

Brahman als Ziel der Liebe kann in vielen Götterbildern erscheinen. Brahman „ist Einheit und Vielheit zugleich." (Die Bhagavadgita, a.a.O., S. 66) Auch die Anhänger, die andere Götter verehren, sagt Krishna, „verehren eben mich." (Die Bhagavadgita, a.a.O., S. 67) Brahman und Krishna verschmelzen nun zu einem entscheidenden Liebesobjekt.

Die Bhagavadgita

Übung:
Kennen Sie irgendein transzendentes Liebesobjekt? Beschreiben Sie Ihre Liebeserfahrungen mit metaphysischen Objekten.

Das Objekt des Yoga der Liebe ist von umfassender Kraft, die in allen Dingen ist und über alle Dinge hinaus ist.
Krishna sagt:

> *„Ich bin der Vater dieser Welt*
> *Mutter, Schöpfer, Großvater*
> *Lehre, Läuterung, Om-Laut,*
> *Vers, Melodie und Opferspruch*
> *Weg, Erhalter, Herr, Zeuge,*
> *Wohnstatt, Schutz und Freund,*
> *Ursprung, Untergang, Stätte,*
> *Schatz und unvergängliche Sonne.*
> *Ich wärme, ich halte den Regen zurück*
> *und lasse ihn strömen.*
> *Unsterblichkeit, wie auch Tod,*
> *Sein und Nicht-Sein bin ich,*
> *O Arjuna."*
> (Die Bhagavadgita, a.a.O., S. 66)

Krishna erscheint als Herr des Universums in zahllosen Formen.

Übung:
Beschreiben Sie ein transzendentes Liebesobjekt, das alle Gegensätze umfasst und zugleich übersteigt, wie es Krishna vorgeführt hat. Beginnen Sie mit dem Satz: „Das absolute Liebesobjekt ist ..."

Brahman umfasst auch das Böse.

> *„Alle aus Wahrheit, Leidenschaft und Finsternis*
> *stammenden Erscheinungen. –*
> *erkennen sie als aus mir stammend.*
> *Aber ich bin nicht in ihnen, sie sind in mir."*
> (Die Bhagavadgita, a.a.O., S. 59)

Übung:
Erklären Sie, wie das Böse in Gott ist, aber Gott nicht das Böse ist. Schreiben Sie den Satz weiter: „Gott ist nicht das Böse, weil ..." und ergänzen Sie Ihre Begründung.

Ajurna versteht langsam mehr vom All-Gott und vom Über-Gott. Ajurna stellt fest: „Ich schaue alle Götter, o Gott in Deinem Leib, ebenso die Scharen der verschiedenen Wesen." (Die Bhagavadgita, a.a.O., S. 75)

Übung:
Stellen Sie sich einen Gott vor, der alle Götter umfasst, der Einheit und Vielheit zugleich ist. Beschreiben Sie den Übergott in einem Symbol, das alle anderen Götter übergreift.

Krishna stellt aber auch das Schaurige an dem Übergott vor:
„Ich bin die mächtigste Zeit, die den Untergang der Welt bewirkt, erschienen, um alle Menschen doch zu retten." (Die Bhagavadgita, a.a.O., S. 78)

Ajurna gesteht nun: „Deine große Gestalt mit vielen Mündern, Augen ..., Armen, Schenkeln, Füßen ..., Zähnen gesehen habend, erzittern die Welten wie auch ich." (Die Bhagavadgita, a.a.O., S. 77)

Aber Ajurna erkennt auch: „Mit vielen Armen, Bäuchen, Mündern, Augen, sehe ich dich, allseits von endloser Gestalt, kein Ende, keine Mitte noch auch Anfang sehe ich von Dir, o Herr des Alls, der du die Gestalt des Alls hast." (Die Bhagavadgita, a.a.O., S. 76)

Übung:
Schließen Sie die Augen. Stellen Sie sich einen Gott vor, der mehr ist als das Entstehen und Vergehen des Kosmos. Schreiben Sie einen Satz über diesen Gott. Beginnen Sie diesen Satz mit: „Der Über-Gott ist ..."

Krishna stellt Ajurna aber auch den 2. Weg, den Weg des Yoga der Meditation vor, denn auch diesen Weg kann er als Weg der Erlösung von der Welt gehen.

Krishna beschreibt das Yoga der Meditation folgendermaßen:

„ 1. Wer die Berührungen der Außenwelt abgeschüttelt hat,
2. den Blick zwischen die Augenbrauen richtet,
3. das Ein- und Ausatmen gleich regelt, die beide durch das Naseninnere gehen,
4. Sinn, Geist und Verstand zügelt,
5. als Wesen die Erlösung als Höchstes ansieht,
6. befreit von Wunsch, Furcht und Zorn ist,
der ist für immer erlöst."

(Die Bhagavadgita, a.a.O., S. 51)

Übung:
Versuchen Sie mal eine Minute diese Yoga-Meditation mit ihren sechs Schritten. Beschreiben Sie dann Ihre Erfahrung.

Die höchste Form der Befreiung, teilt Krishna mit, ist aber nicht das Yoga des Liebens oder das der Meditation, sondern, als dritter Weg, das <u>Yoga des Nicht-Tuns im Tun</u>. „Selbstlose Tatausübung ist besser", lehrt Krishna, „als Tatenthaltung." (Die Bhagavadgita, a.a.O., S. 48) Denn jeder muss sowieso handeln, durch „sehen, hören, berühren, riechen, essen, gehen, schlafen, atmen, sprechen, entleeren, ergreifen, die Augen öffnen und schließen." (Die Bhagavadgita, a.a.O., S. 49) Deshalb ist das Tun das Höchste, das getan wird, ohne die Frucht der Taten für sich zu fordern.

> *„Wer dem Brahman die Taten weiht,*
> *und ohne anzuhaften handelt,*
> *wird durch Böses ebenso wenig befleckt,*
> *wie ein Lotusblatt vom Wasser."*
> (Die Bhagavadgita, a.a.O., S. 49)

„Die große Originalität der Gita liegt in der Betonung, dass dieses Yoga das Handeln vollzieht, indem man auf die Früchte des Handelns verzichtet." (M. Eliade: Yoga, a.a.O., S. 167)

Übung:
Beschreiben Sie mal Situationen aus Ihrem Leben, wo Sie erfolgreich gehandelt haben, ohne Stolz und Anspruch auf Ihr Tun eingefordert zu haben.

Nachdem Ajurna vom Yoga des Nicht-Handelns im Handeln gehört hat, will er im Geist den Wert und das Verdienst aller seiner Taten Krishna zuschreiben, und seinen Verstand üben im ewigen Gedenken an Krishna. Er weiß nun: *„An Krishna denkend, wird er alle Schwierigkeiten des richtigen Handelns durch Nicht-Handeln durch die Gnade des All-Gottes, der auch handelt als handelte er nicht, überwinden."*

Ajurna hat nun seine Zweifel über den richtigen Weg überwunden. Er weiß, dass seine Gegner Teil der All-Liebe sind. Er weiß, dass er meditative Wege zur Befreiung benutzen kann, und durch das Tun des Nicht-Tuns auch im Grunde seine Taten als Teil der göttlichen All-Gewalt versteht. In diesem Sinne zieht er nun gestärkt in die Schlacht.

Das Glücksbild der Bhagavadgita

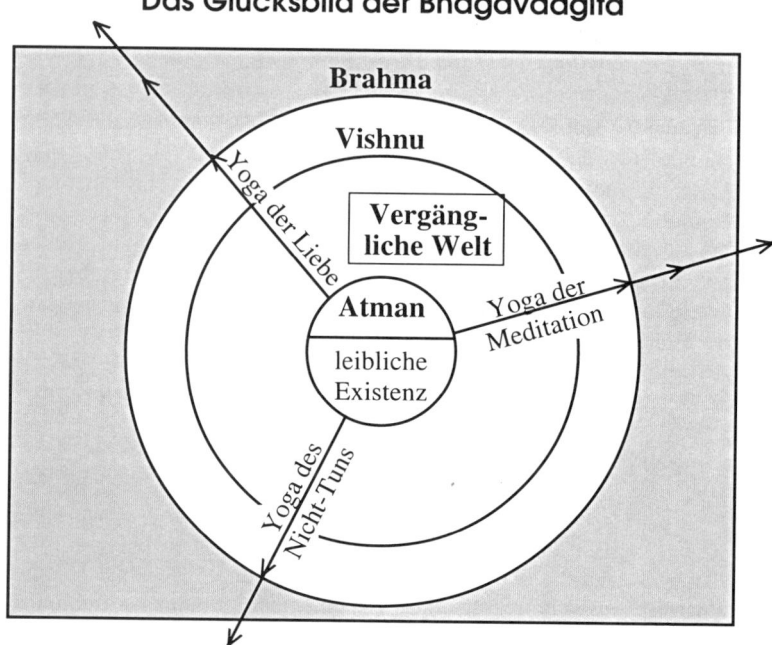

Übung:
Wählen Sie einen der drei Glückswege der Gita. Beschreiben Sie Ihre Erfahrungen auf dem gewählten Weg.

Literatur zur Bhagavadgita:

Dünnebier, J.: Bhagavadgita. München 1989
Garbe, R.: Die Bhagavadgita. Leipzig 1921
Glasenapp, H.v.: Bhagavadgita. Stuttgart 1955
Hartmann, F.: Die Bhagavadggita. München 1980
Krämer, J.: Bhagavadgita. Freiburg 1984
Mylius, K.: Die Bhagavadgita. München 1997
Schroeder, L.v.: Bhagavadgita. Köln 1955

Otto, R.: Die Urgestalt der Bhagavadgita. Tübingen 1934
Prem, S.K.: The Yoga of the Bhagavadgita. London 1938
Aurobindo, S.: Essays über die Gita. Gladenbach 1977
Chinmoy, S.: Veden, Upanishaden, Bhagavadgita. München 1994
Subba Row, T.: Die Philosophie der Bhagavadgita. München 1959
Zimmer, H.: Philosophie und Religion Indiens. Frankfurt 1979, S. 339-365

6. Die indischen Anti-Metaphysiker (ab 4. Jahrh. v.Chr.):
Halte dich an die Lust

So sehr die indische Philosophie auch als Hochburg des pessimistischen Idealismus gilt, so sehr ist aber auch die Tradition des optimistischen Materialismus in Indien zu berücksichtigen. Die indischen Materialisten halten die Realität für materiell fassbar und die Idee für unfassbar. Die indischen Materialisten sind wenig bekannt und wenig erforscht. Man kennt sie hauptsächlich aus den Schriften ihrer Gegner. Der indische Materialismus ist so alt wie die Upanishaden. Die Katha-Upanishad stellte fest, dass es keine jenseitige Welt gibt und die Svetasvatara-Upanishad erwähnt, dass die Materie die letzte Ursache aller Dinge ist. (D. Chattopadhyaya: Indische Philosophie. Berlin 1975, S. 114)

Zu den indischen Anti-Metaphysikern werden die **indischen Materialisten, Fatalisten** und **Agnostiker** gerechnet, die als Richtung auch in der antiken griechischen Philosophie zu finden sind. Man denke nur an Demokrit oder die Kyrenaiker.

Der **indische Materialismus** soll von Chârvâka entwickelt worden sein. Über Chârvâkas Ende gibt es folgenden Bericht: Chârvâkas sagte zum indischen König, als der von einer erfolgreichen Schlacht zurückkam: „Ich verfluche dich, weil du meine Verwandten getötet hast. Was hast du gewonnen durch die Vernichtung deines eigenen Volkes und die Ermordung deiner eigenen Vorfahren?" Chârvâka wurde von dem wütenden König sofort zum Tode verurteilt und verbrannt. (D. Chattopadhyaya, a.a.O., S. 201f)

Die materialistische Weltsicht der Inder fasst sich in folgenden Grunderkenntnissen zusammenfassen:

- Die sinnliche Wahrnehmung ist die einzige Quelle der Erkenntnis.
- Die Realität besteht aus vier materiellen Elementen: Erde, Wasser, Feuer, Luft. Die Körper aller Lebewesen entstehen aus einer Verbindung dieser vier Elemente. Es gibt keine Seele.
- Die Welt hat keinen göttlichen Grund, kein moralisches Grundgesetz. Alle Theologie ist Betrug.
- Alles Streben nach ethischem Verhalten ist eitel. Das einzige Ziel des Lebens ist der Sinnengenuss. Der Himmel besteht hier auf Erden im guten Essen, Kleidung, Wohlgerüchen und in der Liebe. Die Vermengung von Liebe und Schmerz sollte niemanden von der Liebe abhalten.

(H.v. Glasenapp: Die Philosophie der Inder. Stuttgart 1974, S. 129ff.; Ders.: Indische Geisteswelt. Baden-Baden 1958, Bd. I, S. 178f.)

Übung:
Schreiben Sie Ihre eigenen vier Sätze über Erkenntnis, Realität, Gott und Ethik. Vollenden Sie dabei folgende Sätze: „Die sinnliche Wahrnehmung ist ...", „Die Realität ist ...", „Gott ist ...", „Ethik ist ...".

Der moderne Philosoph Radhakrishnan schreibt über die indischen Materialisten, dass sie glauben, „Genuß ist das Ziel der menschlichen Existenz. Die Materie kann denken. Es gibt keine andere Welt. Der Tod ist das Ende." (S. Radhakrishnan: Indian Philosophy. Delhi 1992, S. 278f.)

Das Schicksal der Materialisten in Indien bestand in Verfolgung und Ermordung. „Ihre Schriften, einst vermutlich weit verbreitet, wurden bald verbrannt." (D. Chattopadhyaya, a.a.O., S. 226)

Die Sekte der **Fatalisten** wurde von Goshâla Maskariputra zur Zeit Buddhas gegründet. Er lehrte, dass die Welt aus den Elementen Erde, Wasser, Feuer, Luft und Leben besteht. Der Weltprozess unterliegt dem Schicksalsgesetz. „Alle Individuen ... haben ihre Lebensform nicht Kraft freien Willens ... sondern infolge von Schicksalsbestimmung ... Es gibt 8,4 Millionen große Weltperioden, während die Klugen und die Toren den Kreislauf der Seelenwanderung vollenden ... Glück und Leid sind wie mit Scheffeln zugemessen und die Dauer der Seelenwanderung hat ihre bestimmten Termine." (H.v. Glasenapp, a.a.O., S. 133)

Übung:
Stellen Sie sich 8,4 Millionen große Weltperioden vor. Stellen Sie sich auch vor, dass Sie 8,4 Millionen Mal wiedergeboren werden. Beschreiben Sie Ihre Gedanken zu dieser Vorstellung.

Es gibt für die Fatalisten keine endgültige Erlösung, sondern nur eine Erlösung im ewigen Kreislauf. „Die Erlösung ist auch nur ein Moment innerhalb des ewigen Kreislaufes einer Seele, während dessen alles, was ihr bestimmt ist, eine Zeitlang aktuell wird, um dann wieder unsichtbar zu werden." (H.v. Glasenapp, a.a.O,. S. 134)

Übung:
Stellen Sie sich den Moment Ihrer Erlösung vor, wie er als Augenblick innerhalb einer Wiedergeburt auftritt, um dann wieder unsichtbar zu werden.

Buddha hielt die Fatalisten für die schlechtesten aller Philosophen.

Übung:
Geben Sie ein Urteil über die Fatalisten ab und begründen Sie es.

Die indischen Anti-Metaphysiker

Auch die **Agnostiker** entstanden zur Zeit Buddhas. Sie gehen auf den Philosophen Sanjaya Belatthiputta zurück, der die Beantwortungsmöglichkeit aller metaphysischen Fragen strikt verneinte. Als der indische König ihn fragte: „Sanjaya, gibt es ein Jenseits? Sanjaya, gibt es übernatürliche Wesen? Sanjaya, gibt es eine Vergeltung guter und böser Werke? Sanjaya, existiert ein Vollendeter nach dem Tod?", da antwortete Sanjaya Belatthiputta ganz einfach: „Ich kann diese Fragen nicht beantworten", und er gab folgende Begründung: „Ich kann nicht wissen, ob dies erstens der Fall ist, ob dies zweitens nicht der Fall ist, ob dies drittens zugleich der Fall ist oder nicht und ob dies viertens weder der Fall ist oder doch."

Übung:
Beantworten Sie die vier obigen Fragen des indischen Königs:
Gibt es ein Jenseits für Sie?
Glauben Sie an übernatürliche Wesen?
Gibt es für Sie eine Vergeltung guter und böser Werke?
Existiert ein Vollendeter für Sie nach dem Tode?

Die Anhänger der Agnostiker waren so schwer zu fassen „wie Aale". Sie sagten: „Ich habe kein Wissen darüber, ob etwas gut oder schlecht ist. Würde ich da etwas für gut oder schlecht erklären, so würde mein Urteil durch meine Vorliebe oder Abneigung getrübt sein und deshalb unzutreffend sein. Ein unrichtiges Urteil würde mir Verdruss bereiten und mich geistig hemmen." (H.v. Glasenapp, a.a.O., S. 125)

Übung:
Wie stellen Sie sicher, dass Sie richtig urteilen? Geben Sie Bedingungen an, unter denen eines Ihrer Urteile absolut richtig sein kann.

Die Agnostiker Indiens entsprechen den hellenistischen Skeptikern um Pyrrhon v. Elis und Sextus Empirikus. Diese glaubten wie die indischen Skeptiker, dass die Ruhe der Seele nur durch die Enthaltung von jedem Urteil zu erlangen ist. Jede Aussage über das Jenseits ruft nur Aufregung hervor und ist deshalb zu vermeiden.

Übung:
Beschreiben Sie die Seelenruhe, die Sie erfahren, wenn Sie jedes Urteil verweigern.

Die Materialisten, Fatalisten und Agnostiker zeigen, dass Indien nicht allein das Land philosophischer Mystiker und Spekulierer ist. Jede monolitische

Vorstellung von indischer Philosophie ist deshalb falsch. Die Lebensverneinung ist nicht die einzige Tendenz indischer Philosophie. Die Geschichte indischer Philosophie entwickelt ständig Widersprüche zwischen Mystik und Materialismus. „Die Entwicklung des indischen Denkens ist also durch eine Auseinandersetzung zwischen Welt- und Lebensverneinung und Welt- und Lebensbejahung bestimmt." (A. Schweitzer: Die Weltanschauung der indischen Denker. München 1982, S. 200)

Übung:
Durch welche Konflikte sehen Sie die Entwicklung der europäischen Philosophie bestimmt? Nennen Sie erst die möglichen antagonistischen Positionen der europäischen Philosophie und dann Philosophen, die Sie der einen oder anderen Position zurechnen.

Literatur zur Anti-Metaphysik Indiens:

Basham, A.L.: *History and Doctrines of the Ajivikas.* London 1951
Chattopadhyaya, D.: *Charvaka/Lokayota.* New Delhi 1990
Chattopadhyaya, D.: *Indische Philosophie.* Berlin 1975
Chattopadhyaya, D.: *Lakoyata. A Study in Ancient Indian Materialism.* New Delhi 1959
Glasenapp, H.v.: *Die Philosophie der Inder.* Stuttgart 1974
Sequeira, R.: *Die Philosophien Indiens.* Aachen 1996

7. Der Yoga des Patanjâli (150 v.Chr.): Das Überbewusstsein erreichen

Der Yoga ist eine praktische Philosophie, die im Kontext der sechs klassischen indischen philosophischen Lehrsysteme zwischen 500 v.Chr. und 500 n.Chr. als Weg zur Erlösung entstanden ist. Die sechs klassischen Philosophien heißen: Nyâya, Vaisheshika, Sâmkhya, Yoga, Mîmâmsâ und Vedânta. Sie basieren alle auf den Veden, die von den Buddhisten abgelehnt werden. Alle sechs klassischen Lehrsysteme nehmen an, dass das Leben auf der Ebene des alltäglichen Ich-Bewusstseins mit ständigem Leiden verbunden ist, das sich durch aufeinanderfolgende Wiedergeburten nicht auslöschen lässt. Allerdings bieten alle sechs Systeme Methoden der Überwindung des Leidens an. Von den Gründern dieser klassischen indischen Philosophie ist nichts außer den Namen der Schulen bekannt. Jede Schule besitzt aber einen Basistext, der dem legendären Gründer zugeschrieben wird. Die Basistexte sind sehr knapp

gehalten und dienten nur als Gedächtnisstützen für den lehrenden Philosophen. Die sechs Systeme werden paarweise geordnet:
So ist das Sâmkhya, auf intellektuelles Wissen gestützt, die Basisphilosophie für das Yoga, das sich auf die Beherrschung der Sinne und inneren Kräfte ausrichtet.
Dem Vaiheshika, eine experimentelle Philosophie, die sich auf sinnliche Erfahrung stützt, verbindet sich mit dem Nyâya, das auf Dialektik als Methode bezogen wird. Der Vedânta, die extreme metaphysische Spekulation hat das Mîmâmsâ, das deistisch und ritualistisch ist, zur Methode. (Vgl. M. Stutley: Hinduismus. München 1998, S. 66)

Der Yoga-Schüler stützt sich also auf die Sâmkhya-Metaphysik. Die Sâmkhya-Philosophie gilt als Werk des Philosophen Kapila. Der älteste überlieferte Text dieser Philosophie stammt allerdings von Ishvara-Krishna aus dem 3. oder 4. Jahrhundert n.Chr. Auch über Ishvara ist wenig bekannt. Er soll ein Brahmane gewesen sein und ist als heimat- und familienloser Asket durch Indien gezogen. Sein „Lehrgedicht über das Sâmkhya" umfasst 72 kurze Texte. Im Zentrum des Sâmkhya steht die dualistische Lehre, dass der Kosmos aus der Ur-Natur und dem Selbst entstanden ist. Alle sinnliche Realität des Alltags ist dabei Produkt des Selbst. Die Ur-Natur kann dagegen nicht empirisch erkannt, auf sie kann nur durch Abstraktion geschlossen werden. Die Ur-Natur besteht aus folgenden Teilen: Güte, Leidenschaft und Finsternis, die die Welt hervorbringen, wenn sie selber ins Ungleichgewicht geraten.

Übung:
Erklären Sie die Entstehung der Welt aus einer Ur-Natur und geben Sie Gründe an, warum es die Ur-Natur nicht bei sich aushält und sich in einer Schöpfung weiterentwickeln muss.

Ishvara schreibt: „Oben in den göttlichen Sphären ist es voll Güte, und voll Finsternis ist die Schöpfung an der Wurzel in der Tier- und Pflanzenwelt. In der Mitte, wo sich die Menschen befinden, ist es voll Leidenschaft. Diese Ordnung beginnt bei Brahman und endet beim Grashalm." (Ishvara-Krishna: Lehrgedicht über das Sâmkhya. In: I. Friedrich: Yoga. München 1997, S. 83)
In der Menschenwelt herrscht also die Leidenschaft, die bezogen auf die selbstgeschaffene Scheinrealität ständiges Leiden produziert. Der Mensch kann sich zur Güte der Ur-Natur durcharbeiten oder durch leidenschaftliche Fixierung auf die Scheinrealität in die Finsternis stürzen. Solange das Selbst des Menschen an die Leidenschaft des Scheins des Alltags fixiert bleibt, bleibt der Mensch dem Kreislauf der Wiedergeburt verhaftet. Nur durch

Erringung der Leidenschaftslosigkeit kann der Mensch dem Leiden an der Scheinwelt entkommen und sich von seinem Selbst lösen. Der Glücksweg der Loslösung vom Selbst aber heißt Yoga.

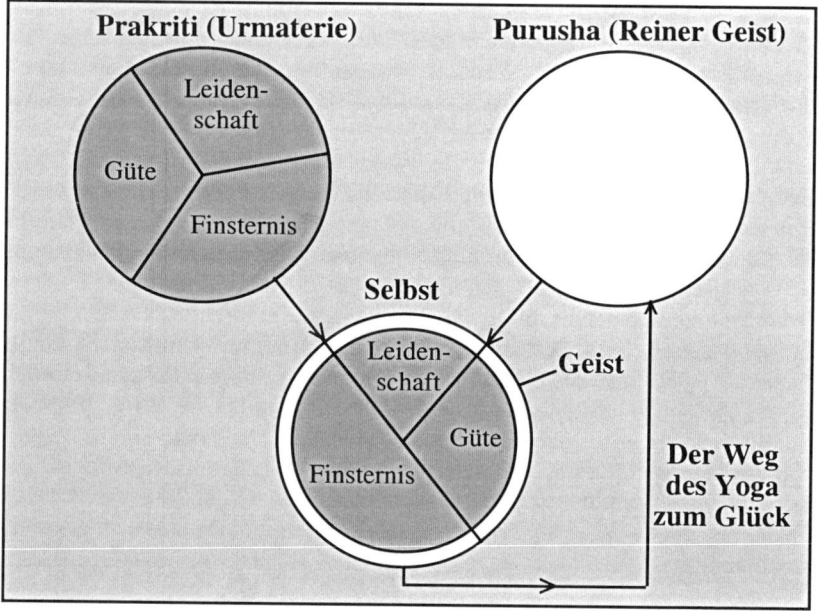

Übung:
Schließen Sie die Augen. Stellen Sie sich Ihren Glücksweg als Befreiung vom Leiden vor. Beschreiben Sie Ihre Erfahrungen.

Die beste Quelle des Yoga, das auf der Sâmkhya-Philosophie aufbaut, heißt Yogasutra und stammt von dem Philosophen Patanjâli, über dessen Leben nichts bekannt ist. Es heißt aber, er soll um 150 n.Chr. gelebt haben. Sein Yogasutra, das vollständig überliefert ist, gliedert sich in die vier Kapitel: „Über die unterdrückende Konzentration", „Über das Ausführen", „Über die Machtäußerung" und „Über die Unabhängigkeit". In diesen vier Kapiteln beschreibt Patanjâli folgenden Prozess der Bewusstseinsveränderung des Alltagsbewusstseins hin zum Überbewusstsein. Der Yoga-Prozess beginnt in der alltäglichen Unwissenheit. Diese Unwissenheit wird durch Meditation in Wissen umgewandelt. Dabei werden alle Bewusstseinstätigkeiten durch Meditation eines Gegenstandes eingeschränkt, um endlich aufgelöst das Über-Bewusstsein freizugeben.

Der Yoga des Patanjâli 191

Als wichtigste Meditationsform schildert das Yogasutra die achtstufige Meditationsleiter mit folgenden Stufen: „Sittlichkeit, Selbstzucht, Sitzhaltung, Atemzügelung, Zurückziehen des Sinnesvermögens, Festhalten, Versenkung, unterdrückende Konzentration". (Patanjâli: Yogasutra. In: E. Friedrich: Yoga. München 1997, S. 155)

Übung:
Schreiben Sie zu jedem der acht Kernworte der achtstufigen Meditationsleiter drei Einfälle auf. Beschreiben Sie dann Ihren ersten Eindruck vom Yoga des Patanjâli.

Sehen wir uns nun diese acht Stufen etwas genauer an.

Die erste Stufe „Sittlichkeit" orientiert den Yogi auf ein mönchisches Leben ohne Familie, ohne Beruf und auf ein Leben als Bettelmönch.

Übung:
Können Sie sich ein Leben als Bettelmönch vorstellen?

Die zweite Stufe „Selbstzucht" heißt Askese, also das Ertragen von Extremen wie Hunger und Durst, Kälte und Hitze, tagelanges Stehen und Sitzen.

Übung:
Sind Sie in der Lage, diese Selbstzucht zu üben?

Die dritte Stufe „Sitzhaltung" bezieht sich auf die meditativen Körperhaltungen, die jede Ablenkung der Meditationsarbeit durch den Körper verhindern soll. Der Körper muss also geschult werden, um regungslos und empfindungslos zu werden.

Übung:
Wie lange können Sie regungslos auf einer Stelle verharren? Machen Sie gleich mal einen Versuch und stoppen Sie Ihre Sitzzeit.

Die vierte Stufe „Atemzügelung" meint das Regulieren des Ein- und Ausatmens.

Übung:
Verändern Sie Ihre Atemtätigkeit. Machen Sie fünfmal einen Stop nach dem Ein- und einen Stop nach dem Ausatmen. Beschreiben Sie die Veränderung Ihrer Denktätigkeit durch die Atemkontrolle.

Die fünfte Stufe „Zurückziehen der Sinnesvermögen" soll dazu führen, dass der Yogi die Verbindung zwischen seinen Sinnen und den Sinnesdaten unterbricht und damit sein Bewusstsein nicht mehr von den äußeren Objekten beeindruckt wird.

Übung:
Schließen Sie die Augen. Stellen Sie fest, dass Sie sich von Ihrer Umwelt getrennt haben. Stellen Sie auch fest, welche Erinnerungen an diese Umwelt sich Ihnen nun aufdrängt. Beschreiben Sie Ihre Erinnerungen.

Die sechste Stufe „Festhalten" ist dazu bestimmt, sich bei geschlossenen Augen auf bestimmte Körperorte, z.b. Nabel, Nasenlöcher usw. zu fixieren. Durch ständiges Üben dieser Fixierung wird der Yogi versuchen, das Stillstellen des Bewusstseins dauern zu lassen, damit er den Vorgang des Festhaltens nicht andauernd wiederholen muss.

Übung:
Schließen Sie die Augen und fixieren Sie Ihre Gedanken auf Ihren Bauchnabel. Beschreiben Sie eine zweiminütige Nabelschau und Ihre Auseinandersetzung um Ihren Wunsch, auf Ihren Bauchnabel fixiert zu bleiben.

Die siebte Stufe „Versenkung" umfasst einen Bewusstseinszustand, in dem das Meditations-Bewusstsein des Meditierenden und sein Meditations-Objekt eins werden.

Übung:
Schließen Sie die Augen. Stellen Sie sich eine Kerze vor. Schauen Sie in Meditation so lange in die Kerze, bis Sie vergessen, dass Sie es sind, die/der in die Kerze schaut. Geben Sie hinterher einen kleinen schriftlichen Bericht.

Die achte Stufe „Unterdrückende Konzentration" zielt darauf ab, jede Subjekt-Objekt-Spaltung in der Meditation aufzuheben. Gelingt dies, dann tritt die Erleuchtung des Samahdi als Ahnung des Überbewusstseins ein.

Übung:
Wiederholen Sie die Kerzenmeditation. Dehnen Sie sie aber nun auf fünf Minuten aus. Beschreiben Sie Ihre erste Ahnung eines Über-Bewusstseins.

Schauen wir uns jetzt die Stufenleiter des Yoga nach Patanjâli zum Über-Bewusstsein noch einmal in einer Grafik an:

Stufenleiter des Yoga nach Patanjâli

8.	Versenkung, Vereinigung des Geistes mit dem Absoluten und Auflösung des Ichs
7.	Meditation des einen Gedankens
6.	Konzentration der Gedanken auf einen bestimmten Punkt
5.	Zurückziehen der Sinne von den äußeren Objekten
4.	Atemkontrolle
3.	rechte Körperhaltung
2.	Zucht, Askese, Studium
1.	Zügelung, Einhaltung moralischer Gebote

Übung:
Schließen Sie die Augen. Entwickeln Sie für alle acht Stufen ein inneres Bild. Beschreiben Sie diese Bilder bei der stufenweisen Vergegenwärtigung des yogischen Weges zum Glück.

Das Überbewusstsein des Yoga ist ein Produkt meditativer Praxis. „Solange die acht Stufen des psycho-mentalen Trainings nicht durchlaufen sind, wird der Mensch über die transzendenten Zustände nur spekulieren können." (M. Eliade: Der Yoga des Patanjâli. Freiburg 1999, S. 52) Die Anforderungen des klassischen Yoga sind so groß, dass es immer nur einen kleinen Kreis von praktizierenden Anhängern gegeben haben kann. Die Gefahr für das Yoga bestand in Indien schon immer darin, dass es auf Gymnastik, Gurukult oder die Erlangung von magischen Kräften verkürzt wurde. So ließ sich Ende des 19. Jahrhunderts ein Yogi 40 Tage lang begraben. Als er nach 40 Tagen wieder ausgegraben wurde, „war er bewußtlos, kalt und starr. Er erhielt warme Handtücher auf den Kopf, wurde massiert, künstlich beatmet und erwachte schließlich wieder zum Leben." (M. Eliade: Der Yoga des Patanjâli, a.a.O., S. 11) „Allerdings verfügte dieser erstaunliche Yogi trotz großer yogischer Fähigkeiten über keine höheren Einsichten in das Über-Bewusstsein. Er geriet später in Lebenskonflikte, floh schließlich mit einer Frau in die Berge. Dort starb er und wurde nach der Landessitte begraben." (M. Eliade, a.a.O., S. 11)

Es gibt viele weitere Berichte über yogische Höchstleistungen, wie z.b. mehrere Stunden unter Wasser zu bleiben ohne zu atmen. Hier geht das Yogitum in den Beruf des schaustellernden Fakirs über. Allerdings hat das Yoga des Patanjâli Indien den Glauben vermittelt, „daß der Mensch unter bestimmten Umständen ein ‚Gottmensch' zu werden vermag." Allerdings waren nur sehr wenige Yogi wirklich in der Lage, der Versuchung zu widerstehen, „sich in einer göttlichen Verfassung einzurichten." (M. Eliade: Yoga. Zürich 1977, S. 98) Die Gefahr, durch Yoga Größenphantasien zu entwickeln, ist für den stürmischen Adepten sehr groß. Wenn beim Yoga schädigende Gedanken auftreten, „muß man entgegengesetzte Betrachtungen anstellen", schreibt Patanjâli. (Patanjâli. In: E. Friedrich, a.a.O., S. 155)

Allerdings ist das Auftreten von „ich-desintegrativen Krisen, in denen das Ich sich negativ auflöst und die Welt verloren geht, als Folge der Yoga-Praxis schon möglich, aber sehr selten." (C. Scharfetter: Der spirituelle Weg und seine Gefahren. Stuttgart 1997, S. 84)

Literatur über das Yoga des Patanjâli:

Patanjâli: Die Wurzeln des Yoga. Die klassischen Lehrsprüche des Patanjâli – Die Grundlage aller Yoga-Systeme. Bern 1999

Eliade, M.: Der Yoga des Patanjâli, Freiburg 1999
Eliade, M.: Yoga. München 1977
Friedrich, E.: Yoga. München 1997
Hiriyanna, M.: Vom Wesen indischer Philosophie. München 1990, S. 152-182
Pfannenstiel, C.: Handbuch Yoga. München 1997
Scharfetter, C.: Der spirituelle Weg und seine Gefahren. Stuttgart 1997
Zimmer, H.: Philosophie und Religion Indiens. Frankfurt 1979, S. 255-299

7. Mahâyâna-Buddhismus (ab 1. Jahrh. v.Chr.): Benutze das große Fahrzeug über den Ozean des Leidens

Rund hundert Jahre vor Christi Geburt entstand eine neue Form des Buddhismus in Indien. Nicht mehr die Erlösung des Einzelnen stand im Zentrum der praktischen Philosophie, sondern die Erlösung aller. Der Schritt vom Subjekt zu allen Anderen wurde vollzogen. Die Mönchsbewegung hatte sich verändert. Aus der Gruppe armer Wanderer- und Bettelmönche waren die Bewohner reicher Klöster geworden. Die Mönche richteten sich in der Welt ein. Ihr Ideal, die Welt des Leidens schnell zu verlassen, wandelte sich in das Ideal, möglichst lange in der Welt zu verweilen, um vielen zur Befreiung zu verhelfen. Aus dem Wandermönch Gautama wurde in der Philosophie der himmlische Buddha. Der neue Buddhismus nannte sich Mahâyâna, d.h. „Das große Fahrzeug für alle" und er grenzte sich vom egoistischen Buddhismus der alten Schule, die nun Hînayâna („das kleine Fahrzeug für wenige") genannt wurde, ab. Der Mahâyâna-Buddhismus entstand im Kontext der Verbreitung der Schrift in Indien. Die alte buddhistische Schule basierte auf der oralen Tradierung der Reden des Buddha. Die neue Mahâyâna-Schule schrieb Texte, deren Verfasser durch Meditation und Kontemplation ihrer inneren Erfahrung des Überbewusstseins und des Plateau-Glücks Ausdruck verliehen. Indem die Mahâyâna-Autoren sich von einem übermenschlichen Buddha inspiriert fühlten, „hoben sich ihre Texte deutlich von den überlieferten Reden Gautamas ab. ... Der mit vielen wunderbaren Eigenschaften ausgestattete Buddha der Mahâyâna-Texte ist weniger der Mensch Gautama, als der sich in ihnen offenbarende immerwährende Buddha." (V. Zotz: Geschichte der buddhistischen Philosophie. Reinbek 1996, S. 84)

> Die Mahâyâna-Philosophie setzte drei neue Schwerpunkte:
> **den Bodhisattva,
> die Leere und
> neue Erlösungswege.**

Ein **Bodhisattva** ist ein erleuchteter Mensch, der kein Buddha werden will. Ein Bodhisattva überwindet sein Ich, indem er nicht für sich das Nirvana erstrebt, sondern für alle. Nicht der kalte egoistische Heilige, sondern der „mitleidend alles umfassende Bodhisattva, der wohl die Welt aufgibt, aber nicht die Wesen, die in ihr leben", bekam jetzt im Buddhismus entscheidendes Gewicht. (E. Conze: Der Buddhismus. Stuttgart 1962, S. 120) Mitleiden wurde jetzt höher bewertet als Weisheit. Ein Bodhisattva wurde man durch die Meditation der Gefühle, die man nun die „Unbegrenzten" nannte. Das Wesentliche dieser neuen Meditationsübungen bestand darin, „die Grenze zwischen dem eigenen und dem fremden Ich auszulöschen – ohne Rücksicht darauf, ob die anderen einem sehr lieb, gleichgültig oder feindlich gesinnt sind." (E. Conze, a.a.O., S. 96)

Übung:
*Die Einübung in das „unbegrenzte Mitleiden" umfasst **vier Stufen**, die wir jetzt üben wollen.*
1. *Schließen Sie die Augen. Stellen Sie sich vor, alle Menschen sind glücklich. Beschreiben Sie die Bilder, die sich einstellen.*
2. *Schließen Sie wieder die Augen und üben Sie das Mitleiden. Identifizieren Sie sich mit einem Leidenden. Entwickeln Sie das Bedürfnis, dessen Leiden zu beseitigen. Beschreiben Sie Ihre Erfahrung.*
3. *Schließen Sie zum dritten Mal die Augen. Üben Sie das Mitfreuen. Identifizieren Sie sich mit einem Glücklichen. Freuen Sie sich über sein Glück. Beschreiben Sie Ihre Erfahrungen.*
4. *Schließen Sie zum vierten Mal die Augen. Üben Sie den Gleichmut. Identifizieren Sie sich mit einem Glücklichen und mit einem Unglücklichen. Stellen Sie fest, wie Mitleid und Mitfreude von Ihnen weicht. Beschreiben Sie Ihre Erfahrungen.*

Das Bodhisattva-Ideal sollte aber nicht nur Mitleid verkörpern, sondern auch Weisheit. Als Kern der Weisheit galt dem Mahâyâna-Buddhismus „die Leere". Die buddhistische „Leere" ist nicht das reine Nichts und damit nicht das Dogma des Nihilismus. Leer ist ein Ausdruck für das Nichtvorhandenseins des Ichs oder für die Ich-Auslöschung. „Die Leere liegt in der Mitte zwischen Behauptung und Verneinung, zwischen Dasein und Nicht-Sein, Ewigkeit und Vernichtung ... Das Absolute ist Leere, und alle Dinge sind ebenfalls leer (nämlich ohne Ich). In ihrer Leere fällt unsere Welt mit dem Nirvana zusammen, Welt und Nirvana sind nicht mehr verschieden voneinander, sondern sie sind eins geworden." (E. Conze: Der Buddhismus, a.a.O. S. 125) Die Lehre der Leere bedeutet: Das Absolute kann nicht Gegenstand der Theorie und des Denkens sein. Alle Theorien verschleiern nur das unauslöschliche Licht des Einen, das Alles ist. Das Eine ist nicht-dualistisch, jenseits der Subjekt-Objekt-Spaltung des alltäglichen Denkens.

Übung:
Versuchen Sie einmal, die Welt ohne Zentrierung in ihrem Ich zu beschreiben. Nehmen Sie die Haltung eines neutralen nicht-menschlichen Geistes ein, der die Welt ohne Ich darstellt.

Die Theorie der Leere entspricht der Theorie der Urteilsfreiheit der antiken griechischen Skepsis. Für Pyrrhon von Elis (um 330 v.Chr.) sind alle theoretischen Ansichten über das Sein gleich unbegründet. Die Aufgabe aller theoretischen Meinungen, Urteile und Behauptungen führt für Pyrrhon zur Freiheit des Einzelnen von Leidenschaften und zum Gleichmut (vgl. Sextus Empirikus: Abriß der pyrrhonischen Skepsis. Frankfurt 1984). Der Skeptiker übt sich in sprachlosem Schweigen, Unerschütterlichkeit und Gleichgültigkeit. Inneres Nichthandeln bei äußerer Angepasstheit ist das Ideal des skeptischen Handelns. Da Pyrrhon mit Alexander dem Großen in Indien war, besteht „guter Grund anzunehmen, daß Pyrrhon seine Ansichten aus Indien oder Iran mitgebracht hat." (E. Conze: Der Buddhismus, a.a.O., S. 133)

Übung:
Schließen Sie die Augen. Weisen Sie alle Urteile ab. Erfahren Sie die Gleichgültigkeit und beschreiben Sie sie.

Die Hauptaufgabe der Mahâyâna-Philosophie besteht im Ausloten der Leere, im Schauen des Absoluten. Nur systematische Meditation kann die Tiefe der Leere ermessen. „Leere ist ein Gegenstand entrückter Kontemplation und alles vage Geschwätz darüber, ob sie nun ,Nichts' sei oder nicht, verdient nur Verachtung." (E. Conze: Buddhistisches Denken. Frankfurt 1990, S. 351)

Die Leere wird in einer fünfstufigen Meditation, natürlich nach langer Übung, erreicht.

Die Stufen heißen:

1. Vorstellung der Ich-Losigkeit der Dinge in der Welt
2. Vorstellung der Prägung der Dinge durch Unbeständigkeit, Leid und Nicht-Ich
3. Vorstellung der Leere als Todlosigkeit, Friede und Sicherheit
4. Vorstellung der Leere als Transzendenz
5. Vorstellung der Leere des Schweigens und der wortlosen Einheit mit dem Ganzen

(E. Conze: Buddhistisches Denken, a.a.O., S. 350-360)

Übung:
Stellen Sie sich einmal die Welt vor, wie sie durch Unbeständigkeit und Leid und wie sie durch Todlosigkeit und Frieden geprägt ist. Stellen Sie sich dann die Welt jenseits von Leid und Glück vor. Beschreiben Sie Ihren Versuch.

Nâgârjuna, als größter Philosoph des Mahâyâna, eröffnete den **neuen Erlösungsweg des Denkens**. Er lebte im 2. Jahrhundert n.Chr. Er wurde im südlichen Indien in der Kaste der Brahmanen geboren. Er war hoch begabt und konnte als Kind schon die Veden lesen. Als junger Mann entwickelte er magische Fähigkeiten, die er für die Verführung von Frauen nutzte. Um der Bestrafung für die Verführung zu entgehen, trat er in ein buddhistisches Kloster ein. Er entwickelte seine Leerheitsphilosophie als Basisphilosophie des Mahâyâna in Rückgriff auf alte brahmanische Texte. Er legte mit seiner Philosophie die Grundlagen des Mahâyâna.

Nâgârjuna (2.-3. Jahrh. n.Chr.)

„In seinen philosophischen Werken bekämpft er jeden philosophischen Pluralismus und dringt zu einem Standort vor, der jenseits der Bedingtheit und der Relativität aller Meinungen liegt." (H.v. Glasenapp: Die Philosophie der Inder. Stuttgart 1974, S. 106) Nâgârjuna wurde Rektor und Abt der Klosteruniversität Nalanda. Im Alter zog er sich nach Zentralindien zurück. Er gründete ein Kloster auf dem Nâgârjunakonde-Berg. Hier ist er auch gestorben. In seinem „Lehrbuch der Mittleren Lehre" stützt er sich ganz auf Buddha und lässt alle Bodhisattva-Ideen beiseite. Das Thema seines Lehrbuches lässt sich in einem Satz zusammenfassen: „Die Wiedergeburt geschieht ohne Seele."

Übung:
Entwickeln Sie eine These zur Wiedergeburt, die ohne die Idee der „Seelenwanderung" auskommt.

Für Nâgârjuna, wie für Buddha, gibt es keine Substanzen, also auch keine Seele, sondern nur das ständige Werden, in dem sich kurzfristige Gestaltungen gemäß des Karma's (Schicksals) bilden.

Das Bild des im Werden der Welt sich zeigenden Nirvanas lässt sich nur in Negation fassen. Nâgârjuna schreibt:

> *„Kein Vergehen, kein Entstehen*
> *Keine Vernichtung, keine Ewigkeit*
> *Keine Identität, keine Andersheit*
> *Kein Kommen, kein Gehen."*

(H.W. Schumann: Buddhismus. München 1998, S. 195)

Übung:
Versuchen Sie ein Bild zu entwerfen, das das Nirvana des Nâgârjuna mit weiteren Negationen erfasst.

Folgende weitere Lehrsätze seiner Idee einer „Wiedergeburt ohne Seele" entwickelte er in seinem Lehrbuch:

„*Die Buddhas haben die Seele als Irrtum erkannt und darum die Nicht-Seele gelehrt.*"

Aus dieser These leitete er sein buddhistisches Weltverständnis ab:

„*Nicht-Seele / Nicht-Eigennatur = Leerheit = Konditionierung = Entstehen = Vergänglichkeit = Leiden = Aufhebung des Leidens im Nirvana.*"
(H.W. Schumann, a.a.O., S. 199)

Die Identität zwischen der Vor- und Nachexistenz jedes Einzelnen wird als Seelenband bei gleichzeitiger Trennung der jeweiligen Existenzen bei der Wiedergeburt gedeutet. Die karmische Tradierung von Seelenbündeln vollzieht sich in der leeren Realität. Die Leere ist einmal Grund des Vergehens und des Leidens. Sie ist aber auch Voraussetzung dafür, dass das Leiden auch vergänglich ist.

Leerheit ist das „Aufgeben aller Theorien" (H.W. Schumann, a.a.O., S. 206). Als Weg zum Nirvana gilt für Nâgârjuna die Aufgabe aller Ich-Ideen. „Wenn es keine Seele gibt, woher kommt dann die Selbstsucht? Durch das Stillwerden von Selbst- und Meingedanken wird man bescheiden und unegoistisch", antwortet Nâgârjuna. (H.W. Schumann, a.a.O., S. 208) Erlösung geschieht durch metaphysisches Denken. „Buddha hat bei der Realität von Werden und Vergehen gesprochen. Auch darum ist es angebracht, Nirvana weder als Sein noch als Nicht-Sein zu verstehen." (H.W. Schumann, a.a.O., S. 210) Kann Nirvana auch nicht gedacht werden, so kann es doch durch selbstdisziplinierte Ich-Aufgabe verwirklicht werden. Der Buddha, der ins Nirvana eingeht, ist unbegreifbar. „Da der Buddha leer von Eigennatur ist, ist der Gedanke, dass er nach dem Tode existiert oder nicht existiert, unangebracht." (H.W. Schumann, a.a.O., S. 211)

Nâgârjuna hat folgende Methode des transzendierenden Spekulierens über das Alltagsbewusstsein hinaus mit einer paradoxen Logik entwickelt. Bei jedem zu stellenden Problem werden vier Möglichkeiten durchdacht, um jede einzelne Feststellung zu überprüfen und schließlich alle zu verwerfen und die „Leere" zu denken.

Die viergliedrige Methode des Transzendierens bei Nâgârjuna umfasst folgende Stufen:
1. etwas ist
2. es ist nicht
3. es ist sowohl als auch nicht
4. es ist weder noch ist es nicht

Mit diesem Denken wird die Möglichkeit der Entwicklung einer letzten gültigen Aussage verschlossen. Jede Denkposition wird aufgehoben. Dieses viergliedrige Transzendieren hat folgendes Ziel: „Die Inhaltslosigkeit, die im zwingenden Denken hervorgerufen wird, soll den unendlichen Gehalt des Undenkbaren wecken." (K. Jaspers: Laotse, Nâgârjuna. München 1978, S. 78)

Übung:
Spekulieren Sie die vier Möglichkeiten des Transzendierens an dem Letztbegriff Ihrer Lebensphilosophie in vier Sätzen durch.
Denken Sie doch einmal ausgehend von Ihrem Grundbegriff Gott:
  „Gott ist,
  Gott ist nicht,
  Gott ist und ist nicht,
  Gott ist weder noch ist er nicht."
Wählen Sie nun Ihren Zentralbegriff und vollziehen Sie den gleichen Gedankengang. Beschreiben Sie dann die Erfahrung, die Sie auf diesem Denkweg des Nâgârjuna gemacht haben.

Die Logik des Nâgârjuna stellt sich quer zur Logik abendländischen Denkens, das von Aristoteles begründet wurde.

<u>Die abendländische Logik gründet sich</u>

1. auf den Satz von der Identität (Gott ist gleich Gott, A ist A),

2. auf den Satz vom Widerspruch (Gott ist nicht gleich Nichts oder A ist nicht gleich Nicht-A) und

3. auf den Satz vom ausgeschlossenen Dritten (Gott kann nicht gleichzeitig Sein und Nichts sein oder A kann nicht gleichzeitig A und Nicht-A sein, genausowenig, wie es gleichzeitig weder A noch Nicht-A sein kann).

Aristoteles schreibt: „Ein und dasselbe kann dem einen nicht zugleich zu- und abgesprochen werden." (Aristoteles: Metaphysik. Reinbek 1966, S. 1005b)

Übung:
Wählen Sie einen Zentralbegriff Ihrer Lebensphilosophie und formulieren Sie nach Aristoteles über Ihren gewählten Begiff einen Satz der Identität, des Widerspruchs und des ausgeschlossenen Dritten.

Erst Hegels Dialektik rückt von Aristoteles ab und argumentiert so paradox wie Nâgârjuna.

Hegels Dialektik besagt:
1. Etwas ist (These)
2. Etwas ist nicht (Anti-These)
3. Etwas wird (Synthese)

(G.W.F. Hegel: Wissenschaft der Logik. Hamburg 1986, Bd. 1, S. 47f)

Als Beispiel heißt das:
1. Gott ist (These)
2. Gott ist nicht (Anti-These)
3. Gott wird (Synthese)

Übung:
Wählen Sie nun Ihren Zentralbegriff und vollziehen Sie den Hegel'schen Gedankengang in drei Schritten. Beschreiben Sie dann die Erfahrungen, die Sie auf Hegels Denkweg gemacht haben.

Nâgârjuna entwickelte seine paradoxe Logik, um für die Elite der Mahâyâna-Buddhisten einen Denkweg zur Erlösung zu eröffnen.

Für die Masse der Mahâyâna-Anhänger wurden aber andere Erlösungswege vorgeschlagen, weil der traditionelle achtfache Pfad der Selbstelösung sich für viele Weltmenschen als nicht gangbar erwies. Mahâyâna propagiert z.b. den Erlösungs-Weg des Glaubens. Der Glaube an den transzendenten Buddha führt in einen Zwischenzustand, der alle Voraussetzungen für die endgültige Erlösung eröffnet. Den transzendenten Buddhas entsprechen Buddha-Länder, die als Zwischenstation der Gläubigen auf dem Weg zum Buddha der Erlösung dem Buddha Amitabha dienen. Diese Paradiese liegen innerhalb oder außerhalb unseres Universums. Eine zentrale Rolle des Glaubens spielte auch der Glauben an den Zukunftsbuddha Maitreya. Er wurde ab dem 2. Jahrhundert n.Chr. zum Ziel einer eschatologischen Massenbewegung. Der Buddha Maitreya sollte die Lehrtradition des Buddha Gautama fortsetzen. Der eschatologische Glaube an Maitreya umfasste den Wunsch, in der Zukunft wiedergeboren zu werden, um dann Schüler des Maitreya sein zu können. Andere Gläubige des Mahâyâna griffen zum Mittel der Lebensverlängerung mittels Magie und alchemistischer Lebenselixiere, um so lange leben zu können, bis der Zukunftsbuddha die Welt betritt, um „unendliche Scharen von Göttern und Menschen zur Erlösung führen zu können." (H.W. Schumann: Mahâyâna-Buddhismus. München 1995, S. 142)

Übung:
Stellen Sie sich vor, dass auf sie ein Buddha der Erlösung wartet. Was empfinden Sie bei dieser Vorstellung?

Mahâyâna führte auch den Weg des Kultes wieder ein. Reliquien-Verehrung, die Errichtung von heiligen Stätten, die Herstellung von Buddha-Bildern, das Darbringen von Blumen und Räucherwerk, das Musizieren an Andachtsstätten galten nun auch wieder als „Weg zur Erleuchtung". (H.W. Schumann: Buddhismus. Stifter, Schulen und Systeme. München 1993, S. 188)

Das Nirvana rückte im Mahâyâna-Buddhismus in den Hintergrund. Nun werden für die vielen Weltmenschen auch Zwischenziele der Erlösung vorgestellt: Die Wiedergeburt in einem Zwischenparadies bzw. die Erlösung der anderen Wesen. Die eigene endgültige Erlösung wird ein fernes Endziel. Der Mahâyâna-Buddhismus wanderte nach China, Japan, Tibet und Amerika aus, während die alte buddhistische Hînayâna-Schule heute nur noch in Ceylon, Burma, Kambodscha und Siam besteht.

Das Glücksbild des Nagarjùna

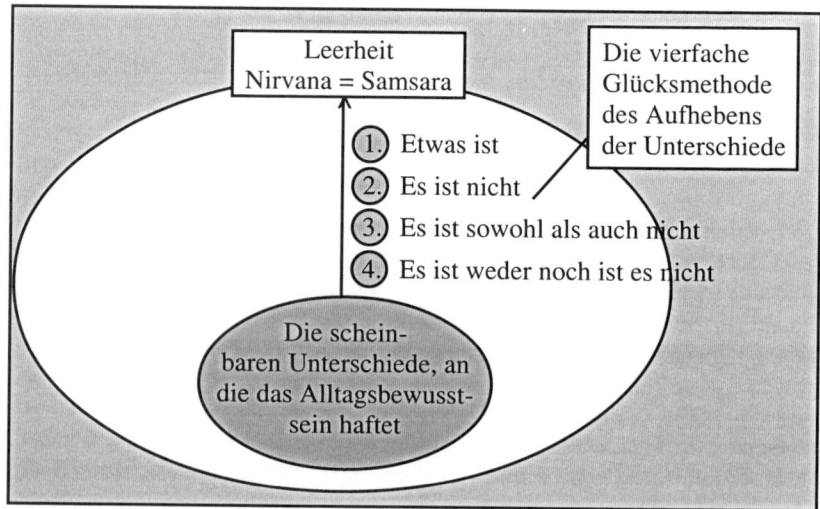

Mahâyâna-Buddhismus

Übung:
Betrachten Sie das Glücksbild des Nâgârjuna. Versuchen Sie die Welt zu beschreiben, ohne die Unterschiede von unglücklichem Alltag und glücklichem Nirvana zu bemühen. Führen Sie den Satz fort: „Der Alltag ist Nirvana, weil ..."

Besonders eindrücklich kommt der Mahâyâna-Buddhismus im Werk des Mönches Sântideva (695 – ca. 730 n.Chr.) zum Ausdruck. Er beschreibt in seinem Werk „Eintritt in das Leben zur Erleuchtung" den aktiven Weg, wie man ein Bodhisattva werden kann. Jeder Anwärter auf die Bodhisattvaschaft verschreibt sich der Entwicklung des Alleinheits- oder Leerebewusstseins.
„Wer die 100fachen Leiden des Daseins überwinden will ... darf niemals den Erleuchtungsgedanken aufgeben."
(Sântideva: Eintritt in das Leben zur Erleuchtung. Düsseldorf 1981, S. 23)

Sântideva (8. Jahrh. n.Chr.)

Sântidevas Erleuchtungsweg beginnt mit einer Beichte der eigenen Unkenntnis der Vergänglichkeit. Sântideva schreibt: „Daß ich wie ein Durchreisender bin, habe ich nicht erkannt." (Sântideva, a.a.O., S. 32) „Die nur im Leib sind, werden nicht mehr sein, der nur Leib ist, wird nicht mehr sein, ich selbst werde nicht mehr sein, nichts wird mehr sein." (Sântideva, a.a.O., S. 32) Aus der Erfahrung der Vergänglichkeit entsteht das Engagement der Hilfe für Andere: „Wenn ich alles aufgeben soll, ist es besser, es den Wesen hinzugeben." (Sântideva, a.a.O., S. 38) Das eigene Denken soll nur noch dem Heil anderer dienen. „Wenn nur das Denken gezähmt ist, sind alle gezähmt. Denn alle Gefahren und die unermesslichen Leiden gehen allein aus dem Denken allein hervor." (Sântideva, a.a.O,. S. 49) Der angehende Bodhisattva gibt alle anderen buddhistischen Übungen auf, um das Denken für andere zu schärfen. „Was nützen mir die vielen anderen Übungen ohne die Übung der Hütung des Denkens." (Sântideva, a.a.O., S. 51)

Das Denken soll der Bodhisattva beruhigen, „wie Holz soll er verharren." (Sântideva, a.a.O., S. 54) Entscheidend ist aber die Sorge und das Mitleid für andere. „Um dem Buddha zu huldigen, will ich mich heute mit ganzem Herzen zum Diener der Welt machen." (Sântideva, a.a.O., S. 78) Der Bodhisattva praktiziert hauptsächlich folgende Übungen der Übernahme des Leidens der Anderen auf sich selbst.

Übungen:
- *Stellen Sie sich die Schmerzen anderer vor und erleben Sie, wie die eigenen Schmerzen weniger werden.*
- *Tauschen Sie sich mit anderen aus. Fühlen Sie sich wie ein anderer, der leidet, wie z.B. ein Krebskranker. „Hat man aber um des anderen Willen sich selbst gequält, ergibt sich Glück in allem." (Sântideva, a.a.O., S. 106)*

Um das eigene Leid zu stillen, gibt der Bodhisattva sein Selbst für andere hin. Das hat seinen guten Grund: Aus der Grundeinsicht der Leerheit ergibt sich die Einsicht, dass auch alle Wesen gleich sind. Der Bodhisattva betrachtet sich als gleich mit anderen. „So dringen die Bodhisattvas in die schlimmsten Höllen ein, wie Gänse in das Lotusdickicht." (Sântideva, a.a.O., S. 104) Sântideva rät also: „Laß also alles Böse der Welt auf dich fallen." (Sântideva, a.a.O., S. 111) Durch dieses universelle Mitleid hilft der Bodhisattva alle Wesen mit sich zu versöhnen (vgl. S.N. Dasgupta: Indische Mystik. Satteldorf 1998, S. 106).

Der Mahâyâna-Buddhismus leitet eine neue Phase der Entwicklung des Buddhismus ein und als dieser neue Buddhismus hat er großen Einfluss auf die weitere Entwicklung des Buddhismus zur Weltreligion und Weltphilosophie gewonnen.

Literatur zum Mahayana-Buddhismus:

Sântideva: Eintritt in das Leben zur Erleuchtung. Düsseldorf 1981
Schumann, H.W.: Mahâyâna-Buddhismus. Das große Fahrzeug über den Ozean des Leidens. München 1995
Aristoteles: Metaphysik. Reinbek 1966
Brück, M.v.: Buddhismus. Grundlagen, Geschichte, Praxis. Gütersloh 1998
Conze, E.: Buddhistisches Denken. Frankfurt 1990
Conze, E.: Der Buddhismus. Stuttgart 1962^3
Dasgupta, S.N.: Indische Mystik. Satteldorf 1998
Frauwallner, E.: Die Philosophie des Buddhismus. Berlin 1994^4
Hegel, G.W.F.: Wissenschaft der Logik. Hamburg 1986, Bd. 1
Jaspers, K.: Laotse, Nâgârjuna. Zwei asiatische Metaphysiker. München 1978
Schlieter, J.: Buddhismus. Hamburg 1997
Schumann, H.W.: Buddhismus. Stifter, Schulen und Systemen. München 1998
Zotz, V.: Geschichte der buddhistischen Philosophie. Reinbek 1996

9. Hinduistischer Tantrismus (ab 4. Jahrh. n.Chr.): Versuche den Weg der körperichen Liebe

Der hinduistische Tantrismus entwickelte sich ab dem 4. Jahrhundert an der afghanischen und an der bengalischen Grenze Indiens. Im Tantrismus lassen sich nicht nur vor-vedische Einflüsse feststellen, sondern auch die Auswirkungen der westlichen Gnosis, der ägyptischen Alchemie und die Tradition der hellenistischen Mysterien. Außerdem gewinnt mit der Göttin Shakti die große Muttergöttin als kosmische Kraft des Brahman eine beherrschende Stellung. Der Tantrismus wendet sich vom Pessimismus der Upanishaden ab. Er will den optimistischen Weg zum Überbewusstsein nicht im Denken sondern über den Körper und die Sexualität gehen. Der Tantrismus ist antiasketisch und anti-idealistisch. Da der einzelne Körper des Menschen den Kosmos im Kleinen abbildet, kann für den Tantristen die Befreiung nur vom Körper ausgehen. Die Befreiung gelingt nur über Wein, Fleisch und körperlicher Liebe als Vereinigung mit Shakti. Durch die körperliche Vereinigung wird die Spaltung von Shakti und Shiva aufgehoben. Die Tantristen organisierten sich in Geheimkulten, die nachts geheime Zeremonien abhalten. „Eine gleiche Anzahl von Männer und Frauen aller Kasten nimmt daran teil. Die Teilnehmenden sitzen im Kreis und genießen fünf verbotene Dinge: Wein, Fleisch, Fisch, gedörrte Gerste und Geschlechtsverkehr." (H.-P. Hasenfratz: Der indische Weg. Freiburg 1994, S. 115) Die kultische Vereinigung von Mann und Frau realisiert „die letzte Einheit ... die Einheit des Brahmans in und unter der polaren Zweiheit von Shiva und Shakti." (H.-P. Hasenfratz, a.a.O., S. 115f.)

Unterstützt wurde die Entwicklung der sexuellen tantrischen Kultur durch das „Kâma-Sûtra" des Mallanâga Vatsyâyana aus dem 3. Jahrhundert n.Chr. „Das Kâma-Sûtra will die sexuelle Lust als Disziplin lehren, um ein Optimum an Genuss zu erreichen. Dabei hat die Frau das gleiche Recht auf Lust wie der Mann. Das Kâma-Sûtra erörtert in sachlicher Form in 1250 kurzen Abschnitten, die in sieben Kapitel geordnet sind, die Beischlafstellungen, das Küssen, die Brautwerbung, Möglichkeiten der Verführung, die Prostitution und die besonderen Verführungskünste. Es will seinen Lesern und Praktikern Mittel für die Ethik und den Reichtum der Sinnenlust vermitteln, damit sie ‚ein sorgenfreies, unendliches Glück' gewinnen können." (M. Vatsyâyana: Das Kâmasûtra. München 1997, S. 13) Das Kâma-Sûtra hat „nicht bloße Leidenschaft zum Ziel, der Kenner des Lehrbuches wird einer, der gezügelte Sinne hat. Wer also in Ethik, Reichtum und Sinnenlust tüchtig ist, hat, wenn sein Selbst befreit ist von übergroßer Leidenschaft, als Liebender handelnd, vollendeten Erfolg." (M. Vatsyâyana, a.a.O., S. 181)

Übung:
Mit welchen Mitteln versuchen Sie im Alltag, vollendeten Erfolg in der Liebe zu erreichen? Legen Sie eine Liste an, die Sie möglicherweise für sich behalten.

Übung:
Wie stehen Sie zur Befreiung vom Leiden des Daseins durch befriedigende Sexualität? Antworten Sie in einem Satz.

Der Tantrismus unterscheidet drei Typen von Anhängern:
1. den Herdenmenschen, der die fünf verbotenen Dinge nur symbolisch genießen darf;
2. den Helden, der die verbotenen Dinge tut und sich nicht mit ihnen identifiziert;
3. den Gottmenschen, der die fünf verbotenen Dinge nicht mehr braucht.

(H. Zimmer: Philosophie und Religion Indiens, a.a.O., S. 516-528)

Übung:
Zu welcher Gruppe von Menschen zählen Sie sich?

Der Weg zur Vereinigung von Shakti und Shiva und die Erreichung von Brahman kann auf dem spirituellen oder auch auf dem körperlichen Wege versucht werden. Beide Wege heißen auch Wege der linken und der rechten Hand. Der erste spirituelle Weg, der Weg der linken Hand, beginnt mit Reinigungsübungen, der Schulung des Atems, der Einübung in bestimmte Meditationsstellungen. Wichtig ist dem Tantristen, wie allen Yoga-Praktikern, die Einübung der inneren Konzentration. „Wer die Fähigkeit zur Aufmerksamkeit gut entwickelt hat, wird auch gute Konzentration besitzen ... Zum Beginn der Übung kann man sich auf das Ticken der Uhr, das Licht der Kerze oder einen anderen geeigneten Gegenstand konzentrieren." (S.S. Sarasvati: Kundalini-Yoga. München 1994, S. 150f.)

Übung:
Konzentrieren Sie sich fünf Minuten auf eine tickende Uhr, indem Sie sie mit Ihrem Gehör fixieren.

Eine nächste Konzentrationsübung besteht in der Fixierung der Gedanken auf ein göttliches Bild.

Übung:
Stellen Sie sich ein göttliches Bild vor und beschreiben Sie es.

Der nächste Schritt ist die Identifikation mit diesem Bild der Gottheit. Allerdings wird jedes Gottesbild dann nacheinander aufgehoben, um zur vollkommenen „Leere" vorzustoßen. Eine solche Meditation kann folgende Bilderfolgen umfassen:

„Der Meditierende imaginiert zuerst einen Ozean von Milch. In der Mitte dieses Ozeans blüht ein Lotus. Er selbst sitzt in diesem Lotus. Aus seinem Nabel wächst ein sechzehn Blütenblätter umfassender Lotus. Dieser Lotus verbrennt. Ein heftiger Sturm zerstreut die Asche des Lotus. Danach stellt der Meditierende sich vor, dass ein Regen fällt und die Asche wegwischt. Zurück bleibt nur noch die Gottheit. Jedes Ich ist ausgelöscht."

Unterstützt wird der spirituelle Weg im Tantrismus durch das Wiederholen von Mantren, Kurzsilben, die die Konzentration in der Vidualisierung stützen und über den Klang der Silben die Entspannung fördern. Die Silbe OM =AUM kann eine ganze Philosophie ausdrücken, indem z.B. A für das Wachbewusstsein, U für das Schlafbewusstsein und M für das Traumbewusstsein steht.

Es gibt aber auch noch andere Interpretationen für OM =AUM: A kann auch Shakti bedeuten, die die Urkraft der Welt ist; M steht für die individuelle Seele, und U bedeutet, es besteht eine enge Beziehung zwischen der Seele und Shakti. AUM bedeutet dann als Ganzes die totale Aufgabe des Ichs in der großen Göttin Shakti.

Das Rezitieren von AUM kann damit eine Verbindung zwischen dem eigenen Bewusstsein und dem Über-Bewusstsein herstellen.

Übung:
Stellen Sie sich Ihre Lebensphilosophie in einer Silbe vor, deren einzelne Buchstaben die wichtigsten Aspekte Ihrer Philosophie benennen. Wenn sich also Ihre Lebensphilosophie in die Worte Liebe, Leidenschaft, Lust fassen lässt, dann ergäbe sich eine Mantrenformel: Li-Lei-Lu. Wenn Sie diese Silben fünf Minuten hintereinander vor sich hin sprechen, müsste sich für Sie eine besondere Wirkung ergeben. Versuchen Sie diese Wirkung zu beschreiben.

Neben Mantren setzt der spirituelle Tantrismus auch Mandalas ein. Ein einfaches Mandala „ist eine Zeichnung mit einer äußeren Einfassung und einem oder mehreren konzentrischen Kreisen, die ein in vier Dreiecke geteiltes Quadrat umschließt. In der Mitte jedes Dreiecks, wie auch im Zentrum des Mandalas befinden sich weitere Kreise." (M. Eliade: Yoga, a.a.O., S. 228)

Übung:
Zeichnen Sie ein solches Mandala. Schreiben Sie in jeden Kreis der Dreiecke und in das Zentrum die wichtigsten Begriffe Ihrer Lebensphilosophie. Betrachten Sie das Mandala lange und beschreiben Sie dann die Wirkung dieser Betrachtung.

Ein Mandala hilft gegen äußere Bedrohung und unterstützt das Finden des eigenen inneren Zentrums jenseits des Ichs. Beide Wege des Tantrismus, sowohl der Weg über die symbolische als auch über die körperliche Vereinigung mit dem Unendlichen, basieren auf der Lehre von den sieben Körperchakras, den körperlichen Energiezentren, wie sie auch das Kundalini-Yoga benutzt. Die ersten 6 Chakras befinden sich im Körper. Das 7. Chakra befindet sich über dem Scheitelpunkt des Kopfes.

- Das Sexual-Chakra (1) liegt zwischen dem After und den Geschlechtsorganen. In diesem Chakra befindet sich auch symbolisch gesprochen die Schlangenkraft des Kundalini.
- Das Wurzel-Chakra (2) befindet sich an der Wurzel der Genitalien.
- Das Nabel-Chakra (3) liegt in der Gegend des Solar Plexus.
- Das Herz-Chakra (4) befindet sich in der Herzgegend.
- Das Kehlkopf-Chakra (5) liegt am unteren Ende des Halses.
- Das Stirn-Chakra (6) befindet sich zwischen den Augenbrauen.
- Das Scheitel-Chakra (7) ist über dem Kopfscheitel.

Die Konzentration auf diese 7 Chakras von unten nach oben ist der Königsweg zur Erweckung und Verschmelzung mit der Kundalini-Kraft, die das Wesen des Tantrismus ausmacht. (S.S. Sarasvati, a.a.O., S. 67-80)
Es gibt aber auch die Erweckung der Kundalini-Kraft durch die Massage, Beatmung oder kreisendes Stimulieren der Chakren von Stufe 1 bis 7. (Vgl. M. Anand: Magie des Tantra. München 1998, S. 256-306)

Übung:
Konzentrieren Sie sich, angefangen bei Chakra 1 bis Chakra 7, auf die Erfahrung des Aufsteigens Ihrer Energie. Stellen Sie sich diesen Prozess rein symbolisch vor. Beschreiben Sie dann Ihre Erfahrung.

Das Aufsteigen der Kundalini-Energie über die 7 Chakras wurde für den 2. tantrischen Weg der rechten Hand auch Teil des sexuellen Aktes. Durch die Vereinigung der Sexualpartner, in der sie eine gemeinsame Sublimation der Kundalini-Kraft vollzogen, erreichten sie die mystische Vereinigung und die Überwindung der Gegensätze. Die kopulierenden Tantristen erlebten „die

Hinduistischer Tantrismus 209

Wiederentdeckung der ursprünglichen Spontaneität." (M. Eliade: Yoga, a.a.O., S. 274) Das Tantra erfordert zur Erlangung der höchsten Lust die Zurückhaltung des Samens beim Mann, damit die Ungleichheit der sexuellen Erregung von Mann und Frau, von der schon das Kâma-Sûtra spricht, aufgehoben wird. Wenn der Samen des Mannes lange zurückgehalten wird, dann erleben beide Partner die Zurückhaltung der Zeugungsgewalt. In dieser Zurückhaltung erfahren sie auch das Aussetzen der Schaffung der Welt. Sie erleben nach Mircea Eliade „die Vernichtung des Kosmos und damit das Heraustreten aus der Zeit und so den Zugang zur Unsterblichkeit." (M. Eliade: Yoga, a.a.O., S. 279)

Übung:
Beschreiben Sie den höchsten Orgasmus als Verschwinden der Welt, Heraustreten aus der Zeit und als Erleben des Zugangs zur Unsterblichkeit. D.h. Schreiben Sie einen Text über ein Liebeserlebnis, in dem die Begriffe „Verschwinden der Welt", „Heraustreten aus der Zeit" und „Erlebnis der Unsterblichkeit" vorkommen. Schreiben Sie diesen Text im Stil des Freewritings.

Der größte Teil der tantrischen Exzesse zur rechten Hand geht letztlich auf den Wunsch zurück, die Fülle der Schöpfung vor der Entstehung der Welt erneut zu erleben. Das Kundalini-Sex-Yoga enthüllt sich also als eine besonders intensive Technik der Besiegung des Todes durch das Vorlaufen vor die Geburt.

Übung:
Welche Techniken des Vorlaufens vor die Geburt kennen Sie noch? Legen Sie eine Liste Ihrer Techniken an.

Der Sexual-Tantrismus steht natürlich in scharfem Gegensatz zur Abwertung der Sexualität in Europa. Er ist aber ein intensives Denkmal für spirituelle Glückserfahrung, die mit der Entstehung des Christentums leider völlig in Verruf gekommen ist.

Sehen wir uns nun noch einmal das Glücksbild des Tantrismus an. Betrachten wir dabei die sieben Chakren, die ein Mensch in meditativer Stellung ausbildet.

Das Glücksbild des Tantrismus

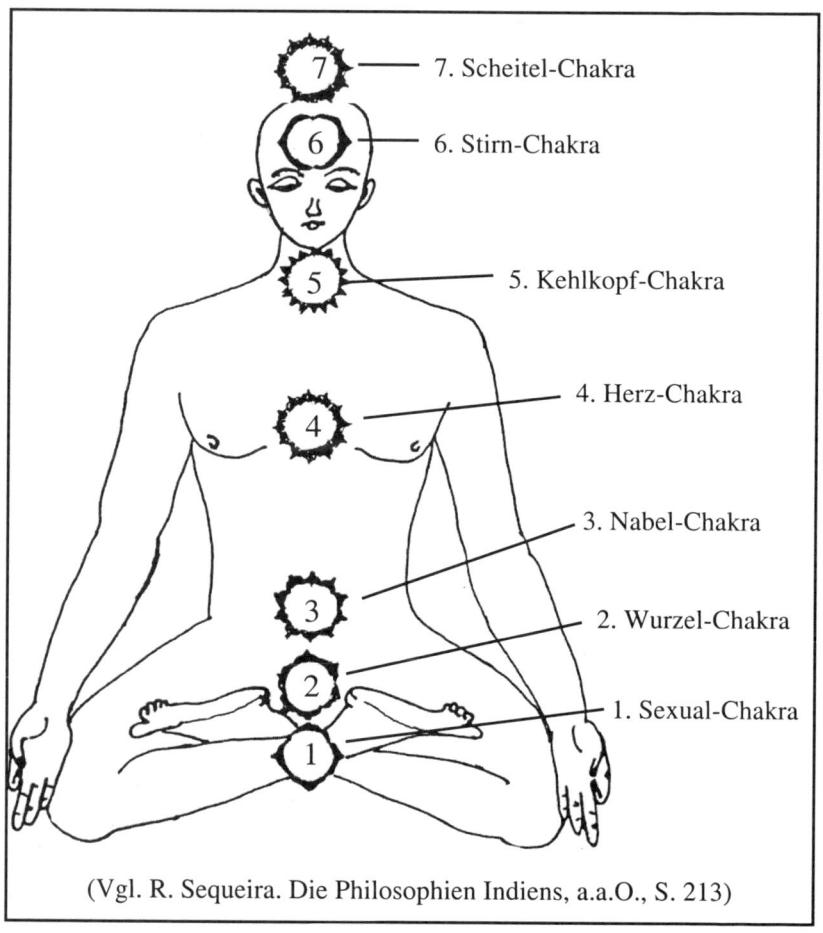

(Vgl. R. Sequeira. Die Philosophien Indiens, a.a.O., S. 213)

Übung:
Stellen Sie sich noch einmal das Aufsteigen Ihrer Lebensenergie von Chakra 1 bis Chakra 7 vor. Beschreiben Sie das Glück der Erfahrung energetischer Wärme.

Literatur zum Tantrismus:

Vatsyayana, M.: Das Kâmasûtra. München 1997
Anand, M.: Magie des Tantra. München 1997
Bharati, A.: Die Tantra-Tradition. Freiburg 1977
Eliade, M.: Yoga. Frankfurt 1977, S. 208-288
Guenther, H.V.: Tantra als Lebensanschauung. Düsseldorf 1989
Hasenfratz, H.P.: Der indische Weg. Freiburg 1994
Lauf, D.-J.: Das Bild als Symbol im Tantrismus. München 1973
Mookerjee, A., Khauna, M.: Die Welt des Tantra. München 1990
Sarasvati, S.S.: Kundalini-Yoga. München 1994
Sequeira, R.: Die Philosophien Indiens. Aachen 1996, S. 143-157

10. Shankara (788-820 n.Chr.):
Das Überbewusstsein entwickeln

Aus den Anschauungen der Veden, Upanishaden und der Bhagavadgita entwickelte Shankara im 8. Jahrhundert den Höhepunkt hinduistischer Philosophie: die Vedânta-Philosophie, die „das Ende der Veda", also die Philosophie im Anschluss an die Veden bedeutet. Der Ausgang der Vedânta-Philosophie Shankaras war die Idee: Es gibt keine Schöpfung, nur das Brahman ist wirklich. Die Vielheit in der Welt und unter den Menschen ist nur Schein, die Brahman als Traum erzeugt. Damit geht Shankara von einer Grundidee aus, die in der Antike Europas schon Parmenides und Plato gedacht hatten. Für Parmenides wie für Plato ist die Welt der Sinne bloßer Schein und nur dem Sein kommt absolute Realität zu. Diese Idee des Einen, vor dem das Viele nur Schein ist, vertritt auch der mittelalterliche Mystiker Meister Eckhart. Shankara und Eckehard vertreten eine „fast gleichlautende Metaphysik." (R. Otto: West-östliche Mystik. München 1971, S. 6)

Später im 18. Jahrhundert stellte auch der europäische Philosoph Immanuel Kant fest, dass die Welt der sinnlichen Erfahrung nur Erscheinung und nicht Realität ist. Realität ist für Kant das unerkennbare Ding an sich und das moralische Gesetz.

Shankara, der Vertreter der Idee des Scheins der Realität und der Lehre von der Illusion der Realität wird von den meisten heutigen Indern als der größte Philosoph Indiens gefeiert. Über sein Leben lassen sich aus einem reichen Kranz von Legenden folgende Umrisse ermitteln:

Shankara

Shankara wurde 788 in Kaladi, einem Dorf im Süden Indiens im heutigen Staat Kerala, geboren. Sein Vater war Brahmane und starb bald nach seiner Geburt. Shankara erwies sich als Wunderkind. Er lernte früh die Veden kennen und entschied sich schon mit acht Jahren, der Welt zu entsagen und ein Asket zu werden. Shankara ging auf die Wanderschaft, die bis zu seinem frühen Tod mit 32 Jahren dauerte. Er zog nach Norden und wurde Schüler des Philosophen Govinda.

Govinda unterrichtete ihn in den Upanishaden und weihte ihn zum Mönch. Nach dem Ende seiner Initiation wanderte Shankara nach Benares, der Hochburg brahmanischer Philosophie. Hier verfasste er sein wichtigstes Werk, den „Großen Kommentar zu den Brahman-Sutren" und gewinnt die ersten Schüler. Bald reiste Shankara nach Allahabad weiter und trifft dort auf den Philosophen Mandana.

Er besiegt Mandana in einem öffentlichen philosophischen Streitgespräch, worauf dieser sein Schüler wird. Beim Tod seiner Mutter kehrt Shankara nach Kaladi zurück und gründete auf dieser Rückreise vier brahmanische Klöster, deren Leitung seine Schüler übernahmen. Während seiner weiteren Wanderungen durch Indien besiegte er viele andere Philosophen im öffentlichen Streit. Er entging vielen Mordanschlägen seiner Gegner. Er kam auch nach Kaschmir im Himalaya, wo er die buddhistischen Denker bekämpfte. Im Himalaya-Gebiet befiel ihn eine schwere Krankheit, an der er im Dorf Kedarnatha starb. (K. Lorenz: Indische Denker. München 1998, S. 169-174, H.v. Glasenapp: Die Philosophie der Inder. Stuttgart 1974, S. 110-116)

Im Rückgriff auf die Veden entwickelte Shankara folgende nicht-dualistische Vedanta-Philosophie:

- Das einzige Unbezweifelbare ist das Brahman. Dieses Brahman ist aber verborgen, weil Maya, die Illusion, die Oberfläche der Realität mit ihren Verlockungen der Sinne beherrscht. Maya muss also überwunden werden. Erst dann kann sich „die Glückseligkeit des nicht-dualistischen Brahman unwillkürlich einstellen." (H. Zimmer: Philosophie und Religion Indiens. Frankfurt 1979, S. 373)

Übung:
Stellen Sie sich die Vielfalt der sinnlichen Oberfläche der Welt vor. Schreiben Sie einen 3-Minuten-Freewriting-Text über die pluralistische Oberfläche der vergänglichen Welt.

- Der Grund, warum das Eine, nämlich Brahman, durch das Viele der Maya verdeckt wird, besteht darin, dass die meisten Menschen sich auf einer alltäglichen Bewusstseinsstufe befinden, die keinen Zugang zum Überbewusstsein, das die Subjekt-Objekt-Spaltung überwunden hat, besitzt. Die Maya selber, die verschleiernde Oberfläche von Brahman, ist außerdem unfassbar, weil sie nicht als Gegenstand zu fassen ist. Sie ist Teil des Spiels von Brahma, der sich zu verhüllen beliebt.

Übung:
Erklären Sie, warum die Welt auf ihrer Oberfläche voller Leid, Vergänglichkeit und Krankheit erscheint. Entwickeln Sie vier Gründe für diese Erscheinungen.

- Das Brahman ist reines Erkennen, unwandelbar und nicht durch Worte zu definieren. Das Brahman ist durch das Nicht-Wissen des Maya-Schleiers umhüllt. „Erst wenn diese Hülle zerrissen wird, kann Brahman erkannt werden – nämlich jenes ungestörte Schweigen über der Silbe OM, das nach der Anschauung des nicht-dualistischen Vedanta Shankaras die alleinige Wirklichkeit, das einzig wahrhaft Reale ist." (H. Zimmer, a.a.O., S: 371)

Übung:
Schließen Sie die Augen. Sprechen Sie zehnmal das Mantra OM = AUM. Beschreiben Sie Ihre Erfahrungen.

- Die Zerreißung der Maya-Hülle des Brahman geschieht durch die Einsicht, dass im tiefsten individuellen Selbst des eigenen Atman sich die Identität mit dem Brahman ereignen kann. Wer dieses hohe Ziel des Aufgebens des eigenen Atmans (des eigenen Seelenkerns) ins große Brahman erreichen will, muss vier Forderungen erfüllen. Er muss unterscheiden können zwischen dem Ewigen und dem Nicht-Ewigen.

Übung:
Was unterscheidet Ewiges von Nicht-Ewigem? Legen Sie zwei Spalten an: 1. Spalte: Ewiges, 2. Spalte: Nicht-Ewiges, und füllen Sie diese Spalten aus.

- Er muss auf jeden Lohn im Diesseits und im Jenseits verzichten.

Übung:
Haben Sie schon jemals auf irgendeinen Lohn freiwillig verzichtet?

- Er muss seinen Geist beruhigen können, die Sinnesgenüsse vergessen und die Mühsale des Lebens mit Geduld ertragen.

Übung:
Wie weit sind Sie noch von der hier angemahnten Geistesruhe entfernt? Entwickeln Sie einen Stufenplan, wie Sie diese Geistesruhe erreichen können.

- Er muss schließlich sein ganzes Verlangen auf die Erlösung von der leidvollen irdischen Existenz konzentrieren können.

Übung:
Wie weit haben Sie in sich schon einen Aspekt der Weltverneinung entwickelt? Geben Sie in Prozenten an, wie groß Ihre Weltliebe und wie groß Ihre Weltverneinung ist.

Shankara unterscheidet **vier Stadien der Entwicklung** des Brahman-Überbewusstseins. Folgendes Bild ergibt sich bei der grafischen Darstellung dieser Stadien:

4 Stufen der Meditation zum Überbewusstsein:	
1. Stufe	Studium der Vedânta-Philosophie
2. Stufe	Versenkung in das Eine ohne ein Zweites
3. Stufe	Meditative Konzentration auf Brahma
4. Stufe	Aufgabe der Subjekt-Objekt-Spaltung

Das **erste Stadium** besteht im Studium der philosophischen Texte der Vedânta-Philosophie mit folgenden sechs Lese-Methoden:

1. Methode: **Anfang und Ende**:
   Stellen Sie den Zusammenhang zwischen Anfang und Ende eines philosophischen Textes dar.
2. Methode: **Kerngedanke**
   Stellen Sie die Abwandlungen des Kerngedankens in einem philosophischen Text fest.
3. Methode: **Originalität**
   Stellen Sie fest, welche Gedanken anderer Philosophen Ihrem gelesenen Text entsprechen.
4. Methode: **Ergebnis**
   Formulieren Sie den Inhalt Ihres gelesenen philosophischen Textes in einem Satz.
5. Methode: **Lobrede**
   Stellen Sie den Wert des durch das Lesen gewonnenen philosophischen Gedankens in lobender Rede dar.
6. Methode: **Darstellung**
   Beweisen Sie den Kerngedanken des gelesenen Textes.

Übung:
Stellen Sie Ihre üblichen philosophischen Lesemethoden vor. Probieren Sie dann die 6-Schritt-Lesemethoden Shankaras aus. Vergleichen Sie die Ergebnisse Ihrer Lesefrüchte mit denen, die Sie durch Shankaras Methoden gewonnen haben.

Das **zweite Stadium** heißt: Versenken in das Eine ohne ein Zweites.

Das **dritte Stadium** heißt: Meditative Konzentration auf Brahman.

Das **vierte Stadium** heißt: Aufgabe der Spaltung zwischen Subjekt und Objekt, zwischen Betrachter und Betrachtetem.

Besonders durch die Stadien 2 bis 4 kann sich das Überbewußtsein als „Zustand transzendenter Wachheit entwickeln." (H. Zimmer, a.a.O., S. 385ff.)

Übung:
Kennen Sie Zustände „transzendenter Wachheit"? In welchen Situationen treten sie ein? Welche Methoden zur Erzeugung solcher Zustände haben Sie bisher verwandt?

Auf dem Weg von Stufe 2 zu 4 kann sich die spirituelle Krise, wie S. Grof sagt, ereignen. (S. Grof: Die stürmische Suche nach dem Selbst. München 1991) Das abstrakte Meditationsobjekt Brahman verwandelt sich in der Krise in den personifizierten Weltenherrscher Brahma. Der Meditierende setzt sich in der Krise mit diesem Weltherrscher, der nur eine Täuschung von Brahma, also eine höhere Form des Schleiers der Maya, ist, gleich. Er wird in der spirituellen Krise größenwahnsinnig. Der Meditierende muss diese letzte Maya-Stufe, die eine völlige Anklammerung an die Welt des Scheins beim Versuch der Meditation des reinen Seins ist, überwinden. Die Person der höchsten Gottheit „wird sich dann auflösen und als letzte, zartestes, aber auch zäheste kosmische Illusion verschwinden. Der Weltenschöpfer wird überwunden und mit ihm die ganze Illusion einer existierenden Welt." (H. Zimmer, a.a.O., S. 380)

Übung:
Kennen Sie solche spirituellen Krisen? Beschreiben Sie sie im Hinblick auf Größenwahn des Ichs, Realitätsverlust, Vernachlässigung des Alltags und Sprachverlust. Benennen Sie Ihre Methoden, solche Krisen zu überwinden.

Shankara kannte aber nicht nur den yogischen Weg zum Wissen von Brahman, sondern auch den poetischen Weg. Allerdings klingen die poetischen Werke des Shankara im Stil heiligen Narzissmus. Sie sprechen archetypisch mit der Stimme einer psychotischen Inflation, „bei der das persönliche, rationale Bewusstsein aufgesogen worden ist von einem göttlichen Über-Ich." (H. Zimmer, a.a.O., S. 400) In Wirklichkeit sollen bei der Erzeugung des Überbewusstseins diese poetischen Formeln vom Rande des Alltagsbewusstseins dem Meditierenden als Mantra dienen.

Wenn der nach der nicht-dualen Erfahrung von Brahman Strebende solche phantastischen Äußerungen ständig wiederholt, sich in sie versenkt und vergegenwärtigt, was sie bedeuten, „kann er von seinem Erscheinungs-Ich frei werden." (H. Zimmer, a.a.O., S. 400)

Shankara preist in seinen Gedichten die lyrische Ekstase eines Geistes, der heimgekehrt ist zu Brahman. Er benutzt dafür schockierende Aussagen, die die Vernunft und Logik des Alltagsbewusstseins auf den Kopf stellen, um die Inhalte des Über-Bewusstseins zu stimulieren. Wer aber schließlich durch solche Anregungen an der Idee des Über-Bewusstseins festhält, ist immer noch im Trugnetz der Maya gefangen. Der Rezitierer und Erfinder folgender Strophen hat immer noch einen langen Weg zur Erfahrung der Nicht-Zweiheit vor sich. Das ungeheure Gefühl der Erlösung, wenn das Ich vom Leid der Objekte befreit ist, auch dieses Gefühl muss schließlich noch überwunden werden. In diesem Sinne sind die folgenden Gedichte Shankaras aus seinen „Morgenmeditationen" zu verstehen.

Gedicht auf die Aufhebung des Ichs

„Ich bin nicht die Ich-Funktion.
Ich bin nicht die Summe der vitalen Atemkräfte.
Ich bin nicht intuitives Verstehen.
Fern bin ich von Weib und Sohn,
fern von Land, Reichtum und anderen Gütern dieser Art.
Ich bin der Zeuge, der Ewige, das innere Selbst, der Selige."

(H. Zimmer, a.a.O., S. 412f.)

Übung:
Schreiben Sie auch ein Gedicht auf die Aufhebung Ihres Ichs. Schreiben Sie alles auf, was Ihr Ich nicht ist.

Gedicht auf die Verschmelzung des Ichs mit Brahman

„Ich bin weder Mann noch Weib,
noch bin ich geschlechtslos.
Ich bin der Friedvolle,
dessen Gestalt, aus sich selbst leuchtend, gewaltige Strahlung ist.
Ich bin weder Kind noch Jüngling noch Greis.
Ich bin von keiner Kaste.
Ich gehöre keiner der vier Lebensstufen:
Schüler, Hausvater, Einsiedler, wandernder Weiser an.
Ich bin der Friedvoll-Gesegnete,
der der alleinige Urgrund vom Werden und Vergehen der Welt ist."

(H. Zimmer, a.a.O., S. 413f.)

Übung:
Schreiben Sie ein Gedicht auf die Negation aller Ihrer sozialen Beziehungen.

Sie müssen aber eine gewisse Skepsis gegenüber solchen archetypischen Texten bewahren. Denn: „Solch heiliger Größenwahn sprengt die Grenzen der Vernunft. Bei Shankara wird die Größe erhabenster menschlicher Erfahrung intellektualisiert und enthüllt ihre unmenschliche Sterilität. ... Ihr kühnes, endlos wiederholtes, vernunftzersetzendes Paradoxon ist ein Mittel, um zum fernen Ufer transzendenten Friedens hinzuführen." (H. Zimmer, a.a.O., S. 414)

Der Zustand des vom Ich befreiten Menschen, der die vier Stufen zum Überbewusstsein bewältigt hat, wird in vielen Texten Shankaras beschrieben. Er stellt damit das Idealbild des Übermenschen oder göttlichen Menschen dar. Dieses Bild des Gottmenschen bei Shankara steht in direkter Parallele zum alttestamentarischen Patriarchen, zum römischen Stoiker, zum Mönch des europäischen Mittelalters, zum konfuzianistischen, taoistischen, buddhistischen und zen-buddhistischen Weisen. Ein göttlicher Weise lebt nach der Erleuchtung weiter, aber so, dass er „die Inhalte seines Denkens und Empfindens als trügerische Übertragung betrachtet, die man selbst nicht mehr zu beachten braucht." (H. Zimmer, a.a.O., S. 396)

Für heutige Europäer ist dieses Idealbild des Weisen kaum noch nachvollziehbar. Die Aufgabe der Weltoberfläche, die durch die industrielle Revolution eine immer größere Attraktivität in Form von Waren gewonnen hat, erscheint vielen Materialisten und Atheisten völlig absurd. Damit handeln sie sich aber zugleich eine verschärfte Angst vor dem Tod und der Vergänglichkeit ein.

Das Glücksbild des Shankara

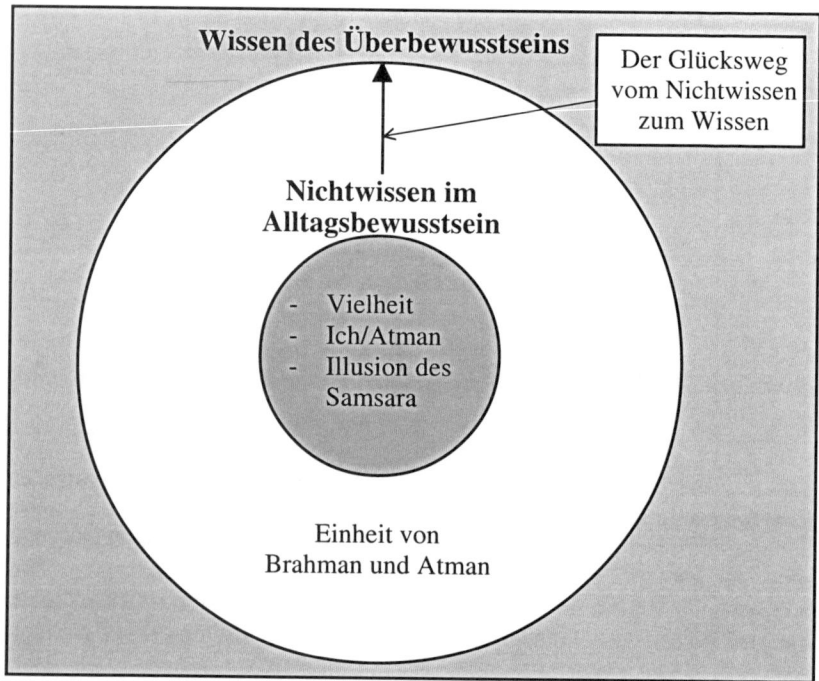

Übung:
Beschreiben Sie den Weg des Glücks durch Wissen: Versuchen Sie einmal den Schein des Alltags zu verlassen und öffnen Sie sich den Chiffren des Überbewusstseins des Einen.

Literatur zu Shankara:

Deussen, P.: Die Sutra's des Vedânta nebst den vollständigen Kommentaren des Samkara. Leipzig 1887(Nachdruck: Hildesheim 1966)
Chattopadhyaya, D.: Indische Philosophie. Berlin 1975, S. 80ff.
Dünnebier, J.: Bhagavadgita. Der vollständige Text mit dem Kommentar Samkaras. München 1989
Glasenapp, H.v.: Die Philosophie der Inder. Stuttgart 1974, S. 110-117, S. 185ff.
Lorenz, K.: Indische Denker. München 1990, S. 163-200
Zimmer, H.: Philosophie und Religion Indiens. Frankfurt 1979, S. 365-414

11. Ramakrishna (1836-1886):
In Ekstase leben

Die britische Kolonialherrschaft industrialisierte Indien im 19. Jahrhundert. Christliche Missionare versuchten nun die Inder vergeblich für das Christentum zu gewinnen. Die europäische Orientalistik gab im 19. Jahrhundert die Veden und die Upanishaden in Englisch heraus, die nun von vielen Indern, die Sanskrit nicht mehr verstanden, gelesen werden konnten. Die Folge war die Entstehung des Neo-Hinduismus, der 1947 zum Sturz der britischen Kolonialherrschaft beitrug. Eine der wichtigsten Personen, die zur Renaissance der hinduistischen Philosophie der indischen Frühzeit beitrug, war Ramakrishna. Er gab der fünftausendjährigen hinduistischen Philosophie neue Impulse und überragt weit die Gründer der Bewegung „Brahmo Samaj", d.h. die „Gesellschaft der Hindus", die sich als soziale antikolonialistische Reformbewegung verstand und die „Arya Samaj", d.h. „die Gesellschaft der Arier", die mit dem Ruf „Zurück zu den Veden" Kastenwesen und religiöse Bilderverehrung ablehnte. (Vgl. R.A. Mall: Der Hinduismus. Darmstadt 1997, S. 100-102) Sosehr sich Ramakrishna auch den neo-hinduistischen sozialreformatorischen Bewegungen entzog, sosehr ist seine Wirkung doch von diesen Bewegungen abhängig.

Ramakrishna war ein Mystiker aus Bengalen, der sein halbes Leben durch strenge philosophische Übungen in Ekstase verbrachte. Er lehrte, was er selbst erlebt hatte und sagte, dass Gott viele Namen hat, unendliche Formen annimmt und auf unendlich vielen Übungswegen erreicht werden kann. Ramakrishna verkörperte als pluralistischer undogmatischer und äußerst toleranter Hinduist das Lächeln Buddhas, das Leiden Christi, das Gehirn des Vedânta-Philosophen Shankara, das Kundalini-Yoga, den tantrischen Weg und die Liebe des Franz von Assisi. Er war ein philosophisches Genie. 1836 in einem kleinen Dorf in Bengalen geboren, zeigte er früh seine philosophische Begabung. Bei der Feldarbeit hatte er seine erste Vision: „Er sah eine tiefschwarze Wolke, über die eine Schar schneeweißer Kraniche flog." (H. Torwesten: Ramakrishna. Zürich 1997, S. 28)

Ramakrishna

Übung:
Erinnern Sie sich an Ihre erste Vision in der Kindheit. Beschreiben Sie sie.

Der plötzliche Tod seines Vaters motivierte Ramakrishna zur Suche von Einsamkeit und zur Übung der Meditation. Damit begann seine Erfahrung des Ekstase. „Plötzlich verstummte Ramakrishna und blieb wie angewurzelt stehen. Sein Körper wurde völlig steif und gefühllos. Tränen rannen über sein Gesicht." (H. Torwesten, a.a.O., S. 31) Er vernachlässigte die Schule und versuchte sich als Laienschauspieler. 1852 ging er nach Calcutta und wurde Priester im Tempel der Kali. Durch strenge Meditation erreichte er bald einen Zugang zum Überbewusstsein. Er erlebte die Ebene des reinen absoluten Einen, nämlich Brahman und die relative Ebene, auf der sich Brahman durch die Macht seiner schöpferischen Maya in vielen Götterbildern manifestiert. Die wichtigste Gottheit der relativen Bewusstseinsebene wurde für Ramakrishna Kali (oder Shakti), die als weibliches Pendant zu Shiva (das tanzende Absolute) seine dynamische dunkle Seite darstellt. Auch Kali tanzt. Sie hat vier Hände. Zwei segnen und beruhigen, die anderen zwei tragen entweder ein Schwert oder einen abgeschlagenen Kopf. Um ihren Hals trägt Kali eine Girlande aus Totenköpfen und abgeschnittenen Armen. Ihr hängt die Zunge heraus.

Übung:
Schreiben Sie eine Minute Freewriting zum Bild der Göttin Kali.

Ramakrishna betrachtete Kali als Göttliche Mutter und wählte sie zu seinem Meditationszentrum. Er sah sie in einer meditativen Ekstase: *„Ich sah einen Ozean des Geistes, grenzenlos, unendlich, blendend. Ich sah glänzende wogen, die mit schrecklichem Rauschen auf mich einstürzten, als wollten sie mich verschlingen."* (H. Torwesten, a.a.O., S. 54)

Übung:
Malen Sie ein Bild des Ozeans des Geistes und schreiben Sie dazu einen kleinen Text.

Ramakrishnas häufige Ekstasen führten bald zu dem Verdacht, er sei wahnsinnig. Während in Europa sein Verhalten als wahnbildende Schizophrenie oder als Psychose eingestuft werden würde, wird die Wahnbildung in Indien anders bewertet. „In Indien kommt es kaum zu einem strukturierten Ausbau des Wahns und die Unterscheidung von Wahn, phantasievoller Erfindung und Spiel ist in Indien oft sehr schwierig." (C. Scharfetter: Allgemeine Psychopathologie. Stuttgart 1996, S. 259) Es ist also problematisch, außergewöhnlich intensive Erfahrungen des Überbewusstseins, die der europäischen Philosophie nicht mehr vertraut sind, gleich zu pathologisieren und Erfahrungen anderer Wirklichkeiten als krankhaft abzustempeln. (C. Scharfetter: Schizophrene Menschen. Weinheim 1999, S. 198) So verwundert es nicht, dass die von der Familie bestellten Ärzte Ramakrishna nicht als krank, sondern als Ausnahmeerscheinung einstuften und nicht für nötig erachteten, ihn medizinisch zu behandeln.

Übung:
Welche Erfahrungen haben Sie im Laufe Ihres Lebens mit dem Überbewusstsein? Wie sind Sie mit diesen Erfahrungen umgegangen?

Mit 22 Jahren hatte Ramakrishna die Erfahrung der Kundalini-Energie. Die Erfahrung des Kundalini „fing bei dem am After gelegenen Zentrum an und stieg weiter hoch, durch die Chakren am Penis, am Nabel und alle weiteren … dann erreichte sie das Kehlen-, das Stirn- und schließlich das Scheitel-Chakra." (H. Torwesten, a.a.O., S. 63)

Übung:
Stellen Sie sich eine Wärme vor, die Ihren Rücken vom After bis zum Scheitel hochsteigt. Beschreiben Sie die Wirkung.

Ramakrishna erlebte auf dem Weg zum Überbewusstsein eine spirituelle Krise nach der anderen. Er entwickelte ständig eine innere Hitze. Er hatte Heißhunger. Er quälte sich mit der Frage: „Wird Kali sich wandeln und ihre Maya-Welt von Licht und Grauen in ein nur Licht durchflutetes Paradies verwandeln?"

Übung:
Versuchen Sie eine Antwort. Kann die Welt ein Paradies werden? Unter welchen Umständen wird die Welt zu einem Paradies?

Ramakrishna übte das Transzendieren aller Gegensätze von hässlich und schön, angenehm und unangenehm, indem er alle Tantra-Übungen, außer denen der sexuellen Vereinigung, durchführte. So übte er auch das Berühren von verfaultem Menschenfleisch mit der Zunge, um sich ein Ja auch zur schrecklichsten Realität zu erarbeiten.

Übung:
Was würden Sie empfinden, wenn Sie totes Menschenfleisch mit der Zunge berührten?

Sexualität lehnte Ramakrishna als Kali-Priester total ab. Er fühlte sich, wie im Bild der fliegenden Kraniche aus seiner ersten Vision in der Jugend, eigentlich dem gestaltlosen Brahman zugehörig und auch Kali war für ihn nur ein visueller Aspekt von Brahman. „Als die Schöpfung noch nicht existierte ... da war die Mutter, das Gestaltlose", lehrte Ramakrishna, „und nach der Auflösung des Universums, am Ende eines großen Schöpfungszyklus, sammelt die göttliche Mutter die Samen für die nächste Schöpfung." (H. Torwesten, a.a.O., S. 111)

Übung:
Schließen Sie die Augen. Stellen Sie sich in einem Bild die a-kosmische Kraft vor, die das Werden und Vergehen des Kosmos überdauert.

Ramakrishna war sich sehr deutlich bewusst, dass jede seiner spirituellen Krisen natürlich im Wahnsinn enden könnte. Jede Brahman-Erkenntnis kann das Ich total sprengen und den Wanderer auf dem spirituellen Weg verrückt werden lassen. „Spirituelle Krisen können psychotische Ausmaße annehmen. Wie das vom Sucher in der Krise aufgefangen werden kann, wird auch von seiner Umgebung, deren Akzeptanz, Toleranz, adäquaten Beistand abhängen und nicht nur von seiner Persönlichkeit." (C. Scharfetter: Der spirituelle Weg und seine Gefahren. Stuttgart 197, S. 84)

Ramakrishna hatte eine Umgebung, die ihn trug. Er konnte seine Sexualrolle wechseln. Er trug von nun an Frauenkleider. Er ging und sprach wie eine Frau. Er wandte sich nun von der Kali-Verehrung ab und ging zur Krishna-Verehrung über. Krishna galt als die achte Inkarnation von Vishnu und zugleich als Inkarnation von Brahma.

1864 nahm Ramakrishna das Vedânta-Studium des Einen ohne ein Zweites auf. Nun lehrte er, dass Krishna und Kali nur Phantome sind und von der Erkenntnis der Leere Brahmans abhalten. Denn Brahman ist nach der Vedânta-Philosophie nur reines Bewusstsein jenseits von eins und zwei, Einheit und Vielfalt. Die Erfahrung des Brahman versetzte Ramakrishna in einen Zustand völliger Entspannung. „Ein Bild völliger Entspannung und Einswerdung, ein Lächeln auf den leicht geöffneten Lippen kennzeichneten den ekstatischen Ramakrishna." (H. Torwesten, a.a.O., S. 146)

Übung:
Was empfinden Sie, wenn Sie einen völlig ekstatischen und glücklichen Menschen betrachten? Geben Sie eine kleine Skizze.

Ramakrishna verarbeitete die spirituelle Krise der Leere-Erfahrung dadurch, dass er sich wieder zur männlichen Verehrung der großen Mutter zurückverwandelte, um als Rest-Ich „mit dem Du der Mutter und anderen göttlichen Aspekten kommunizieren zu können." (H. Torwesten, a.a.O., S. 148) Ramakrishna konnte im Samadhi-Trance über die große Mutter hinausgehen, verblieb aber als lebendes Ich im Bereich der Maya doch ihr Geschöpf.

Allerdings wird berichtet, dass Ramakrishna sich doch dem namenlosen Abgrund des Brahman hingab und „ganze sechs Monate im Zustand des Samadhi, des Zustands vollkommener Erleuchtung verbrachte." (H. Torwesten, a.a.O., S. 154)

Ramakrishna betrachtete die Brahman-Leere-Erfahrung aber nicht als Gipfel sondern als Durchgangsstadium, denn die Leere ist ja zugleich die Fülle und die Fülle begegnete ihm dann in Allah und in Christus. Seine philosophische Toleranz machte es ihm möglich, sich auch mit anderen Archetypen des Absoluten auseinander zu setzen. Schranken der Religion hatten für ihn überhaupt keine Bedeutung. Ramakrishna identifizierte sich deshalb partiell mit Mohammed und mit Christus, ohne als Ramakrishna unter zu gehen und in einer Psychose zu enden. Die Konsequenz dieser mystischen Erlebnisse mit Allah, Mohammed und Christus war seine Lehre von der absoluten Pluralität Gottes. Ramakrishna lehrte: „Ich habe alle mystischen Disziplinen praktiziert und ich akzeptiere alle mystischen Wege. Brahma ist nur einer, aber er hat 1000 Namen."

Übung:
Wenn der Urgrund als Einer die Fülle ist, sind dann nicht alle metaphysischen Philosophien gleichberechtigte Wege zum Einen? Sind nicht alle Philosophien, soweit sie sich über Metaphysik positiv äußern, gleichwertig? Schreiben Sie einen Satz weiter: „Alle metaphysischen Philosophien sind ..."

Für seine sich langsam sammelnden Anhänger empfahl Ramakrishna die Liebe zum Einen. „Es gelingt", sagte er, „das Eine zu lieben." Samadhi und Überbewusstsein ist nach Ramakrishna für das rechte glückliche Leben gar nicht nötig.

1872 zog Sarada Devi als Ehefrau zu Ramakrishna. Allerdings, so sehr Sarada Ramakrishna auch umsorgte, eine sexuelle Ehe wurde nie vollzogen. Ramakrishna sagte: „Ich fürchte mich vor Frauen."

Übung:
Wie ist Ramakrishnas Frauenfurcht zu erklären?

Ramakrishna lebte lieber im Kreis seiner jugendlichen männlichen Verehrer. Er hatte in dieser Zeit auch Beziehungen zur nationalistischen Brahmo Samaj-Bewegung in Calcutta, die Indien vom Kolonialismus der Engländer befreien wollte. Er war aber kein politischer Mensch. Er liebte eher spirituelle Wege, die für die neo-hinduistische Befreiungsbewegung unakzeptabel war, „etwa den steilen Bergpfad des Vedânta oder die Hintertüren des Tantra." (H. Torwesten, a.a.O., S. 235)

Ramakrishna betete weiter zu Gottesbildern wie Kali oder Shiva, aber zugleich meditierte er auch die Leere des Brahman. Er hielt sich dabei nicht für groß, verfiel keinem Größenwahn, sondern sagte: „Ich bin Staub vom Staub an den Füßen der Menschen." (H. Torwesten, a.a.O., S. 242)

Übung:
Was fühlen Sie, wenn Sie sagen: „Ich bin Staub vom Staub an den Füßen der Menschen"?

Über die Beweise von Gott lehrte Ramakrishna folgendes: Es gibt Gott, denn: „Während des Tages siehst du keine Sterne, doch sind sie da. In der Milch ist

Butter und doch sieht man sie nicht. Um Gott zu schauen, mußt du beten und meditieren – du kannst ihn nicht auf bloßen Wunsch hin sehen." (H. Torwesten, a.a.O., S. 260)

Übung:
Legen Sie eine Liste von dem an, was unsichtbar ist, dem Sie aber als Unsichtbares doch eine entscheidende Realität zuerkennen.

Ramakrishnas Schüler nahmen Teil an seinen Ekstasen, seinen Schmerzen und Krisen und seinem ständigen Dialog mit Kali. Zum Lieblingsschüler erwählte Ramakrishna schließlich den späteren Philosophen Vivekananda.

Am Ende seines Lebens erkannte Ramakrishna, dass alle Verwirrung über die Existenz des Bösen in der Welt jetzt zu Ende ist. „Man verliert jede Angst vor dem Bösen, wenn man erkennt, daß es Gott selber ist, der sich als Atheist und Gläubiger manifestiert, als Sein und Nichts, als das Gute und das Böse, der zugleich jenseits von alledem ist." (H. Torwesten, a.a.O., S. 352)

Übung:
Wie erklären Sie sich den Ursprung des Bösen in der Welt? Versuchen Sie, es einmal monistisch und einmal dualistisch zu erklären. Schreiben Sie den Satz weiter: „Aus dem einen Grund entsteht das Böse, weil ..." und schreiben Sie dann einen zweiten Satz: „Der Urgrund ist schon gespalten in Gut und Böse, weil ..."

Gegen Ende 1885 stellte man bei Ramakrishna Kehlkopfkrebs fest. Bei jeder Ekstase verschlimmerten sich seine Schmerzen. Aber jede Ekstase nahm den Schmerzen auch ihre Kraft. „Er war auch in diesen letzten Monaten seines Lebens oft fröhlich wie ein Kind. Er habe nun die Vision des absoluten Brahman ständig, teilte er mit." (H. Torwesten, a.a.O., S. 383)

Übung:
Welche Sterbehilfen haben Sie sich schon erarbeitet? Denken Sie angesichts des Todes schon hin und wieder an das Absolute?

Ramakrishna magerte zum Skelett ab. Zuletzt konnte er nur noch flüstern und Zeichen geben. Er sagte: „Die Neigung meines Geistes zu gestaltloser Leere ist nur ein Zeichen der nahenden Auflösung meines Körpers." (H. Torwesten, a.a.O., S. 388) Am Tage vor seinem Tod sagte er: „Ich gehe fort von hier durch tiefes Wasser zu einem weit entfernten Ort." (H. Torwesten, a.a.O., S. 397)

Als er starb, lächelte er. Er erlebte den Tod in Ekstase.

Das Glücksbild des Ramakrishna

(Kreisförmiges Diagramm mit "Das Eine" und "Die Leere" im Zentrum, umgeben von: Shiva, Brahma, Tantra, TAO, Gott-Vater, Allah, Kali)

Übung:
Stellen Sie sich vor, dass alle Gottesbilder nur Masken des Einen sind. Beschreiben Sie das Glück der Einheit in der Vielfalt und der Vielfalt in der Einheit, indem Sie Ramakrishnas Glücksbild betrachten.

Literatur zu Ramakrishna

Ramakrishna : Das Vermächtnis. München 1981
Ramakrishna: Ein Werkzeug Gottes sein. Zürich 1997
Ramakrishna: Setze Gott keine Grenzen. Freiburg 1984

Lemaitre, S.: Ramakrishna. Reinbek 1963
Müller, H.P.: Die Ramakrishna-Bewegung. Gütersloh 1986
Rolland, R.: Das Leben des Ramakrishna. Zürich 1964
Torwesten, H.: Ramakrishna. Zürich 1997
Vogl, C.: Ramakrishna. Der letzte indische Prophet. Wien 1921

12. Mahatma Gandhi (1869-1948): Die Gesellschaft befreien

Mahatma Gandhis Leben ist nur aus der Tradition des Yoga zu erklären. Innerhalb der indischen yogischen Strömungen rechnet sich Gandhi besonders dem Karma-Yoga, dem Liebes-Yoga, zu. Gandhi hat das Karma-Yoga aus der Bhagavadgita gelernt. Gandhi liebte, nach seinen eigenen Aussagen, besonders folgende Verse der Bhagavadgita:

„Wenn man an Sinnesdinge denkt, entsteht Lockung, die Lockung zeugt Begierde, Gier entbrennt zur Leidenschaft, die Leidenschaft zeugt Leichtsinn: das betrogene Gedächtnis läßt allen edlen Vorsatz kläglich fahren und ein Gedanke nur durchwühlt den Geist, bis es um Vorsatz, Geist und Mensch geschehen ist." (Bhagavadgita, zit.n. M. Gandhi: Mein Leben. Frankfurt 1983, S. 48)

Ein Karma-Yogi wie Gandhi handelt ohne Frage nach dem Gewinn und der Belohnung für sein Handeln. „Das Bewußtsein, daß ich es bin, der dieses oder jenes tut, ist nicht vorhanden, wenn man durch Karma-Yoga arbeitet." (S. Vivekananda: Vedânta. München 1996, S. 135) Jeder Karma-Yogi handelt, aber er bindet sich nicht. „Bindung ist schrecklich. Diese Welt ist nicht unsere Heimat." (S. Vivekananda, a.a.O., S. 137) Gandhi war politisch und philosophisch so erfolgreich, weil er ohne persönliches Motiv arbeitete. Weder kämpfte er für Geld noch für Ruhm noch für irgendetwas anderes. „Ein solcher Mensch verkörpert das höchste Ideal des Karma-Yoga." (S. Vivekananda, a.a.O., S. 148) Die Ziele des Karma-Yoga erreichte Gandhi durch Askese: durch die stete Übung des Verzichts auf das eigene empirische Ich. Seine Philosophie und sein Leben hat Askese als politische Macht etabliert in der Form des gewaltlosen Widerstandes und des zivilen Ungehorsams. Gandhi mobilisierte eine Massenbewegung, die die Befreiung Indiens von der englischen Kolonialherrschaft erkämpfte.

Mahatma Gandhi

Gandhi wurde am 2. Oktober 1869 in Porbandar, einem Staat zwischen Bombay und Karachi als Sohn des Premierministers eines kleinen Fürstentums geboren. Er war ein sehr ängstliches Kind und nur ein mäßiger Schüler. Mit 13 Jahren wurde Gandhi verheiratet und erlebte seinen ersten Anstoß zur Askese. Das geschah folgendermaßen: Als sein Vater im Sterben lag, liebte Gandhi seine junge Frau und ließ seinen Vater im Sterben allein. *„Ich sah ein, daß ich, hätte mich nicht die tierische Lust blind gemacht, meinen Vater in seinen letzten Augenblicken die Qual der Trennung hätte ersparen müssen... Meine Liebe zu meinen Eltern war in dieser Stunde gewogen und zu leicht befunden worden, auf Nimmerwieder, weil meine Seele in den Klauen der Lust lag."* (M. Gandhi: Mein Leben, a.a.O., S. 29) Dieses Jugenderlebnis führte Gandhi mit 32 Jahren zum völligen Verzicht auf Sexualität.

Übung:
Beschreiben Sie eigene Erfahrungen mit der Enthaltsamkeit, also mit sexueller Askese.

In der Kindheit wurde Gandhi mit der indischen Philosophie des Jainismus vertraut, weil Jain-Mönche in seiner Familie verkehrten. Der Jainismus, zur Zeit Buddhas 500 v.Chr. entstanden, besteht auf einem Leben ohne Gewaltanwendung. Die Jain-Mönche durften nur zu Fuß gehen. Sie durften keine Tiere zertreten und gingen deshalb nur bei Tageslicht. Vor dem Mund tragen sie noch heute eine Binde, damit sie keine Insekten verschlucken und töten. Die Jain-Mönche sind heute auch noch strenge Vegetarier. Gandhis Begegnung mit den Jain-Mönchen legte die zweite Wurzel seiner Askese offen: nämlich den Verzicht auf jede Gewalt (in indisch heißt Verzicht auf Gewalt *Ahimsa*) Gandhi wurde Vegetarier. Als er einmal Fleisch aß, hatte Gandhi später einen Albtraum, „als hörte ich eine lebendige Geiß in meinem Bauch blöken." (M. Gandhi, a.a.O., S. 21) Böses mit Gutem zu vergelten wurde sehr früh Gandhis moralische Leitlinie.

Übung:
Beschreiben Sie Ihre Erfahrung mit dem Gewaltverzicht. Wann haben Sie Böses mit Gutem vergolten? Welche Folgen hatte diese Aktion?

Als Gandhi die Möglichkeit erhielt, 1888-1891 in London Jura zu studieren, legte er vor seiner Reise nach London folgendes Gelübde ab: „Ich gelobe in England ein geschlechtlich keusches Leben zu führen und niemals Wein oder Fleisch anzurühren." (M. Gandhi, a.a.O., S. 36f.)

Mahatma Gandhi

Übung:
Welche Gelübde haben Sie in Ihrem Leben schon abgelegt? Mit welcher Wirkung?

In London schränkte er wegen knapper Mittel sein Leben sehr ein. Über jeden Penny führte Gandhi Buch. Einen Teil seiner Mahlzeiten kochte er selber. Um die von ihm in London entdeckte Bhagavadgita auswendig zu lernen, hatte er jeweils neue Zettel mit Gita-Versen an die Wand geheftet, die er während des täglichen Zähneputzens dann intensiv studierte. Über dieses Studium schreibt er: *„Die Gita erschien mir von unschätzbarem Wert. Diese hohe Meinung von der Gita ist seither immer noch in mir gewachsen, so daß ich sie heute für das erhabenste Lehrbuch der Wahrheit halte. Sie hat mir unendlich viel geholfen in Augenblicken der Niedergeschlagenheit."* (M. Gandhi, a.a.O., S. 49)

Übung:
Welches Buch lesen Sie in Augenblicken der Niedergeschlagenheit?

Als Gandhi seine juristischen Prüfungen in England bestanden hatte, kehrte er nach Indien zurück. Als Anwalt hatte er dort keinen großen Erfolg. Als er einen Mandanten vor Gericht verteidigen sollte, versagte er völlig. Er nahm deshalb sehr schnell eine Anwaltsstelle in Südafrika an und verließ Indien wieder. In Südafrika erkannte er die völlige Rechtlosigkeit der Inder und einen massiven Rassismus, der die südafrikanische Gesellschaft kennzeichnete. Gandhi setzte sich nun für seinen indischen Landsleute ein und wurde bald als „Kuli-Anwalt" bekannt. Gandhi begann als Basis für eine indische Interessenvertretung in Südafrika den „Natal Indien Congress" zu organisieren. Er wurde bald in Südafrika bekannt und geriet schnell in die Gefahr, von den rassistischen weißen Südafrikanern gelyncht zu werden. Als er im letzten Augenblick von einem Lynchmob befreit wurde, weigerte sich Gandhi, gemäß seines Glaubensgrundsatzes „Böses ist mit Gutem zu vergelten", die Namen der Mordlustigen zu nennen oder ihre Bestrafung zu betreiben.

Übung:
Haben Sie schon Erfahrung mit dem Grundsatz „Vergelte Böses mit Gutem" gemacht?

In Südafrika wurde Gandhi von drei Kritikern des kapitalistischen Wirtschaftssystems tief geprägt, nämlich von <u>John Ruskin</u>, <u>Henry David Thoreau</u> und <u>Leo Graf Tolstoj</u>.

Von Ruskin lernte er, dass Kapitalismus Ausbeutung und Bereicherung ist. An Thoreau, der in den USA zwei Jahre in einem kleinen Haus in der Wildnis gelebt hatte, beeindruckte Gandhi dessen Theorie des „bürgerlichen Ungehorsams". Vom Russen Tolstoj übernahm er die Lehre des Wertes eines einfachen und bedürfnislosen Lebens. Außerdem begann Gandhi mit Yoga-Übungen. „So fing ich verschiedene Yoga-Übungen an, so gut sie mir aus der Lektüre der Hindu-Bücher verständlich wurden." (M. Gandhi, a.a.O., S. 92) Aus diesen Einflüssen entwickelte Gandhi seine erste Philosophie, die Philosophie einer Praxis der Selbstverwirklichung, die er mit dem indischen Namen „Satyagraha" bezeichnete. Satyagraha bedeutet passiver Widerstand gegen soziale Diskriminierung. Die Kraft zu diesem Widerstand zog Gandhi aus der Idee der Gewaltlosigkeit und der Kraft des Strebens des Menschen nach der Vereinigung mit Satyam, dem unsterblich Göttlichen. Satyagraha ist die seelische Stärke, die aus Askese, Liebe und Gewaltlosigkeit geboren wird. Gandhi sagte provokativ: „Leiden ist für einen Satyagrahi Lust." (M. Gandhi, a.a.O., s. 176)

Gandhi praktizierte seine Philosophie in zwei Projekten: Er gründete 1904 die Phoenix-Siedlung als asketische Landkommune und 1910 die Tolstoj-Farm als Praxis des Ur-Kommunismus. Zu diesem Zeitpunkt hatte Gandhi schon auf seine Anwaltspraxis verzichtet. 1906 gab er dann auch jede sexuelle Praxis auf und 1912 verzichtete er in einem dritten Gelübde auf alles Privateigentum. Satyagraha war aber nicht nur eine neue Lebensform, sondern entwickelte zugleich eine politische Dimension des Aktivismus.

Gandhi organisierte nämlich 1913 die erste Aktion des passiven Widerstands gegen die wachsende rassistische Entrechtung der Inder in Südafrika. 1037 Männer, 127 Frauen und 57 Kinder nahmen an dieser ersten Protestaktion gegen den südafrikanischen Rassismus teil.

Übung:
Stellen Sie Ihre eigenen Versuche dar, die Gesellschaft, Ihr Leben oder die Macht des Geldes zu verändern.

1915 kehrte Gandhi nach Indien zurück. Aus dem gescheiterten Rechtsanwalt war nun ein Politiker und Philosoph des alternativen asketischen Lebens und der gewaltlosen politischen Aktion geworden. In Indien angekommen, gründete Gandhi sofort ein Satyagraha-Ashram in Ahmedabad, das die Kastenschranke zu den Unberührbaren zugleich aufhob. Mit seiner Klostergemeinschaft des selbstbestimmten einfachen Lebens ohne Kastenschranken wollte er Indien zeigen, wie sich die Probleme des von England beherrschten Milliardenvolkes lösen ließen. Ein großer Teil der Armut in Indien war für

Gandhi Folge der Aufgabe der Selbstversorgung. Indiens Rettung von der Armut erhoffte sich Gandhi von der selbstbestimmten Arbeit der Bauern. Gandhi verschärfte in Indien noch seine asketische Lebensweise. Er gelobte, solange er in Indien war, „nie mehr als fünf Speisen in 24 Stunden zu nehmen, und nie nach Einbruch der Dunkelheit zu essen." (M. Gandhi, a.a.O., S. 185)

Übung:
Probieren Sie mal diese eingeschränkte Ernährung für einen Tag aus, und beschreiben Sie die Wirkung.

Ab 1921 trug Gandhi nur noch selbstgewebte Kleidung. Nur mit einem Lendentuch bekleidet, reihte sich Gandhi nun unter die Ärmsten der Armen ein.

Übung:
Teilen Sie mal für einen Tag das Leben der Ärmsten der Armen. Übernachten Sie dort, wo die Obdachlosen leben und beschreiben Sie Ihre Erfahrungen.

Gandhi begann, Satyagraha auch in Indien zu organisieren. Am 6. April 1919 rief er zum Generalstreik gegen die Engländer auf. Allerdings zeigte sich, dass die Inder zum gewaltlosen Widerstand nicht fähig waren. Es kam nämlich überall im Land zu blutigen Kämpfen mit der Polizei. In Amritsar ermordete die Polizei 379 Menschen. Gandhi brach deshalb den Streik ab und fastete als Buße drei Tage. Als 1922 wieder eine Aktion des passiven Widerstandes in Gewaltorgien endete, fastete Gandhi fünf Tage. Die englische Kolonialmacht stellte Gandhi vor ein Gericht. Zur Strafe für seine politischen Aktionen musste Gandhi für zwei Jahre ins Gefängnis. Als er dann aus dem Gefängnis kam, ging Gandhi für vier Jahre auf die indischen Dörfer, um Zentren der Erziehung zum gewaltlosen Widerstand zu organisieren. Gandhi entwickelte nun eine strenge Selbsterziehung. Er betete zweimal am Tag, morgens gegen 1.30 Uhr und abends zwischen 5 und 6 Uhr. Seine täglichen Gebetssitzungen bestanden aus Entspannung, Meditation und Mantra-Sprechen, „indem die einfachsten Satzformeln mechanisch wiederholt werden, bis sich ein suggestionshaftes Verschmelzen des Denkens mit dem Inhalt des Mantras einstellt." (M. Gandhi, a.a.O., S. 287)

Übung:
Wählen Sie eine einfache positive Satzformel, die Ihrer Lebensphilosophie entspricht. Wiederholen Sie diese Formel drei Minuten lang. Beschreiben Sie die Verschmelzung Ihres Denkens mit dem Inhalt Ihres Mantras.

1930 veranstaltete Gandhi den Salzmarsch, der Indien zeigen sollte, dass es sein Salz selbstständig aus dem Meer gewinnen und jede englische Salzsteuer unterlaufen kann. Dieser Marsch wurde ein großer Erfolg und Gandhi wurde von den Engländern für diesen zivilen Ungehorsam für neun Monate ins Gefängnis geworfen. Gandhis Glaubenssatz für das Durchstehen des passiven Widerstandes lautete: *„Ich muß mich selbst zur Null machen. Solange ein Mensch sich nicht aus eigenem freien Willen an letzte Stelle stellt unter seine Mitgeschöpfe, ist kein Heil für ihn möglich."* (M. Gandhi, a.a.O., S. 258)

Übung:
Wie können Sie sich als Gipfel der sozialen Askese selbst zur Null machen und an die letzte Stelle unter alle Mitgeschöpfe stellen? Machen Sie ein paar Vorschläge.

Gandhis weitere Aktionen galten der Aufhebung der Kastenschranken. Gandhi sagte: „Ich glaube an die Lehre der Gleichheit, wie sie von Krishna dem Herrn in der Gita verkündet wird." Während er wieder im Gefängnis saß, begann er ein Fasten bis zum Tode, um die Aufhebung der Kastenschranken zu erwirken. Nach sechs Tagen brach er sein Fasten ab. Als er nach den neun Monaten 1931 aus dem Gefängnis kam, zog er zehn Monate durchs Land, um für die Unberührbaren zu betteln und zu werben. Gandhi legte 1934 die inzwischen übernommene Leitung der „Indischen Kongresspartei" nieder. Er trat aus der Partei aus, weil diese Partei seine Politik der Kastenaufhebung nicht strikt verfolgte.

Übung:
Welche Möglichkeiten des Kampfes für Gleichheit und Gerechtigkeit sehen Sie in der Bundesrepublik Deutschland?

Nach dem 2. Weltkrieg kam es zur größten Krise Indiens. Die Entlassung Indiens aus der Kolonialherrschaft, für die Gandhi lebenslang gekämpft hatte, führte zum wüsten Kampf zwischen Moslems und Hindus. Gandhi predigte Vernunft, Gewaltlosigkeit und Liebe. Aber die indischen Massen lebten im religiösen Hass. Hindus und Moslems versuchten sich beim geringsten Anlass selbst mit dem Messer zu töten. Gandhi machte sich mit seiner Politik der Einheit von Hindus und Moslems viele Feinde. Radikale Hindus begannen seine Ermordung zu planen. Als die Kämpfe zwischen Hindus und Moslems eskalierten, beschloss Gandhi am 15. August 1947, dem Unabhängigkeitstag Indiens, das sich nun in Pakistan und Indien aufteilte, ein Fasten bis zum Tode. Mit seiner Aktion hatte er Erfolg. Die Gemetzel zwischen Moslems und Hindus hörten auf, aber zwischen den

Mahatma Gandhi

beiden neuen Ländern Indiens: dem islamischen Pakistan und dem hinduistischen Indien, setzte die größte Völkerwanderung des 20. Jahrhunderts ein, die von Massenmorden zwischen Hindus und Moslems begleitet wurde. Vom 12. Januar 1948 bis zum 18. Januar 1948 fastete Gandhi nun erneut. Damit hatte Gandhi die radikalen Hindus aufs äußerste gereizt. Sein Tod war für die radikalen Hindus nun eine beschlossene Sache. Am 30. Januar 1948 wurde Gandhi von einem Hindu-Fanatiker erschossen.

Gandhi war der größte Asket und Selbsterzieher im 20. Jahrhundert. Er ist allerdings in Indien vollständig gescheitert. Indien hat nach seiner Gründung viele Kriege geführt. Es hat ohne jede Toleranz Moscheen niederreißen lassen. Indien ist heute eine Atom-Macht. Das moderne Indien macht Gandhi zum Heiligen und ignoriert aber seine Askese, sein Karma-Yoga und sein alternatives Leben. Durch seine Vergöttlichung hat er heute jeden Einfluss auf Indien verloren.

Übung:
Bietet Gandhi, entgegen seinem Scheitern in Indien, eine Ethik des Glücks und der philosophischen Lebenskunst für das 21. Jahrhundert?

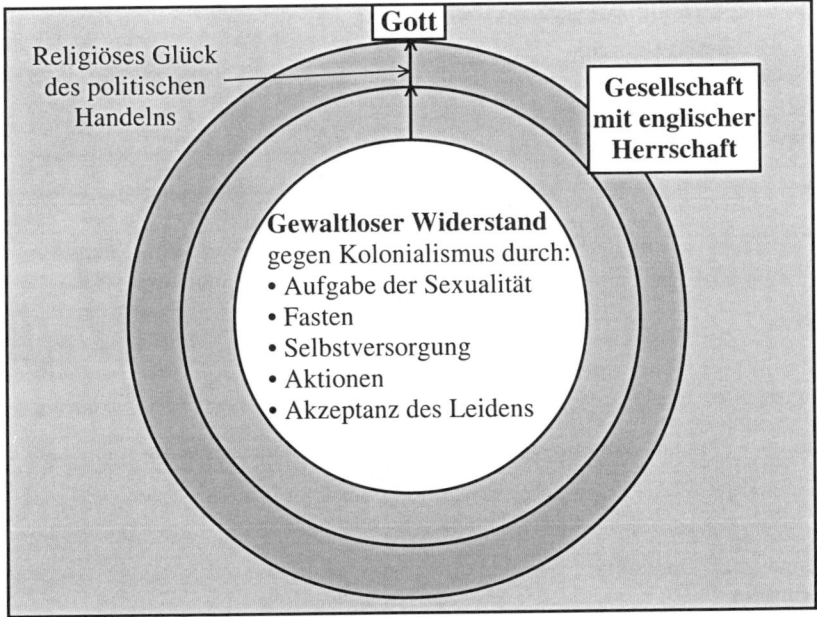

Das Glücksbild des M. Gandhi

Übung:
Stellen Sie sich vor, Sie leisten zivilen Ungehorsam gegen gesellschaftliche Missstände. Welche Kraft brauchen Sie für dieses Handeln und woher könnten Sie diese Kraft bekommen?

Literatur zu Gandhi

Gandhi, M.: Mein Leben. Frankfurt 1983
Gandhi, M.: Selected Works. Ahmedabad 1968. Bd. 1-6
Becke, A.: Gandhi. Hamburg 1999
Blume, M.: Satyagraha. Gladenbach 1987
Erikson, E.H.: Gandhis Wahrheit. Frankfurt 1971
Klostermeier, K. (Hrsg.): Freiheit ohne Gewalt. Köln 1968
Kraus, F.: Vom Geist des Mahatma. Zürich 1957
Rau, H. : Mahatma Gandhi. Reinbek 1998
Sequeira, A.: Die Philosophien Indiens. Aachen 1996

13. Sri Aurobindo (1872-1950): Das Überbewusstsein erforschen

Sri Aurobindo gilt als der Verkünder einer neuen Menschheitsepoche des Glücks, die durch sein neues Yoga möglich werden soll. Träger des Glücks soll der neue Übermensch werden, der als nächste Stufe der Evolution erscheinen soll. Sri Aurobindo verbindet wie alle modernen Philosophen östliches und westliches Denken.

Sri Aurobindo wurde als Aurobindo Ghose am 15. August 1872 in Kalkutta geboren. Sein

Sri Aurobindo

Vater war ein in England ausgebildeter Arzt, der seine Söhne möglichst auch in England erziehen lassen wollte. Da seine Mutter bald geisteskrank wurde, verlief Aurobindos Kindheit unter bedrückenden Verhältnissen. Er berichtet von folgendem frühen Traum: „Ich legte mich nieder und sah, wie plötzlich eine große Dunkelheit auf mich zukam und mich und das ganze Universum einhüllte." (Zit.n. O. Wolff: Sri Aurobindo. Reinbek 1995, S. 12)

Übung:
Haben Sie einen solchen Traum schon einmal gehabt? Wie haben Sie auf ihn reagiert und wie haben Sie ihn gedeutet?

Der Vater schickte Aurobindo zur schulischen Ausbildung nach England. Von 1879 bis 1884 lebte er mit seinen Brüdern bei einem christlichen Pfarrer in Manchester, der ihn zum christlichen Glauben bekehren wollte. Danach ging Aurobindo nach London. Er kann dort, nach Jahren des tiefsten Elends, ab 1890 am King's College in Cambridge studieren. Er entwickelt als Student in England indisches Nationalbewusstsein. Daher lernte er Bengali und Sanskrit und begeisterte sich für die Idee der Befreiung Indiens vom englischen Kolonialismus. Deshalb wurde er auch Mitglied der revolutionären indischen Gruppe „Lotus und Dolch". Anfang 1893 kehrte er nach Indien zurück. Er trat in den Dienst des Maharaja von Baroda, als Professor für Englisch am Baroda-College. 1901 heiratete er. In der Ehe kam es bald zu Spannungen, weil Aurobindo mehr und mehr metaphysische und politische Interessen entwickelte und seine Frau vernachlässigte. Seine Frau starb dann plötzlich 1918, als Aurobindo schon Professor in Kalkutta geworden war.

Seit 1904 praktizierte Aurobindo Yoga. Er begann seine Yoga-Praxis schon in Baroda. Er berichtet: „*Meine Erfahrung ist die, daß das Gehirn voll von Licht wird. Als ich in Baroda Pranayama übte, pflegte ich es fünf oder sechs Stunden täglich zu tun, drei Stunden am Morgen, zwei am Abend.*" (O. Wolff, a.a.O., S. 35)

Übung:
Wie viele Stunden trainieren Sie Ihr Bewusstsein täglich, um es zu erweitern? Welche mentalen Methoden benutzen Sie dabei?

Als Folge der Yoga-Übungen entwickelte Aurobindo die Fähigkeit, Poesie zu dichten. „Nach den Pranayama-Übungen konnte ich 200 Zeilen Poesie in einer halben Stunde schreiben." (O. Wolff, a.a.O., S. 35)

Übung:
Welche mentalen Techniken benutzen Sie zur Entfaltung Ihrer poetischen Potenzen?

1907 traf Aurobindo den Guru Vishnu Bhaskar Lele. Dieser Guru gab ihm folgende Übung auf: „Setz dich hin, beobachte und du wirst sehen, daß deine Gedanken von außen her in dich eintreten. Ehe sie aber eintreten können, schlage sie zurück." (S. Aurobindo: Der integrale Yoga. Reinbek 1993, S. 9)

Übung:
Schließen Sie die Augen. Lassen Sie die Assoziationen fließen. Praktizieren Sie das Zurückweisen der Gedanken. Beschreiben Sie Ihre Erfahrungen.

Sri Aurobindo erlebte bei dieser Übung eine Reihe von machtvollen Erlebnissen, die sein Guru niemals beabsichtigt hatte. „*In einem Augenblick wurde mein Geist stille wie die windlose Luft auf dem hohen Gipfel eines Berges und dann sah ich einen Gedanken, dann einen anderen in konkreter Weise von außen kommen. Ich warf sie zurück, ehe sie eintreten und das Gehirn mit Beschlag belegen konnten, und in drei Tagen war ich frei ... Das Nirvana zu erreichen, das war also das erste radikale Ergebnis meines eigenen Yoga ... Da war kein Ich, keine reale Welt ... Da war nicht das Eine oder gar das Viele, nur eben absolut Das, eigenschaftslos, beziehungslos, völlig, unbeschreiblich, undenkbar, absolut, gleichwohl zuhöchst real und allein real ... Ich erlebte einen unsagbaren Frieden, eine erstarren machende Stille.*" (S. Aurobindo, a.a.O., S. 10f.) Aurobindo hatte also im ersten Anlauf seiner Yoga-Übungen Nirvana erreicht.

Übung:
Wie stellen Sie sich Ihre Nirvana-Erfahrung vor, wenn Sie sie jemals erreichen sollten? Schreiben Sie den Satz weiter: „Mein Nirvana ist ..."

Aurobindo behielt sein Nirvana-Bewusstsein bei und konnte trotzdem seine Tagesgeschäfte weiter betreiben. Neben seinem alltäglichen Ich-Bewusstsein besaß er nun ein mentales Überbewusstsein. „*In diesem Zustand der Leerheit führte ich die Geschäfte einer Tageszeitung und hielt im Laufe von drei oder vier Tagen ein Dutzend Reden. Aber ich war es nicht, der das irgendwie zuwege brachte. Die Lebensenergie ließ den Leib die Arbeit tun ohne jede innere Aktivität.*" (S. Aurobindo, a.a.O., S. 11)

Übung:
Wie würden Sie Ihr Leben gestalten, wenn Sie die absolute All-Einheitserfahrung gemacht hätten? Entwickeln Sie ein paar Vorschläge.

Aurobindo trennte sich nun von seinem Guru. Er betrieb sein Yoga weiter und war zugleich als Professor extremer politischer Aktivist. Er trat für den bewaffneten Kampf der Inder gegen die Engländer ein. Er gab politische Zeitungen heraus. Er experimentierte aber auch mit dem automatischen Schreiben. „*Das automatische Schreiben wurde als Experiment betrieben und zugleich als Unterhaltung.*" (O. Wolff, a.a.O., S. 44)

Übung:
Schreiben Sie eine Minute automatisch zum Thema „Mein Glück".

Aurobindo wurde nun Mitglied einer revolutionären Geheimgesellschaft, die mit Waffen und Bomben Attentate vorbereitete. Aurobindo hoffte auf eine „bewaffnete Revolution in ganz Indien". Er war Vertreter der Guerilla-Strategie, die sich von Gandhis gewaltlosem Widerstand prinzipiell unterschied. Aber 1908 kam die Wende: Die Allianz von Yoga und Revolution zerbrach. Aurobindo wurde nach einem Bombenattentat verhaftet und als Terrorist angeklagt. Im Gefängnis von Alipur las er die Bhagavadgita und erlebte neue Nirvana-Erfahrungen. Als er im Alipu-Prozess freigesprochen wurde, verließ er die Guerilla-Bewegung und wandte sich völlig dem Yoga zu. Er ging 1910 nach Pondicherry in Südindien und begann sein Yoga-Experiment, das bis zum Ende seines Lebens 40 Jahre dauern sollte. *„Die Praxis des Yoga absorbierte Sri Aurobindo in Pondicherry von dieser Zeit mehr und mehr. Alle Teilnahme an irgendwelchen politischen Aktivitäten hörten für ihn auf ... Als der Ashram entstand, hielt er denselben von allen politischen Verbindungen und Aktionen frei."* (S. Aurobindo, a.a.O., S. 17)

Übung:
Kennen Sie extreme Lebenswenden? Beschreiben Sie die Ursachen Ihrer Lebensumbrüche.

Die anfänglichen Jahre in Pondicherry waren hart für Sri Aurobindo. Aber mit Hilfe der Gründung der philosophischen Zeitschrift „Arya", der Mitarbeit von Mira Richards, die später als „Mutter" den von Aurobindo gegründeten Ashram übernehmen sollte und aufgrund der inneren Entwicklung Aurobindos wurde Pondicherry ein Erfolg. Seine philosophischen Beiträge in der Zeitschrift „Arya" umfassten seine Beobachtungen aus der täglichen Erforschung seiner Yoga-Praxis. „Und damit war die Philosophie da, automatisch." (O. Wolff, a.a.O., S. 67) Eine der zentralen Ideen, die im Yoga geboren wurden, war die Evolutionsidee. Die Zukunft der Menschheit und die Erreichung der Stufe des Übermenschen wird in der Zeitschrift „Arya" oft behandelt.

Übung:
Schließen Sie die Augen. Meditieren Sie eine Minute lang über die zukünftige Entwicklungsstufe der Menschheit.

Aurobindo war von der Evolutionsidee, die in Europa von Darwin bis Nietzsche vertreten wurde, sehr begeistert. Er stellte fest: *„Der Schwung der*

Evolution muß nicht nur darauf gehen, einen neuen Typus geistiger Wesen zu schaffen, sondern eine neue Ordnung von Wesen, die ihre gesamte Existenz von unserer gegenwärtigen vergeistigten Tierheit auf eine höhere spirituelle Ebene der Erdnatur gehoben haben." (S. Aurobindo, a.a.O., S. 20) Das Mittel der Evolution des Menschen sieht Aurobindo im integralen Yoga, der sich das Ziel der Divinisierung des Menschen durch die Entwicklung eines „spirituellen und supramentalen Bewußtseins setzt." (S. Aurobindo, a.a.O., S. 23)

Dieser integrale Yoga hat drei Stufen:

1. Stufe	Eine vorläufige Bekehrung zu den Möglichkeiten der supramentalen Bewusstseinsstufen.
2. Stufe	Die Unterstellung des höheren Bewusstseins unter Gott als Triebkraft der Evolution.
3. Stufe	Beiseitetreten neben das Ich und nur noch Gott wirken lassen.

(S. Aurobindo, a.a.O., S. 62, 67ff.)

Aurobindo lehrte in Pondicherry bald ein theistisches Yoga. „Der fundamentale Glaube im integralen Yoga ist, ... dieser Gott ist da." (S. Aurobindo, a.a.O., S. 65) Folge des Durchlaufens der drei Meditationsstufen ist die Verwandlung des Ichs durch „die Erfahrung kosmischen Bewußtseins." (S. Aurobindo, a.a.O., S: 83) Das kosmische Bewusstsein erscheint als Licht. „Ein Licht steigt herab und berührt oder umhüllt oder durchdringt das niedere Wesen, den Geist, das Leben oder den Leib." (S. Aurobindo, a.a.O., S. 86)

Übung:
Schließen Sie die Augen. Stellen Sie sich ein helles Licht vor. Bemerken Sie, wie dieses Licht Ihren Geist, Ihren Leib und Ihr Leben verwandelt.

Der Kontakt mit dem Überbewusstsein als kosmisches Bewusstsein erscheint als „Flut von Seligkeit oder plötzlicher Ekstase." (S. Aurobindo, a.a.O., S. 86) Aurobindo erkennt aber auch die Gefahren auf dem Weg zu den ekstatischen Gipfelerfahrungen des Überbewusstseins. Er nennt „Leerlauf, Kopfschmerzen, Schwanken des Körpers, Gefühl der Bewußtlosigkeit und das Gefühl der Kälte" als Folge seiner Meditationsversuche. (S. Aurobindo, a.a.O., S. 88ff) Aber er weist auch auf die wachsenden Bewusstseinspotenzen auf dem Weg zum Überbewusstsein hin: „Das Aufgehen des inneren Lebens, die supraphysische innere Schau, das Licht der inneren Schau, die Farben der inneren Schau, die Symbole der inneren Schau." (S. Aurobindo, a.a.O., S. 89-97)

Als <u>Symbole der inneren Schau</u> nennt Aurobindo die Sonne, den Mond, den Stern, den Sonnenaufgang, das Meer, den Berg, den Fluss, den Baum, den Lotus, die Schlange. (S. Aurobindo, a.a.O., S. 95)

Übung:
Schließen Sie die Augen. Schicken Sie die Gedanken weg. Warten Sie, welches Symbol sich von selbst einstellt. Beschreiben Sie dieses Symbol.

Dieses Überbewusstsein, das Aurobindo in seinen Meditationen erlebt, ist für ihn das höhere Bewusstsein des Menschen einer höherer Evolutionsstufe der Zukunft: „Ein Geist des Lichtes wird an die Stelle der gegenwärtigen Verwirrung und der Not dieser irdischen Unwissenheit treten." (S. Aurobindo, a.a.O., S. 103) Wenn das Überbewusstsein sich auf die meditierenden Menschen der Zukunft herabsenkt, dann „wird der Mensch wahrhaft zum Übermenschen." (Aurobindo, a.a.O., S. 116)

Der integrale Yoga, den er in 25 Jahren einsamer Meditation in Pondicherry erarbeitete, unterschied sich in folgenden Aspekten vom alten Yoga:

Der alte Yoga	Der integrale Yoga des Aurobindo
- Aktiver Aufstieg des yogischen Atman	- Herabstieg des göttlichen Geistes
- Erstrebung der Vereinigung von Atman und Brahman	- Öffnung der menschlichen Seele und des Ichs
- Aufgabe der Weltverhaftung	- Überantwortung der Seele an Gott
- Überwindung des Ichs	- Transformation des Ichs zum spirituellen Übermenschen

Der integrale Yoga geht davon aus, dass sich das menschliche Bewusstsein in Bewusstes, Unbewusstes und Überbewusstes gliedert. Aurobindo spricht von Sphären des Bewusstseins „oberhalb und unterhalb der menschlichen Reichweite, mit denen der normale Mensch keinen Kontakt hat, weswegen sie ihm unbewusst erscheinen, das sind die supramentalen bzw. untermentalen Sphären." (O. Wolff, a.a.O., S. 95) Der Weg zur Integration der supra- und untermentalen Bewusstseinssphären eröffnet der integrale Yoga.

Sehen wir uns Aurobindos Glücksweg noch einmal in einer Grafik an:

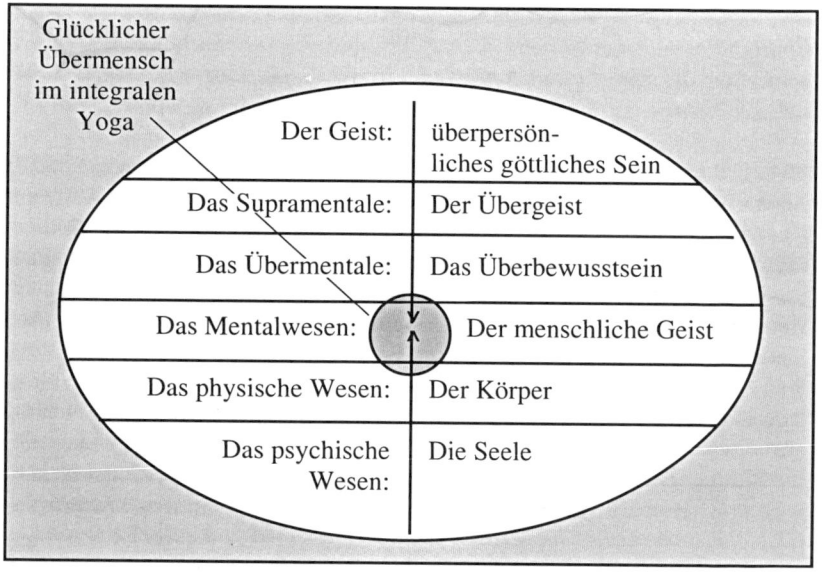

Übung:
Schließen Sie die Augen. Stellen Sie sich die Begegnung vom menschlichen und göttlichen Geist als Glück vor. Beschreiben Sie dieses Glück.

Der integrale Yoga soll zur entscheidenden Hilfe bei der Überwindung der Entwicklung des heutigen Menschentypus werden. Den zukünftigen Menschen sieht Aurobindo immer wieder als supranaturalen Übermenschen. Der supranaturale Übermensch soll durch sein Überbewusstsein einen neuen Leib erhalten, der universelle Lebensenergien besitzt. Die Sexualität des Übermenschen wird spirituelle Qualität gewinnen. Die Fortpflanzung könnte für Aurobindo auch auf supraphysischer Art geschehen.

Übung:
Schließen Sie die Augen. Stellen Sie sich den supranaturalen Übermenschen vor. Beschreiben Sie ihn in seinem Leib, in seinem Geist und in seiner Sexualität.

Angeregt wurde Aurobindo bei seinem Übermenschen-Konzept nicht nur durch Charles Darwin oder Friedrich Nietzsche, sondern auch durch den jesuitischen Philosophen Pierre Teilhard de Chardin. Aurobindo fasste aber seine Idee vom Übermenschen nicht vitalistisch und titanenhaft wie Nietzsche, sondern spirituell und meditativ wie bei Teilhard de Chardin. Denn der Übermensch ist für Aurobindo Gottes Evolutionsplan mit dem Menschen. Diejenigen Menschen, die durch Yoga in sich das Überbewusstsein entwikkeln, werden zur Elite der Evolution. Aurobindos Elitegedanke stammt aber nicht von Nietzsche, sondern verdankt sich dem hinduistischen Bild der Gurus und Weisen.

Ende 1926 zog sich Aurobindo völlig aus dem Leben des Ashrams in Pondicherry in seinen Meditationsraum zurück. Vorher, am 24. November 1926, zeigte Aurobindo durch ein schweigendes Erscheinen vor seinen Schülern an, dass er selbst das Überbewusstsein erlangt hatte. Seit diesem Zeitraum war Aurobindo nur noch durch Mira Richards, die „Mutter", oder schriftlich erreichbar. Allerdings hat er bis zu seinem Tod niemals mitteilen lassen, dass er sein Fernziel, das Supramentale erfahren hätte. Aus seinem Ashram in Pondicherry entstand später die Meditationsstadt „Auroville", die heute 20.000 Bewohner und Anhänger in aller Welt hat.

Literatur zu Sri Aurobindo

Aurobindo, S.: Das Rätsel dieser Welt. Pondicherry 1960
Aurobindo, S.: Der integrale Yoga. Reinbek 1993
Aurobindo, S.: Der Zyklus der menschlichen Entwicklung. München 1955
Aurobindo, S.: Die Stunde Gottes. Pondicherry 1961
Benz, E. (Hrsg.): Der Übermensch. Zürich 1961
Börger, R.: Auroville. Eine Vision blüht. Niedertaufkirchen 1993
Klostermann, M.: Auroville. Stadt der Zukunftsmenschen. Frankfurt 1976
Roy, D.K.: Sri Aurobindo kam zu mir. Frankfurt 1978
Satrem: Sri Aurobindo. Gladenbach 1991
Wolff, O.: So spricht Sri Aurobindo. München 1957
Wolff, O.: Sri Aurobindo. Reinbek 1995

14. Jiddu Krishnamurti (1895-1986): Meditieren ohne Autorität

Jiddu Krishnamurti

Die Entdeckung der indischen Philosophie durch Europa kennt viele Ereignisse. Ein wichtiges Ereignis sind dabei die Reisen von <u>Helena Petrovna Blavatsky</u> (1831-1892) nach Indien. Schon mit 15 Jahren wusste Helena Blavatsky alles über die Lamas und die Tibeter, weil sie mit einem Onkel die Mongolei und Tibet bereiste. Ab 1852 war sie oft in Indien. Die Folge dieser Indienreisen war die Gründung der „Theosophischen Gesellschaft" 1875. Diese Gesellschaft vertrat eine anglo-indische Philosophie, die die Blavatsky in automatisch geschriebenen Büchern entwickelt hatte. Über ihre Schreibtechnik berichtete sie: „Nicht ich bin es, die redet und schreibt, sondern ein Etwas in mir, mein höheres und lichteres Selbst, das für mich denkt und schreibt." (S. Cranston: H.P.B. New York 1993, S. 150)

Bis zu 17 Stunden am Tag schrieb sie „auf höhere Weisung". Sie konnte nur immer wieder beteuern, dass „mir die Dinge diktiert werden und daß ich oft Manuskripte, Zahlen und Worte vor meinen Augen habe, von denen ich vorher nichts wußte." (F.K. Steinberger: Esoteriker des Westens. Lorch 1953, S. 29) Im Alltagsbewusstsein las sie wohl Bücher, exzerpierte und paraphrasierte, lieh sich Material von Freunden, während sie aber automatisch schrieb, „hatte sie keine eigene oder fremde Bibliothek zur Verfügung." (G. Wehr: Spirituelle Meister des Westens. München 1998, S. 36)

Übung:
Schreiben Sie eine Minute automatisch zum Thema „Mein höheres Selbst".
Beginnen Sie mit dem Satz: „Mein höheres Selbst ..." und schreiben Sie dann ganz schnell und ohne Kontrolle weiter.

Die Philosophie der Blavatsky, z.B. in den 1400 Seiten umfassenden Buch "Die entschleierte Isis", das 1877 erschien, umfasste die Kritik der Wissenschaft und die Kritik der Religion. Sie setzte auf die Weisheit östlicher

Philosophie und stellte die Veden und die Kabbala höher als die Bibel. Gegen den Materialismus und Dogmatismus des 19. Jahrhunderts stellte sie „die Gewißheit der Existenz des Geistes, die Gewißheit der Existenz Gottes und schließlich die Gewißheit der menschlichen Unsterblichkeit." (G. Wehr, a.a.O., S. 34) Allerdings vertrat Helena Blavatsky keinen personalen außerkosmischen und anthropomorphen Gott, „der letztlich nichts anderes als der gigantische Schatten des Menschen ist, und zwar nicht gerade der besten seiner Art." (W.A. Vissen't Hooft: Kein anderer Name. Basel 1965, S. 44f.)

Übung :
Welche metaphysischen Gewissheiten besitzen Sie? Wie haben Sie sie erlangt? Geben Sie einen Bericht.

1878 verlegte die „Theosophische Gesellschaft" ihr Hauptquartier von London nach Indien in die Stadt Madras. Die „Gesellschaft", die 1920 weltweit 36.000 Anhänger hatte, gab nun viele Impulse für einen Dialog zwischen den Philosophien des Ostens und des Westens. Die Aktivität der „Gesellschaft" führte aber auch dazu, dass der 14-jährige Jiddu Krishnamurti von der „Gesellschaft" entdeckt wurde. Gemäß der 1889 von Helena Blavatsky geäußerten Idee: Die Menschheit solle sich auf die Ankunft des zukünftigen Weltlehrers einer Verkörperung des Buddhas Maitreya (des Buddhas der Zukunft) vorbereiten, wurde Jiddu, dessen Vater bei der „Gesellschaft" arbeitete, als zukünftiger Buddha Maitreya identifiziert.

Übung:
Was halten Sie von der Idee der Eschatologie und von der zukünftigen Ankunft eines Messias? Listen Sie Ihre Pro- und Contra-Argumente auf.

Krishnamurti wurde 1911 zur Schulausbildung nach London gebracht und von <u>Annie Besant</u>, der Nachfolgerin von Blavatsky in der Leitung der „Gesellschaft", betreut. Innerhalb kurzer Zeit waren Krishnamurtis Kontakte zur indischen Kultur und zu seinem Vater abgerissen. Krishnamurtis Versuche, eine höhere Schulbildung in London zu absolvieren, schlugen fehl. Stattdessen erschien 1910 von Krishnamurti ein Werk mit dem Titel „Zu den Füßen des Meisters", das er automatisch, inspiriert durch tibetische Meister, geschrieben haben will. 1911 wurde Krishnamurti als 16-Jähriger auch der Vorsitzender des „Östlichen Stern-Ordens" (Order of the Star in the East), der Krishnamurti als Verkörperung des neuen Buddhas Maitreya propagierte. Krishnamurti wurde zum Werkzeug der Politik der „Theosophischen Gesellschaft". Von 1912 bis Ende 1921 lebte Krishnamurti bei Annie Besant in England. Er kam in Kontakt mit Künstlern und Intellektuellen und las die

Werke von Turgenjew, Dostojewsky und Nietzsche. Langsam löste er sich innerlich von der "Gesellschaft" und seinem messianischen Buddha-Glauben. Entscheidende Anstöße zur Lösung von der Idee einer Reinkarnation Buddhas waren intensive eigene mystische Erfahrungen. Die erste erlebte Krishnamurti am 17. August 1922, als er gerade in Kalifornien war. Krishnamurti hatte 35 Minuten morgens und 10 Minuten abends meditiert, als er am nächsten Tag zitternd im Bett erwachte. Krishnamurti verlor nun für vier Tage das Bewusstsein. Am vierten Tag erwachte er wieder, verließ das Haus und meditierte unter einem Pfefferbaum weiter. Er erlebte nun das Einssein mit der Welt. Er erfuhr in der Zeit von August 1922 bis November 1923 einen Prozess der Reinigung. Später beschrieb er seine mystischen Erfahrungen als „Erweckung der Kundalini-Kraft". Er erlebte eine Kraft, die die Wirbelsäule hochsteigt, sich im Nacken teilt und zwischen den Augen wieder eins wird.

Übung:
Haben Sie schon Erfahrungen mit der „Kundalini-Kraft" gemacht? Schreiben Sie ein Elfchen über diese Erfahrungen.

Nach dieser mystischen Erfahrung begann Krishnamurtis innerer Kampf um die Befreiung aus dem Einfluss der theosophischen Sekte. 1927 war es soweit. Bei einer Versammlung des „Star-Ordens", dessen Leiter er war, brach er mit der Theosophie, dem Orden und der Idee der Buddha-Wiederkunft. Er sagte: „Buddha Maitreya ist der weite Himmel, jede Blume, jedes menschliche Wesen." Er verzichtete auf die Buddha-Rolle und löste zugleich, in Anwesenheit von 3.000 Mitgliedern, den „Order of the Star of the East" auf. Seine philosophische Position hieß nun: *„Die Wahrheit ist ein unwegsames Land. Es gibt keine Pfade, die zu ihr führen, keine Religion, keine Sekte ... Deshalb sollten keine Organisationen gegründet werden, die den Menschen auf einen bestimmten Pfad führen oder nötigen ... Der philosophische Glaube ist eine absolut individuelle Angelegenheit und man kann und darf ihn nicht in Organisationen pressen."* (G. Wehr, a.a.O., S. 100f.) Krishnamurti hatte jetzt nur noch ein Ziel. Er wollte Anstöße geben, die den Menschen zum Selberdenken führen können.

Übung;
Ist das Selberdenken unorganisierbar und eine absolut individuelle Angelegenheit? Berichten Sie aus Ihren Erfahrungen.

Krishnamurti ließ sich nun in Kalifornien nieder und entwickelte von 1929 bis 1945 seine antiautoritäre Philosophie und Praxis des Glücks. Während dieser Zeit lebte er auf einer amerikanischen Farm, molk die Kühe, fütterte die Schweine und wusch Geschirr. Der Massenmord des 2. Weltkrieges, der Holocaust und der Abwurf der Atombombe zwangen Krishnamurti, seine antiautoritäre Kritik des Lebens und der atomaren Gesellschaft zu Papier zu bringen. Sein erstes größeres philosophisches Werk „Commentaries of Living" erschien nach dem 2. Weltkrieg. 1947 fuhr er wieder nach Indien. Vom 28. Mai bis 20. Juni 1948 hatte er in Indien seine zweite mystische Kundalini-Erfahrung. Er verließ seinen Körper und war fast wie tot. Diese Erfahrung bestärkte ihn in seinen Bestrebungen, den Individuen bei ihrer Befreiung behilflich zu sein. In Indien entwickelte er auch seine Methode der Anregung des Selberdenkens. Er hielt kleine Vorträge, die er dann intensiv mit dem Publikum diskutierte.

Übung:
Welche Methoden des Selberdenkens mit Gruppen sind Ihnen bekannt?

Krishnamurti reiste viel umher. Pro Jahr hielt er etwa 175 Vorträge in den USA, in England, in der Schweiz und in Indien. Aus seiner antiautoritären Philosophie entwickelte er die Idee der „Antiautoritären Schule", die er in Indien, England und in den USA gründete. Die Schulen haben in ihrer pädagogischen Methode Ähnlichkeit mit den Waldorfschulen Rudolf Steiners, stellen sich aber konsequent auf den Standpunkt des universellen Zweifels und der Ideologiefreiheit. „*Die Welt befindet sich in der Finsternis. Sie ist verrückt. Die Gewalt, die sie überall um sich sehen, ist wahnsinnig. Meine Schulen ... müssen zu Zentren des Lichts werden.*" (V. Gunturn: Krishnamurti. München 1997, S. 78)

Es ist nicht überraschend, dass viele der Krishnamurti-Schulen scheiterten. Völlig antiautoritäre Menschen lassen sich in einer autoritären Gesellschaft auch nicht mit noch so großem pädagogischen Geschick erziehen. 1986 erkrankte Krishnamurti an Krebs. Immer wieder fragte er sich: „Was habe ich falsch gemacht?" Bald danach starb er.

Übung:
Welche Frage stellen Sie sich angesichts des Todes?

Seine antiautoritäre Philosophie lässt sich in folgenden Aspekten entfalten. Krishnamurti vertritt keine indische, sondern eine internationale Philosophie: „Ich vertrete nicht Indien und seine Philosophie, seine Götter, seine Meditationsweisen, seine Gurus und dergleichen." (J. Krishnamurti: Gespräche über das Sein. München 1990, S. 137, S. 91)

Er begründet seine antiautoritäre Philosophie damit, dass alle Philosophien und Religionen versagt haben: „Ich glaube niemandem, denn alle, die mein Vertrauen hatten, die Priester, Philosophen, die Politiker, die Kommunisten, die Sozialisten, haben versagt." (J. Krishnamurti, a.a.O., S. 79) Die organisierten Religionen „haben ganz und gar keine Bedeutung. Sie hatten nie eine." (J. Krishnamurti, a.a.O., S. 105) Krishnamurti distanziert sich von jeder Art von Autorität: „Ich habe auch kein Vertrauen zu irgendeiner Autorität, weil sie mich immer auf den falschen Weg führte." (J. Krishnamurti, a.a.O., S. 82)

Selberdenken ist deshalb gefordert: „Wir müssen also unser eigener Lehrer und Schüler sein. Es gibt außerhalb keinen Lehrer, keinen Heiland und keinen Meister." (J. Krishnamurti, a.a.O., S. 104)

Übung:
Wie stehen Sie zu einer Position antiautoritärer Philosophie? Schreiben Sie Ihre Pro- und Contra-Argumention auf.

Krishnamurti vertritt die Position der skeptischen Positionslosigkeit: „Ich möchte darauf hinweisen, daß wir keinerlei Propaganda für einen Glauben, ein Ideal oder eine Organisation machen." (J. Krishnamurti: Aus dem Schatten in den Frieden. Berlin 1996, S. 9) Krishnamurtis Ausgangspunkt des Selberdenkens ist das Leiden in der Welt. „Jahrtausendelang haben wir eine Lebensweise akzeptiert, die unweigerlich zum Krieg und zum Massaker führen mußte." (J. Krishnamurti: Gespräche über das Sein, a.a.O., S. 94) Und er führt weiter aus: „All die Waffen, die Flugzeuge, die Bomben sind Resultate unseres Lebens." (J. Krishnamurti: Aus dem Schatten in den Frieden, a.a.O., S. 15)

Übung:
Geben Sie eine Erklärung für die wachsende Destruktivität in unserer Gesellschaft. Schreiben Sie Ihre Erklärung spontan in einem Satz nieder.

Krishnamurti hat auch Erklärungen, warum der Mensch zum Opfer der von ihm selbst geschaffenen Verhältnisse, der permanenten Selbstzerstörung wird. Jeder Mensch wird nach Krishnamurti durch seine soziale Konditionierung völlig vom Selberdenken abgehalten. Faktoren der Konditionierung sind Nation, Kaste, Klasse, Religion, Tradition, Erziehung, Brauch, Konvention, Propaganda. Durch alle diese Faktoren, besonders durch das Verinnerlichen von Religion und Philosophie verliert der Mensch seine Freiheit des Denkens. Er wird, wenn er nicht selber denken kann, von außen gelenkt. Er wird motiviert, Gurus, Führern, Meistern oder Autoritäten zu folgen. Die

Folge dieser Konditionierung ist Konkurrenzdenken und aggressive Selbstdurchsetzung, das ständige Vergleichen mit anderen, die Fragmentierung des Bewusstseins, das ständige Kriegführen und die andauernde Unterdrückung. Das in unserer Gesellschaft entfremdete Denken bewegt sich in einem Zyklus: Erfahrung → Kenntnisse → Erinnerungen → Denken → Handlungen und kann sich damit nur auf Lebensfragmente, nicht auf das ganze Leben beziehen. Das entfremdete Denken bewegt sich in der Subjekt-Objekt-Spaltung, in der sich das Ich als Subjekt ständig bestätigt. Das Denken produziert auch das Ich als Illusion. „Das Ich ist der Inhalt des Bewußtseins ... Die Finsternis existiert, solange es das Ich gibt, das Ich ist der Verursacher der Finsternis." (V. Gunturn, a.a.O., S. 117)

Übung:
Welche Bedeutung geben Sie Ihrem Ich für Ihre Philosophie? Schreiben Sie eine Minute Freewriting über „Mein philosophisches Ich".

Krishnamurti geht es in seiner philosophischen Praxis um die Entkonditionierung des Ichs. Die Entkonditionierung des Ichs bewirkt eine innere Revolution. „Wer die soziale Revolution will", sagt Krishnamurti, „muß inwendig beginnen, nicht außen, denn die Außenwelt ist das Resultat deines privaten inneren Lebens." (J. Krishnamurti: Gespräche über das Sein, a.a.O., S. 14)

Die innere Revolution durch Entkonditionierung des Ichs leistet besonders die Meditation. Die Meditationstechniken von ZEN, Transzendentaler Meditation, Tantra, Yoga lehnt er aber ab. Die gängigen Meditationsmethoden sind ihm zu autoritär. Er will für das Selberdenken eine antiautoritäre Meditation. Diese Meditation umreißt er mit folgenden Aspekten: „Meditation ist nicht etwas vom Leben getrenntes, auch kein Trick, den man in einem ZEN-Kloster oder in irgendeiner Religion lernt, denn Meditation ist eine Lebensweise." (J. Krishnamurti: Gespräche über das Sein, a.a.O., S. 103) Eine Prüfung aller Meditationsmethoden, die am Markt angeboten wurden, zeigten Krishnamurti „die völlige Sinnlosigkeit dieser Methoden und die völlige Absurdität, einen Zustand sogenannter Erleuchtung gegen eine Summe Geldes einzutauschen." (J. Krishnamurti, a.a.O., S. 122)

Krishnamurtis Meditation hat kein System. Mittel und Ziel ist für ihn die reine Wahrnehmung dessen, was ist. Deshalb macht er sich auch über die traditionellen Meditationsmethoden lustig: „Durch das endlose Wiederholen von Amen oder OM oder Coca Cola werden Sie selbstredend bestimmte Erfahrungen machen, weil der Geist durch Wiederholung ruhig wird ..., das ist überaus töricht und häßlich und jeder Schuljunge kann es, wenn er dazu gezwungen wird, auch zuwege bringen." (D. Goleman: Wege zur Meditation.

München 1997, S. 144) Für Krishnamurti ist antiautoritäre Meditation Konzentration auf die Stille. Die Meditation muss sich von jeder Auswahl der Objekte freimachen. „Dann wird der Geist bemerkenswert still. Er verstummt natürlich, nicht zwangsläufig durch Disziplin und Kontrolle und diese Stille ist unerhört reich ... Dann fragt der Geist nicht mehr nach dem Absoluten, es ist nicht nötig, denn in dieser Stille liegt das, was ist. Und all das ist der Segen der Meditiation." (J. Krishnamurti: Gespräche über das Sein, a.a.O., S. 133)

Übung:
Schließen Sie die Augen und lassen Sie Stille einkehren. Beschreiben Sie dann Ihre Erfahrungen.

Antiautoritäre Meditation bedeutet, innerlich zu sterben. Innerlich sterben heißt, dass die Vergangenheit vollkommen aufhören muss. „Man muß jedem Vergnügen sterben, allen Erinnerungen, die einem teuer sind, allen Dingen, die man lieb hat und jeden Tag muß man sterben, nicht nur theoretisch sondern praktisch." (J. Krishnamurti, a.a.O., S. 133)

Übung:
Machen Sie die Stille-Meditation. Lassen Sie die Vergangenheit los, jedes Vergnügen, jede Erinnerung, alle teuren Dinge. Machen Sie die Stille-Meditation jeden Tag, wo es Ihnen gefällt.

Antiautoritäre Meditation ist Selbstentdeckung. „Durch Beobachtung beginnt man, sich selbst zu entdecken." (J. Krishnamurti, a.a.O., S. 107)

Übung:
Schließen Sie die Augen. Stellen Sie fest, was Sie von sich selbst wahrnehmen. Schreiben Sie die Resultate der Selbstbeobachtung auf.

Antiautoritäre Meditation überschreitet die Spaltung der Welt in Subjekt und Objekt, in Beobachter und Beobachtetes: „Wenn sie also die ganze Struktur und das Wesen des Beobachters, der sie selber sind, und auch das Beobachtete erkennen, das wieder sie selbst sind, und die Ganzheit beider, ihre Einheit erfassen, dann ist das Meditation. In ihr gibt es keinen Konflikt irgendeiner Art, daher löst sie das was ist auf und übersteigt es." (J. Krishnamurti, a.a.O., S. 129)

Übung:
Schließen Sie die Augen. Lassen Sie zu, dass alle Objekte und Sie als Objekt langsam verschwinden. Spüren Sie, dass das, was bleibt, die Transzendenz

jenseits von Subjekt und Objekt ist. Beschreiben Sie dann die Transzendenz-Erfahrung.

In der antiautoritären Meditation „fällt vieles weg – Ich, Zeit, Denken, alle Bewußtseinsinhalte, die gesamte Konditionierung, alles wird beendet." (V. Gunturu, a.a.O., S. 152) Sollte das Ich in der Meditation verschwinden und das Bewusstsein sich leeren, dann entsteht spontan die Kundalini-Kraft im Körper. Aber: die ekstatische Erweckung der Kundalini-Kraft kann man sich zwar zum Ziel setzen, sie entsteht aber nach Krishnamurti spontan. Krishnamurtis Apell zum Selberdenken führt schließlich zur Einsicht, dass die höchste Form des Selberdenkens ist, sich als Ich selber wegzudenken. Diese Aufhebung des Ichs durch das eigene Denken bereinigt für Krishnamurti alle Quellen des Leidens und verschafft damit die höchste Form des Glücks. Krishnamurtis Stellung in der indischen Philosophie hat eine gewisse Nähe zur Yoga-Philosophie von Patanjâli und zum Nicht-Dualismus Shankaras. In der europäischen Philosophie steht er dem Phänomenologen Edmund Husserl nahe. Husserl wie Krishnamurti fordern von den selber denkenden Menschen, dass sie sich aus den Banden der Tradition befreien.

Literatur zu Krishnamurti

Krishnamurti, J.: Aus dem Schatten in den Frieden. Berlin 1996
Krishnamurti, J.: Erziehung zur Kunst des Lebens. Heidelberg 1988
Krishnamurti, J.: Fragen und Antworten. München 1982
Krishnamurti, J.: Gespräche über das Sein. München 1990
Krishnamurti, J.: Leben. Frankfurt 1977
Krishnamurti, J.: Zukunft ist jetzt. Frankfurt 1993
Goleman, D.: Wege zur Meditation. München 1997, S. 143-147
Gunturu, V.: Krishnamurti. München 1997
Lutyens, M.: Krishnamurti. Grafing 1991
Sequeira, R.: Die Philosophien Indiens. Aachen 1996
Wehr, G.: Spirituelle Meister des Westens. München 1998

15. Techniken des Glücks in Indien

Wir geben nun einen Überblick über die Techniken des Glücks in Indien. Wir ordnen diese Techniken den sechs Stufen des Glücksbewusstseins zu, damit jeder Nutzer gleich einschätzen kann, welche Wirkung die Praxis dieser Techniken auf sein Bewusstsein haben wird.

	Bewusstseinsstufen	philosophische Glücksmethoden
Ich-Bewusstsein	Alltagsbewusstsein	keine besonderen Methoden
	kleine Annehmlichkeiten	die äußeren Werte nützen (indische Antimetaphysik)
	Wohlbefinden	Alles für die Lust tun (indische Antimetaphysik) Tantrismus der Liebe, Askese üben (Gandhi) Auf Sexualität verzichten (Gandhi) Selber denken (Krishnamurti)
Über-Bewusstsein	Flow	Handeln im Nicht-Handeln (Bhagavadgita) Gewaltloser Widerstand und ziviler Ungehorsam (Gandhi) Viele Gottesbilder meditieren (Ramakrishna) Automatisches Schreiben (Sri Aurobindo, J. Krishnamurti)
	Peak-Erfahrung	Brahman-Atman-Meditation (Veden) Befreiung durch Leere (Nâgârjuna, Ramakrishna) OM-Meditation (Upanishaden) Tantrismus (Ramakrishna)
	Plateau-Erfahrung	Der 8-fache Pfad des Buddha Der 8-fache Pfad des Yoga (Upanishaden, Patanjâli) Überbewusstsein entwickeln (Shankara) In Ekstase leben (Ramakrishna) Den integralen Yoga erforschen (Sri Aurobindo) Antiautoritäre Meditation pflegen (Krishnamurti)

Übung:
Stellen Sie sich nun ein Übungsprogramm der indischen Glücksphilosophie für die nächsten fünf Wochen zusammen. Probieren Sie dabei aus jeder Glücksstufe jeweils eine Übung pro Woche. Schreiben Sie nach fünf Wochen einen kleinen Bericht über „Mein indisches Glück".

Kapitel D

Glück als Gottesliebe:
Die Glücksphilosophien in Arabien

1. Geschichte der praktischen Glücksphilosophie in Arabien
2. Mohammed (571-632 v.Chr.): Suche das Eine
3. Mansur Al-Halladsch (858-922 v.Chr.): Liebe absolut
4. Avicenna (980-1037): Erkenne deine Seele
5. Al-Ghazali (1058-1111): Suche das Licht
6. Rumi (1207-1273): Liebe, tanze, dichte
7. Khalil Gibran (1883-1931): Suche das höhere Ich
8. Techniken des Glücks in Arabien

1. Geschichte der praktischen Glücksphilosophie in Arabien

Die Einschätzung der eurozentrischen Philosophie, dass die arabische Philosophie eine pure Nachahmung der griechischen Philosophie ist, hat sich heute als falsch erwiesen. (A. Johardelvari: Iranische Philosophie von Zarathustra bis Sabzewari. Frankfurt 1994, S. 68-76)

Die arabische Glücksphilosophie entstand in einer Region, die eine lange philosophische Tradition besaß. Erste greifbare philosophische Ideen entwickelte der Philosoph Zarathustra (1000 v.Chr.), der die Vielheit der Dinge in der Welt aus den antagonistischen Urkräften: Licht und Finsternis entspringen lässt. Dieser starke Dualismus des Weltgrundes „unterscheidet das iranische Denken von fast alle geistigen Strömungen in der Welt." (A. Johardelvari, a.a.O., S. 33) Die zwei Urkräfte, die Sein und Nicht-Sein hervorbringen, sind Gut und Böse. Sie bekämpfen sich in der Entwicklung der Geschichte, die mit dem Sieg des Guten über das Böse enden wird. Die Weltgeschichte hebt den metaphysischen Dualismus auf und bringt am Ende das Eine hervor. Der Mensch kann sich durch gutes Denken, Reden, Handeln am Sieg des Guten beteiligen. Der Mensch erlebt sein höchstes Glück darin, dass „er sich mit dem Licht des Urgrundes ohne Verlust der Persönlichkeit vereinigt." (A. Johardelvari, a.a.O., S. 37)

Im 3. Jahrhundert nach Christus wurde die Lehre Zarathustras durch Mani (216-276) umgeformt. Geschichtsoptimismus schlägt bei Mani in Pessimismus um. Die Finsternis kann das Licht besiegen. Glück erscheint nun als Rückführung der göttlichen Teile der Seele des Menschen in das Lichtparadies jenseits der Weltfinsternis. Der Manichäismus hat nicht nur in Arabien, sondern auch im römisch-christlichen Europa einen großen Einfluss ausgeübt und auch die islamische Philosophie beeinflusst. Die Manichäer spielten noch von 750-1258 am Hofe der islamischen Abbasiden-Kalifen in Bagdad eine wichtige Rolle.

Die arabische Philosophie des Glücks entwickelte sich aus Impulsen des Islam-Gründers, des Propheten Mohammed, unter dem Einfluss der arabischen Übersetzungen der griechischen Philosophen Plato, Aristoteles, Plotin, aber auch unter dem Einfluss der alten Lehren Zarathustras und des indischen Hinduismus und Buddhismus. Ab 530 fanden die aus dem oströmischen Reich vertriebenen griechischen Philosophen in Arabien ihr Exil und Chancen für eine Lehrtätigkeit und ergänzten damit die Einflüsse indischer Philosophie aus dem Osten. Die arabische Philosophie war wie die indische und die chinesische Philosophie an philosophischer Praxis des Glücks interessiert. Philosophieren wurde oft als Meditieren verstanden, um Seele und Geist zu reinigen, auf dass sie für eine reine unverstellte Schau der Wahrheit frei werde. „Denken ist für die arabische Philosophie weniger Grübeln, als vielmehr Lebensform und Lebensgestalt." (W.G. Lerch: Denker des Propheten. Düsseldorf 2000, S. 146)

Zwischen dem spanischen Cordoba im Westen bis hin zum orientalischen Bagdad und Konja im Osten entsteht von 800 bis 1300, zur Zeit der Herrscher der Abbasiden, die arabische Philosophie in einer für ihre Epoche am höchsten entwickelten islamischen Zivilisation. Einen Schwerpunkt hatte dabei die arabische Glücksphilosophie in Persien.

Die arabische Philosophie lässt sich in sechs Phasen unterscheiden:

1. Phase: Begründung im 8. und 9. Jahrhundert
2. Phase: Die Mystik der Gottesliebe (9.-12. Jahrh.)
3. Phase: Theosophie (12. u. 13. Jahrh.)
4. Phase: Die Krise der arabischen Philosophie (ab 13. Jahrh.)
5. Phase: Die Renaissance der arabischen Philosophie in Spanien (13. Jahrh.)
6. Phase: Neue Impulse für die arabische Philosophie in der Neuzeit.

Geschichte der praktischen Glücksphilosophie in Arabien

1. Phase: Begründung der arabischen Philosophie

Alle arabischen Philosophen beziehen sich auf den Propheten Mohammed und auf den Koran. Ganz im Sinne Mohammeds versucht schon der erste arabische Philosoph Al Kind (800-866) aus der Vergänglichkeit der Welt die Notwendigkeit Gottes als Retter der Seelen zu beweisen. Al-Farabi (870-950) entwirft als Ort des Glücks einen Musterstaat, deren Bewohner philosophieren. Ibn Sina (Avicenna (980-1037) plädiert für das Glück durch Philosophieren. Sein Hauptwerk „Buch der Genesung der Seele" will die seelischen Probleme durch philosophische Erkenntnisse heilen.

2. Phase: Die Mystik der Gottesliebe

Ab dem 8. und 9. Jahrhundert erhielt die arabische Glücksphilosophie einen starken mystischen Charakter. Der philosophische Sufismus stellt das Glück als Pilgerreise der Seele zu Gott vor. Diese Reise hatte folgende Stationen:

1. Verzicht auf die Priorität der Welt der Sinne
2. Bewältigung der Triebe
3. Loslassen der Welt
4. Sterben vor dem Sterben
5. Entwerden und Dauern in Gott

(A. Johardelvari, a.a.O., S. 111f.)

Von Omar Chajjám (1048-1131) bis Rumi (1207-1273) entwickelte sich die Suche nach dem Glück als pantheistische Liebesmystik. Bei Omar scheint die Skepsis gegenüber der Möglichkeit des Glücks in der Gottsuche in eine epikureische Lebenslust umzuschlagen. Bei Rumi wird das sterbliche Ich überwunden, indem es mit dem Ich des Freundes und schließlich auch mit dem göttlichen Ich verschmilzt. Die Liebe ist nicht nur menschliche Fähigkeit, sondern kosmische Potenz. Das Ich ist heimatlos in der Welt. Es findet sein Glück in der Aufgabe des niederen Ichs und in der Rückkehr zu Gott. Seit dem 16. Jahrhundert begannen allerdings viele mystische Sufi-Orden mit den herrschenden Kreisen zu kooperieren und ihre mystischen Potenzen einzubüßen. Einige Orden haben in Folge dieser Kooperation „die Idee der geistigen Vollkommenheit" durch den „Heiligen Krieg" ersetzt und sich praktisch für die Eroberungskriege ausgesprochen. (A. Johardelvari, a.a.O., S. 125)

3. Phase: Arabische Theosophie

Mit Sohrawardi (1153-1191) beginnt die Synthese aus persischem Dualismus und islamischem Monimus. Die Licht-Meditation weist den Weg zum Glück. „Das höchste Licht ist schwarz, es läßt sehen, ohne gesehen zu werden." (W.G. Lerch, a.a.O., S. 104) Das Glück besteht in der Erfahrung höchsten göttlichen Lichts und höchster Schönheit. Sohrawardis Hauptidee heißt: „Die Essenz des absoluten Lichts, Gott, schenkt fortwährend Erleuchtung, und manifestiert sich dadurch immer deutlicher. Alles Seiende ist aus der Essenz Gottes entstanden und alle Schönheit und Vollkommenheit sind die Gaben seiner Güte. Diese Erleuchtung zu erlangen, ist das Glück." (M. Horten: Die Philosophie des Islam. München 1924, S. 120f.) Materie ist damit keine Substanz außerhalb des Lichtes, sondern Licht ohne Schein.

Al-Arabi (1165-1240), der 30 Jahre in Sevilla (Spanien) lebte, sieht die Natur pantheistisch als Gott. Der Theosoph ist nach seiner Meinung auf einer Reise in drei Etappen: Von Gott, zu Gott, in Gott. Allerdings ist das Glück des Menschen immer flüchtig, denn zwischen Gott und Mensch bleibt ein tiefer Abgrund bestehen. Die arabische Theosophie wandert später nach Osten, nach Persien. Mulla Sadra (1571-1640) entwickelt eine umfassende Lehre vom Sein, das als Prozess immer noch andauert. Das Glück der Seelen, die als Körper vergehen, erscheint darin, dass unsterblich an ihr das ist, was sie Unsterbliches denken können. (A. Johardelvari, a.a.O., S. 154-189)

4. Phase: Die Krise der arabischen Philosophie

Die arabische Philosophie stand immer im Kampf mit der islamischen Orthodoxie. Ihre Existenz war deshalb immer gefährdet. Al-Ghazali (1058-1111) bekämpft die religionskritische Philosophie. Er bezweifelt, dass das kausale Denken des Menschen einem Kausalitätsprinzip in den Dingen der Außenwelt entspricht. „Wenn Kausalität existiert, dann nur als göttliche, aber nicht als menschliche Kraft. Gott greift bei jeder Gelegenheit in die Welt ein. Menschliches Glück ist und bleibt ein mystisches Geheimnis, das auf den neun Stufen des mystischen Pfades erreicht wird. Diese Stufen heißen:

1. Reue wegen sündiger Taten
2. Geduld im Falle von Unglück und Armut
3. Dankbarkeit für Gottes Gaben
4. Furcht vor Gott
5. Hoffnung auf Rettung
6. Armut als Derwisch
7. Askese und Verzicht auf alles Weltliche
8. Mystische Liebe zu Gott."

(A. Johardelvari, a.a.O., S. 118)

Al-Ghazalis Einfluss erreichte auch Europa. Er hat europäische Mystiker wie Meister Eckhart und Spinoza beeinflusst.

Geschichte der praktischen Glücksphilosophie in Arabien

5. Phase: Arabische Philosophie in Spanien

Im fernen Spanien (unter der Herrschaft der Mauren) entwickelte sich ein eigenständiger Zweig arabischer Philosophie. Ihr Oberhaupt war Ibn Ruschd (lat. Averroes) (1126-1198). Er kritisierte Al-Ghazali. Er bestand darauf, dass das Glück darin besteht, dass der einzelne Geist beim Tod im Körper untergeht, aber im Kollektiv-Geist aufgehoben wird. Ibn Ruschds Werke, besonders seine Aristoteles-Kommentare „gelten als der Höhepunkt, gleichzeitig als das Ende der arabischen Philosophie im muslimischen Westen." (W.G. Lerch, a.a.O., S. 136)

6. Phase: Neue Impulse in der Neuzeit

Die arabische Philosophie entwickelte sich als Theosophie weiter vom 17.-20. Jahrhundert. Sie tradierte weiterhin die Meditation und den mystischen Weg. Vom 16.-20. Jahrhundert bestand das philosophische System der Weisheit (Hikmat), das neuplatonische Ideen, die Erleuchtungsphilosophie Sohrawardis, und die Lehre der Sufis miteinander verband. Als philosophische Schule von IsFahan hat das Hikmat sich bis ins 20. Jahrhundert erhalten. (A. Johardelvari, a.a.O., S.127-252) Sie befasste sich weiter mit den metaphysischen Glückswegen, in einer Zeit, als im Westen schon nachdrücklich das Ende der Metaphysik behauptet wurde. (A. Johardelvari, a.a.O., S. 220) Im 19. und 20. Jahrhundert tauchten immer wieder neue islamische Philosophen auf, die aber sehr schnell von der islamischen Orthodoxie ins Exil getrieben wurden. Zu ihnen gehören Philosophen wie Mir Damad, Mollah Hadra Sabzewari. (Vgl. A. Johardelvari, a.a.O., S. 127-249) Besonderen Einfluss gewann dann im 20. Jahrhundert Khalil Gibran aus dem Libanon, der aber charakteristischerweise die meiste Zeit seines Lebens in den USA verbrachte.

Während es im Westen oft den Anschein hatte, dass die Liebe zur Weisheit (Philo-Sophie) oft zu einem Hass auf die metaphysische Weisheit (sich also in Miso-Sophie) verwandelte, wurde die metaphysische Suche nach dem Glück in Arabien auch im 20. Jahrhundert wieder neu eröffnet.

Literatur zur arabischen Philosophie

Andrae, T.: Islamische Mystiker. Stuttgart 1960
De Boer, T.J.: Geschichte der Philosophie im Islam. Stuttgart 1901
Dieterici, F.: Die Philosophie bei den Arabern im 10. Jahrhundert n.Chr. Leipzig/Berlin 1858-91, Bd. 1-16 (Neudruck 1969)

Igbal, M.: Die Entwicklung der Metaphysik in Persien. Bonn 1982
Johardelvari, A.: Iranische Philosophie von Zarathustra bis Sabzewari. Frankfurt 1994
Lerch, W.G.: Denker des Propheten. Die Philosophie des Islam. Düsseldorf 2000
Schimmel, A.: Mystische Dimensionen des Islam. München 1997
Strohmaier, G.: Denker im Reich des Kalifen. Köln 1979
Van Ess, J.: Theologie und Gesellschaft im 2. und 3. Jahrhundert Hidschra. Berlin 1991-1997, Bd. 1-6
Watt, W.; Marmura, M.: Der Islam. Politische Entwicklung und theologische Konzepte. Stuttgart 1985, Bd. 2
Wüstenfeld, F.: Geschichte der arabischen Ärzte und Naturforscher. Göttingen 1840 (Neudruck 1975)

Zeittafel zur Geschichte der arabischen Philosophie

Europa	Vorderer Orient / Arabien
1000 v.Chr. Moses, Salomo	1200-1000 v.Chr. Zarathustra
427-347 v. Chr. Plato	
384 - 322 v.Chr. Aristoteles	
205-270 n.Chr. Plotin	216 – 276 n.Chr. Mani
	571 - 632 n.Chr. Mohammed
	800 – 866 Al-Kind
	858 – 922 Al-Halladsch
	980 – 1037 Ibn Sina (Avicenna)
1034-1109 A. von Canterburry	1048 – 1131 Omar Chajjám
	1058 – 1111 Al-Ghazali
	1126 – 1198 Ibn Ruschd (Averreos)
	1153-1191 Sohrawardi
	1207 – 1273 Rumi
1596-1650 R. Descartes	
1883-1969 Karl Jaspers	1883 – 1931 K. Gibran

Geschichte der praktischen Glücksphilosophie in Arabien   257

Orte der arabischen Philosophie

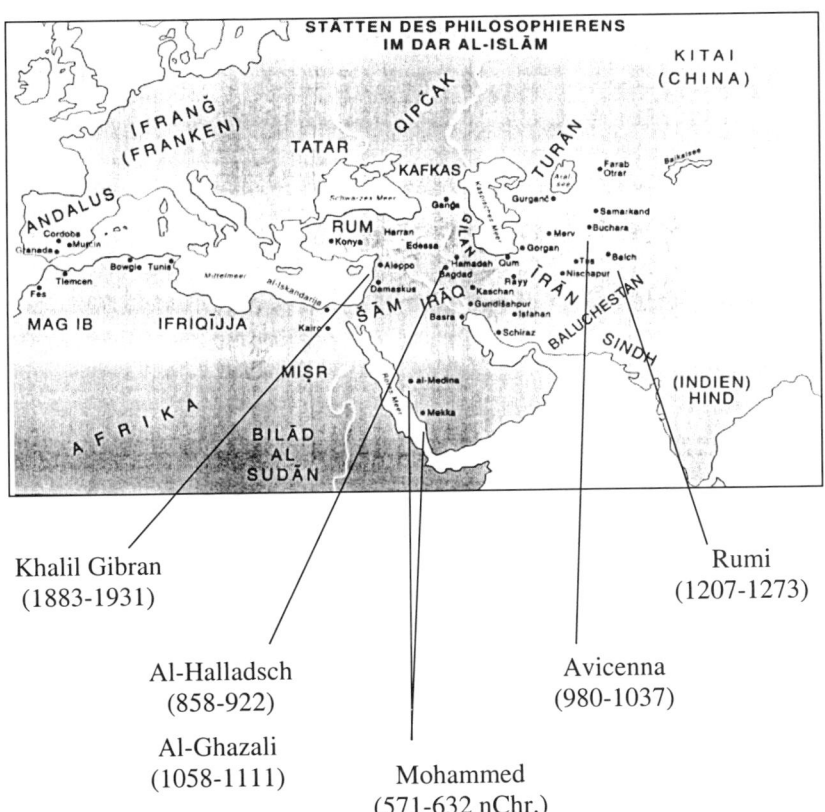

Khalil Gibran (1883-1931)

Al-Halladsch (858-922)

Al-Ghazali (1058-1111)

Mohammed (571-632 nChr.)

Avicenna (980-1037)

Rumi (1207-1273)

2. Mohammed (571-632): Suche das Eine

Die arabische Philosophie erlebte mit dem Auftreten des Propheten des Monotheisten Mohammed einen entscheidenden Impuls. Wie dieser Impuls möglich wurde, liegt allerdings im Dunkeln. Über die innere Entwicklung Mohammeds ist nichts bekannt als das, was in dem von ihm in Trance geschriebenen Buch „Der Koran" steht. Die äußeren Lebensfakten erweisen ihn als religiöses Genie, erfolgreichen Feldherren und großen Liebhaber. Ihm gelang als einzigen philosophischen Politiker die Durchsetzung seines Idealstaates.

Mohammed

Übung:
Welches Bild haben Sie von Mohammed? Geben Sie einige Informationen.

Mohammed wurde um 571 in Mekka geboren. Er gehörte zum einflussreichen Stamm der Quraischiten. Da er im Alter von sechs Jahren Waise wurde, erzog ihn erst sein Großvater und dann ein Onkel. Mit 25 Jahren wurde er Kaufmann und begleitete die Karawanen der Witwe Chadischa nach Syrien. 595 heiratete er Chadischa, die 15 Jahre älter war. Die Ehe galt als glücklich. Denn erst nach dem Tode Chadischas heiratete er noch neun andere Frauen. Chadischa hat Mohammed in seiner tiefen spirituellen Krise, die ihn um 610 im Alter von rund 40 Jahren, heimsuchte, intensiv unterstützt. Mohammed lebte in einer polytheistischen Kultur, deren Zentrum Mekka war. Diese Kultur war sehr diesseitig orientiert und betrachtete Allah als unbekannten Hochgott, dessen drei göttliche Töchter dem Menschen näher standen und mit Pflanzen und Tieropfern besänftigt wurden. Mit dieser vorfindlichen Philosophie geriet Mohammed in Zwiespalt. Er zog sich von 610 bis 612 nachts in einsame Höhlen bei Mekka zurück, um nach dem Beispiel christlicher Einsiedler zu meditieren. Beeinflusst war Mohammed offenbar auch von einigen Dichtern und Sehern, die als Gottsucher (Hanif) Monotheisten waren. Nach längerer Meditation erlebte Mohammed um 610 den Erzengel Gabriel in ekstatischen Erfahrungen, die ihn zum Propheten machten. Die erste Erfahrung mit dem Erzengel beschreibt die Sure 53, 1-8 folgendermaßen: „Aufrecht stand er da im höchsten Horizont. Alsdann nahte er sich und näherte sich und war zwei Bögen entfernt oder näher und offenbarte seinem Diener, was er offenbarte." Die zweite Erfahrung mit Gabriel lautete: „Und wahrlich er sah ihn ein andermal bei dem Lotusbaum ... wahrlich er sah von den Zeichen seines Herrn die größten." (Der Koran. Übersetzt M. Henning. Stuttgart 1991, Sure 53, 11-18) In Sure 81, 23 bestätigt er diese Vision: „Wahrlich er sah ihn am klaren Horizont."

Übung:
Kennen Sie Visionen mit Engeln?

Die nächste metaphysische Erfahrung hatte Mohammed im Schlaf. Er war wieder in seiner Meditationhöhle, als ihm im Traum wieder der Erzengel Gabriel erschien, ihm das Buch Gottes zeigte und Mohammed aufforderte, in ihm zu lesen: „Lies! Im Namen deines Herrn ... Lies, denn der Herr ist allgütig, der die Feder gelehrt, gelehrt den Menschen, gelehrt, gelehrt den Menschen, was er nicht gewußt." (Der Koran, Sure 86, 1-5) Als Mohammed die Höhle verließ, hörte er eine Stimme, die ihn als Gesandten Allahs begrüßte. Er erkannte nun den Erzengel Gabriel, der den ganzen Horizont einnahm.

Übung:
Was würden Sie nach einer derartigen Erfahrung Mohammeds einem Engel antworten?

Mohammed ging nach Hause. Er glaubte, er sei wahnsinnig geworden. Nur Chadischa vertraute ihm. Mohammed war nun aus seiner Bahn als Kaufmann geworfen. Er wusste nicht, was er tun sollte. Er war voller Angst und Schrecken. Er ging wieder ins Gebirge. Er ging wieder in seine Meditationshöhle. Aber auch dort erlebte er nur die völlige Dunkelheit. Aber dann, zwei Jahre später, 612, spricht der Erzengel erneut: „Dein Herr hat dich nicht verlassen, auch haßt er dich nicht. Und wahrlich, das Jenseits ist besser für dich als das Diesseits." (Der Koran, Sure 93, 3-4)

Ab 612 beginnt Mohammed, der seine ekstatischen Erfahrungen nur dem engsten Familienkreis mitteilte, seinen missionarischen Auftrag. Seine ersten prophetischen Reden sprechen von dem bevorstehenden Weltuntergang: „Wenn die Erde erbebt in ihrem Beben, und die Erde herausgibt ihre Lasten und der Mensch spricht: ‚Was fehlt ihr?', an jenem Tag wird sie ihre Geschichte erzählen." (Der Koran, Sure 26, 1-4) Feuer wird kommen. „Entsandt werden wird wider euch eine Feuersflamme und Erz und es soll euch nicht geholfen werden." (Der Koran, Sure 55/35) Am Ende der Welt werden die Toten im Fleisch wieder auferstehen. Es wird von Allah Gericht gehalten werden. Allah hat über jeden Menschen genaue Eintragungen in seinem Totenbuch.

Übung:
Was wird über Ihre irdischen Taten im „Buch des Himmels" stehen? Schreiben Sie einige Vermutungen auf.

Für die Gläubigen winkt am Tag des Weltunterganges das Paradies, für die Ungläubigen die Hölle. Das Paradies ist voller materiellen Glücks, „Gärten der Wonne", „Früchte, wie sie sich erlesen", „Großäugige Huris, gleich verborgenen Perlen als Lohn für ihr Tun". (Der Koran, Sure 56, 12-26) Die Hölle dagegen besteht aus „Glutwind und siedendem Wasser, Schatten von schwarzem Rauch". (Der Koran, Sure 56, 42-46)

Im Zentrum seiner Predigten, die die Leute aus Mekka oft verlachten, stand die Verkündigung des einzigen Gottes „Allah! Es gibt keinen Gott außer ihm ... Weit reicht sein Thron über die Himmel und die Erde und nicht beschwert ihn beider Hut." (Der Koran, Sure 2, 255) „Allahs sind die schönsten Namen." (Der Koran, Sure 7, 180)

Übung:
Entwickeln Sie 99 der schönsten Namen für das absolute Eine.

Mohammed predigt weiter: „Er ist der eine Gott, der ewige Gott. Er zeugt nicht und wird nicht gezeugt, und keiner ist ihm gleich." (Der Koran, Sure 112, 1-4) „Er ist der an Macht Gewaltige". (Der Koran, Sure 13, 13)

Aus der prophetischen Metaphysik leitet der Koran **die fünf Grundpfeiler des ethischen Handelns** für alle gläubigen Muslime ab:

1.	Das Glaubensbekenntnis: „Außer Allah gibt es keinen Gott und Mohammed ist sein Prophet"
2.	Das tägliche fünfmalige Gebet
3.	Das Fasten während der 29 oder 30 Tage des Monats Ramadhan (September)
4.	Die gesetzliche Armensteuer
5.	Die Wallfahrt nach Mekka und nach Medina.

Übung:
Welche fünf Grundhandlungen ergeben sich aus Ihrer natürlichen Lebensphilosophie? Welches Bekenntnis würden Sie formulieren? Welches Gebet entspricht Ihrer Philosophie? An welchen Tagen würden Sie fasten? Welche Hilfe würden Sie den Armen zukommen lassen? Und welche Reisen würden Ihrer natürlichen Lebensphilosophie entsprechen?

Der Kern des Korans verkündet eine mystische Lehre des Einen. Aus dem Einen kommt jeder und jeder kehrt in es zurück. „Siehe, wir sind Allahs, und siehe, zu ihm kehren wir zurück." (Der Koran, Sure 2, 156) „Alle Dinge vergehen, außer seinem Angesicht." (Der Koran, Sure 28, 88) Der richtige Bezug zu Allah ist die mystische Liebe, denn „er liebt sie und sie lieben ihn." (Der Koran, Sure 5, 54) Diese Mystik des Korans hat den Grundstein für die Entstehung der arabischen Mystik der Sufis gelegt, die in der arabischen Philosophie eine so große Rolle spielen sollten. (E. Dermeughem: Mohammed. Reinbek 1999, S. 107f.)

Die Entstehung des Korans als Erfahrung des prophetischen Mystikers Mohammed ist noch nicht völlig erforscht. Aber es gibt einige Fakten: Mohammed erfuhr die koranischen Fragmente in Trance. Sein Ich war in diesen Trancezuständen des automatischen Sprechens völlig ausgelöscht. Wenn Mohammed in Trance geriet, überfielen ihn Frösteln und Schaudern. Er ließ sich dann mit einem Mantel zudecken. Man hörte ihn während dieser Trance stöhnen, röcheln und schreien. Nach dem „automatischen Sprechen" war er schweißgebadet, hatte Kopfschmerzen und häufig krampfartige Muskelspannungen. Der Engel Gabriel, als Verkünder des Korans, erschien Mohammed oft auch in menschlicher Gestalt und sprach deutlich. Manchmal hatte Mohammed aber auch rein geistige Eingebungen.

Die anschließende Umsetzung der mündlichen Offenbarungen in eine logisch artikulierte Sprache muss viel Mühe gekostet haben. Ob der Koran von Mohammed selber geschrieben worden ist, ist bisher noch nicht geklärt. Klar ist aber, dass in seinem späteren Leben Mohammed Sekretäre beschäftigte, die die mündlichen Offenbarungen zugleich niederschrieben.

Als Mohammed starb, kannten vier Menschen den Koran auswendig und es gab viele schriftliche Aufzeichnungen. Der Koran war, als Mohammed 632 starb, noch nicht fertig. Erst die Nachfolger Mohammeds ließen eine endgültige Koranausgabe herstellen, die nun 114 Suren enthält. Die kürzesten und ältesten stehen dabei am Ende und die längsten und jüngeren Suren am Anfang des Korans. Es dürfte schwer sein, „einen Ur-Koran rekonstruieren zu wollen." (H. Bobzin: Der Koran. München 1999, S. 103) Mit der Zeit veränderten sich die mündlichen Offenbarungen. Der Trance ließ sich offenbar durch Mohammed leichter beherrschen. Stand am Anfang die Apokalypse im Zentrum, ergaben sich später mehr Offenbarungen zu politischen und sozialen Fragen.

Übung:
Das Schreiben in Trance kann man mit geschlossenen Augen mit der schreibungewohnten Hand versuchen. Fangen Sie einfach ohne jeden Vorsatz und ohne Kontrolle mit dem Schreiben an. Schreiben Sie eine Minute, übertragen Sie das Geschriebene in lesbare Schrift. Stellen Sie fest, ob Sie Bilder des kollektiven Überbewusstseins jenseits der Subjekt-Objekt-Spaltung des alltäglichen Denkens in Ihrem Text berührt haben. Wenn Sie solche archetypischen Bilder des Überbewusstseins berührt haben, versuchen Sie viele Beispiele für diese Bilder aus vielen früheren Offenbarungsphilosophien zu finden. Diese Amplifikation lässt den Sinn solcher Bilder deutlicher werden und schützt Ihr Ich vor einer psychischen Inflation.

Das Besondere an Mohammed war, dass er sich trotz seiner Offenbarungsgenialität, immer nur als ein einfacher sterblicher Mensch verstand. Als er 617 und 619 eine besonders intensive Tranceerfahrung machte, erlebte er, dass er von Mekka bis nach Jerusalem und dann in den Himmel flog. „Preis dem, der seinen Diener des nachts entführte von der heiligen Moschee (in Mekka) zur fernsten Moschee (in Jerusalem), deren Umgebung wir gesegnet haben, um ihm unsere Zeichen zu zeigen." (Der Koran, Sure 17, 1) Die Reise scheint nur einen Moment gedauert zu haben, denn der Krug, den Mohammed bei seiner Abreise in Mekka verschüttet hatte, war noch nicht ganz ausgelaufen, als er wieder in Mekka zurückkam. Auch an die ekstatischen Reisen Mohammeds knüpft die spätere arabische Mystik der Sufis an.

Übung:
Schließen Sie die Augen. Stellen Sie sich vor, Sie reisen durch die Geschichte des Alls zurück zum Urknall. Kommen Sie dann zu Ihrem Ausgangspunkt zurück. Prüfen Sie, wie lange eine solche Reise zum Urknall gedauert haben könnte.

Mohammed begann seinen missionarischen Prophetenauftrag mit politischen Mitteln durchzusetzen. Als er in Mekka auf zu viel Widerstand gegen den Monotheismus und die Überführung der Stämme in eine muslimische Gemeinde als Kern eines theokratischen Staates stieß, ging Mohammed nach Medina. In Medina organisierte Mohammed dann eine theokratische Gesellschaft, die keine Stämme mehr kannte. Da die Juden in Medina sich dem Islam nicht anschlossen, zwang Mohammed sie, Medina zu verlassen. Der

Mohammed

Konflikt zwischen Muslimen und Juden sowie Christen und Muslimen und Juden als Konkurrenten um den wahren Monotheismus zeigte sich schon früh.

Übung:
Wie bewerten Sie den Streit zwischen Muslimen, Juden und Christen um den wahren Monotheismus? Antworten Sie mit Freewriting in einem Text von einer Minute.

627 wurde Mohammed militärisch aktiv. Er überfiel Karawanen aus Mekka. 628 verloren die Muslime eine Schlacht gegen ein Heer aus Mekka. 629 zog Mohammed mit 2000 Gläubigen auf eine Pilgerfahrt nach Mekka. 630 zog Mohammed mit 10.000 Männern nach Mekka. Er ließ nun die polytheistischen Götterbilder der Kaaba zerstören und verwandelte sie in ein Heiligtum des Islam. 632 pilgerte Mohammed erneut nach Mekka. Es wurde seine Abschiedspilgerfahrt. Nach der Überlieferung soll er am Ende der Fahrt die Massen gefragt haben: „Mein Herr, habe ich meine Mission gut erfüllt?" Die Massen riefen zurück: „Ja, du hast sie gut erfüllt."

Als er von dieser Pilgerfahrt nach Medina zurückkehrte, starb er am 8. Januar 632 in den Armen seiner Lieblingsfrau A'ischa. A'ischa war, ganz nach damaliger Sitte, neun Jahre alt, als der 53-jährige Prophet sie heiratete. A'ischa war Mohammed die liebste seiner weiteren acht Frauen. Auch sie hatte den Engel Gabriel gesehen. "Mohammed empfing in ihrer Gegenwart Offenbarungen und er wurde am Fuß ihres Wohnbereiches begraben." (M. Forward: Mohammed – Der Prophet des Islam. Freiburg 1998, S. 138) Entgegen seiner Gewohnheit, jede Nacht mit einer anderen Ehefrau zu verbringen, blieb er die letzten Tage seines Lebens bei A'ischa.

Der Islam erlebte nach dem Tod Mohammeds Spaltungen der islamischen Gemeinde und viele Siege im heiligen Krieg gegen die Nicht-Islamisten. Vier Jahre nach Mohammeds Tod 636 besiegten die islamischen Heere Byzanz und besetzten Syrien. 637 eroberten sie Antiochia. 642 fiel Ägypten. Gegen Ende des 7. Jahrhunderts beherrschte der Islam Nordafrika, Syrien, Palästina, Kleinasien, Mesopotanien und den Irak. 732 schlug Karl Martell, der französische König, die Muslime in Südfrankreich bei Tours. Von Medina wurde die muslimische Hauptstadt nach Damaskus verlegt. 762 wurde dann Bagdad die Hauptstadt des arabischen Reiches. Der Einfluss der griechischen Philosophie, besonders Plotins, auf den Islam, begann nun ebenso wie die Einflüsse der indischen Philosophie auf das Erbe Mohammeds.

Das Glücksbild Mohammeds

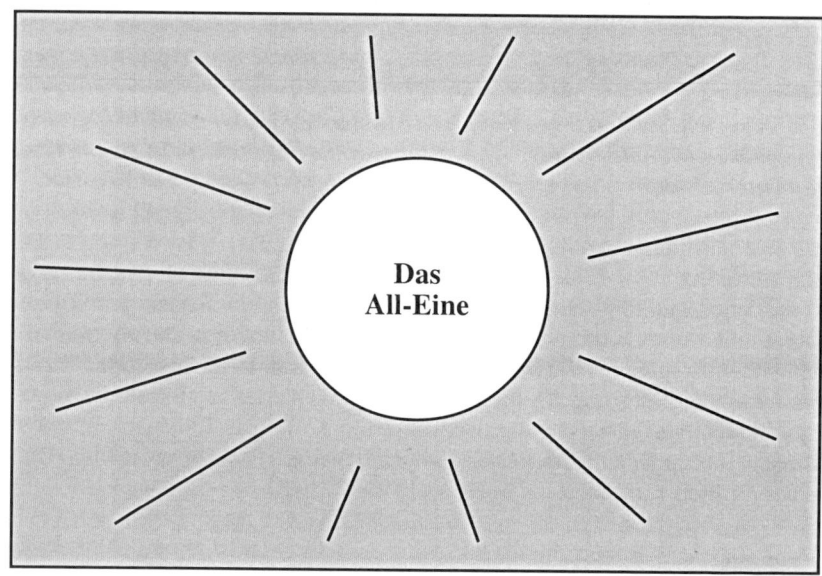

Übung:
Stellen Sie sich vor, es gibt nur das All-Eine. Fühlen Sie sich nun von sich selbst befreit?

Literatur zu Mohammed

Andrae, T.: *Mohammed, sein Leben und sein Glaube.* Göttingen 1932
Buhl, F.: *Das Leben Mohammeds.* Darmstadt 1961
Dermenghem, E.: *Mohammed.* Reinbek 1999
Forward, F.: *Mohammed – der Prophet des Islam:* Freiburg 1999
Paret, R.: *Mohammed und der Koran.* Stuttgart 1991
Schimmel, A.: *Und Mohammed ist sein Prophet.* München 1989
Watt, W.M.: *Muhammed. Prophet and Staatsmann.* London 1969

Bobzin, H.: *Der Koran.* München 1999
Der Koran. Übersetzt von Max Henning. Stuttgart 1998
Eliade, M.: *Geschichte der religiösen Ideen.* Freiburg 1983, Bd. 3,1, S. 69-89
Nagel, T.: *Der Koran.* München 1983
Schimmel, A.: *Der Islam.* Stuttgart 1997

3. Mansur Al-Halladsch (858-922): Liebe absolut

Die Sufis waren islamische Philosophen der Praxis. Viele hatten ihre Häuser verlassen und wanderten durch das Land mit einem Flickenrock bekleidet. Sie nahmen nur so viel zu sich, wie sie zum Überleben brauchten. Sie strebten nach einer individuellen Beziehung oder einer Einigung mit dem einzigen Gott. Der Sufi Halladsch sagte über die Sufis: „Gott zuliebe eilt der Sufi über Land und Wasser, über die Ebene ... und sein Gesicht wendet er ab, bis die Zeit kommt, da er dahin gelangt, wo er mit Gott allein ist." (L. Vaughan-Lee (Hrsg.): Die Karawane der Derwische. Frankfurt 1997, S. 15) Der Sufi suchte die Ekstase im Überbewusstsein. Wenn er sein Alltagsbewusstsein mit seiner Ich-Zentrierung im Überbewusstsein verlor, fühlte er sich oft so, als ob er anstelle Gottes redete. (A. Johardelvari, a.a.O., S. 113) Die lebende Vereinigung mit Gott, das war das Glück der Sufis.

Auf die sufischen Mystiker nahm der Buddhismus ebenso Einfluss wie der Taoismus (A. Schimmel: Mystische Dimension des Islam. Frankfurt 1995, S. 26f.) Die Sufis betonten unmittelbare Erfahrung und den Wert der philosophischen Übung und verachteten die Gelehrten und praxislose philosophische Haarspaltereien. Einige Sufis setzten sich im Zustand eines ekstatischen Überbewusstseins mit Gott gleich, so etwa Bayezed Bistami (gest. 874), Abu Said (gest. 1049), Lahiji (gest. 1510), aber auch Halladsch (vgl. L. Vaughan-Lee (Hrsg.), a.a.O., S. 137ff.) Diese Gottessymbiose ist für einen radikalen Monotheismus typisch und findet in sozialen Krisensituationen überall Verbreitung. Die Sufis wurden bald eine Protestbewegung der unteren Schichten gegen das islamische Establishment. Allerdings gab es in späteren Zeiten auch Sufis, die mit den oberen Schichten paktierten.

Der größte Märtyrer des Sufismus wurde Al-Halladsch, auch Mansur el-Hallaj genannt. Er lief in Ekstase durch Bagdad und rief: „Es gibt auf der Welt nichts wichtigeres

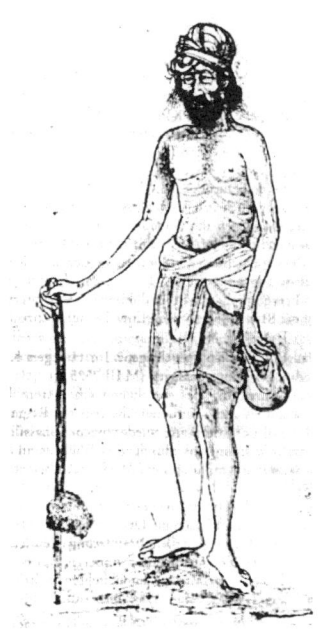

Wanderderwisch
(Indien, frühes 17. Jahrh.)

für die Muslime als mich zu töten!" (A. Schimmel: Al-Halladsch. Freiburg 1995, S. 91) Er verklagte auch Gott auf dem Marktplatz von Bagdad: „Ich habe keinen Dufthauch von Gott gefunden und keine Nähe zu ihm, keinen Augenblick lang ... Dann weinte er, bis die Leute auf dem Markt auch anfingen zu weinen." (A. Schimmel, a.a.O., S. 93) An einem anderen Tag rief er auf dem Markt: „Oh, Ihr Muslime, helft mir! Gott läßt mich nicht mit meiner Seele vertrauten Umgang haben, und Gott nimmt mich nicht von meiner Seele fort, so daß ich Ruhe von ihr hätte." (A. Schimmel, a.a.O., S. 54) Im Bazar schrie er: „Oh Leute! Rettet mich vor Gott, denn er hat mich mir selbst entrissen und gibt mich mir nicht zurück." (A. Schimmel, a.a.O., S. 82) In Ekstase rief er aber auch: „Ich bin die schöpferische Wahrheit." Als Mystiker glaubte Halladsch, dass in der Ekstase der „ungeschaffene göttliche Geist dem menschlichen Geist soweit nahe kommt, dass er ihn überformt und dass im Sprechen ein Subjektwechsel stattfindet." (A. Schimmel, a.a.O., S. 24)

Halladsch praktizierte seine mystischen Höhen und Tiefen in der Öffentlichkeit und nahm als mystischer Sokrates in Kauf, dass seine philosophischen Geheimnisse zu einem öffentlichen Ärgernis wurden.

Übung:
Was halten Sie von der provokativen Form des öffentlichen Philosophierens? Antworten Sie in einem Satz.

Halladsch wurde 858 im südlichen Iran geboren. Er wuchs in Gebieten auf, die vom Baumwollanbau lebten. Sein Name Halladsch weist auf den Beruf seines Vaters als Baumwollkämmer hin. Zwei Jahre war Halladsch Schüler des Mystikers Sahl (gest. 896). Mit 18 Jahren ging Halladsch nach Bagdad, wo er bei zwei weiteren Mystikern des Sufismus studierte. Bei diesen Meistern lernte er den mystischen Pfad kennen, der das Ziel hatte, „zu werden, wie sie waren, als sie nicht waren und nur Gott allein bestand." (A. Schimmel, a.a.O., S. 15)

Übung:
Stellen Sie sich vor, wie Sie waren, als sie nicht waren und nur Gott alleine bestand. Schreiben Sie einen kleinen Text.

Halladsch heiratete die Tochter eines seiner philosophischen Lehrer, aber er hatte bald Streit mit seinem Lehrer. Deshalb ging er auf eine Pilgerfahrt nach Mekka. Er praktizierte dort extreme Askeseübungen. „So saß er ein volles Jahr im Hof der Moschee und rührte sich nicht vom Platz, außer um sich zu reinigen oder um die Kaba zu umkreisen." (A. Schimmel, a.a.O., S. 36) Als

Nahrung dienten ihm täglich drei Bissen Brot und Wasser. Außerdem ging er auf einen Berg in der Nähe Mekkas und praktizierte in der Hitze des Mittags die Dauermeditation. „Da saß er auf einem Felsblock und der Schweiß floß von ihm herab, so daß der Felsblock ganz naß geworden war." (A. Schimmel, a.a.O., S. 37)

Übung:
Stellen Sie sich die extremen Askeseübungen von Halladsch vor. Was für ein Bild sehen Sie von ihm? Beschreiben Sie dieses Bild.

Als Halladsch von Mekka nach Bagdad zurückkam, gewann er viele Anhänger. Er schlief kaum. Nachts rezitierte er in zwei Einheiten den ganzen Koran auswendig. Am Tag rezitierte er den Koran in hundert Gebetseinheiten. An die Stelle des ständigen Andenkens an Gott durch Nennung seines Namens war bei Halladsch das Rezitieren des gesamten Korans getreten.

Übung:
Welche Art von Dauergebet könnten Sie sich vorstellen und praktizieren?

Halladsch lehrte den negativen Weg zu Gott: „Gott ist an keinem Ort und zu keiner Zeit, kein Gedanke erfaßt ihn, kein Blick trifft ihn." (A. Schimmel, a.a.O., S. 53) Halladsch stellte fest, dass es keine positiven Aussagen über Gott gibt. „Wer behauptet, er erkläre Gott als Eines, der hat ihm bereits etwas zugesellt." (A. Schimmel, a.a.O., S. 47) Denn: „Keiner bekennt Gott als Einen außer Gott selbst." (A. Schimmel, a.a.O., S. 47)

Halladsch legte eine dreifache Zeitmeditation des Ur-Einen vor:

1. „Stelle Dir die Ur-Ewigkeit vor aller Zeit und die endlose Ewigkeit nach aller Zeit vor und übersehe, was dazwischen liegt.
2. Stelle Dir die irdische Zeit vor und übersehe, was vor der irdischen und was nach der irdischen Zeit ist.
3. Stelle Dir weder die irdische noch die außerirdische Zeit vor."

(A. Schimmel: Al-Halladsch, a.a.O., S. 49)

Übung:
Meditieren Sie nach der dreifachen Zeitmeditation von Halladsch. Schreiben Sie nun Ihre Meditationserfahrungen auf.

Askese und Dauermeditation eröffneten Halladsch die Stufen auf dem mystischen Weg zu großem dunklem Schweigen, „in dem sich alle Liebenden verlieren." (L. Vaughan-Lee: Trasformation des Herzens. Frankfurt 1999, S. 74)

Über diesen mystischen Weg schreibt Halladsch folgendes:

„*Die Ruhe, und dann Schweigen, und dann Stummheit ...*
und Felsgrund, und dann Flachland, und dann Wüste ...
und Rausch, und dann Ernüchterung, und dann Sehnsucht ...
Bedrängung, dann Befreiung, dann Vernichtung,
und Trennung, dann Vereinung, dann Verlöschen."

(A. Schimmel, a.a.O., S. 55)

Übung:
Schreiben Sie nun einen kurzen Text über die drei Stufen der Suche nach dem Absoluten. Gestalten Sie dafür viele Varianten des dreigliedrigen Satzes: „Und Kälte, dann ein Schatten, und dann Sonne."

Halladsch praktizierte aber auch die Liebesmeditation. Sie umfasst drei Stufen:
1. Stellen wir uns vor, wir sehen so tief in uns hinein, bis wir den Ort der Liebe finden.
2. Setzen wir uns still an diesen Ort.
3. Alle Gedanken, die kommen, lösen wir im Gefühl der Liebe auf.

(L. Vaughan-Lee: Transformation des Herzens, a.a.O., S. 85f.)

Übung:
Praktizieren Sie diese Meditation und beschreiben Sie dann Ihre Erfahrungen.

Der mystische Weg ist für Halladsch der Weg der Liebe. Vor Liebe zu Gott möchte Halladsch sterben. „Leiden ist Gott selbst, während Glück von ihm kommt." (L. Vaughan-Lee (Hrsg.): Die Karawane der Derwische, a.a.O., S. 51) Halladsch rief zu Gott: „Herr, reiße mich zu dir aus diesem Kerker!" (A. Schimmel: Al-Halladsch, a.a.O., S. 54) Halladsch glaubt, im Tod mit dem göttlichen Geliebten vereint zu sein: „Oh, der du mich tötest! Was du erwähltest, erwähle ich mir." (A. Schimmel, a.a.O., S. 75) Die Erkenntnis, dass das eigene Ich die Ursache für die Trennung vom göttlichen Geliebten ist, motivierte Halladsch, seinen Tod zu lieben und alles zu suchen, damit das Hindernis Ich gegenüber Gott beseitigt werde.

Mansur Al-Halladsch

Übung:
Könnten Sie aus Liebe sterben, wenn Sie sicher wären, dass das Sterben Sie mit dem Geliebten vereinen würde? Antworten Sie mit dem Satz: „Ich würde aus Liebe sterben, wenn ..."

Zur mystischen Liebe gehört die Erfahrung der „Nacht der Seele", der Ferne Gottes. „Wenn Er dir seine Gegenwart verhüllt, dann, weil Er dir zuhört." (L. Vaughan-Lee (Hrsg.), a.a.O., S. 36) Zur Liebe gehört auch die überwältigende Verzweiflung, weil die Sehnsucht nach Gott immer wieder enttäuscht werden muss. „Zustände der Sehnsucht nach Gott können Tage, Monate, sogar Jahre dauern." (L. Vaughan-Lee: Transformation des Herzens, a.a.O., S. 62) Halladsch sagte, wenn Gott „mich durch Heimsuchungen in kleine Stücke schnitte, würde ich ihn doch nur immer mehr lieben." (A. Schimmel: Al-Halladsch, a.a.O., S. 93) Im Meer der liebenden Sehnsucht ertrank das Ich und wenn das Ich vom Ich befreit ist, wird das verschwundene Ich der Schönheit begegnen. Die Sure 24 des Korans schreibt über diese Schönheit: „Gott ist das Licht der Himmel und der Erde. Sein Licht gleicht einer Nische, in der sich eine Lampe befindet: die Lampe ist in einem Glas, und das Glas gleicht einem flimmernden Stern ... Licht über Licht." (Der Koran. Stuttgart 1998, Sure 24, 35)

Allerdings gehört zu jeder mystischen Liebe und ihren Zuständen der Versenkung die Rückkehr in den trivialen Alltag und die Verarbeitung der überbewussten Erfahrungen. Der Zugang zum Überbewusstsein ist allerdings keine einfache Sache. Mehr als täglich 30 Minuten Meditation ist für Anfänger kaum nützlich.

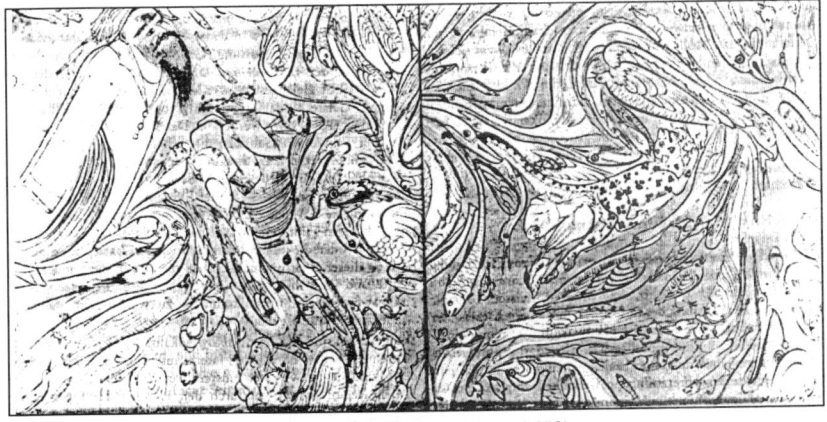

Mystische Reise (Iran, um 1650)

Übung:
Haben Sie Erfahrung mit Dauermeditation? Beschreiben Sie sie.

Halladsch unternahm von Bagdad aus bald wieder viele Reisen. Besonderes Aufsehen erregte seine Reise nach Indien. Er besuchte das Indus-Tal, Kaschmir und Turkistan. Danach kehrte er nach Bagdad zurück. Er unterhielt einen lebhaften Briefwechsel mit philosophischen Meistern in Asien. Halladsch lehrte nun die Gleichheit aller Religionen: „Wisse, daß das Judentum und Christentum und andere Religionen nur unterschiedliche Namen sind, aber das, was damit bezweckt wird, ändert sich nicht und ist nicht verschieden." (A. Schimmel: Al-Halladsch, a.a.O., S. 69)

Übung:
Definieren Sie den gemeinsamen Kern aller Religionen und aller Philosophien in einem Satz.

Langsam wurde Halladsch der Obrigkeit auffällig. Sie ließ ihn überwachen. Zwei Jahre dauerte dann seine zweite Pilgerfahrt nach Mekka, wo er mit 400 Begleitern auftrat. Nach seiner Rückkehr setzte er seine provokative öffentliche Mystik auf Märkten und Bazaren in Bagdad fort. Wenn er Geld geschenkt bekam, verteilte er es sofort unter den Armen. Er betete auch im Kopfstand, was auf Yoga-Einflüsse aus Indien hindeuten könnte. Er forderte nun die Leute in Bagdad auf, ihn zu töten. Er weinte öffentlich und brach plötzlich in wildes Gelächter aus. Die frommen Muslime begannen, sich vor ihm zu fürchten. Als die politische Lage in Bagdad an Stabilität verlor und sich Teile der herrschenden Kreise bekämpften, wurden Leute wie Halladsch eingesperrt. 913 kam Halladsch mit 55 Jahren ins Gefängnis: Nach sieben Jahren Haft begann die Regierung mit der Verfolgung seiner noch vorhandenen Anhänger. 922 wurde dann das Todesurteil gegen ihn gefällt. Am 26. März 922 wurde Halladsch mit 66 Jahren grausam hingerichtet. Als er zum Hinrichtungsplatz geführt wurde, tanzte er und sprach folgendes Gedicht:

„Mein Zechgenosse, immer
von Tyrannei ganz rein:
Gastfreundlich gab er Wein mir,
und lud mich ein, sein Gast zu sein:

Und als der Becher kreiste,
ließ er den Henker ein –
so geht's, wenn mit dem Drachen,
im Sommer, man trinkt Wein!"

(A. Schimmel: Al-Halladsch, a.a.O., S. 102)

Übung:
Schreiben Sie ein Reimgedicht, das Sie auf Ihrem letzten Gang zum Tod sprechen könnten.

Später rief er:
> *„Tötet mich, oh meine Freunde!*
> *Denn im Tod nur ist mein Leben*
> *...*
> *Und als Schlechtestes erkenn' ich,*
> *fest an diesem Leib zu kleben!"*
> (A. Schimmel, a.a.O., S. 105)

Auf dem Richtplatz wurde Halladsch gegeißelt, dann wurden ihm Füße und Hände abgehauen. Schließlich wurde er an ein Kreuz genagelt, an dem man ihn bis zum übernächsten Morgen hängen ließ, bis ihm endlich der Kopf abgeschlagen wurde. Als er gekreuzigt wurde, äußerte er nur: „Alles was der Fromme in der Stunde der Entrückung will, ist der Eine. Einsam mit ihm selbst." (T. Andrea: Islamische Mystiker. Stuttgart 1960, S. 7)

Halladsch wurde einst von einem Sufi gefragt: „Was ist Liebe?" Halladsch hatte kurz vor seinem Tod geantwortet: „Du wirst es heute sehen und morgen und übermorgen." So kam es. Denn einige Tage später tötete man ihn, dann verbrannten sie ihn und schließlich übergaben sie seine Asche dem Wind. Der Tod war aber für Halladsch nur die Brücke, die ihn endlich zum Geliebten führte.

Halladsch am Galgen.
(Aus einem Diwan des Hafiz. Schiras, 2. Hälfte 16. Jahrh.)

Sehen wir uns das Glücksbild von Halladsch in einer Grafik an:

Das Glücksbild von Al-Halladsch

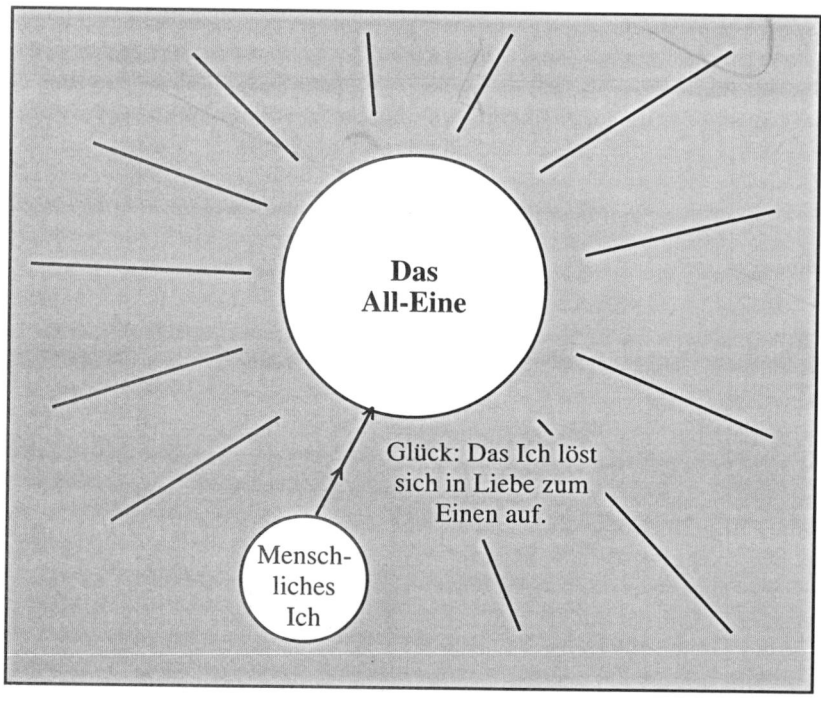

Übung:
Können Sie das All-Eine so lieben, dass Sie Ihr Ich loswerden?

Literatur zu Mansur Al-Halladsch

Massignon, L.: Al-Hallaj, mystic and martyr of Islam. Princeton 1981, Bd. 1-4
Schimmel, A.: Al-Halladsch. Freiburg 1995
Andrae, T.: Islamische Mystiker. Stuttgart 1960
Schimmel, A.: Mystische Dimensionen des Islam. Frankfurt 1995, S. 100-119
Vaughan-Lee, L. (Hrsg.): Die Karawane der Derwische. Frankfurt 1997
Vaughan-Lee, L.: Transformation des Herzens. Die Lehren der Sufis. Frankfurt 1999

4. Avicenna (980-1037): Erkenne Deine Seele

Viele islamische Philosophen waren Naturwissenschaftler und keine Mönche. Die ökonomische Basis des Islam im Mittelalter war keine expansive Warenwirtschaft. Die Anhänger Mohammeds waren Krieger, Seefahrer und Kaufleute. Die arabische Gesellschaft entwickelte ihre Zivilisation 500 Jahre früher als die Renaissance Oberitaliens. „Derart brannte in der damaligen arabischen Welt nicht nur eher Licht als in Frankistan, es brannte dort auch ein beweglicheres Licht als das spätere der europäischen Klosterschulen und der daraus entstandenen Universitäten." (E. Bloch: Avicenna und die aristotelische Linke. In: Ders: Das Materialismusproblem. Frankfurt 1974, S. 482) Philosophie war kein exotisches Produkt auf islamischem Boden, sondern erwuchs aus der Tradition der griechischen Philosophie des Plato und Aristoteles in Syrien, aus Impulsen des Propheten Mohammed und der indischen Philosophie, die über Afghanistan und Iran Einfluss auf den Islam nahm.

Avicenna

Avicenna, der auf arabisch „Abu Ali al Hussein ibn Abdallah ibn Sina" hieß, gilt als ein Höhepunkt der islamischen Philosophie. Er steht in einer Tradition, in der Gott als das notwendig Eine des hellenistischen Mystikers Plotin und der strenge Monotheismus des Korans eine Synthese bilden. Für Avicenna wird auch die Gottesidee des „unbewegten Bewegers" des Aristoteles wichtig, der nur sich selber denkt und der Welt den Bewegungsimpuls verleiht. Aus der Bewegung entsteht dann für Avicenna wieder im Sinne der Plotin'schen geistigen Schöpferkraft des Einen eine Kaskade von Intellekten, Seelen und Körpern. Für den Idealisten Avicenna ist die unterste Stufe der Emanation des Einen die Materie, „wo das göttliche Licht schwach wird und verlischt, das Häßliche und Ungestaltete und der Ursprung des Bösen aber stark wird." (G. Strohmaier: Avicenna. München 1999, S. 65)

Übung:
Versuchen Sie eine idealistische und eine materialistische Erklärung, warum die Welt entstanden ist. Schreiben Sie zwei Texte mit dem Anfangssatz: „Die Welt entstand, weil ..."

Avicennas Vater war Hofbeamter und Steuerverwalter im mittelasiatischen Buchara, das heute in Nordpakistan liegt. Avicenna erhielt in Buchara früh einen Lehrer für den Koran und für die schöne Literatur. Avicennas aufregendes und von vielen Reisen geprägtes Leben fällt in eine Zeit der Spaltungen des Islam. Der aufgeweckte Junge kam deshalb früh mit verschiedenen islamischen Strömungen der Schiiten, Sunniten und Ismailiten in Berührung. Entscheidend für Avicenna war sein Unterricht durch den Philosophen Abu Abdallah an-Natali, den der Vater als Hauslehrer anstellte. Bevor Avicenna in Philosophie unterrichtet wurde, hatte er sich sowohl mit Rechtswissenschaft beschäftigt als auch Kontakte zu Ismail, dem Asketen, gepflegt. Wichtig wurde für Avicenna aber auch das Studium der Medizin, das er bei al-Qumris, dem Leibarzt von Nuh ibn Masur, des Herrschers von Buchara, absolvierte. Das Studium der Philosophie pflegte Avicenna mit 16 Jahren Tag und Nacht. Bald verfertigte er mehrere Methoden des Selberdenkens. Er entwickelte z.B. eine Prüfungstheorie für Argumente: „Bei jedem Argument, das ich untersuchte, stellte ich fest, welche logischen Prämissen darin enthalten waren, wie sie anzuordnen sind und welche Schlußfolgerungen sie möglicherweise ergeben. Und ich erwog die Voraussetzungen ihrer Prämissen, bis das ich mir in dieser Frage Gewißheit verschafft hatte." (Avicenna, zit.n. G. Strohmaier: Avicenna. München 1999, S. 23)

Übung:
Stellen Sie eine Aussage über Ihr Leben auf. Prüfen Sie dann, auf welchen Prämissen Ihre Aussage aufbaut, wie die Prämissen zu ordnen sind und welche Schlussfolgerungen sich aus Ihrer Aussage ergeben.

Avicenna war auch vertraut mit der Denkmethode des automatischen Schreibens: „Er schrieb jeden Tag 50 Blätter voll, ohne dabei Literatur nachzuschlagen." (G. Strohmaier, a.a.O., S. 36)

Übung:
Schreiben Sie ganz schnell, ohne Kontrolle, eine Seite über Ihren Lieblingsgedanken.

Avicenna benutzte auch das Gebet zu Allah bei der Lösung schwieriger philosophischer Probleme. „Ich pflegte die Moschee aufzusuchen und zum

Schöpfer des Alls zu beten und zu flehen, daß er mir das Verschlossene auftun und das Schwere leicht machen möge." (Avicenna, zit.n. G. Strohmaier, a.a.O., S. 24)

Übung:
Wählen Sie ein schweres philosophisches Lebensproblem. Schließen Sie die Augen. Sprechen Sie ein wortloses Gebet und prüfen Sie dann, ob das Verschlossene sich aufgetan und das Schwere leicht gemacht wurde.

Avicenna setzte schließlich auf den Traum und seine systematische Einbeziehung in das Selberdenken. „Viele Fragen sind mir im Schlaf klar geworden." (Avicenna, zit.n. G. Strohmaier, a.a.O., S. 24)

Übung:
Welche philosophischen Probleme haben Sie schon im Traum gelöst? Legen Sie sich eine Liste Ihrer philosophischen Traumfragen und Traumantworten an.

Das vielmalige Lesen und die Benutzung von Kommentaren zu wichtigen philosophischen Texten war eine weitere Methode der Stärkung seines Selberdenkens. Avicenna las die „Metaphysik" des Aristoteles 40-mal, „wobei ich sie trotzdem nicht verstand und nicht, was damit gemeint sein sollte." Als er dann den philosophischen Kommentar von al-Farabi zu Aristoteles' „Metaphysik" las, „da ging mir mit einem Mal der Sinn dieses Buches auf, denn ich kannte es ja bereits auswendig." (Avicenna, zit.n. G. Strohmaier, a.a.O., S. 25)

Übung:
Welches philosophische Buch haben Sie schon mehrmals gelesen? Welcher Kommentar zu welchem philosophischen Buch hat Ihnen schon einmal beim Selberdenken geholfen?

Seine Lust, philosophische Bücher zu lesen, wurde durch Masur, den Herrscher von Buchara unterstützt. Als Avicenna mit 18 Jahren den Herrscher von Buchara bei einer Krankheit heilte, wurde ihm erlaubt, die Bibliothek des Herrschers zu besuchen. „Als ich 18 Jahre alt war", schreibt Avicenna, „war ich mit allen damals bekannten Wissenschaften vertraut." Für den Herrscher von Buchara schrieb er dann das „Buch über die Seele".

In diesem Buch legte er folgende Beweise für die Unsterblichkeit der Seele vor:
1. Der Körper verfällt ab 40 Jahren, der Geist bleibt wach und erweist damit seine körperliche Unabhängigkeit.
2. Der Geist kann Unendliches denken, kann also nicht vom endlichen Körper bestimmt sein.
3. Sollte ein Mensch bis zum 30. Lebensjahr keine empirischen Erfahrungen gemacht haben, so hat er doch das Bewusstsein seiner Selbst. Dieses einfache Selbstbewusstsein ist vom Körper unabhängig.
4. Da gute Ideen die Gesundheit fördern, schlechte Ideen Krankheiten hervorbringen, zeigt sich, dass die Seele über den Körper herrscht.

Übung:
Widerlegen Sie die vier Beweise für die Unsterblichkeit der Seele.

Sein Ruf als Philosoph stand seinem Ruf als Arzt nicht nach. Für einen Nachbarn schrieb Avicenna mit 21 Jahren das 20-bändige „Buch des Ertrages und des Gewinns", sowie einen Band Ethik mit dem Titel „Das Buch der Rechtschaffenheit und der Sünde".

Übung:
Nennen Sie drei Titel von philosophischen Büchern, die Sie gerne schreiben würden.

Als Buchara 999 von einem nomadischen Turkvolk erobert wurde, verschlechtert sich Avicennas Lage. 1005 zieht er einmal die Robe des Juristen an oder ein andermal das Gewand eines Derwisches und wandert unerkannt durch Asien. Er will nicht als Hofmediziner oder Astrologe den Herrschern dienen. Er will sein Wissen erweitern, als Arzt praktizieren und weitere Bücher schreiben. In Gurgan schrieb er dann sein medizinisches Hauptwerk „Kanon der Medizin", aber auch das „Buch des Ausgangs und der Heimkehr". Der „Kanon der Medizin" umfasst eine Million Wörter auf tausend Seiten Folio. Er zerfällt in fünf Teile. Die ersten beiden Teile bilden die Anatomie und die Physiologie, der 3. Teil schildert die Krankheiten aller Organe, der 4. Teil stellt die Krankheiten dar, die den ganzen Körper befallen, der 5. Teil beschreibt alle Heilmittel. Mit diesem Buch wurde Avicenna zu einem der größten Ärzte der Menschheit.

Übung:
Welche Theorien über körperliche Krankheiten und ihre Heilung sind Ihnen vertraut?

Avicenna denkt schon psychosomatisch und empfiehlt den Ärzten, den Kranken immer Hoffnung auf Heilung zu machen. Der Arzt soll die Kranken „durch Musik und das Anschauen einer schönen Landschaft in eine heitere Stimmung versetzen." (G. Strohmaier, a.a.O., S. 121)

Übung:
Was tun Sie, um Hoffnung im Leiden zu entwickeln? Legen Sie eine Liste Ihrer Hoffnungsmittel an.

Einige berühmte Heilungsgeschichten sind von dem Arzt Avicenna überliefert:
Avicenna arbeitete bei Liebeskrankheiten mit der Pulsdiagnose. Als der Sohn des Königs von Gurgan plötzlich abmagerte, ließ Avicenna die Namen aller Straßen von Gurgan in Anwesenheit des Patienten vorlesen. Bei einem Straßennamen reagierte der Puls des Patienten heftig. Avicenna sagte dem Patienten auf den Kopf zu, dass dort seine Geliebte wohnte. Das bejahte der Patient. Da eine Heirat mit dieser Geliebten nicht möglich war, gab Avicenna als Therapie folgenden Rat: „Kaufe dir eine schöne Sklavin und such in ihren Armen das Vergessen." (G. Strohmaier, a.a.O., S. 122)
In Isfahan litt ein Patient unter der Vorstellung, eine Kuh zu sein, die geschlachtet werden sollte. Avicenna überprüfte die Krankheit. Als Avicenna mit einem Messer zur Schlachtung kam, muhte der Patient und ließ sich fesseln. Avicenna gab dann seinen Therapievorschlag. Er sagte: „Diese Kuh ist zu mager. Sie muß erst ganz fett werden" Als der Patient aber einen Monat lang die leckersten Speisen essen musste, fühlte er sich wieder als Mensch und verlor seine Wahnvorstellung.

Avicenna musste aus Gurgan fliehen, als der Führer eines Aufstandes gegen die Herrscher von Buchara siegte, Avicenna gefangen und getötet werden sollte. Er wanderte durch die Wüste Karakum. Er sah größere Teile Asiens und erlangte dabei auch Erkenntnisse vom Aufbau des Gehirns. Avicenna geht davon aus, dass die fünf äußeren Sinne in bestimmten Gehirnregionen als „innere Sinne" ihren Platz haben und zwischen innen und außen vermitteln.

Das Denken vollzieht sich nach Avicenna im Gehirn in fünf Schritten:
1. Aufnahme der Sinnesdaten
2. Speichern der Sinnesdaten
3. Abstrahieren von den Sinnesdaten. Reduktion der Sinnesdaten auf Begriffe
4. Das Speichern der abstrakten Erkenntnisse im Gedächtnis
5. Die Bewertung und Beurteilung der abstrakten Erkenntnisse nach dem aus dem Geist Gottes stammenden aktiven Intellekt, der unempirische Begriffe wie „Sein", „Ding", „Ursache", „Notwendigkeit" dem Denken bereit hält.

Übung:
Zeichnen Sie ein Bild vom Gehirn und vom Denkprozess, der nach Avicenna im Gehirn stattfindet.

Der aktive Intellekt ist der höchste Teil des menschlichen Gehirns. Mit ihm kann das Gehirn abstrakt denken. Die letzte Abstraktion kann der Mensch nicht selber aus Sinnesdaten abstrahieren, weil er ein endliches Wesen ist. Die Sinnesdaten reizen die abstrakten Erkenntnisse nur an. Die letzte Abstraktionsfähigkeit des Menschen stammt nicht aus der Sinnenwelt, sondern ist für Avicenna Produkt der Emanation, des Ausflusses Gottes in die Schöpfung und damit auch in den Kopf des Menschen. Avicenna bezieht damit Position im ewigen „Universalienstreit", der um die Frage kreist: Sind universelle Allgemeinbegriffe und Ideen nur Worte oder sind sie Realität?

Übung:
Beziehen Sie eine Position im Universalienstreit. Halten Sie Ideen nur für Worte oder schreiben Sie ihnen eine Realität zu?

Avicennas Antwort im Universalienstreit: Die Universalien sind, bevor die Schöpfung passiert, Bestandteil Gottes. Mit der Schöpfung werden sie Teil der Dinge. Durch menschliche Abstraktion werden sie dann erkannt. Für Avicenna sind damit die Universalien vor der Schöpfung, nämlich bevor die Welt existierte, in der Schöpfung und nach der Schöpfung, wenn die Schöpfung untergegangen ist.

Übung:
Schließen Sie die Augen. Fixieren Sie Allgemeinbegriffe, z.B. das Gute oder das Schöne. Stellen Sie sich die Existenz dieser Allgemeinbegriffe vor der Schöpfung, während der Existenz der Welt und nach dem Untergang der Welt vor. Schreiben Sie dann Ihre Erfahrungen auf.

Mit dem „aktiven Intellekt" besitzt der Mensch die mystische Fähigkeit der Rückkehr zum Ursprung vor allen geschaffenen Dingen, also die Rückkehr zum Ursprung der natura naturans (der Natur hervorbringenden Natur). In seinem letzten Werk „Hinweise und Ermahnungen" hat Avicenna den inneren mystischen Weg ins Herz der Natur genauer beschrieben.

Der Aufstieg der mystischen Versenkung umfasst für ihn drei Stufen:
1. Bei längerer Meditation zeigen sich Blitze.
2. Nach weiterer Meditationsübung erlebt der Geist die „göttliche Gegenwart".
3. Schließlich „entfernt man sich von seinem Selbst und blickt nur noch hin zu der Majestät des Heiligtums".

(G. Strohmaier, a.a.O., S. 91f.)

Bei Avicenna zielt die Meditation auf die Vereinigung des individuellen aktiven Intellekts mit dem göttlichen aktiven Intellekt.

Übung:
Gehen Sie den inneren Weg in drei Etappen: Schließen Sie die Augen und warten Sie auf Blitze. Meditieren Sie weiter und erleben Sie die „göttliche Gegenwart". Sehen Sie dann zu, wie Sie sich von Ihrem Selbst entfernen und wie sich Ihnen die Majestät des Heiligtums des göttlichen Intellekts zeigt.

Den mystischen Weg zum Glück hat Avicenna in seiner verschollenen Schrift über die „Östliche Philosophie" dargestellt. Überlieferte Bruchstücke dieser Schrift beschreiben „zustimmend Methoden, welche dazu dienen sollen, die Wahrnehmung der Außenwelt auszublenden, um die Seele für die Erleuchtung frei zu machen, so das Fixieren eines glänzenden Gegenstandes oder die Methode der Schamanen, welche rennen, bis sie fast bewußtlos werden." G. Strohmaier, a.a.O., S. 93)

Übung:
Fixieren Sie einen glänzenden Gegenstand, z.B. eine gläserne Pyramide und beschreiben Sie Ihre Bewusstseinsveränderungen nach längerer Fixierung dieses Gegenstandes.

Avicenna hat als Moslem auch den Koran philosophisch gedeutet. Im „Lichtvers" der Koran-Sure 24, 35 („Gott ist das Licht der Himmel und der Erde ... Licht über Licht! Gott leitet zu seinem Licht, wen er will.") ist für

Avicenna das Licht der aktive Intellekt, der sich mystisch erleben lässt. Das fünfmal am Tag praktizierte Gebet der Muslime war für Avicenna der Ritus der Unterwerfung des einzelnen Intellekts unter den „aktiven Intellekt Gottes". Mohammeds Himmelfahrt, in Sure 17,1 beschrieben, symbolisiert den Aufstieg des individuellen Denkens zum aktiven Intellekt. Avicenna weiß allen Aussagen des Korans einen vergeistigten Sinn abzugewinnen. Der Koran, interpretiert Avicenna, ist etwas für die breite Masse, um ihnen ein Bild vom aktiven Intellekt zu vermitteln. Der Philosoph hat für die Erkenntnis des aktiven Intellekts den Begriff, die Abstraktion und die Meditation. Avicenna muss im Laufe seiner langen Reisen auch Kontakte zu den islamischen Mystikern, den Sufis, aufgenommen haben. Ihr Einfluss auf sein Denken wird im Laufe seines bewegten Lebens immer stärker. Auf seinen Reisen kam Avicenna auch nach Hamadan. Er wurde Leibarzt des Wesirs, erster Minister und Lenker des Staates. Er schrieb immer noch 50 Seiten am Tag, verbrachte die Nächte mit philosophischen Disputen und schönen Sklavinnen.

Seine Lehrmethode in Philosophie am Abend war eindrucksvoll:
1. Lesen aus seinen Werken
2. Diskussion mit den Studenten
3. Erläuterung und Kommentar von Avicenna zu den Aussagen der Studenten
4. Ausklang des Seminars mit Gesang, Wein und schönen Frauen.

Aber Avicenna geriet bald in den Ruf eines Verschwörers. Er wurde in der Festung Fordajan eingesperrt. Aber er kam frei und wanderte wieder nach Isfahan. Dort schrieb er 1034 einen „Traktat über die sexuelle Potenz". Sein Biograph teilte mit, dass bei Avicenna der sexuelle Teil der Seele am aktivsten war. „Er war oft davon in Anspruch genommen, was sich auf seine Konstitution auswirkte." (G. Strohmaier, a.a.O., S. 39) Auf Kriegszügen, bei denen er den Herrscher von Isfahan begleitete, überfiel Avicenna öfters die Kolik, die ihm als Arzt sehr bekannt war. Bei einem Feldzug des Herrschers von Isfahan gegen Hamadan erkrankte auch Avicenna an dieser Krankheit. Alle Versuche der Selbstbehandlung mit Opium und Klistier schlugen fehl. Er starb 1037 und wurde in Isfahan begraben. Sein Leben dauerte 58 Jahre.

Sein Ruf als Philosoph, Arzt und Magier überdauerte die Jahrhunderte. Er wurde der Held von Volksromanen, vielen Anekdoten und wird auch in der 449. und 134. Erzählung von „1001 Nacht" erwähnt. In moderner Form berichtet Noah Gordens Roman „Der Medicus" über das Leben von Avicenna.

Avicennas Schriften hatten im Abendland eine lange Wirkung, obwohl von seinen 456 Titeln nur 258 die Zeiten überdauerten. Avicenna wurde ins Hebräische übersetzt und beeinflusste die jüdische Philosophie. Der katholische Großphilosoph Thomas von Aquin erwähnte Avicenna in seiner „Summa theologica" gleich 400-mal. Noch Dantes „Göttliche Komödie" kennt den aktiven Intellekt Avicennas, den er im weisen Dichter Vergil und in der göttlichen Beatrice verkörpert sieht.

Sehen wir uns nun das Glücksbild des Avicenna an.

Das Glücksbild des Avicenna

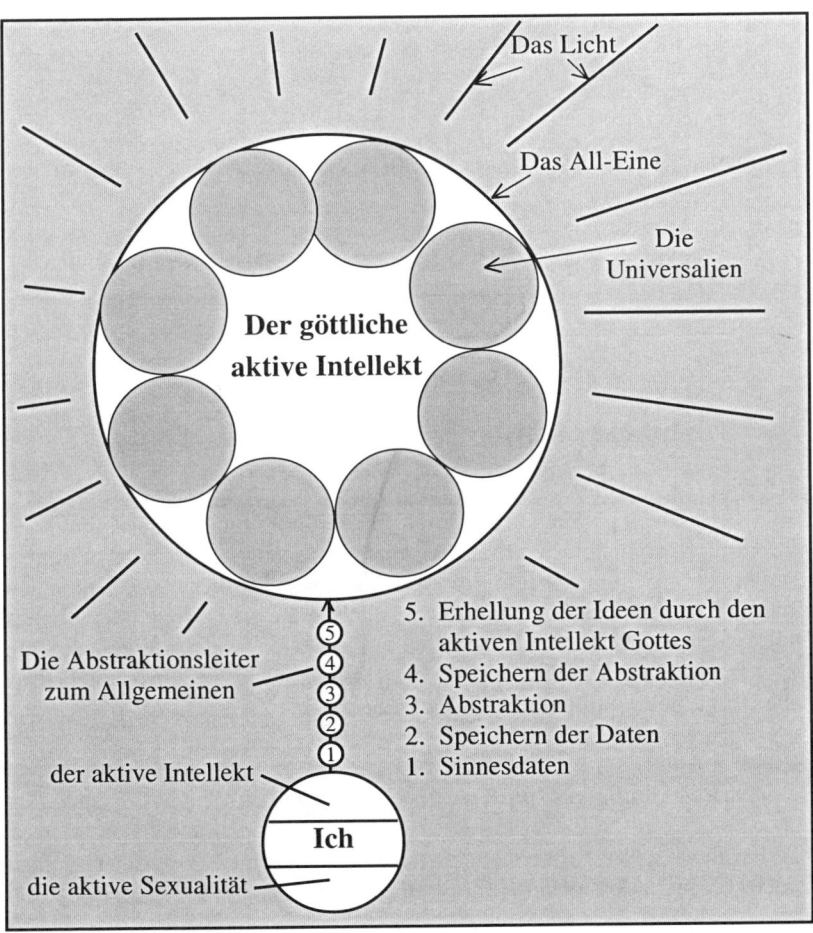

Übung:
Kennen Sie das Glück des Denkens von Ideen?

Literatur zu Avicenna

Bloch, E.: Avicenna und die aristotelische Linke. In: Ders.: Materialismusproblem. Frankfurt 1974
Buschmann, E.: Untersuchung zum Problem der Materie bei Avicenna. Frankfurt 1979
Goodman, L.E.: Avicenna. London 1992
Horten, M.: Die Metaphysik Avicennas. Berlin 1909
Sezgin, F. (Hrsg.): Abu Ali Ibn Sina. Texts and Studies. Frankfurt 1999, Bd. 1-5
Sezgin, F. (Hrsg.): Studies on Ibn Sina and his medical works. Frankfurt 1996, Bd. 1-4
Strohmaier, G.: Avicenna. München 1999
Rosenthal, F.: Das Fortleben der Antike im Islam. Zürich 1965
Strohmaier, G.: Von Demokrit bis Dante. Die Bewahrung antiken Erbes in der arabischen Kultur. Hildesheim 1996

5. Al Ghazali (1058-1111):
Suche das Licht

Zu Lebzeiten Al Ghazalis zerfiel das islamische Reich in kleinere Staaten. Auch das islamische Machtzentrum in Bagdad verlor an Einfluss. Ideologische Konflikte brachen zwischen den am griechischen Platonismus orientierten Philosophen und den am Koran orientierten Denkern aus. Unter den Korananhängern wurde gestritten, ob der Koran erschaffen oder ewiges Gotteswort sei. Es wurden die Fragen aufgeworfen, welche Eigenschaften Gott hat, ob die Welt zeitlich oder ewig ist, ob der Mensch einen freien Willen habe oder einem göttlichen Schicksal unterliege.

Übung:
Beantworten Sie alle diese philosophischen Fragen aus der Zeit Al Ghazalis.

Al Ghazali versuchte in den Konflikten seiner Zeit seinen Weg zum Glück zu finden. Er durchlebte dabei mehrere Stationen.

Abū-Hāmid Muhammed al-Ghazali wurde 1058 in Tus im heutigen Iran als ältester Sohn eines Wollspinners geboren. Als sein Vater starb, beauftragte er einen islamischen Mystiker mit der geistigen Erziehung seiner Söhne. Al Ghazali studierte dann bei den berühmtesten Lehrern seiner Zeit Recht und Mystik. Seine Studien absolvierte er in Gurgan und Nisapur im Iran.

Mit 20 Jahren wurde Al Ghazali auf einer Wanderung von Gurgan nach Tus von Banditen überfallen. Sie nahmen ihm alle seine Bücher weg. Daraus zog er den Schluss, dass er alle Bücher auswendig lernen müsste, damit er vor geistiger Beraubung sicher wäre. 1091 wurde Al Ghazali Professor an der Universität von Bagdad. Nach fünf Jahren Lehre verfiel Al Ghazali einer tiefen geistigen Krise. Diese Krise dauerte sechs Monate. Er hat sie in seiner Autobiographie, die neben die „Confessiones" von Augustinus gestellt wird, genau beschrieben.

In seiner Autobiographie „Der Erretter aus dem Irrtum" beschreibt er, wie er zwischen der Orientierung am alltäglichen Leben und der mystischen Versenkung hin und her gerissen wurde. „Am Morgen war ich von dem wahrhaftigen Verlangen nach dem Jenseits beseelt, am Abend wurde dieser Wunsch von der Streitmacht der Neigungen angegriffen ... So stand ich sechs Monate lang ... unschlüssig zwischen der Anziehungskraft der Leidenschaft des Diesseits und den Forderungen des Jenseits." (Al Ghazali: Der Erretter aus dem Irrtum. Hamburg 1988, S. 43)

Übung:
Welche philosophischen Krisen kennzeichnen Ihren bisherigen Lebensweg? Zwischen welchen Extremen wurden Sie bisher hin und her gerissen?

Als sich die Lösung seines Konflikts verzögerte, erlebte er psychosomatische Störungen. Er konnte nicht mehr sprechen. „Denn Gott ließ meinen Mund verstummen, so daß ich an meiner Lehrtätigkeit gehindert wurde." (Al Ghazali, a.a.O., S. 43) Nach dem Verstummen befielen ihn starke Depressionen und eine Abneigung gegen Essen und Trinken. Die Krise löste sich, als Al Ghazali beschloss, die Professur aufzugeben und die Universität Bagdad zu verlassen. Er verteilte vorher all seinen Besitz und behielt nur das, was er für sein Leben und das seiner Kinder brauchte. Er lebte nun zehn Jahre als wandernder Philosoph. Zwei Jahre verbrachte er in Damaskus „in Zurückgezogenheit, Einsamkeit, in geistigen Übungen und Kampf gegen das eigene Ich ... Eine Zeitlang zog ich mich in die Moschee von Damaskus zurück. Ich stieg auf das Minarett und schloss mich dort den ganzen Tag lang ein." (Al Ghazali, a.a.O., S. 45)

Übung:
Kennen Sie Rückzugsphasen in Ihrem Leben? Schildern Sie die Erkenntnisse, die Sie bei bestimmten Rückzügen gewonnen haben.

Als Al Ghazali dann nach Jerusalem ging, schloss er sich längere Zeit in der dortigen Felsenmoschee ein. Er reiste dann nach Medina und Mekka, besuchte Syrien und Ägypten. Als Resultat dieser 10-jährigen spirituellen Reise wurde Al Ghazali sufischer Mystiker. „Ich wußte mit Gewißheit, daß die Sufis ... die beste aller Lebensweisen pflegen, ihr Weg der richtigste aller Wege und ihre Gesinnung die reinste aller Gesinnungen ist." (Al Ghazali, a.a.O., S. 46) Der Weg der Sufis umfasst für Al Ghazali folgende Elemente: Reue, Geduld, Dankbarkeit, Furcht vor Gott, Hoffnung auf Rettung, freiwilliges Leben als wandernder Pilger, Verzicht auf alles Weltliche, willenloses Gottvertrauen und mystische Liebe zu Gott. (A. Johardelvari, a.a.O., S. 118) Die Hauptmethode der Übungen auf diesem Weg „ist das gänzliche Versinken des Herzens in die Anrufung Gottes." (Al Ghazali, a.a.O., S. 46) Die völlige Versenkung in Gott wird durch die ständige Anrufung des Gottesnamens erreicht.

Übung:
Wählen Sie einen Namen für Ihr Absolutes. Wiederholen Sie diesen Namen zehn Minuten lang. Prüfen und beschreiben Sie die Wirkung dieser Übung.

Das angestrebte gänzliche Versinken in Gott wird vom Sufismus auch als das Eingehen ins „Nirvana" bezeichnet. Es wird dabei angenommen, dass sich im Sufismus auch buddhistische Einflüsse aus Indien bemerkbar machen. (Vgl. M. Horten: Indische Strömungen in der islamischen Mystik. Heidelberg 1928, S. 133)
Der Anfang des Versenkungsweges „beginnt mit Visionen und Offenbarungen ... Dann erhöht sich dieser Zustand von dem bloßen Schauen der Bilder und Symbole zu Stufen, die mit Worten nicht mehr zu beschreiben sind ... Wer einen solchen Zustand erlebt, sollte nicht mehr darüber aussprechen, als der folgende Vers besagt:

> „Es geschah, was geschah.
> Ich erinnere es nicht.
> Als Gutes verrinnt' es,
> erfrage es nicht."
>
> (Al Ghazali, a.a.O., S. 47)

Übung:
Begründen Sie den Wert des „mystischen Schweigens" in zwei Sätzen.

Bevor Al Ghazali die mystische Wahrheit fand, hatte er in seinem Inneren einen **langen Denkweg** zurückgelegt.

Dieser Weg begann mit der Skepsis an der Erkenntnis: „Ich prüfte also alle meine Erkenntnisse und fand mich bar jeder Erkenntnis." (Al Ghazali, a.a.O., S. 7)

Um diese Skepsis zu überwinden, stützte er sich nun auf die Sinneswahrnehmungen. „Nach langem Zweifel bin ich dahin gekommen, auch der sinnlichen Erkenntnis keine Gewißheit zuzugestehen." (Al Ghazali, a.a.O., S. 7) Sinne werden getäuscht. Ein Stock kann als Schlange, eine Schlange als Stock erscheinen.

Danach prüfte er die Vernunft. Auch hier begegnete er Zweifeln. Er fand im Traum zu Urteilen, die im Wachen nicht stimmten. Die Alltagsvernunft, erkannte er, glaubt andere Wahrheiten als die mystische Vernunft. Seine Zweifel an den Sinnen und der Vernunft wurden schließlich überwunden „durch ein Licht ... jenes Licht, welches als Schlüssel der meisten Erkenntnisse gilt." (Al Ghazali, a.a.O., S. 10)

Auf der Basis der Lichtmystik kritisierte Al Ghazali die drei philosophischen Schulen seiner Zeit: die Materialisten, die Naturalisten und die Theisten.
Seine Argumente gegen diese Schulen hießen:
1. Die Materialisten leugnen die Schöpfung und behaupten die Ewigkeit der Welt.
2. Die Naturalisten vertreten die Meinung, dass die Seele sterblich ist.
3. Die Theisten, besonders die platonischen Philosophen behaupten: „Gott kennen nur Universalia, nicht aber Singularia." (Al Ghazali, a.a.O., S. 24)

Übung:
Widerlegen Sie die Widerlegungen der Philosophen durch Al Ghazali. Schreiben Sie: „Die Welt ist ewig, weil ..." „Die Seele ist unsterblich, weil..." „Das Universelle ist ewig, weil ..."

Al Ghazalis größtes Werk nannte er „Die Wiederbelebung der religiösen Wissenschaften", das als persische Kurzfassung „Das Elixier der Glückseligkeit" genannt wird. In diesem Werk spielt die Selbsterkenntnis eine entscheidende Rolle auf dem Weg zur Erkenntnis des Absoluten.

Die Selbsterkenntnis beginnt für Al Ghazali mit folgender Selbstbefragung: (Al Ghazali: Das Elixier der Glückseligkeit. München 1998, S. 35)

Was bist du?   *Woher kommst du?*
Wohin gehst du?   *Welchen Zweck hat dein Leben?*
Worin besteht dein Glück?   *Worin besteht dein Elend?*

Übung:
Beantworten Sie diese sechs Fragen.

Als wichtigstes Resultat der Selbsterkenntnis nennt Al Ghazali die Erkenntnis der Trennung von Leib und Herz. Das Herz „ist nicht von dieser Welt, sondern ist als Fremdling zu kurzer Wanderung in diese Welt gekommen." (Al Ghazali: Das Elixier der Glückseligkeit, a.a.O., S. 37) Zwischen Leib und Herz besteht ein grausamer Kampf. Der Leib hat die Triebnatur von Hund, Schwein und Teufel, das Herz aber ist ein Engel. Das Herz kann im Schlaf, von den Sinnen abgetrennt, über die sinnliche Welt hinausgehen. Das Herz kann durch Meditation, „indem er im Geiste, nicht mit der Zunge, beständig spricht, ‚Allâh – Allâh', das alltägliche sinnliche Bewußtsein überwinden und sehen, was andere nur im Schlafen sehen." (Al Ghazali, a.a.O., S. 53f.)

Übung:
Wie gehen Sie mit dem Kampf der beiden Seelenkräfte (dem Engel und dem Schwein) in Ihnen um? Entwickeln Sie einen Dialog zwischen Ihrem Engel und Ihrem Schwein. Beginnen Sie mit einer Aussage Ihres Engels und lassen Sie diese Aussage von Ihrem Schein kommentieren.

Das Herz erreicht sein Glück, wenn es das Absolute erkennt, „denn je größer und edler der Gegenstand der Erkenntnis ist, um so größer ist auch die Lust daran." (Al Ghazali, a.a.O., S. 65)

Übung:
Denken Sie Ihren größten Gedanken. Beschreiben Sie die Lust, die dieses Denken Ihnen bereitet.

Die Suche nach dem Glück ist für den Menschen das Größte, denn der Mensch ist in der Welt in völligem Elend. „Nichts ist unvollkommener und hilfloser als der Mensch ... Verschiebt sich nur ein Äderchen im Gehirn, so ist er in Gefahr zu sterben oder wahnsinnig zu werden ... Der Mensch ist eine Haut, die über einen Misthaufen gespannt ist." (Al Ghazali, a.a.O., S. 72) Aus dem Elend des Menschen ergibt sich für Al Ghazali die Notwendigkeit das Absolute zu suchen.

Übung:
Welche Schlüsse ziehen Sie aus dem Elend des Menschen? Stellen Sie das Elend der Menschen in mehreren Sätzen vor und ziehen Sie dann aus Ihrer Beschreibung philosophische Schlussfolgerungen.

Für Al Ghazali gibt es allerdings zur Rettung aus dem Elend viele Arten von Liebe. Die größte Liebe ist aber nach der Selbstliebe und der Liebe zur Schönheit, die Liebe zu Gott. Gottes Liebe ist die Liebe zur absoluten Macht. „Wenn Gott in einem Augenblick 100.000 neue Welten schaffen wollte, so würde er es können ..., denn das Nicht-Sein findet keinen Weg zu seinem Wesen ... und Mängel gibt es bei ihm nicht." (Al Ghazali, a.a.O., S. 204)

Übung:
Schließen Sie die Augen. Stellen Sie sich eine Kraft vor, die in der Lage ist, 100.000 neue Welten zu schaffen. Beschreiben Sie diese Kraft.

In seiner Schrift „Die Nische der Lichter" gibt Al Ghazali eine umfassende Darstellung seiner mystischen Spekulation. Ausgehend von der Lichtsure 24 des Korans „Gott ist das Licht von Himmel und Erde" stellt Al Ghazali die Mängel der sinnlichen Wahrnehmung durch das Auge dar. Das Auge sieht das Äußere, nicht das Innere. Es sieht nur Teile, nicht das Ganze. Es sieht nur das Endliche, nicht das Unendliche. Er lobt die Vernunft, aber auch sie hat Fehler. Wahn- und Fantasievorstellungen trüben die Vernunft. Erst die mystische Vernunft erkennt das absolute Licht. Alles außer dem Licht ist „reines Nichts", folglich ist alles dem Untergang geweiht, außer dem göttlichen Licht. (Al Ghazali: Die Nische der Lichter. Hamburg 1997, S. 22) „Würde das göttliche Licht jemals als Vergängliches gedacht, so würden Himmel und Erde zusammenstürzen." (Al Ghazali, a.a.O., S. 31)

Vom Licht kann man nach Al Ghazali nur in Metaphern denken. Das Licht kann als Stern, Mond, Sonne, Licht über Licht erscheinen. Der Weg zum Licht kann über Träume gelingen. Im Traum erreicht die Seele ihre höchste Erkenntnismöglichkeit, „weil der Traum die Macht der Sinne über das innere göttliche Licht überwindet." (Al Ghazali, a.a.O., s. 44)

Übung:
Listen Sie alle Ihre Licht- und Finsternisträume auf und deuten Sie Ihren Sinn.

An die Stelle des Lichts setzen die Menschen aber die Natur, die Leidenschaft, die Macht das Geld, den Ruhm. Sie verwechseln das Licht mit Gold und Juwelen, mit dem Feuer, den Gestirnen, mit der Sonne oder dem Himmel. Allerdings gelangen nur die zum Licht, die vom äußeren Beweger der Welt zum Beweger außerhalb aller Welten denken können. Nur sie „gelangen zu einem Wesen, das über alles erhaben ist." (Al Ghazali, a.a.O., S. 63) Wer aber auf dem Weg zum Licht ist, unterliegt vielfältigen Gefahren.

Al Ghazali nennt folgende Gefahren:
1. die absolute Leere,
2. den Fetisch der Metaphern,
3. die Selbstzerstörung.

„Besonders die Selbstzerstörer sind gefährdet. Sie nehmen keine Rücksicht auf sich selbst, weil ihr Selbst erloschen ist. Es bleibt nur der Einzige und der Wahrhaftige." (Al Ghazali, a.a.O., S. 63) „Das Vordringen in das unergründliche Meer der göttlichen Geheimnisse birgt Gefahren in sich." (Al Ghazali, a.a.O., S. 64) Al Ghazali weist hier sehr früh auf die spirituelle Krise beim Weg zum Überbewusstsein hin.

Das Glücksbild des Al-Ghazali

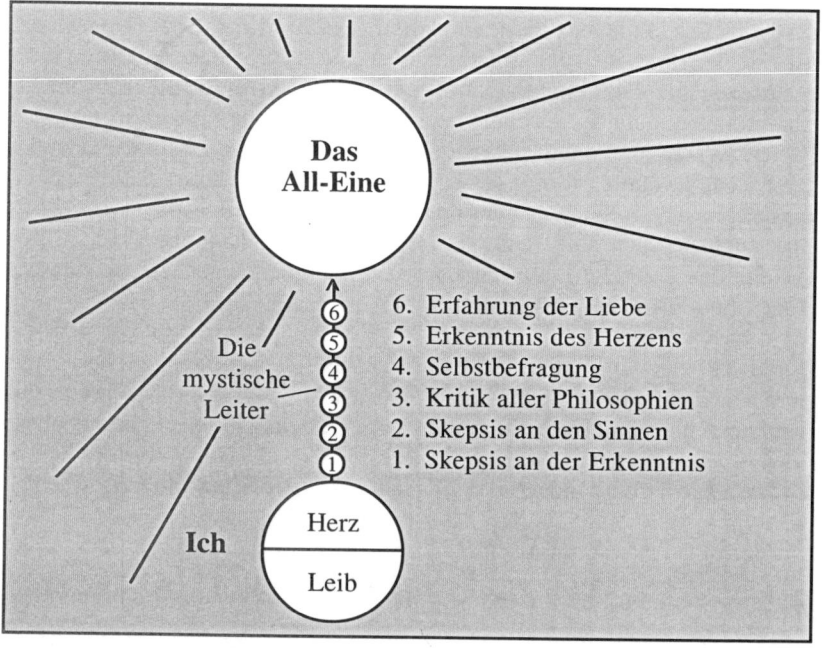

Übung:
Welche Wege zum All-Einen haben Ihnen schon Glück gebracht?

Al Ghazalis Denken hat das Denken des Mittelalters beeinflusst. Die jüdischen Denker Maimonides und Spinoza, aber auch Raimundus Lull oder Meister Eckhart haben von Al Ghazali viel gelernt.
Nach seinen vielen äußeren und inneren Reisen kehrte Al Ghazali in seine Heimatstadt Tus zurück, wo er im Dezember 1111 verstarb.

Literatur zu Al Ghazali

Al Ghazali: Das Elixier der Glücksseligkeit. München 1998
Al Ghazali: Der Erretter aus dem Irrtum. Hamburg 1988
Al Ghazali: Die Nischen der Lichter. Hamburg 1987
Johardelvari, A.: Iranische Philosophie von Zarathustra bis Sabzewari.
  Frankfurt 1994
Lerch, W.G.: Denker des Propheten. Düsseldorf 2000
Schimmel, A.: Mystische Dimensionen des Islam. Frankfurt 1995, S. 137-146

6. Rumi (1207-1273):
Liebe, tanze, dichte

Zwischen dem 11. und 16. Jahrhundert entwickelte sich in der arabischen Philosophie die mystische Strömung des Sufismus entschieden weiter. Das hatte verschiedene Gründe. Dieser Zeitraum stellt eine ökonomische Krise Arabiens dar, die von einer politischen Krise begleitet wurde. Die Herrschaft der Kalifen (661-1258) ging unter dem Ansturm der Mongolen unter, die von 1220-1336 große Teile Arabiens eroberte. Dazu kamen weitere Bürgerkriege und Spaltungen des Islams. Die orthodoxen Islamisten verfolgten die vielen sufischen Sekten mit großer Härte und trugen so zu ihrer Verbreitung bei. Die Sufis gehen erheblich über die bürgerliche Lebenspraxis des Islam hinaus. Sie propagieren verschärft Armut, Askese, Verzicht auf weltliche Genüsse, Meditation als Weg der Aufhebung des Ichs, die Erlangung der „Entwerdung", nachdem der Mensch sich total vom Einfluss der sinnlichen und erfahrbaren Welt gelöst und den Zustand der Verschmelzung mit Gott erreicht hat." (Vgl. A. Johardelvari, a.a.O., S. 111f.) Auf die Weiterentwicklung des Sufismus sollen vier Philosophien Einfluss genommen haben: der in Arabien weit verbreitete Neuplatonismus, der iranische Manichäismus, aber auch hinduistische Kulte, die indische Vedanta-Philosophie und der Buddhismus. (M. Horten: Indische Strömungen in der islamischen Mystik. Heidelberg 1927-28, Bd. 1 u. 2) Schließlich hat der Sufismus auch weiterhin eine starke Wurzel im Koran. Der Koran stellt Gott als absolutes Sein dar, rechtfertigt die Askese, preist Gott als Licht und weist auf die Möglichkeit des Aufstiegs des Menschen zu Gott hin.

Dschelaladdin Rumi

Rumi, unter dem Namen Dschelaladdin Rumi wurde am 30. September 1207 in Balch in Nordafghanistan geboren. Balch war bis 663 buddhistisch und dann, nach der Eroberung durch die Muslime, islamisch. Das stark befestigte Balch wurde zu einem Zentrum der Gelehrsamkeit und Askese. Rumis Vater war der angesehene Mystiker Baha'eddin Walad, der rätselhafte Berichte über seine schockierenden Visionen und Erlebnisse auf dem mystischen Weg hinterlassen hatte. Daher wundert es nicht, dass Rumi schon als Knabe als Meister der mystischen Versenkung bezeichnet wird. Rumis Ruhm sollte bald so groß werden, dass der deutsche Indologe Josef von Hammer-Purgstall sehr viel später folgende Charakterisierung von Rumi entwikkeln konnte: „Auf den Flügeln höchster religiöser Begeisterung ... schwingt sich Rumi ... nicht bloß über Sonne und Mond, sondern über Zeit und Raum, über die Schöpfung und den Ursprung, über den Urvertrag der Vorherbestimmung, und über den Spruch des Weltgerichtes in die Unendlichkeit hinaus, wo er mit dem ewigen Wesen als ewig Anbetender, und mit der unendlichen Liebe als unendlich Liebender in Eins verschmilzt." (J.v. Hammer-Purgstall: Geschichte der schönen Redekünste Persiens. Wien 1814, S. 164)

Übung:
Beschreiben Sie eine Erfahrung der absoluten Transzendenz. Schreiben Sie den Satz weiter: „Jenseits von Zeit und Raum, Kosmos und Evolution, Urknall und Endknall ..."

Aus Angst vor dem Mongolen-Sturm zog Rumis Vater mit der Familie 1219 in das östliche Iran nach Chorassau. So entkamen sie der mongolischen Eroberung von Balch im Jahre 1220. Auf dem Weg nach Chorassau soll die Familie in Nischapur Station gemacht und dem großen mystischen Philosophen Farideddin Attar besucht haben. Attar soll die mystische Kraft Rumis sogleich erkannt haben. Auch in Chorassau blieb die Familie nicht lange. Einer Pilgerfahrt nach Mekka folgten Aufenthalte in Damaskus und Aleppo in Syrien. 1222 erreichte Rumis Familie das Gebiet Rum im türkischen Zentralanatolien und wohnte im Ort Laranda. Als die Mutter starb, heiratete Rumi und wurde 1226 Vater eines Sohnes, der Sultan Walad genannt wurde. Schließlich ging die Rumi-Familie 1228 nach Konya, der Hauptstadt des Seldschuckenreiches. Dort wurde Rumis Vater Professor der Theologie. Als der Vater 1231 starb, übernahm Rumi seine Professur. Erst durch einen Freund des Vaters wurde Rumi in die mystische Philosophie seines Vaters eingeweiht.

Von 1232-1240 dauerte Rumis Lehre der mystischen Philosophie, die auch einmal im Jahr eine „vierzigtägige Meditationsklausur" umfasste. In der Isolation für 40 Tage erlebte Rumi einen tiefgreifenden Bewusstseinswandel. Denn Rumi meditierte für 40 Tage über den Tod: „Im allgemeinen sollte der Jünger den dunklen Raum, indem er seine Klausur verbringt, als Grab ansehen und seinen Flickenrock als Leichentuch." (A. Schimmel: Mystische Dimensionen des Islam. Frankfurt 1995, S. 156)

Übung:
Stellen Sie sich 40 Tage vor, die Sie in einem dunklen Raum verbringen. Verfassen Sie für jeden Tag eine Zeile über Ihre Bewusstseinsveränderungen.

Als die Mongolen 1242 den Iran überrannten und Konya beherrschten, kam es zur entscheidenden Wende in Rumis Leben. Ende Oktober 1244 traf Rumi mit dem wandernden Sufi-Derwisch Schamsuddin von Täbriz in Konya zusammen. Schamsuddin war eine „überwältigende Persönlichkeit von außerordentlichem Hochmut ..., der seine mystischen Zeitgenossen oft mit beißendem Spott übergoß". (A. Schimmel: Rumi. München 1995, S. 19) Als Rumi Schamsuddin (oder Shams, wie er dann genannt wurde) traf, war dieser über 60 Jahre alt. „Gesellschaftlich gesehen, gehörte Shams zu den Bettlern, Landstreichern und Verrückten." (J. Rumi: Die Sonne von Täbriz. Frankfurt 2000, S. 7)

Schon als Kind wurde Shams von seinen Eltern nicht verstanden. Sein Vater sagte zu ihm: „Du bist zwar nicht verrückt, aber deine Denkweise ist mir ein Rätsel." (J. Rumi, a.a.O., S. 81) Über seine Meditationserfahrungen in einer Gruppe berichtete Shams folgendes: „Alle legten ihren Kopf zur Konzentration auf die Knie. Nach einer Weile der Einkehr rief einer: ‚Ich habe die höchsten Himmelszinnen erblickt!' Ein anderer rief: ‚Mein Blick ging weiter als bis zum Himmelsthron und fiel in die Tiefen des Weltraums, wo das Nichts ist.' Doch ich", sagte Shams, „ich sehe soweit ich auch blicke, nur mein eigenes Unglück." (J. Rumi, a.a.O., S. 83)

Übung:
Blicken Sie auf Ihre Meditationserfahrung zurück. Erlebten Sie Bewusstseinserweiterungen bis zum Nichts oder Bewusstseinsverengungen bis zum vergänglichen, elenden, eigenen Ich?

Shams verschwieg das meiste seiner Erkenntnisse und glaubte, dass ihn keiner verstehen würde. Sein Selbstverständnis hieß: „Ich bin ein Fremder, und dem Fremden genügt ein Winkel in der Karawanserei." (J. Rumi, a.a.O., S. 94)

Für Rumi wurde Shams zur personifizierten „Sonne um Mitternacht". Sechs Monate lang saß Rumi Tag und Nacht ohne Essen und Trinken mit Shams in seiner Meditationszelle und führte intensive philosophische Zwiesprache mit dem Wanderderwisch. Zwischen Rumi und Shams entstand eine tiefe mystische Liebe. Es war eine absolute Liebe, die Rumi erleben ließ, was eine Liebe zu Gott bedeutet, wenn die Liebe zum irdischen Shams ihn schon völlig in seinem Ich erschütterte.

Übung:
Haben Sie schon in Ihren Beziehungen die Erfahrung der Verschmelzung Ihres Ichs mit dem geliebten Du gemacht? Haben Sie Formen der Ich-Aufhebung im Du innerhalb oder außerhalb sexueller Ekstasen erlebt? Schreiben Sie ein paar Zeilen über „Ich verschmelze mit dir".

Nach zwei Jahren intensiver Kommunikation mit Shams hatte Rumi seine sozialen und professoralen Pflichten völlig vernachlässigt. Rumis Jünger sahen in Shams nur einen ausgestoßenen Bettler. Sie bedrohten ihn und zwangen ihn zur Flucht.

Als Shams verschwunden war, erlebte Rumi eine tiefe Krise. Diese Krise bewältigte Rumi nur dadurch, dass er völlig neue Ausdrucksformen für seine Liebesmystik entwickelte: Dichtung, Musik und Tanz. Seine Liebesgedichte wurden „aus dem wirbelnden Tanz geboren, dem er sich immer wieder hingab." (A. Schimmel: Mystische Dimensionen des Islam, a.a.O., S. 445) Rumi „hat seine Gedichte größtenteils in einer Art Verzückung diktiert ... Das Hämmern der Goldschmiede im Bazar zu Konya haben ihn zum Tanz und zur Rezitation von Versen angeregt, ebenso wie der liebliche Ton der Wassermühle in den Gärten von Meram." (A. Schimmel, a.a.O., S. 447) „Die Gedichte sollen in einer Art von Trance diktiert worden sein. In diesem Zustand pflegte Rumi eine Säule zu umkreisen und Vers auf Vers zu deklamieren. Ein Sekretär schrieb sie dann nieder." (J. Rumi: Die Sonne von Täbriz, a.a.O., S. 8)

Übung:
Schließen Sie die Augen. Wählen Sie Ihr Lieblingslied. Lassen Sie es in Ihrem Kopf singen. Schreiben Sie dann einen Text. Singen Sie in Ihrem Kopf Ihr Lied und tanzen Sie dazu. Schreiben Sie dann einen zweiten Text.

Tanzende Derwische

Alle Gedichte sammelte Rumi in seinem Werk „Der Diwan des Shams aus Täbriz", das schon in seinem Titel zeigt, dass Rumi sich in den mystischen Freund verwandelt hatte. Im Zentrum des „Diwan" steht das Feuer der mystischen Liebe. So schreibt Rumi über Shams:

> *„Seit ich dein Antlitz sah, sah ich*
> *mich nimmer.*
> *Machst mich zum Fest, brennst*
> *mich wie Dufholz eben."*

(J. Rumi: Aus dem Diwan. Stuttgart 2000, S. 22)

Übung:
Schreiben Sie über Ihre Geliebte / Ihren Geliebten. Beginnen Sie Ihren Vers mit der Zeile „Seit ich dein Antlitz sah ..."

Mit Shams zusammen erlebte Rumi die mystische Ekstase. Über diese dichtete er folgende Zeilen:

> *„Komm ohne Trommel nicht: wir sind verzückt.*
> *Die Trommel schlag, wir sind im Sieg beglückt.*
> *Berauscht sind wir, doch nicht vom Rebenwein,*
> *aus allem, was erdacht, sind wir entrückt."*
>
> (J. Rumi, a.a.O., S. 34)

Übung:
Schreiben Sie nach dem Vorbild von Rumi ein vierzeiliges Rubai, das sich in der 1., 2. und 4. Zeile reimt, wobei die 3. Zeile reimlos bleibt. Beginnen Sie mit der Zeile: „Aus allem, was erdacht, sind wir entrückt" und ergänzen Sie nach dem vorgegebenen Schema noch drei Zeilen.

Über seine Suche nach Shams, der zwei Jahre verschwunden war, schrieb Rumi folgendes Gedicht:

> *„Ich forschte – doch ihn nicht am Kreuz ich fand.*
> ...
> *Ich schaute – doch er war nicht Berg und Sand.*
> ...
> *Da schaute ich tief in mein eigenes Herz:*
> *Dort sah ich ihn. Das war sein eigenstes Land."*
>
> (J. Rumi, a.a.O., S. 59)

Übung:
Stellen Sie sich Ihren Geliebten / Ihre Geliebte vor. Stellen Sie fest, welche Teile Ihres Herzens von dem Geliebten / der Geliebten schon besetzt sind.

Rumi fragte sich: "Wer bin ich?" Und er antwortete mit folgendem Gedicht:

> *„Was soll ich tun, o Brüder?*
> *Ich weiß nicht, wer ich bin.*
> *Ich bin weder Christ noch Jude,*
> *auch Parse und Muslim nicht.*
> ...
> *Oh Shams, ich bin von deiner Liebe trunken*
> *und habe dieser Welt entsagt.*
> *Ansonsten hab ich nichts mehr zu verkünden,*
> *nur, daß dein Wein mir schmeckt."*
>
> (J. Rumi, a.a.O., S. 61f.)

Übung:
Denken Sie an Ihren Geliebten / Ihre Geliebte. Stellen Sie fest, was Sie im Verhältnis zu dieser/diesem Geliebten sind. Beschreiben Sie Ihr Ich. Beginnen Sie mit dem Satz: „Ich bin ..." und sammeln Sie so lange Verneinungen, bis Sie eine Bejahung benennen können.

Rumi schickte seinen Sohn Sultan Walad, um Shams zu suchen. Walad fand ihn 1246 in Syrien und holte ihn nach Konya zurück. Shams heiratete nun Rumis Adoptivtochter. Doch 1247 verschwand Shams endgültig. Heute weiß man, was passiert ist. Shams wurde nachts aus seinem Haus gerufen, erstochen und heimlich begraben. An diesem Mord war auch sicherlich Rumis jüngerer Sohn beteiligt. (Vgl. A. Schimmel: Rumi, a.a.O., S. 22) Nach dem endgültigen Verlust von Shams sang Rumi Tag um Tag Gedichte und „die Musiker, die ihn beim Wirbeltanz begleiteten, mußten unermüdlich aufspielen." (A. Schimmel, a.a.O., S. 23)

Einige Zeit nach dem endgültigen Verschwinden von Shams entwickelte Rumi eine mystische Freundschaft zu dem Goldschmied Salaheddin. Als der Goldschmied starb, gewann Rumi den jungen Gelehrten Husameddin zum mystischen Freund. So erlebte Rumi drei mystische platonische Lieben: die stürmische Glut mit Shams, die abgeklärte Beziehung zu Salaheddin und die liebevolle Lehrerbeziehung zu Husameddin.

Übung:
Welche philosophischen Geistesfreundschaften hatten Sie in Ihrem Leben? Schreiben Sie ein paar Sätze.

Für Salaheddin verfaßte Rumi zwei Werke: das „Mathnawi", das aus 26.000 spirituellen Versen besteht und das „Fihi mā Fihi" (deutsch: „Von Allem und von Einem"), das seine „Tischgespräche" mit Schülern enthält.

Wenn man Rumis Liebesphilosophie zusammenstellen will, dann ergibt sich das beste Bild von der **Praxis von der mystischen Liebe in der Form einer 7-stufigen mystischen Leiter:**

<u>1. Stufe: Abkehr von der Welt</u>
Diese Abkehr beginnt mit dem Beten. Das Derwischgebet „besteht aus einer fortwährenden Wiederholung des Gottesnamens oder aus kurzen Lobpreisformeln." (T. Andrae: Islamische Mystiker. Stuttgart 1960, S. 100)

Übung:
Wählen Sie einen Namen für das Absolute und wiederholen Sie ihn 7-, 15- oder 50-mal. Beschreiben Sie dann die Wirkung dieser Übung:

2. Stufe: Meditation der Schatten dieser Welt
Rumi beschäftigte sich in dieser Meditation mit Gedanken an den Tod, an Friedhöfe, an Auferstehung und Gericht. (T. Andrae, a.a.O., S. 121)

Übung:
Stellen Sie sich den Tod vor. Beschreiben Sie Ihr Todesbild.

3. Stufe: Armut und Leid
Rumi gab alles auf. Er wollte nicht mehr das Diesseits und auch nicht das Jenseits. Er wollte nur Gott oder seine Personifikation, sonst nichts.

Übung:
Unter welchen Bedingungen können Sie auf das Diesseits und das Jenseits verzichten? Geben Sie eine Antwort in einer Minute Freewriting.

4. Stufe: Meditation der Evolution
Rumi schreibt: „Du warst zuerst Erde und Mineral, dann brachte er dich in die vegetabilische Welt, dann bist du von der vegetabilischen Welt in die Welt von Sperma und Fötus, von Sperma und Fötus zur animalischen Welt, von der animalischen zur menschlichen Welt gereist. Das ist das wahre Wunder, das Gott dir solche Reise gewährt hat ... Genau so wirst du zu hundert anderen verschiedenen Welten gebracht werden." (Rumi: Von Allem und von Einem. München 1995, S. 204f.)

Übung:
Schließen Sie die Augen. Stellen Sie sich Ihre Reise aus der Materie durch alle Schichten des Lebens bis zum Menschen vor. Stellen Sie sich dann Ihr Evolutionserlebnis in mehreren anderen Welten als der Erde vor. Schreiben Sie je einen Satz über Ihre unterschiedlichen Evolutionserlebnisse.

5. Stufe: Die dunkle Nacht der Seele
Der Weg zu Gott ging auch für Rumi „durch seelische Angst, Verzweiflung und Dunkel." (T. Andrae, a.a.O., S. 142) Der Weg zu Gott ist ein Weg, der auch mit einer Wanderung durch die „wegelose arabische Wüste verbunden

ist." (T. Andrae, a.a.O., S. 142) Bei Rumi dauerte die Nacht der Seele von 1258 bis 1262, als Salaheddin starb und Husameddin seine Frau verlor.

Übung:
Stellen Sie sich die Nacht vor. Stellen Sie sich dann vor, wie mitten in der Nacht plötzlich die Sonne aufgeht. Beschreiben Sie den Aufgang der „Sonne um Mitternacht".

6. Stufe: Kosmisches Bewusstsein
Bei Rumi wird kosmisches Bewusstsein, als enorme Erweiterung und Überwindung des Ich-Bewusstseins, durch Dichten, Musizieren und Tanzen hervorgebracht. Rumi praktizierte zur Entwicklung kosmischen Bewusstseins automatisches Schreiben: „Wir sind die Feder in des Schreibers Hand. Wohin wir gehen, ist uns nicht bekannt." (A. Schimmel: Mystische Dimension des Islam, a.a.O., S. 585)

Übung:
Schreiben Sie einfach los, ohne Kontrolle, bis sich Ihre Alltagssprache verändert.

Für Rumi war Musik eine Art Therapie. Sie half ihm, die spirituelle Krise beim Scheitern der Liebe zu Shams zu verarbeiten.

Derwische im Wirbeltanz

Übung:
Wählen Sie Musik, die „die Pforten des Paradieses Ihnen öffnet." (A. Schimmel: Rumi, a.a.O., S. 204) Beschreiben Sie dann das Paradies.

Für Rumi war der Reigentanz der Derwische „ein Fenster und eine Leiter zum Himmel." (A. Schimmel: Rumi, a.a.O., S. 208) Denn alles Geschaffene, so begründet Rumi den Reigentanz der Derwische, vom Sonnenstäubchen über die Atome bis zu den Galaxien drehen sich im Tanz. Im Reigentanz der Derwische gewinnt also der Mensch wieder die Einbindung in die dynamische kosmische Ordnung.

Übung:
Stellen Sie sich den Tanz der Atome vor. Beschreiben sie ihn.
7. Stufe: Entwerden des Ichs und Einigung mit Gott
Für Rumi heißt Einigung: den Geliebten zu treffen und mit ihm zu verschmelzen. Das war für ihn „die Antwort auf alle Fragen und die Lösung aller Probleme." Von der Schönheit des irdischen Geliebten, z.B. in der Gestalt von Shams, konnte Rumi auf die Schönheit des himmlischen Geliebten schließen. Schon in der irdischen Liebe wird man sterben, bevor man stirbt und nicht sterben, wenn man stirbt. Rumi erlebte öfters „die Rückkehr zu dem Augenblick, da Gott war und nichts außer ihm." (A. Schimmel: Mystische Dimension des Islam, a.a.O., S. 208)

Übung:
Stellen Sie sich die Kraft vor, die war, bevor der Urknall war, und die noch nach dem Endknall sein wird. Schreiben Sie bei geschlossenen Augen einen Text über Ihre Vorstellungen von dem, was immer ist. Beginnen Sie mit dem Satz „Immer ist ..." und führen Sie diese Worte weiter aus.

Rumis Ende war von den Mongolenkriegen und der politischen Zerrüttung der islamischen Staaten begleitet. Nachdem er in 30 Jahren in 60.000 Versen seine mystische Liebesphilosophie gestaltet hatte, ergriff ihn im Herbst 1273 eine Krankheit, an der am 17. Dezember 1273 in Konya starb. Der von Rumi gegründete „Orden der tanzenden Derwische" besteht noch heute. Die Derwisch-Häuser des Rumi sind heute noch in Konya zu sehen. Sie sind außerdem in vielen Städten der Türkei vorhanden. Der neben den „tanzenden Derwischen" auch bekannte Sufi-Orden sind die „heulenden Derwische", die ihr Ein-Wort-Gebet „Allah i Allah" laut hinausrufen. (L. Vaughan-Lee: Transformation des Herzens, a.a.O., S. 36)
Zur Totenfeier Rumis tanzte man, Stunde um Stunde, denn wie hatte Rumi geschrieben:

> *„Komm zu meinem Grab, nicht ohne Trommel.*
> *Denn bei Gottes Fest ziemt sich kein Kummer.*
> *Ich bin Rausch, der Liebeswein mein Ursprung.*
> *Sag, was außer Rausch, kann von mir kommen."*
> (zit.n. A. Schimmel: Rumi, a.a.O., S. 45)

Das Glücksbild bei Rumi

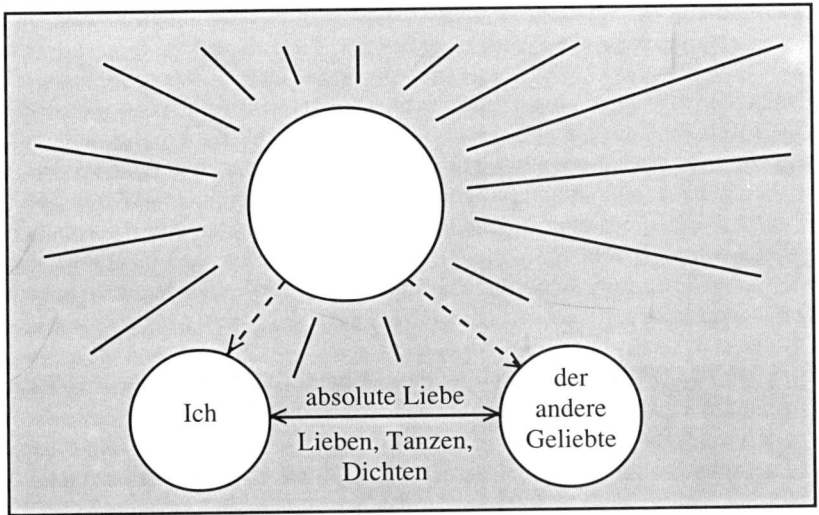

Übung:
Haben Sie sich in der Liebe zu einem anderen Menschen schon einmal von Ihrem Ich befreien können?

Literatur zu Rumi:

Rumi, D.: Aus dem Diwan. Stuttgart 2000
Rumi, D.: Das Lied der Liebe. München 1996
Rumi, D.: Die Sonne von Täbriz. Frankfurt 2000
Rumi, D.: Von Allem und von Einem. München 1995

Andrae, T.: Islamische Mystiker. Stuttgart 1960
Johardelvari, A.: Iranische Philosophie von Zarathustra bis Sabzewari. Frankfurt 1994
Lerch, W.G.: Denker des Propheten. Düsseldorf 2000
Schimmel, A.: Mystische Dimensionen des Islam. Frankfurt 1995

Schimmel, A.: Rumi. München 1995 ← wichtigste Islamistin Expertin
Schimmel, A.: Wie universal ist die Mystik? Freiburg 1996
Shah, I.: Die Sufis. München 1996
Steffen, S.: Sufi-Praxis. Braunschweig 1992
Vaughan-Lee, L.: Transformation des Herzens. Frankfurt 1999

7. Khalil Gibran (1883-1931): Suche das höhere Ich

Die arabische Philosophie hat im 20. Jahrhundert mit Khalil Gibran wieder einen Philosophen von Weltgeltung hervorgebracht. Gibran versteht sich ganz bewusst als Mitarbeiter an einer Weltphilosophie. Er verbindet islamische, buddhistische und christliche Motive der Philosophie. Als arabischer Philosoph denkt er lieber in Bildern, Parabeln, Gedichten und Aphorismen als in diskursiven Abhandlungen. Das automatische Denken in Trance, das Mohammed begründete, findet in Gibrans Hauptwerken wieder einen höchst poetischen Vertreter.

Khalil Gibran

Khalil Gibran wurde am 6. Januar 1883 in Becharré, einem kleinen Ort im Libanon geboren. Sein Vater war Steuereintreiber. Mit vier Jahren versuchte Gibran schon Papier zu produzieren. Er steckte Zettel in den Boden in der Hoffnung, dass daraus Papierbäume wachsen würden. Er schrieb schon im Schulalter gerne, zerriss aber alle Texte, weil sie nie das sagten, was er sagen wollte. Gibran war als Schüler einsam und nachdenklich. Er entwarf ein Flugzeug, um davon zu fliegen. Aber die Mutter verhinderte alle Flugversuche.

Übung:
Welche kreativen Praxen versuchten Sie in Ihrer Jugend?

Die Verhaftung und Verurteilung seines Vaters durch die türkischen Besatzungstruppen im Libanon motivierten bei Gibran früh antifeudale und antiklerikale Impulse.

Als Schüler galt der isolierte Gibran als „Idiot des Dorfes". Man hielt ihn für einen Träumer und Narren. Früh erkannte er seine Sympathien für die Schwachen, die Unterdrückten und die Außenseiter. Seine Mutter beschloss, dem ökonomischen und familiären Elend im Libanon zu entgehen und 1895 nach Amerika auszuwandern. Sie trennte sich vom Vater, der im Libanon blieb und kam mit vier Kindern, unter anderem eben mit dem 12-jährigen Gibran, in Boston an. Sie wurde wie viele libanesische Emigranten Hausiererin. Gibran kam auf die Grundschule, um Englisch zu lernen. Der älteste Bruder Gibrans, Butros, eröffnete einen Laden mit orientalischen Waren. Gibran widmete sich in seiner Freizeit der Lektüre und der Malerei.

Gibran erklärte sich 1897, mit 14 Jahren, zum Heiden und distanzierte sich vom maronitischen Christentum seiner Kindheit.

Übung:
Wann haben Sie das Christentum aufgegeben? Nennen Sie die Gründe Ihrer Aufgabe.

Als Gibran 1897 ein Liebesabenteuer mit der Frau eines reichen Kaufmanns unterhielt, beschloss seine Mutter die Rückkehr Gibrans in den Libanon. Als er in seine Heimat zurückkehrte, war er beeinflusst durch die Seelenwanderungslehre des Pythagoras, dem Dualismus des iranischen Philosophen Zarathustra und die indische Philosophie. (J.-P. Dahdah: Khalil Gibran. Zürich 1997, S. 107)

Übung:
Welche Philosophie bestimmte Ihr jugendliches Denken? Nennen Sie philosophische Namen und philosophische Grundgedanken Ihrer Jugend.

Sein Vater empfing Gibran wie einen verlorenen Sohn. Gibran besuchte nun drei Jahre lang, von 1898-1901, ein libanesisches Gymnasium und lernte die arabische Mystik kennen. Er entwarf als Gymnasiast die erste Fassung seines späteren philosophischen Hauptwerkes „Der Prophet", legte dieses Werk aber zur Seite als noch unreifen Text, um ihn dann 1923, 25 Jahre später, nach vielen Überarbeitungen, zu veröffentlichen.

Übung:
Verfügen Sie über philosophische Texte, an denen Sie 25 Jahre gearbeitet haben?

1902 kehrte Gibran in die USA zurück. Er erlebte in Boston die Reise bis ans Ende der Nacht. Die Mutter starb an Krebs. Die Schwester Sultana starb an einem Blutsturz, der Bruder Butros erlag der Tuberkulose. Die Mutter erzählte Gibran in der Nacht ihres Todes „von der Mystik des heiligen Thomas von Aquin und von der heiligen Theresa von Avila". (J.-P. Dahdah, a.a.O., S. 155) Als Gibran seine tote Mutter sah, „wurde er ohnmächtig und begann aus Nase und Mund zu bluten." (J.-P. Dahdah, a.a.O., S. 156)

Übung:
Wie haben Sie sich beim Tod Ihrer Mutter von dieser verabschiedet?
Schreiben Sie über Ihre Verabschiedung ein ELFchen.

Gibran hat den Tod seiner Mutter niemals bewältigt. Ständige Angst und Verzweiflung begleiteten ihn in seinem weiteren Leben. Gibran versuchte ihren Verlust durch andere Frauenbeziehungen zu ersetzen. So begleiteten sein Leben einerseits platonische Lieben zu Josefine Peabody, Mary Haskell oder May Ziade oder andererseits geheime sexuelle Beziehungen zu Emilie Michel oder Gertraude Barree, über die allerdings wenig bekannt geworden ist. (J.-P. Dahdah, a.a.O., S. 197 und 465)

In Boston wurde Gibran vom Buddhismus und vom indischen Hinduismus des indischen Philosophen Vivekananda beeinflusst. Zeit seines Lebens spielte Mary Haskell die Rolle der Muse in Gibrans Leben. Sie unterstützte ihn geldlich und las und korrigierte alle seine Texte und begutachtete auch als erste seine Bilder. Mit ihr wechselte Gibran im Laufe der Zeit über 600 überlieferte Briefe. Gibran begann nun für arabische Zeitungen in den USA zu schreiben. Er verfiel dabei oft in einen radikalen Pessimismus. Er fragte: „Wird der Mensch der Gischt des Meeres gleichen, die einen Augenblick an der Oberfläche erscheint, doch sobald ein Sturm aufkommt, fegt er sie weg und es ist, als hätte sie nie existiert." (zit.n. J.-P. Dahdah, a.a.O., S. 181)

Übung:
Beantworten Sie die Frage nach der Zukunft der Menschheit und begründen Sie Ihre Antwort mit fünf Argumenten.

Gibran veröffentlichte nun auch erste Bücher in arabischer Sprache. Zu ihnen gehören folgende Texte: „Die Musik", „Die Nymphen des Tales" und „Die rebellischen Geister". In seinem ersten Buch „Die Musik" stellt Gibran die Frage: „Ist das Universum ein Traum und der Körper ein Gefängnis?"

Übung:
Beantworten Sie diese Frage und begründen Sie Ihre Antworten mit fünf Argumenten.

Gibran betrachtete die Erde oft aus großer Höhe und beschrieb sie kritisch. Er schrieb: „Ich sah die Priester, schlau und heuchlerisch und die falschen Propheten ... Ich sah die Freiheit einsam durch die Straßen gehen ... Ich sah die Religion in Büchern begraben ..." (J.-P. Dahdah, a.a.O., S. 192f.)

Übung:
Schließen Sie die Augen. Betrachten Sie die Welt und beschreiben Sie sie aus großer Höhe. Schreiben Sie einen seriellen Text, dessen Sätze immer mit den Worten beginnen: „Ich sah ..."

Gibran stellte folgenden Gottesbeweis vor: „Jeder sucht das Unendliche und keiner kann in einem endlichen Leben das Unendliche finden. Also muß jeder unendlich lang leben, um das Unendliche zu finden. Das kann der endliche Mensch aber nur, wenn es für ihn die ewige Wiedergeburt gibt." (J.-P. Dahdah, a.a.O., S. 203f.)

Übung:
Beweisen Sie oder widerlegen Sie die Lehre von der ewigen Wiedergeburt der Seele mit drei Argumenten.

Von 1908 bis 1910 lebte Gibran durch ein Stipendium von Mary Haskell in Paris. Er malt tagsüber und schrieb nachts. 1909 starb Gibrans Vater, erblindet und als Alkoholiker. In Paris arbeitete Gibran weiter an seinem Werk „Der Prophet", das erst 1923 erscheinen sollte. Gibran engagierte sich auch für die antifeudale Revolution im Libanon gegen die Türkei und wurde deshalb in Paris bei einem Pistolenattentat durch einen Türken am Arm verletzt. Gibrans arabische Bücher wurden in der Türkei verbrannt.

Ende 1910 kehrte Gibran von Paris nach Boston zurück. Er machte seiner Muse Mary Haskell einen Heiratsantrag, den sie aber ablehnte. Trotzdem führten sie ihre platonische Beziehung weiter fort.

Gibran äußerte gegenüber Mary einmal, dass er viele Vorleben hatte: in Indien, Persien, Chaldäa, Syrien, Galiläa, Ägypten, Griechenland und Italien. (J.-P. Dahdah, a.a.O., S. 285) Gibran beschrieb seine Vorleben auch in einem langen Gedicht:

„Siebentausend Jahre sind seit meiner ersten Geburt vergangen ...
Ich habe den Osten und den Westen der Erde bereist ...
Ich folgte den Menschen von Babel bis Paris ...
Ich folgte den Generationen von den Ufern
des Ganges bis zu den Ufern des Euphrat ..."

(J.-P. Dahdah, a.a.O., S. 302)

Übung:
Schreiben Sie ein serielles Gedicht über Ihre Wiedergeburten in der Weltgeschichte. Schreiben Sie einen seriellen Text, dessen Sätze immer mit den Worten beginnen: „Ich habe ..."

Gibran wurde 1911 Vorsitzender der politisch-poetischen Vereinigung „Die goldene Kette", die sich für die Neuentwicklung der arabischen Philosophie und Poesie einsetzte. Diese Organisation machte Gibrans Namen in Arabien weithin bekannt.

Seit 1911 setzte sich Gibran intensiv mit Nietzsches „Zarathustra" auseinander, der wie Gibran auch die Lehre von der ewigen Wiederkehr vertrat. Gibran über Nietzsche: „Nietzsche ist für mich ein maßvoller Dionysos, ein Übermensch, der im Wald lebt." (J.-P. Dahdah, a.a.O., S. 297)

Übung:
Schreiben Sie ein urteilenden Satz über Nietzsche. Führen Sie die Worte fort: „Nietzsche ist für mich ..." Begründen Sie dann Ihren Urteilssatz über Nietzsche mit einem zweiten Satz.

1911 zog Gibran endlich von Boston nach New York. Er begann nun oft zu hungern, denn Hunger, der dem Tode nahe kommt, wurde ihm eine Quelle der Inspiration. Über seine extremen Hungervisionen schrieb er: „Ich fühle ..., daß das Ich meines Seins nicht verloren geht. Es wird sich nicht auflösen in dem erhabenen Meer, das wir Gott nennen." (J.-P. Dahdah, a.a.O., S. 313)

Übung.
Schließen Sie die Augen. Stellen Sie sich ein Bild über das „Leben nach dem Tod" vor und beschreiben Sie es.

Gibrans Gesundheit war immer sehr labil. Wie sein Vater benutzte er auch den Alkohol, um seine Lebensangst zu mildern und um zugleich seine Kreativität zu steigern. Gibran wurde nun auch in Amerika bekannter. Er traf sich in New York mit C.G. Jung und Henri Bergson, die Nietzsches Philosophie neu formuliert hatten. Gibran setzte sich aber auch mit den großen arabischen Philosophen auseinander: Mit Al-Ghazali und Avicenna. Besonders liebte er Avicennas Gedicht über die ewige Wiederkehr der Seele. Avicenna konnte nämlich zeigen, „daß man über praktische und experimentelle Erfahrungen stufenweise zu geistigen Schlußfolgerungen gelangen kann ... und schließlich zu Gott." (K. Gibran: Erde und Seele. Zürich 1997, S. 70, 1. Auflage 1923)

Avicenna hatte über die ewige Wiederkehr der Seele folgendes Gedicht geschrieben:

> *„Widerstrebend kam meine Seele auf diese Erde.*
> *...*
> *Sie träumte ...*
> *Mit jedem Geheimnis kehrt sie wissender*
> *ins Universum zurück.*
> *Und dieses Wissen ist unantastbar.*
> *Sie leuchtete auf wie ein Blitz und verschwand,*
> *und es schien, als hätte sie nie geleuchtet."*

Übung:
Schließen Sie die Augen. Stellen Sie sich die Seelenreise durch die Welt vor und ihre Rückkehr ins Universum. Beschreiben Sie Ihre inneren Bilder dieses Geschehens.

Bei Al-Ghazali entdeckte er dessen Beziehungen zu den indischen Mystikern und zum Buddhismus (K. Gibran: Erde und Seele, a.a.O., S. 73). Ab 1918 erschienen die philosophischen Hauptwerke Gibrans, die wir jetzt vorstellen wollen.

Mitte Oktober 1918 erschien Gibrans <u>Ich-Philosophie</u> in dem Buch „Der Narr" in New York. Es umfasst bei Gibran, der kurze Texte und kleine Bücher liebte, nur rund 50 Seiten. Seit Beginn des 1. Weltkrieges 1914 war Gibran von dem philosophischen Narren, der alle Masken des Ichs zerstört und alle Dunkelheiten des Ichs durchschaut, ständig beansprucht. Der Narr lehrt, dass der Mensch sieben Ichs hat: das Ich des Schmerzes, das fröhliche Ich, das liebende Ich, das zerstörerische Ich, das phantasievolle Ich, das produktive Ich, das Ich, das „ins Nichts blickt". (K. Gibran: Der Narr. Zürich 1996, S. 18)

Übung:
Stellen Sie fest, welche dieser Ichs auch Sie haben. Geben Sie Ihren verschiedenen Ichs einen Namen.

Der Narr trennt sich von einem Ich nach dem anderen. Er lacht über diese Ich-Einschränkung dort, wo andere weinen. Der Narr kommt zur Beerdigung seiner Teil-Ichs „lachend und geht wieder lachend." (K. Gibran, a.a.O., S. 27)

Übung:
Über welchen Teil-Ich-Verlust könnten Sie lachen? Geben Sie eine Begründung.

Der Narr fühlt sich in einem Teil-Ich der „Nacht" verwandt, die wilde Gedanken des Abgrundes hat und eine Sprache der Zerstörung spricht. Die Nacht zeigt das Zerstörerische am All und das zerstörerische Teil-Ich zeigt die selbstzerstörerischen Aspekte der Seele. (K. Gibran, a.a.O., S. 34)

Übung:
Stellen Sie sich die Schatten- und Nachtseiten Ihrer dunklen Ich-Teile vor. Führen Sie einen Dialog zwischen Ihrem produktiven Ich und dem zerstörerischen Ich, das ins Nichts blickt.

Der Narr erkennt, dass sein Ich auf der aktuellen Station seiner Seelenwanderung das Pech gehabt hat, auf dem perfektesten, aber langweiligen Planeten Erde wiederverkörpert worden zu sein. Der Narr hält es in seiner Nächtigkeit, Selbstverstörtheit und unausgereiften Leidenschaft auf der Erde nicht aus. Er wendet sich an den Gott, der ihm als Narren nahe steht, dem „Gott der verlorenen Seelen, der auch verloren ist unter allen Göttern". (K. Gibran, a.a.O., S. 45) Er stellt an den „Gott der verlorenen Seelen" im Gebet die Frage: „Warum, oh Gott, muß ich auf dieser perfekten Welt als verhehrter Überrest eines längst verbrannten Planeten leben?" (K. Gibran, a.a.O., S. 47)

Übung:
Schreiben Sie ein Gebet an den „Gott der verlorenen Seelen". Bitten Sie in Ihrem Gebet diesen Gott um die Rettung Ihres eigenen verlorenen Ichs.

Im Oktober 1920 erschien Gibrans Buch „Der Vorbote", das seine Lehre der Seelenwanderung in Geschichten und Gedichten vorstellt. Was das sterbliche Ich überdauert, ist für Gibran das „größere Ich". Jedes Ich kennt Spuren seines größeren Ichs aus seinen Vorleben und aus Antizipationen seines Ichs aus seinen Nachleben. Das größere Ich bildet die Kontinuität zwischen den vielen Reinkarnationen, während das empirische Ich sich nach einer Inkarnation wieder auflöst. „Du bist nur dein eigener Vorbote, und die Festen, die du errichtet hast, sind nur das Fundament für dein größeres Ich." (K. Gibran: Der Vorbote. Düsseldorf 1995, S. 7)

Übung:
Was wissen Sie über Ihr größeres Ich? In welchen Situationen erlebten Sie etwas, was Ihr sterbliches Ich überdauern könnte und doch mit Ihrem Ich in Verbindung steht? Schreiben Sie drei Thesen. Beginnen Sie mit dem Satz: „Mein größeres Ich ..." und ergänzen Sie diesen Satzanfang.

Für Gibran hat das Ich Kenntnis von seinem größerem Ich durch seine Erinnerung an das Gestern und die Sehnsucht nach dem Morgen. „Das Gestern ist der besiegte Tod und das Morgen ist die erwartete Wiedergeburt ... Immer werden wir Anfang sein." (K. Gibran: Der Vorbote, a.a.O., S. 8)

Übung:
Beschreiben Sie, was in Ihrem Ich ist, das immer wieder anfangen möchte und Kraft für Anfänge in vielen Leben hätte. Sammeln Sie erst Ihre Aussagen und verfassen Sie dann ein kleines Gedicht.

Für Gibran ist die Kraft, die im Ich für viele Wiedergeburten bereitsteht, die Liebe. „Aus unserer Asche wird sich eine größere Liebe erheben. Sie wird der Sonne ins Gesicht lachen, und sie wird unsterblich sein." (K. Gibran, a.a.O., S. 61)

Übung:
Spüren Sie Ihre Liebe. Stellen Sie sich die Kraft Ihrer Liebe vor. Stellen Sie sich vor, wie viele Leben Sie brauchen, damit diese Liebe völlig befriedigt wird.

Das größere Liebes-Ich des Menschen ist für Gibran „in den Himmel geschrieben". (K. Gibran, a.a.O., S. 37) Wie aber kann der Mensch sein größeres Liebes-Ich entdecken? „Wie kann jemand, der im Tempel eingeschlossen ist, seine goldenen Türme und Kuppeln sehen?" (K. Gibran, a.a.O., S. 37)

Übung:
Das größere Liebes-Ich ist ein höherer Teil Ihres alltäglichen Ichs. Beschreiben Sie Ihr Ich-Ideal und Sie werden Spuren Ihres höheren Liebes-Ichs, also Ihres eigenen Vorboten erkennen.

Das größere Liebes-Ich erkennt sich dadurch, dass es die Gegensätze wie arm und reich, schön und hässlich, liebt.

Übung:
Schließen Sie die Augen. Was erfahren Sie, wenn Sie Ihre Liebe auf Gegensätze beziehen: erst auf hässlich, dann auf schön, dann auf beides zugleich. Schreiben Sie einen kleinen Text.

1923 erschien Gibrans Hauptwerk „Der Prophet", an dem er 25 Jahre gearbeitet hatte und das 70 Seiten stark ist. Dieses Buch gilt seit 60 Jahren als

Kultbuch und hat eine Weltgesamtauflage von 10 Millionen. Gibran stellt sich mit diesem Buch in die Tradition Mohammeds. Wie Mohammed schreibt er seine Texte automatisch, und wie Mohammed erkennt Gibran auch einen transzendenten Gott an und glaubt, dass dessen Wahrheit Geltung hat, „bis die Erde zu Staub wird, der sich in die vier Himmelsrichtungen zerstreut." (J.-P. Dahdah, a.a.O., S. 371)

Gibran lässt den Propheten Almustafa als Helden des Buches 26 Reden an die Bewohner von Orphalese halten, bevor er ein Schiff besteigt und davonfährt. Obwohl der Prophet vordergründig über alle Alltagsprobleme von der Liebe bis zum Tod redet, stellt Gibran eigentlich in diesem Buch seine Anthropologie vom höheren Ich vor. Gibran schreibt, das größere Ich wohnt im Palast des Himmels, „dessen Tor der Morgennebel ist und dessen Fenster die Glieder und die Stille der Nacht sind." (K. Gibran: Der Prophet. Zürich 1999, S. 28) Die Evolution der Natur zielt auf die Herausbildung des größeren Ichs im Menschen. „Wie in einer Prozession geht ihr zusammen eurem göttlichen Ich entgegen." (K. Gibran, a.a.O., S. 32) Der Mensch ist ein Wesen, „das zwischen der Nacht des kleinlichen Ichs und dem Tag seines göttlichen Ichs im Dämmer steht." (K. Gibran, a.a.O., S. 35) Das Böse in jedem Ich „ist der bittere Trank, mit dem der Arzt in euch das kranke Ich heilt." (K. Gibran, a.a.O., S. 41) Das Philosophieren des höheren Ichs zielt auf den Ursprung der Welt. Was in dem Menschen denkt, „weilt immer noch innerhalb der Grenzen jenes ersten Augenblicks, der die Sterne in den Weltraum schleuderte." (K. Gibran, a.a.O., S. 47)

Übung:
Schließen Sie die Augen. Denken Sie an den ersten Augenblick, an dem die Sterne in den Weltraum geschleudert wurden. Schreiben Sie Ihre inneren Bilder auf.

Das Andenken des Ursprungs geschieht im wortlosen Beten. „Es ist genug, daß ihr den unsichtbaren Tempel betretet." (K. Gibran, a.a.O., S. 51) „Euer tägliches Leben ist eurer Tempel und eure Religion." (K. Gibran, a.a.O., S. 58) Der Tod wird zum Tanz. „Und wenn der Tod eure Glieder fordert, dann werdet ihr wahrhaft tanzen." (K. Gibran, a.a.O., S. 60)

Übung:
Schließen Sie die Augen. Stellen Sie sich Ihren letzten Tanz vor. Beschreiben Sie ihn.

Der Tod ist kein Ende. Der Tod kann den Menschen nicht zerstören. „In ihm, dem unermeßlichen Menschen, seid ihr unermeßlich." (K. Gibran, a.a.O., S.

63) „Wie eine riesige Eiche, bedeckt mit Apfelblüten, ist der unermeßliche Mensch in euch." (K. Gibran, a.a.O., S. 64)

Übung:
Schließen Sie die Augen. Stellen Sie sich Ihr größeres Ich als den unermesslichen Menschen vor. Beschreiben Sie ihn.

Nach dem Riesenerfolg des „Propheten" schwieg Gibran mehrere Jahre. Er stand nun über jeder Religion. „Meine Ideologie sieht Konfuzius, Laotse, Sokrates und Plato ebenso als Helden an, wie Ali, Al-Ghazali und Rumi." (J.-P. Dahdah, a.a.O., S. 464) Er beginnt nun seine Texte im Auf-und-ab-Schreiten zu diktieren. Sein Buch über Jesus als Übermenschen erschien 1927. Die Fortsetzung des „Propheten" mit dem Titel „Der Garten des Propheten" konnte jedoch erst 1934, nach seinem Tod, veröffentlicht werden. Dieses Buch enthält Gibrans Kosmologie, die die Einheit von Makro- und Mikro-Kosmos, von Kosmos und größerem Ich, vorstellt. „Das Bild der Sonne in einem Tautropfen ist nicht weniger als die Sonne selbst ... Wenn ein Tautropfen sagt: ,Werde ich auch in tausend Jahren ein Tautropfen sein?', dann antwortet ihm: ,Weißt du nicht, daß das Licht aller Zeiten in deinem Wesen scheint?'" (K. Gibran: Im Garten des Propheten. München 1998, S. 38f.)

Übung:
Zeichnen Sie einen Tautropfen, in dem der Kosmos enthalten ist.

Alles im Kosmos ist eins. Gibran greift die pythagoreische und indische All-Einheits-Lehre wieder auf, die besagt, dass alles Klang ist. Der Mensch klingt gleich wie die Steine. „Wenn du die Tiefen deiner Seele erkennst und die Höhen des Raumes erklimmst, wirst du nur eine Melodie vernehmen und in ihr singt der Stein mit dem Stern in vollendetem Gleichklang." (K. Gibran, a.a.O., S. 42)

Übung:
Stellen Sie sich den Ur-Ton vor, der alle Welt, den Kosmos und Ihr größeres Ich durchdringt. Summen Sie diesen Ton.

Um den Kosmos zu begreifen, rät Almustafa, sich ein Herz vorzustellen, „das alle Menschenherzen umfaßt, eine Liebe, die all eure Liebe umfaßt, einen Geist, der all euren Geist umgibt, eine Stimme, die all eure Stimmen einschließt, eine zeitlose Stille, die tiefer ist all eure Stille." (K. Gibran, a.a.O., S. 44)

Übung:
Schließen Sie die Augen. Stellen Sie sich den Kosmos vor als Riesen-Herz, als Riesen-Liebe, als Riesen-Geist, als Riesen-Stimme, als Riesen-Stille und als Riesen-Ich.

Gibran fordert vom glücklichen Menschen die Entwicklung eines kosmischen Bewusstseins, eines Überbewusstseins, „das herabblickt von der Höhe eines größeren Selbst und lächelt." (K. Gibran, a.a.O., S. 55)

Gegen Ende seines Lebens nahm Gibrans Alkoholgenuss zu. Ab 1930 litt er an einer fortgeschrittenen Leberzirrhose. Er praktizierte aber philosophische Beratungen mit den vielen Menschen, die den nun sehr bekannten Autor um Rat fragten. Am 9. April 1931 begann Gibrans Todeskampf. Am 10. April 1931 ist er in einem Krankenhaus in New York gestorben. Sein Ruhm kam im Weltmaßstab erst nach seinem Tod und dauert bis heute an.

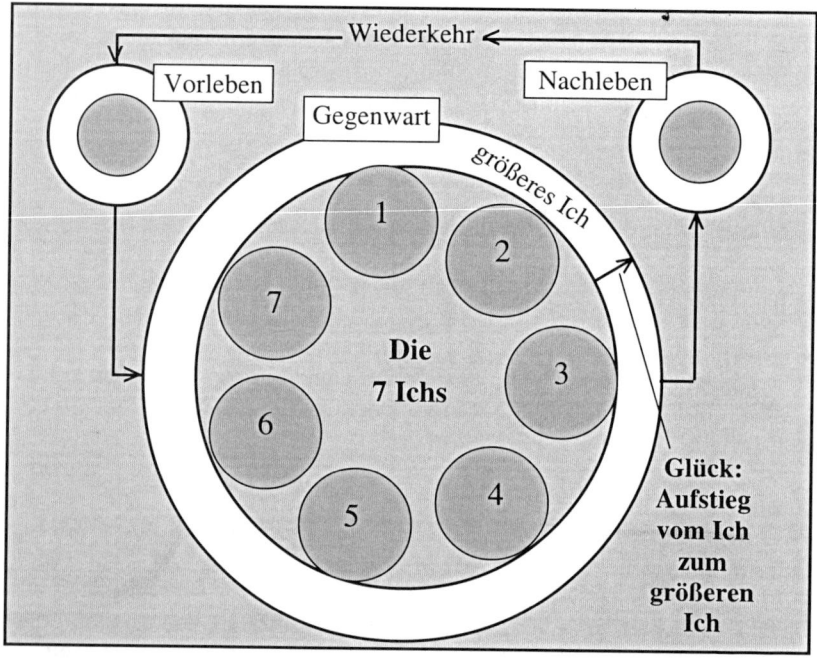

Übung:
Stellen Sie sich vor, Ihr jetziges Leben ist nur eines von vielen. Können Sie darüber Glück empfinden?

Literatur über K. Gibran

Gibran, J.: Kahlil Gibran. His life and World. New York 1992
Gibran, K.: Eine Träne und ein Lächeln. Zürich 1992
Gibran, K.: Die Götter der Erde. Zürich 1993
Gibran, K.: Der Vorbote. Zürich 1995
Gibran, K.: Der Narr. Zürich 1996
Gibran, K.: Erde und Seele. Zürich 1997
Gibran, K.: Der Wanderer. München 1997
Gibran, K.: Im Garten des Propheten. München 1998
Gibran, K.: Das Auge des Propheten. Berlin 1999
Gibran, K.: Der Prophet. Düsseldorf 1999

Dahdah, J.-P.: Khalil Gibran. Eine Biographie. Zürich 1997
Young, B.: This Man from Lebanon: a Study of Khalil Gibran. New York 1975

Das Tao des I-Ging

8. Techniken des Glücks in Arabien

Wir wollen nun einen Überblick über die Techniken des Glücks in Arabien geben. Wir ordnen diese Techniken den sechs Stufen des Glücksbewusstseins zu, damit jeder Nutzer einschätzen kann, welche Wirkung die Praxis dieser Techniken auf sein Glücksbewusstsein haben könnte.

	Bewusstseinsstufen	philosophische Glücksmethoden
Ich-Bewusstsein	Alltagsbewusstsein	keine besonderen Methoden
	kleine Annehmlichkeiten	Aussagen überprüfen (Avicenna) Traumarbeit (Avicenna) Die Welt aus großer Höhe betrachten (Gibran) Sich seine Vor- und Nachleben vorstellen (Gibran)
	Wohlbefinden	Tanzen und dichten (Al-Halladsch) Singen, tanzen und dichten (Rumi)
Über-Bewusstsein	Flow	99 Namen für das Absolute finden (Mohammed) Askese (Al-Halladsch) Die Unsterblichkeit der Seele denken (Avicenna) Automatisches Schreiben (Avicenna)
	Peak-Erfahrung	Schreiben in Trance (Mohammed) Reisen in Trance (Mohammed) Sterben bevor man stirbt (Al-Halladsch) Mantren sprechen (Al-Ghazali) Das Schweigen pflegen (Al-Ghazali) Erfahrung der absoluten Transzendenz (Rumi) Die 7-stufige mystische Leiter (Rumi) Beten (Gibran) Das höhere Ich suchen (Gibran)
	Plateau-Erfahrung	Dauernd Gott lieben (Al-Halladsch) Den Gott der 1000 Welten denken (Al-Ghazali) Die Kraft des Alls als Liebe visualisieren (Gibran)

Übung:
Stellen Sie sich nun ein Übungsprogramm der arabischen Glücksphilosophie für die nächsten fünf Wochen zusammen. Probieren Sie dabei aus jeder Glücksstufe jeweils eine Übung pro Woche. Schreiben Sie nach fünf Wochen einen kleinen Bericht über „Mein arabisches Glück."

Kapitel E

Das Glück Asiens in der philosophischen Praxis

1. Glück als Rettung oder Aufhebung des Ichs
2. Die philosophische Glückstherapie Asiens in der philosophischen Beratung
3. Philosophische Selbsthilfe zum Glück
4. Ergebnisse der Evaluation der philosophischen Glückspraxis Asiens.

1. Glück als Rettung oder Aufhebung des Ichs?

Der Hauptkonflikt um das Glück zwischen der abendländischen und asiatischen philosophischen Praxis ist das Ich. Im Abendland besteht Glück in seiner Bewahrung, in Asien ist Glück die Auflösung des Ichs. Abendländisches Glück ist Ich-Verwirklichung im Alltagsbewusstsein. Asiatisches Glück ist Ich-Auslöschung im Überbewusstsein. Dieser scheinbare Konflikt lässt sich allerdings lösen und macht asiatische Glückspraxis auch für Europäer wichtig.

Stellen wir folgende Überlegungen an:

- Teilen wir das Leben in zwei Teile, so hebt sich schon der Widerspruch auf. Bis zur Mitte des Lebens soll das Ich sich selbst verwirklichen und europäisch denken, ab der Mitte des Lebens bis zum Tod ist die Aufhebung des Ichs nötig und die asiatische philosophische Praxis übernimmt mit ihren Methoden der Ich-Aufhebung die Führung.

- Teilen wir außerdem das Ich in zwei Teile, so ergibt sich eine weitere Lösung. Es gibt das konkrete einzelne Ich und es gibt die Idee des Ichs, es gibt das empirische Ich und es gibt das transempirische größere Ich. Für die Entwicklung des empirischen konkreten Ichs steuert die europäische philosophische Praxis mit ihren Methoden viel bei. Für die Entwicklung des transempirischen Ichs des größeren Ichs als Teil des Überbewusstseins ist die asiatische Philosophie viel kompetenter.

- Teilen wir schließlich <u>die Evolutionsgeschichte</u> in zwei Teile. Die Evolution hat bisher in ihrer ersten Hälfte bis zur Herausbildung des Ich-Bewusstseins geführt, die zweite Hälfte der Evolution sollte zur Aufhebung des Ichs im Überbewusstsein führen. (Vgl. K. Wilber: Halbzeit der Evolution. München 1994) Bisher ist also die europäische Philosophie führend. Im zweiten Teil der Evolution gewinnt aber die asiatische Philosophie ihre Bedeutung (Vgl. K. Wilber: Kurze Geschichte des Kosmos. Frankfurt 1994)

- Teilen wir schließlich <u>den Lebenslauf des Einzelnen</u> in kürzere Phasen der Lebensfülle, die abgelöst werden von Phasen des Lebensmangels. Für die positiven Lebensabschnitte reicht die europäische Philosophie der Lebenskunst des Ichs, für die Phasen des Lebensmangels und des Lebensleidens werden die asiatischen Techniken der Überquerung des Ozeans des Leidens durch Ich-Aufhebung wichtig.

- Schauen wir schließlich auf <u>den Tod</u>. Der Tod ist das Ende des empirischen Ichs. Diesem Tod kann das empirische Ich nur entgehen, wenn es sich vor dem Tod schon aufgibt. „Wer stirbt, bevor er stirbt, stirbt nicht, wenn er stirbt." Um dem Tod des empirischen Ichs zuvorzukommen, ist die Aufgabe des empirischen Ichs nötig. Dabei kann die asiatische philosophische Praxis helfen.

- Betrachten wir nun die <u>Phasen der Weltgeschichte</u>. Mit dem 20. Jahrhundert tritt die Weltgeschichte in die Phase der Weltkriege, Atomkriege und des Holocaust ein. Diese Phase könnte noch nicht zu Ende sein. Das 21. Jahrhundert wird durch noch intensivere Kriege und Terrormorde gekennzeichnet sein. Deshalb könnte das Aufheben des empirischen Ichs zu einer wichtigen Form der letzten Rettung werden. Für eine zweite Runde von Weltkriegen, Gulags und Holocausts gewinnt die asiatische Philosophie der Ich-Aufhebung ihre schlagende Bedeutung und eine größere Aktualität als die europäische Philosophie der Ich-Bewahrung.

- Schauen wir auf den Wechsel der <u>Ethik</u>. In der postmodernen Gesellschaft wird die Arbeitsethik als Bestätigung des Ichs brüchiger. Immer mehr Menschen werden durch Arbeit keine Identitäts- und Ich-Bildung mehr zustande bekommen, einfach, weil sie nie eine Arbeit finden werden. Für die lebenslänglich Arbeitslosen aller Schichten ist dann eine Philosophie der Ich-Aufhebung eine große Hilfe bei der Linderung des Lebensleides. Die asiatische Philosophie stellt diese Linderung zur Verfügung.

- Berücksichtigen wir schließlich die heutige Abwertung der christlichen Religion und ihren Jenseits-Glauben, in der sich das Ich glücklich aufgehoben fühlen konnte. Wenn das empirische Ich aber gar keine Unsterblichkeit besitzt, von der der Moralanspruch der Christenreligion ausgeht, so ist es sicher gut, sich so bald und gründlich wie möglich von der Ich-Beharrung zu verabschieden. Dabei können die asiatische Philosophie und ihre Methoden der Erlangung des Überbewusstseins helfen. (Vgl. S. Grof: Kosmos und Seele. München 1999)

Unklar ist die Zukunft der Welt, der Evolution des Ichs. Aber klar ist, dass das empirische Ich sterben muss. Wenigstens in dieser Hinsicht gehört es zur philosophischen Lebenskunst, sich in den asiatischen Aufhebungsmethoden des Ichs auszukennen. Sie garantieren einen Spielraum von Freiheit des Ichs mit seinen Bewusstseinsstufen unter dem Diktat der Natur. Dabei ist es plausibel, dass junge Menschen, die ihr Ich erst in der Welt durchsetzen müssen, asiatische Glücksmethoden der Stufen Annehmlichkeiten und Flow benutzen sollten. Für den älteren Menschen, der von seinem empirischen Ich langsam Abschied nehmen muss, sind die Glücksmethoden von Flow- zur Peak- und besonders zur Plateau-Erfahrung besonders wichtig.

2. Die philosophische Glückstherapie Asiens in der philosophischen Beratung

Erst die Begegnung mit der asiatischen Philosophie eröffnet das Überbewusstsein als wichtigen Weg zum Glück für Gesunde. Im Lichte der asiatischen philosophischen Praxis ist also die Vorstellung einer philosophischen Psychotherapie für Gesunde sehr plausibel. Wir wollen also im Folgenden ein Konzept der philosophischen Glückstherapie für Gesunde vorstellen. Dabei soll ein Modell der philosophischen Beratung neben ein Modell der Selbsthilfe zum Glück treten.

Die philosophische Glückstherapie wendet sich an Gesunde. Sie umfasst meist eine Beratungssitzung. Sie ist deshalb unvergleichlich billiger als die Psychotherapie. Philosophische Glücksberatung wird nach einem Modell von L. Marinoff in fünf Schritten bewältigt.

Die fünf Schritte, als Kürzel Peace-Modell genannt, umfassen folgende Inhalte:

Schritt 1: Problem (P): Darstellung des Unglücks-Problems
Schritt 2: Emotions (E): Erforschung der Gefühle des Unglücks

Schritt 3: <u>Analysis (A)</u>: Erforschung von eigenen Wegen zum Glück
Schritt 4: <u>Contemplation (C)</u>: Benutzung philosophischer Biographien und philosophischer Methoden der Glückseröffnung
Schritt 5: <u>Equilibrium (E)</u>: Herstellung des seelischen Gleichgewichts durch Aufhebung des Unglücks

(Vgl. L. Marinoff: Plato: Not Prozac! New York 1999)

Diese Beratungsschritte können ihren Ausgang von folgenden Unglückssituationen (Problem P) nehmen:

- Unglücksprobleme beim Finden eines Partners, dem Führen und dem Beenden einer Beziehung
- Unglücksprobleme in der Familie
- Unglücksprobleme bei der Arbeit oder bei Arbeitslosigkeit
- Unglücksprobleme in der Krise der Lebensmitte
- Unglücksprobleme bei ethischen Zwickmühlen
- Unglücksprobleme bei Sinnsuche
- Unglücksprobleme angesichts des Todes

Bei der Bearbeitung der Phasen Emotions (E) und Analysis (A) eignen sich viele philosophische Schreibtechniken von der freien Assoziation über Clustern, Mind-Mapping, Imaginationstechniken, Techniken des Transzendierens und der Abstraktion sowie des automatischen Schreibens. (Vgl. L.v. Werder: Lehrbuch der philosophischen Lebenskunst für das 21. Jahrhundert. Berlin 2000)

Für die Contemplation (C) hat der philosophische Berater die Möglichkeit, zwischen den verschiedenen philosophischen Glücksbiographien und Glücksmethoden Asiens auszuwählen und den Grad der Erweiterung des Glücksbewusstseins festzulegen. Dabei ist aber die Ausschließung der Auslösung einer philosophischen bzw. spirituellen Krise durch Eröffnung des Überbewusstseins unabdingbar. Um das unbeabsichtigte Auslösen von philosophischen Krisen zu verhindern, ist die genaue Prüfung der Belastungsfähigkeit des Ratsuchenden in den Beratungsphasen P (Problemdarstellung), E (Erforschung der Emotionen) und A (Analyse des Problems) besonders hilfreich. Gerade extreme emotionale Signale in Beratungsphase E, sollten dazu führen, dass Glücksvorschläge, die in der Phase C gemacht werden, nur im Kontext des Ich-Bewusstseins verbleiben und auf kleine Annehmlichkeiten und die Erreichung von Wohlbefinden abzielen.

Für den Berater stehen für folgende Glücksbewusstseinsstufen folgende Glücksmethoden zur Verfügung, die in der Phase 4 (Contemplation) nach der Arbeit am unglücklichen Ich eingesetzt werden können:

Philosophische Glückspraxis in China

	Bewusstseinsstufen	Glücksmethoden
	Alltagsbewusstsein	keine Besonderen Methoden
Ich-Bewusstsein	kleine Annehmlichkeiten	Magische I-Ging-Praxis, Methoden der Selbstzivilisierung (Konfuzius) Leben im Verborgenen (Laotse) Sexuelles Ausleben (Yang Dschu) Selbsterkenntnis (Mo Ti, Menzius) Revolutionäre Praxis (Mao Tse-tung)
Ich-Bewusstsein	Wohlbefinden	Ethik der Mitte (Konfuzius) Wu-Wei / Nichthandeln (Laotse, Dschuang-Dsi) Liebe zum Himmel (Me Ti) Langlebigkeit einüben (Ge Hong) Traumarbeit (Dschuang Dsi)
Über-Bewusstsein	Flow	Meditation nach dem Symbolen des I-Ging, TAO-Meditation (Laotse, Dschuang Dsi) Sexuelle Sublimation (Laotse) Altersmeditation (Wang Wei)
Über-Bewusstsein	Peak-Erfahrung	ZEN-Meditation (Wang Wei) Dichten im Trance (Wang Wei, Li Tai Bo) Koan-Meditation (Bi Yän Lu)
Über-Bewusstsein	Plateau-Erfahrung	Menschenliebe üben (Konfuzius, Mo Ti) Sich unsichtbar machen (Laotse) Das TAO im Jahreslauf bedichten (Wang Wei, Li Tai Bo) Das Leben loslassen (T'Ang Yin) Die Revolution bedichten (Mao Tse-tung) Die 5 Übungen des Falun Gong

Philosophische Glückspraxis in Indien

	Bewusstseinsstufen	philosophische Glücksmethoden
Ich-Bewusstsein	Alltagsbewusstsein	keine besonderen Methoden
	kleine Annehmlichkeiten	die äußeren Werte nützen (indische Antimetaphysik)
	Wohlbefinden	Alles für die Lust tun (indische Antimetaphysik) Tantrismus der Liebe, Askese üben (Gandhi) Auf Sexualität verzichten (Gandhi) Selber denken (Krishnamurti)
Über-Bewusstsein	Flow	Handeln im Nicht-Handeln (Bhagavadgita) Gewaltloser Widerstand und ziviler Ungehorsam (Gandhi) Viele Gottesbilder meditieren (Ramakrishna) Automatisches Schreiben (S. Aurobindo, J. Krishnamurti)
	Peak-Erfahrung	Brahman-Atman-Meditation (Veden) Befreiung durch Leere (Nâgârjurna, Ramakrishna) OM-Meditation (Upanishaden, Tantrismus, Ramakrishna)
	Plateau-Erfahrung	Der 8-fache Pfad des Buddha Yoga (Upanishaden, Patanjâli) Überbewusstsein entwickeln (Shankara) In Ekstase leben (Ramakrishna) Den integralen Yoga nutzen (Sri Aurobindo) Antiautoritäre Meditation pflegen (Krishnamurti)

Philosophische Glückspraxis in Arabien

	Bewusstseinsstufen	philosophische Glücksmethoden
Ich-Bewusstsein	Alltagsbewusstsein	keine besonderen Methoden
	kleine Annehmlichkeiten	Aussagen überprüfen (Avicenna) Traumarbeit (Avicenna) Die Welt aus großer Höhe betrachten (Gibran) Sich seine Vor- und Nachleben vorstellen (Gibran)
	Wohlbefinden	Tanzen und dichten (Al-Halladsch) Singen, tanzen und dichten (Rumi)
Über-Bewusstsein	Flow	99 Namen für das Absolute finden (Mohammed) Askese (Al-Halladsch) Die Unsterblichkeit der Seele denken (Avicenna) Automatisches Schreiben (Avicenna)
	Peak-Erfahrung	Schreiben in Trance (Mohammed) Reisen in Trance (Mohammed) Sterben bevor man stirbt (Al-Halladsch) Mantren sprechen (Al-Ghazali) Das Schweigen pflegen (Al-Ghazali) Erfahrung der absoluten Transzendenz (Rumi) Die 7-stufige mystische Leiter (Rumi) Beten (Gibran) Das höhere Ich suchen (Gibran)
	Plateau-Erfahrung	Dauernd Gott lieben (Al-Halladsch) Den Gott der 1000 Welten denken (Al-Ghazali) Die Kraft des Alls als Liebe visualisieren (Gibran)

In der abschließenden Beratungsphase Equilibrium (E) ist die Herstellung des seelischen Gleichgewichts sicher gut mit der Anleitung zur Führung eines philosophischen Tagebuchs zu unterstützen. In diesem Tagebuch sollten die Fortschritte der Glücksgewinnung mit Hilfe der neu gefundenen asiatischen Glücksmethoden notiert und aufgearbeitet werden. Das Lesen dieser vorliegenden Einführung mit ihren vielen beispielhaften Biographien von philosophischen Glückssuchern und das Ausprobieren der in ihrem Leben entwickelten und praktizierten Glücksmethoden kann als Hausaufgabe die Findung des Gleichgewichtes des Ratsuchenden unterstützen.

3. Philosophische Selbsthilfe zum Glück

Für die philosophische Selbsthilfe zum Glück schlagen wir ein einfaches Modell vor. Wir unterscheiden in der Selbsthilfe nur kleine von großen asiatischen Glücksprojekten. Die kleinen Glücksprojekte beziehen sich auf Annehmlichkeiten und Wohlbefinden. Die großen Glücksprojekte zielen dann auf die Entwicklung des Überbewusstseins bei Flow-, Peak- und Plateau-Erfahrungen. Jeder Selbsthelfer kann so ausprobieren, wie er sein Glück alleine befördern kann.

3.1 Kleine Glücksprojekte für das Ich-Bewusstsein

Kleine asiatische Glücksprojekte lassen sich flexibel in den Alltag integrieren, um kleine Annehmlichkeiten und Wohlbefinden zu produzieren.

- <u>Glückslösungen:</u> Schreiben Sie Sätze auf großes Papier, die Sie in diesem Buch gefunden haben und von denen Sie das Gefühl haben, sie könnten Sie glücklicher machen. Hängen Sie diese Glückslosungen in Ihrer Wohnung auf. Wechseln Sie diese Losungen alle zwei Wochen aus.

- <u>Glücksmandalas:</u> Malen Sie nach Anregungen von Glückssätzen Glücksmandalas. Auch diese können Sie in Ihrer Wohnung platzieren.

- <u>Glückstagebuch führen:</u> Schreiben Sie alle Texte, die Sie nach diesem Buch geschrieben haben, in ein Glückstagebuch. Lesen Sie häufiger in diesem Tagebuch und beginnen Sie die Texte philosophisch durchzuarbeiten.

- <u>Glückslosungen für das Jahr:</u> Wählen Sie für jeden Tag des kommenden Jahres eine tägliche Glückslosung aus und meditieren Sie diese Losung jeweils am Morgen.

- Glücksmantren: Wählen Sie sich Glücksmantren aus (Nambatsu, OM etc.) und sprechen Sie sie einmal am Tag.
- Glückstexte lesen: Lesen Sie, wenn Sie mögen, philosophische Texte zum Glück aus Asien. Sie finden dazu Hinweise am Ende der Darstellung der Biographie und der Glücksmethoden jedes dargestellten Philosophen.
- Glücksreisen: Benutzen Sie Ihnen vertraute Imaginationstechniken (Autogenes Training, aktive Imagination nach C.G. Jung, Katathymes Bilderleben nach Hans-Carl Leuner etc.), um Ihre ausgewählten Glücksphilosophen „zu besuchen", mit ihnen zu reden und sich von ihnen „beraten" zu lassen.
- Glücks-channeln: Schließen Sie die Augen. Stellen Sie sich auf Signale eines asiatischen Glücksphilosophen ein. Schreiben Sie die empfangenen Signale auf.
- Glücksaugenblicke sammeln: Legen Sie eine Liste aller Glücksaugenblicke Ihres Lebens an. Imaginieren Sie diese Augenblicke häufig und stellen Sie fest, welcher Glückssucher die gleichen Glückserlebnisse erlebt haben könnte.
- I-Ging-Glück: Arbeiten Sie für längere Zeit mit dem chinesischen I-Ging, um Ihr Glück zu bestimmen.
- Glück im philosophischen Café: Besuchen Sie ein philosophisches Café über ein Jahr, in dem nach diesem Buch das Thema Glück bearbeitet wird. Begleiten Sie sich bei diesem Besuch mit der vorliegenden Einführung.

3.2 Große Glücksprojekte zur Aufhebung des Ichs im Überbewusstsein

Große asiatische Glücksprojekte, die auf Flow-, Peak- oder Plateau-Erfahrung zielen, erfordern mehr freie Zeit. Sie passen in Ferien, in Zeiten von Arbeitslosigkeit, in die Zeit der Rente usw. Große Projekte zielen auf die Verwandlung ihrer Selbst in verschiedene Rollen von Glückssuchern und sie zielen auf die Erweiterung ihres Bewusstseins überhaupt. Größere Projekte versuchen kleinere Glücksphasen von Glückssuchern zu imitieren, um daraus für sich selbst geeignete Glückstechniken zu gewinnen, die dann aber wiederum in den eigenen Alltag mit ihren Wirkungen integriert werden können.

- Kulturelle Differenzen erleben: Suchen Sie Ihr Glück für ein halbes Jahr auf chinesisch, dann auf indisch, dann auf arabisch. Orientieren Sie sich dabei an den drei großen Abteilungen von Glückssuchern dieses Buches. Schreiben Sie während der Zeit die vorgeschlagenen Übungen, lesen Sie die Texte der Glücksphilosophen, sehen Sie sich Filme und Videos zu den gerade gewählten philosophischen Kulturen an, beschaffen Sie sich Bildbände und Musik der Länder Ihrer philosophischen Glückssucher, essen Sie das Essen dieser Länder, kleiden Sie sich nach der Mode der Glückssucher dieser Länder und richten Sie vielleicht auch Ihre Wohnung im Stil dieser Glückssucher ein.

- <u>Verschiedene Wege zum Überbewusstsein:</u> Das richtig verstandene Überbewusstsein kann bei partiell erhaltenem Alltags-Ich glücklich machen. Probieren Sie folgende meditative Wege zum Überbewusstsein auf: den Weg der Meditation nach Yoga, TAO-Meditation, Sufi-Trance. Probieren Sie Denkwege des Transzendierens zum Einen aus (Laotse, Upanishaden, Rumi). Praktizieren Sie den Weg der Humanität (Konfuzius). Praktizieren Sie den Weg der Überwindung des Leidens (Buddhistische Meditation).

- <u>Integrativer Weg:</u> Suchen Sie die für Sie besten Glücksmethoden aus allen drei Kulturen aus. Integrieren Sie diese Methoden in Wochen- oder Monatsprogramme.

- <u>Der Weg der Großen:</u> Leben Sie für Wochen wie Laotse, Buddha oder Rumi. Tun Sie das alleine oder in einer Gruppe. Begleiten Sie sich mit einem Tagebuch, um spirituelle Krisen abzuwehren.

- <u>Der Weg der Kleinen:</u> Leben Sie für Wochen nach dem Beispiel kleinerer asiatischer Glücksphilosophen, wie Mo Ti oder Khalil Gibran usw.

- <u>Der Weg der Distanz:</u> Distanzieren Sie sich von der äußeren Welt durch Methoden der Kritik, der Sorge um sich selbst, wie es z.B. Konfuzius gelehrt hat.

- <u>Der Weg der Lust:</u> Probieren Sie die asiatischen Lustphilosophen aus (Tantrismus, taoistische Lustmaximierung), weihen Sie dabei einen Partner für die Lustproduktion ein und werten Sie dann gemeinsam Ihre Lusterfahrungen aus.

- <u>Der Weg der Askese:</u> Experimentieren Sie wie Gandhi mit allen Formen der Askese, der Diät, des Sexualverzichts. Schreiben Sie Ihre Erfahrun-

gen nach einigen Wochen auf und tragen Sie sie in einer Askesegruppe vor.
- Der Weg des Schreibens: Die asiatische Philosophie hat vielfältige meditative Wege des Schreibens entwickelt. Schreiben Sie für zwei Monate jeden Morgen ein Haiku und dann für die nächsten Monate jeden Tag ein Rubai. (Haiku: ein dreizeiliges Gedicht, in der die 1. Zeile 5 Silben, die 2. Zeile 7 Silben, die 3. Zeile wieder 5 Silben enthält. Rubai: ein vierzeiliges Gedicht, in der die 1., 2. und 4. Zeile reimt, die 3. Zeile bleibt reimlos.)

- Glück der Skepsis: Die indischen Chervakas werten die Reichweite der Erkenntnis ab. Leben Sie für drei Wochen so, dass Sie mal alles bezweifeln, was Sie immer wieder glauben sollen.

- Glück der Gottsuche: Das indische Bakti-Yoga und der arabische Sufismus propagieren die Gottesliebe als Glück. Versuchen Sie mal eine Woche an Gott zu glauben. Schreiben Sie die Erfahrungen dieses Versuchs auf. Schreiben Sie also alle Gebete, Preisungen, Mantren, Mandalas, Anrufungen sowie mögliche Antworten auf, die sich ergeben.

- Glück als Rückkehr: Lesen Sie für vier Wochen nur in den ältesten philosophischen Schriften der Welt: Veden, I-Ging, Upanishaden und Bhagavadgita. Leben Sie die dort vorgestellte Glückspraxis.

- Glück des Nicht-Tuns: Laotse und die Bhagavadgita stellen die Praxis des Nicht-Tuns vor. Leben Sie für zwei Wochen das Nicht-Tun. Opfern Sie alle Werte Ihres Tuns einem höheren Wesen oder einem höheren Wert usw.

- Ost-West-Glücks-Vergleich: Lesen Sie von L.v. Werder „Beklage dich nicht – philosophiere" Berlin. 1995 und vergleichen Sie die darin beschriebenen europäischen Glückstechniken mit den asiatischen Glückstechniken dieses Buches. Stellen Sie die besten Glückstechniken für sich zusammen. Praktizieren Sie für sechs Wochen diesen ost-westlichen Glücksmix.

3.3 Abschlussglücksprojekt

Behalten Sie die besten Glückstechniken, die Sie geübt haben, für immer bei, besonders im Alter, im Sterben und in der Stunde des Todes.

4. Ergebnisse der Evaluation der philosophischen Glückspraxis Asiens

Primär ist die Wirkung der philosophischen Glückspraxis Asiens als Meditation und Yoga in den Psychotherapien untersucht worden. So wertete K. Grawe u.a. 15 Studien aus, in denen eine Meditationstechnik als Therapie angewandt wurde. Die festgestellte Wirksamkeit der Meditation musste „als überraschend gut angesehen werden." (K. Grawe, R. Donati, F. Bernauer: Psychotherapie im Wandel. Göttingen 1994, S. 618) Bei Neurotikern wurden durch Meditation in der Hälfte aller Fälle die Symptome reduziert. Bei Patienten mit Spannungs- und Angstgefühlen „bewirkt die Meditation zuverlässig bedeutsame Verbesserungen." (K. Grawe u.a., a.a.O., S. 624) Meditation ist als Therapiemethode in Deutschland bisher kaum verbreitet. „Von ihrer therapeutischen Wirksamkeit her ist das unbegründet." (K. Grawe u.a., a.a.O., S. 625)

Lutz Schwäbisch und Martin Siems legten die Ergebnisse der Evaluation der Meditation auf der Basis von 17 Studien vor. Sie kamen zu dem Ergebnis: Meditation erhöht die Intelligenz, die Lernfähigkeit, die Leistungsfähigkeit, die Intensität der sozialen Beziehungen, verringert zugleich Aggressivität, Schlaflosigkeit und Angst und erhöht die Selbstkontrolle des Einzelnen. (L. Schwäbisch, M. Siems: Selbstentfaltung durch Meditation. Reinbek 1987, S. 53-58)

Rainer Kakuska schreibt: „Wissenschaftliche Untersuchungen darüber, was Meditation bewirkt, führen zu insgesamt sehr positiven Ergebnissen. Sie decken sich mit den Erfahrungen von Praktikern." (R. Kakuska: Meditation. Freiburg 1995, S. 159)

Daniel Goleman fasst 1990 die Ergebnisse der Meditationsforschung folgendermaßen zusammen: „Die Forschungsliteratur erlaubt den vorläufigen Schluss, dass Meditieren nicht nur zu Veränderungen im Empfinden, sondern auch im Charakter führt." (D. Goleman: Wege zur Meditation. München 1997, S. 242)

Diese Belege lassen sich weiter ergänzen. Sie zeigen aber: Das Zentrum der philosophischen Praxis Asiens – die Meditation – kann ein Weg zum Glück sein. Das wird auch durch die Forschungen von M. Csikszentmihalyi zum Flow-Erlebnis bestätigt. Flow tritt ein, wenn das Bewusstsein geordnet ist und eine Übereinstimmung zwischen Denken und Handeln sich ergibt. „Manche Menschen", erkannte Csikszentmihalyi, „können Flow erlangen, indem sie ihre Aufmerksamkeit in einer Weise steuern, die das Feld der Reizeinwirkung sehr begrenzt, so dass Tätigkeit und Bewusstsein eins werden können." (M. Csikszentmihalyi: Flow. Das Geheimnis des Glücks. Stuttgart 1992, S. 128)

Die Gewöhnung von Konzentration unter Ausschluss aller ablenkenden Reize ist aber das Kernstück jeder Meditation. Flow als Glücksgefühl weist viele Eigenschaften auf, die die Meditation vermittelt. Flow kann deshalb als positive Folge des Meditierens bewertet werden.

A.A. Maslow konnte zeigen, dass die Peak-Erfahrung als Höhepunkt der Meditation „Angst und Todesfurcht vermindert und eine bessere Selbsterfahrung eröffnet." (A.A. Maslow: Psychologie des Seins. Frankfurt 1992, S. 85-107)

Die empirische Glücksforschung hat belegt, dass folgende Methoden zur Verbesserung des Wohlbefindens sehr wirksam sind: Erinnerung an gute Erfahrungen, Spaß und Spiel, Geschenke bekommen und gute Kontakte zu Freunden. (M. Argyle: Psychology of Happiness. London 1987, S. 200-207) Auch die beglückende Wirkung kleiner Annehmlichkeiten wie mehr Geld, ein neues Auto, eine neue Wohnung, ein neuer Partner, neue Arbeit und angenehme Freizeit ist gut belegt. (M. Argyle, a.a.O., S. 207-209) Auch Glückstrainingskurse, die zu einer Veränderung des Bewusstseins führen und zu einem differenzierten Blick auf die Welt erhielten gute Noten, was ihre Wirksamkeit der Beglückung anbelangt. (M. Argyle, a.a.O., S. 211-214)

Die Erlangung eines klaren Lebenssinnes als Zentrum des Flow-Erlebnisses bekam bei Glücksforschungen eine gute Bewertung. (M. Argyle, a.a.O., S. 215f.)

Diese Urteile belegen, dass die asiatische Glückspraxis, besonders der Meditation, auch für Europäer ein wichtiger Bestandteil ihrer philosophischen Lebenskunst sein könnte.

Allgemeines Literaturverzeichnis

„Das Glück", Kursbuch 95, v. März 1989
Abele, A. u.a.: Wohlbefinden. Weinheim 1994²
Achenbach, G.: Philosophische Praxis. Köln 1984
Argyle, M.: The Psychology of Happiness. London 1987
Artikel „Angleichung an Gott" in: Ritter u.a.: Historisches Wörterbuch der Philosophie. Darmstadt 1972, Bd. 1
Assagioli, R.: Psychosynthese. Reinbek 1996
Augustinus: Über das Glück. Stuttgart 1996
Bauer, W.: China und die Hoffnung auf Glück. München 1974
Böhme, G.: Weltweisheit, Lebenskunst, Wissenschaft. Frankfurt 1994
Bragdon, E.: Die spirituelle Krise. Freiburg 1994
Csikszentmihalyi, M.: Das Flow-Erlebnis. Stuttgart 1999
Csikszentmihalyi, M.: Die außergewöhnliche Erfahrung im Alltag. Stuttgart 1995
Csikszentmihalyi, M.: Flow. Das Geheimnis des Glücks. Stuttgart 1996
Dihle, A.: Philosophie als Lebenskunst. Opladen 1990
Erwin, E. : Philosophy and Psychotherapy. London 1997
Gan, S.: Die chinesische Philosophie. Darmstadt 1997
Golemann, D.: Wege zur Meditation. München 1997
Grawe, K.; Donati, R.; Bernauer, F.: Psychotherapie im Wandel. Göttingen 1994
Grof, S.: Die spirituelle Krise. München 1990
Grof, S.: Die stürmische Suche nach dem Selbst. München 1991
Grof, S.: Kosmos und Seele. München 1998
Grof, S.: Topographie des Unbewussten. Stuttgart 1992
Hahn, J.: Der Philosoph und die Gesellschaft. Wiesbaden 1989
Hassan, S.: Ausbruch aus dem Bann der Sekten. Reinbek 1993
Hinske, N.: Lebenserfahrung und Philosophie. Stuttgart 1986
Honnefelder, G.: Glück. Frankfurt 1992
Horn, C.: Antike Lebenskunst. München 1998
James, W.: Die Vielfalt der religiösen Erfahrungen. Zürich 1968
Jaspers, K.: Einführung in die Philosophie. München 1971
Jaspers, K.: Psychologie der Weltanschauungen. Heidelberg 1956
Jaspers, K.: Weltgeschichte der Philosophie. München 1982
Kakuska, R.: Meditation. Freiburg 1995
Kimmich, D.: Epikureische Aufklärungen. Darmstadt 1993
Lerch, W.G.: Denker des Propheten. Düsseldorf 2000
Mall, R.A.: Die drei Geburtsorte der Philosophie: Europa, China, Indien. Bonn 1989

Mall, R.A.: *Philosophie im Vergleich der Kulturen.* Darmstadt 1995
Marcuse, L.: *Philosophie des Glücks.* Zürich 1972
Marinoff, C.: *Plato not Prozac!* New York 1999
Maslow, A.A.: *Psychologie des Seins.* Frankfurt 1992
Merki, H.: *Homoiosis theo. Von der platonischen Angleichung an Gott zur Gottähnlichkeit bei Gregor von Nyssa.* Fribourg 1952
Nussbaum, R.: *The Therapy of Desire. Theory and Practice in Helenistic Ethics.* Princeton 1994
Rabbow, P.: *Seelenführung. Methodik des Exerzitien in der Antike.* München 1954
Ruschmann, E.: *Philosophische Beratung.* Köln 1999
Scharfetter, C.: *Allgemeine Psychopathologie.* Stuttgart 1996
Scharfetter, C.: *Der spirituelle Weg und seine Gefahren.* Stuttgart 1997
Scharfetter, C.: *Schizophrene Menschen.* Weinheim 1995
Schmid, W.: *Auf der Suche nach einer neuen Lebenskunst.* Frankfurt 2000
Schuster, S.C.: *Philosophy Practice.* New York 1998
Schwäbisch, L.; Siems, M.: *Selbstentfaltung durch Meditation.* Reinbek 1987
Seel, M.: *Versuch über die Form des Glücks.* Frankfurt 1995
Sequeia, D.: *Indische Philosophien.* Aachen 1997
Spaemann, R.: *Glück und Wohlwollen.* Stuttgart 1989
Stichwort „Glück" in: Ritter u.a.: *Historisches Wörterbuch der Philosophie.* Darmstadt 1992, Bd. 5
Tatarkiewicz, W.: *Über das Glück.* Stuttgart 1984
Werder, L.v.: *Beklage dich nicht – philosophiere.* Berlin 1996
Werder, L.v.: *Das philosophische Café.* Berlin 1998
Werder, L.v.: *Lehrbuch der philosophischen Lebenskunst für das 21. Jahrhundert.* Berlin 2000
Wilber, K. (Hrsg.): *Transpersonale Psychologie.* München 1992
Wilber, K. u.a. (Hrsg.): *Meister, Gurus, Menschenfänger.* Frankfurt 1995
Wilber, K.: *Eine kurze Geschichte des Kosmos.* Frankfurt 1999
Wilber, K.: *Halbzeit der Evolution.* München 1994
Wimmer, F.: *Interkulturelle Philosophie.* Wien 1980
Winterswyl, R.: *Das Glück.* München 1995

Kleines Glossar der Begriffe der asiatischen Philosophie

1. Kleines Glossar der chinesischen Philosophie

bao:	Schatz
bian bianhua:	Veränderung
bugang:	Beschreiten des Scheffels
ding:	Sammlung, Konzentration
dixia zhu:	unterirdische Gouverneure
dong:	Höhlen
fangshi:	„Männer der Techniken"
ganying:	Resonanz
gong'an:	Rätsel
gui:	Dämonen, Geister, Rückkehr
houtian:	nach der Entstehung des Himmels
hua:	Umwandler, Verwandler
hui:	Versammlungen
hui:	Weisheit (siehe auch ding)
hun und po:	Seelen
Hundun:	Chaos
huiyuan:	Rückkehr zum Ursprung
jiandao:	Umkehrung
jindan:	Gold - Zinnober
jing:	Schrift
Jinyi:	Flüssiges Gold
Li und Kan:	Trigramme
Li:	Norm
miao:	das Wunderbare
miao you:	geheimnisvolle Leere, wunderbare Existenz
ming:	Schicksal, göttlicher Auftrag, Dekret
neidan:	Innere Alchemie
qi, Qi:	Lebensodem
qing:	Gefühle, Leidenschaften
shen:	Geist
shijie:	Befreiung von der sterblichen Hülle
tian:	Himmel
tianji:	himmlische treibende Kraft der Welt

Tianxin:	Ritual
tong:	allgemeine Verbreitung
Tongchu:	Ritual
weishu:	apokryphe Schriften
wu:	Zauberer, Schamanen
wu und you:	Nichtsein und Sein
xian:	Unsterbliche
xiang:	Bilder, Symbole
xin:	Herz, Geist
xin:	Pfänder des Vertrauens
xing:	ursprüngliche Natur
xuan:	das Geheimnis
yi:	Vorstellung
Yin-Yang:	männlich – weiblich
yong:	Wirkungsweise, Anwendung
yuanjing:	ursprüngliche Essenz
Yuanqi:	erster Atemzug
Yutang:	Ritual
zang:	Eingeweide
zaohua:	verwandeln, gestalten, erschaffen
zhai:	Fasten
Zhengyi:	das rechte Eine
zhenwu:	wahrhafte Nichtexistenz
zhi:	Bezirke, Distrikte
zhiguan:	mystische Versenkung
zhishen zhiguo:	sich selbst ordnen und zugleich das Reich regieren
zhu:	magische Sprüche, Gebete
ziran:	Spontaneität, auch Natur
zuowang:	sitzen und vergessen

2. Kleines Glossar der indischen Philosophie

anâtman: Nicht-Selbst; im Buddhismus neben „leidvoll" und „vergänglich" eines der drei Kennzeichen aller Gegenstände, insbesondere auch der Personen.

âtman: Im Veda das die lebendige Einheit eines Gegenstands ausmachende substantielle Prinzip, speziell die Einzelseele, das Selbst.

avidyâ: Unwissenheit, im Vedânta ebenso wie im Buddhismus das entscheidende Hindernis auf dem Wege zur Erlösung.

bhakti: Hingabe, Liebe, anstelle etwa von Erkennen der leichtere Weg zur Erlösung.

bodhi: Erleuchtung; im Buddhismus der Beginn der Erlösung.

brahma: Ursprünglich Priester, dann durch Personifikation des brahman, der Weltschöpfer neben Visnu als Welterhalter und Shiva als Weltzerstörer.

brahman: Im Veda ursprünglich magischer Spruch, schließlich die höchste Wirklichkeit als Weltseele, frei von Leid und Vergänglichkeit.

buddhi: Vernunft; vom tieferstehenden Verstand zu unterscheiden

citta: Geist; im Yogâcâra Charakteristikum der Daseinsfaktoren (dharma), weil die nur etwas Gesagtes sind.

darsana: Eigentlich „Schau": ein philosophischer Standpunkt, ein philosophisches System; als Terminus für Philosophie verwendet.

dharma: In den hinduistischen Systemen die praktisch-religiösen Lebensregeln bzw. Pflichten; deshalb als Terminus für Religion verwendet.

dhyâna: Meditation; das intuitive Erkenntnisverfahren, speziell im Yoga eine von drei Meditationsstufen, später typisch für den Zen-Buddhismus.

duhkha: Leid; im Buddhismus neben Vergänglichkeit und Substanzlosigkeit bzw. Nicht-Selbstheit eines der drei Kennzeichen aller Gegenstände; seine Überwindung macht Erlösung aus.

guna: Eigentlich „Faden" eines Gewebes; im philosophischen Sprachgebrauch Eigenschaft, speziell im Fall des Sâmkhya Bezeichnung für die drei gestaltenden Kräfte der Materie.

jiva: Lebewesen; der individuelle Mensch bzw. das individuelle Ich.

Kleines Glossar der Begriffe der asiatischen Philosophie

jnâna: Erkenntnis, in den hinduistischen Sytemen neben Hingabe (bhakti) und rechtem Tun (karman) einer der Wege zur Erlösung (moksa).

kâma: Lust; Liebe.

karunâ: Mitleid; eine der vier Unermesslichkeiten, die sich während der Versenkung (dhyâna) auf dem achtgliedrigen Weg zur Aufhebung des Leidens im Buddhismus einstellt.

karman: Generell die bewegenden Kräfte bzw. das rechte Tun; im Besonderen das in grundsätzlich allen Systemen zum Kreislauf der Wiedergeburten (samsâra) führende Gesetz der Tatvergeltung.

manas: Denken; Denkorgan; auch Verstand im Unterschied zur übergeordneten Vernunft (buddhi).

mâyâ: Täuschung, Illusion; in vielen Systemen die durch Nichtwissen (avidyâ) bloß vorgegaukelten Unterschiede der Alltagswelt.

moksa: Erlösung, Befreiung; Ziel insbesondere des Erkenntnisprozesses, durch Auflösung des Karma zu erreichen.

nâma-rûpa: Name-und-Gestalt; im Vedânta Terminus für die Welt als Erscheinung; im Buddhismus die zusammenfassende Bezeichnung für die fünf Gruppen von Daseinsfaktoren (dharma), aus denen jeder Mensch zusammengesetzt ist.

prajnâ: Einsicht, Weisheit; die nicht-diskursive Erkenntnis.

prakrti: Eigentlich „das Hervorbringende"; im Sâmkhya das aktive Materieprinzip, dessen drei gestaltende Kräfte (guna) die Evolution der prakrti steuern.

purusa: Eigentlich „der Mensch"; im Sâmkhya das passive Geistprinzip, der bloße Auslöser für die Evolution der Materie.

rûpa: Körper, Gestalt, Form; die äußeren Bestimmungen eines Gegenstandes.

sabda: Sprachlicher Ausdruck; daher Sprache im weiten Sinn wie Logos im Griechischen; insbesondere das Erkenntnismittel (pramâna) Überlieferung oder (zuverlässige) Mitteilung.

samâdhi: Im Yoga und im Buddhismus die nach Tiefenstufen gegliederte Versenkung, die neben anderen Techniken, z.B. Atemübungen, zu den Meditationsübungen (dhyâna) zählt.

samnyâsin: Wanderasket; das durch Weltentsagung gekennzeichnete vierte Lebensstadium im Brahmanismus.

samsâra:	Die Wanderung durch die verschiedenen Lebenszyklen, der Kreislauf der Wiedergeburten.
samskâra:	Strebung, Begehrung; das sind zusammen mit dem Nichtwissen (avidyâ) die das Karma erzeugenden Kräfte.
sâstra:	Terminus für lehr- und lernbare, also Kenntnisse (vidyâ) vermittelnde Disziplinen; daher auch didaktische Abhandlungen oder auch nur Abrisse.
sûnya:	Leer; im Madhyamaka Charakteristikum der Daseinsfaktoren (dharma), weil sie als das Wirkliche (tattva) prädikativ nicht bestimmbar sind.
sûtra:	(a) den Gehalt des Veda zusammenfassende Leifäden; daher auch Bezeichnung für den einem philosophischen System des Hinduismus zugrundeliegenden Text bzw. dessen einzelne Lehrsätze,(b) im frühen Budhdismus die Lehrreden Buddhas und die ihnen nachgebildeten umfangreichen Grundtexte der Mahâyâna-Schulen.
tathatâ:	Sosein; im Buddhismus Ausdruck für die Substanzlosigkeit, also die Leerheit.
tathâgata:	Der „Sogegangene", in der Bedeutung der Vollendete eine Bezeichnung für den Buddha.
tattva:	Eigentlich „Dasheit"; daher das Wirkliche, das Wirklichsein, ein Wirklichkeitsbestandteil.

Begriffliches Glossar der arabischen Philosophie

ba-shar':	Mit dem religiösen Gesetz (> shari'a) konform gehend.
balaka:	Im Kontext der islamischen Heiligenverehrung in Indo--Pakistan: Begriff für den Diener eines Heiligen.
baraka:	Heil- und Segenskraft, Wirkkraft eines Heiligen, die auf Gläubige übertragen werden kann.
bhakti:	Im Hinduismus: mystisches Ideal der liebenden Hingabe an eine Gottheit.
bi-shar':	Außerhalb des religiösen Gesetzes (> shari'a) lebend und handelnd, frei und ungebunden
chilla:	Askeseübung: 40-tägige Klausur
diwan:	Hier: orientalische Lieder- und Gedichtsammlung
Dravida:	Sammelbezeichnung für nicht-indoeuropäische Sprachfamilie in Zentral- und Südindien.
gaddi nishin/sajjada nishin:	Nachkommen bzw. Nachfolger eines Heiligen
ghazi:	Glaubenskämpfer für den Islam
gopi	Freundinnen des Hindu-Gottes Krishna, tanzende Hirtinnen.
Hagiographie:	Legendenhafte Lebensbeschreibung eines Heiligen
Hathayoga:	Yoga-Technik; durch „gewaltsame Anstrengung" (hatha), etwa langes Fasten, soll der Körper unempfindlich gegen physische Schmerzen werden.
Imam:	Bei den Sunniten Vorbeter während des Gemeinschaftsgebetes; bei den Schiiten ferner oberste religiöse Autorität und Lehrer der Gläubigen.
jihad:	Im Islam Bemühung und Anstrengung um den rechten Glauben; z.T. als Kampf gegen Ungläubige verstanden.
langar:	(„Anker"); Freiküche eines Heiligenschreins
Levitation:	Das freie Schweben des menschlichen Körpers im Raum
Madari:	> bi-shar'-Derwische, Anhänger Zinda Shah Madars, bilden eine Untergruppe der Malang.
mantra:	Im Hinduismus und Buddhismus wirkkräftige heilige Formel bzw. Keimsilbe.
muharram:	Schiitischer Trauermonat und erster Monat des islamischen Mondkalenders
Nativismus/nativistisch:	Ethnologisch-religionssoziologische Bezeichnung für in Krisen auftretende Bewegungen, die in der „Rückkehr zu den Ursprüngen" ein besseres Leben suchen.

numinos:	Die zugleich furchteinflößende als auch anziehende Eigenschaft des Heiligen
Peripatetiker:	In der Ethnologie verwendete Bezeichnung für Randgruppen der Gesellschaft, die nomadisierend umherziehen, Dienstleistungen anbieten, aber selbst keine Nahrung produzieren.
Qureshi:	Familien, die ihre Abstammung auf die Quresh – die Verwandtschaftsgruppe des Propheten – zurückführen.
Raga:	Musikalischer Modus in der indischen Musik, dem jeweils eine besondere emotionale Stimmung entspricht.
sama':	(„Hören"; mystisches Konzert, teilweise in Verbindung mit Tanz.
sayyid:	Nachkommen des Propheten Muhammad.
shari'a:	Das islamische Recht
Sure:	Abschnitt des Korans, der in 114 Suren gegliedert ist.
tantrische Lehren/Tantra/Tantrismus:	Buddhistische und hinduistische Lehren, die von magischen, esoterischen, mystischen und sexualsymbolischen Vorstellungen geprägt sind; die sexuelle Vereinigung symbolisiert die Verschmelzung von Gegenpolen.
'ulama:	Orthodoxe islamische Rechtsgelehrte
Urdu:	Neuindische Sprache, die sich im 13./14. Jahrhundert entwickelte, in Pakistan als Amtssprache verwendet, auch in Nordindien weit verbreitet.
'urs:	„Heilige Hochzeit", in Indo-Pakistan Todestag eines Heiligen und alljährliche Feier dieses Ereignisses am Schrein des jeweiligen Heiligen.
zar-Kult:	Besessenheitskult in Teilen Nordafrikas (v.a. in Ägypten) und Arabiens; im Laufe der Riten sollen durch Musik und ekstatischen Tanz die sog. zar-Geister, von denen insbesondere Frauen besessen sind, besänftigt werden.
zikr (dhikr):	Rituelles Gottgedenken; Ekstasetechnik, bei der bestimmte Formeln immer wieder rezitiert werden.
zinda:	"lebend"

weitere Bücher
von Lutz von Werder
im Schibri-Verlag:

Zum Thema Philosophie:
Das philosophische Radio II. 2001
Lehrbuch der philosophischen Lebenskunst für das 21. Jahrhundert. 2000
Das philosophische Radio. 2000
Einführung in die philosophische Lebenskunst. 2000
Das philosophische Café. 1998
Ängstige Dich nicht – schreibe. 1998
Beklage dich nicht – philosophiere. 2002, 2. Auflage
Verzweifle nicht - suche! 1997

Zum kreativen und wissenschaftlichen Schreiben:
Kreative Einführung in Grundkonzepte der Psychotherapie. 1998
Kreatives Schreiben von Diplom- und Doktorarbeiten. 2000
    3. Auflage
Übungen zur klientenzentrierten Gesprächsführung. 1998
    2. Auflage
Der integrative Ansatz im Kreativen Schreiben. 2000 3. Auflage
Einführung in das Kreative Schreiben. 2000 2. Auflage
Lehrbuch des wissenschaftlichen Schreibens. 1993
Kreative Literaturgeschichte. 1992
Erfolg im Beruf durch kreatives Schreiben. 1995
Lehrbuch des kreativen Schreibens. 2001 4. Auflage
Kreatives Schreiben in den Wissenschaften. 1995 2. Auflage
Wissenschaftliche Texte kreativ lesen. 1994
Erinnern, Wiederholen, Durcharbeiten. 1996
Umrisse einer Berliner Fachhochschuldidaktik. 1994
Grundkurs des wissenschaftlichen Schreibens. 1995
Übungen zur Psychoanalyse. 1996
Grundkurs des wissenschaftlichen Lesens. 1995
Rhetorik des wissenschaftlichen Redens und Schreibens. 1995
Grundkurs des beruflichen Schreibens. 1995
Das kreative Schreiben von wissenschaftlichen Hausarbeiten und
    Referaten. 2000
CD: Wissenschaftliches Lesen und Schreiben. Ein multimediales Lernprogramm. 2000

Lutz von Werder

Lehrbuch der philosophischen Lebenskunst für das 21. Jahrhundert

ISBN 3-928878-88-3
Berlin • Milow
Schibri-Verlag 2000
640 Seiten
49,80 DM

Praktische Philosophie boomt. Sie entfaltet sich als Selbsterkenntnis, Weltbildanalyse, sokratische Hebammenkunst, Hermeneutik, Dialogik oder geistige Übung. Sie praktiziert als Lebensberatung, philosophische Hilfe für Paare, Familien, Gruppen. Sie wendet sich an Politiker, Manager, Ärzte, Rechtsanwälte und Psychiater. Sie setzt sich ab von Esoterik, Psychoboom und Irrationalismus.
Ihr Anspruch ist nicht bescheiden. Allerdings fehlt der praktischen Philosophie bisher ein gründliches Lehrbuch, das die konkurrierenden Ansätze zusammenfaßt. Diese Lücke wird mit dem Buch geschlossen. Für Studenten der Philosophie, für Philosophie-Fans, für Universitätsphilosophen aber auch für alle, die den Mut wieder fassen, Fragen zu stellen, bietet dieses Lehrbuch praktisches Wissen für eine wichtige Lebenspraxis.
Dieses Lehrbuch gliedert sich in zwei große Teile. Im ersten Teil wird erlärt, warum sich Philosophie vom Alltag getrennt hat. Es wird gezeigt, mit welchen Methoden, Inhalten und in welchen Lernsituationen philosophisches Selberdenken wieder zum Bestandteil der eigenen alltäglichen Lebenswelt werden kann. Dabei spielt der Ausgang des Denkens von der eigenen natürlichen Lebensphilosophie eine zentrale Rolle. Als Ziel des wieder gewonnenen Selberdenkens erweitert sich das Weltbild, tauchen neue Sinn- und Fragehorizonte auf, werden Denkblockaden und Lebenskonzepte dynamisiert, das philosophische Üben im Alltag gestärkt und die Dialogkompetenz erweitert.
Im zweiten Teil werden die wichtigsten Denkanregungen der vormodernen, modernen und postmodernen Philosophie so dargestellt, daß der einzelne Leser oder die Gruppe gleich mit dem Selberdenken beginnen kann. Auf der Basis des zweiten Teils erprobt der Leser die modernen Techniken der Lebenshilfe, das philosophische Selbstgespräch, die Methoden des philosophischen Lesens. Er praktiziert vielfältige Methoden der Vorbereitung auf entscheidende Lebenssituationen. Er bekommt Anregungen zur Selbstprüfung, zur Gesellschafts-, Kultur- und Staatsanalyse. Er trainiert in Formen philosophischer Kommunikation und Meditation. Und er wird erstaunt feststellen, auch in der Moderne und Postmoderne warten Methoden der metaphysischen Erhellung auf ihn. Er wird erkennen, daß die Methoden der Behauptung des Ich's auch im Jahrhundert der Kriege, Revolutionen und Völkermorde sich verbessert, vertieft, radikalisiert haben.
Ob der Leser das Buch als Nihilist, Zyniker, Humanist, Mystiker, Apokalyptiker oder Materialist zuu lesen beginnt, am Ende wird sich sein Denken vertieft, sein Weltbild erweitert und sein Ich und seine Vernunft verstärkt haben.
Mit diesem Lehrbuch erhält die Ausbildung zum praktischen Philosophen als Selbsterweiterung, Hobby, Nebenerwerb oder ernsthafter Hauptberuf eine wichtige Grundlage. Ein neuer Beruf wird praktizierbar und lebbar.